KB202168

복 있는 사람

오직 여호와의 율법을 즐거워하여 그 율법을 주야로 묵상하는 자로다.
저는 시냇가에 심은 나무가 시절을 좇아 과실을 맺으며 그 잎사귀가 마르지 아니함 같으니
그 행사가 다 형통하리로다.(시편 1:2-3)

성경을 텍스트로 진지하게 설교하고자 하는 이들에게 "그리스도 중심의 설교"는 세상을 향한 유일한 해답이다. 전도가 무력해지고 있는 오늘의 상황에서 로이드 존스는 좁은 문으로 들어가 단순한 복음을 다시 설교하라고 우리를 도전한다. 사회복음은 결코 해답이 아니라고 말한다. 그의 말처럼 복음은 단순하지만 심오하다. 그 복음으로 다시 세상에 맞서려는 모든 설교자들에게 이 책은 거의 유일한 '전가의 보도'일 것이다. 강해설교로 강단의 회복을 소망하는 모든 설교 동역자들에게 또 하나의 필독서로 이 책을 추천한다.

이동원 지구촌교회 원로목사

20세기 최고의 강해설교자 로이드 존스의 대표 설교집을 만난다는 것은 더할 수 없이 큰 축복이다. 그가 늘 힘주어 전했던 "그리스도 중심의 설교"는 오늘을 사는 그리스도인들에게 결코 새로운 흥밋거리는 아니다. 하지만 로이드 존스는 이런 "옛" 복음을 "새로운" 기름부음과 능력으로 전한다. 그는 복음으로 인간의 삶 전체를 샅샅이 살핀다. 그는 이 설교를 접하는 이들에게 결코 피할 수 없는 선택을 요구한다. 얄팍한 종교 감정과 마음의 평안을 추구하는 우리에게 회개를 촉구함으로 마음을 불편하게 한다. 우리가 죄인이며, 스스로의 능력으로는 어떠한 선도 변화도 이끌어 낼 수 없음을 알리며 그리스도의 구속의 능력을 믿고 의지하라고 설파한다. 그의 설교를 진지하게 대하는 그리스도인들은 그의 의도대로 "그리스도 중심의 삶"을 살게 될 것이다. 또한 복음의 메시지는 시대를 초월하여 여전히 유효하며 적실하다는 것을 깨닫게 될 것이다.

이찬수 분당우리교회 담임목사

20세기에 하나님께 쓰임받았던 설교자 중에서 로이드 존스와 같은 이는 없을 것이다. 그는 하나님의 말씀과 복음의 권위를 절대적으로 신뢰하여 이를 헌신적으로 전하였다. 그가 남긴 책들은 모두가 진리의 보고이다. 그중에 『설교와 설교자』 『영적 침체』 『부흥』 『산상 설교』 등은 이미 고전의 반열에 서 있다. 『그리스도 중심의 설교』는 그의 명저 중에서 대표 설교를 엄선해 소개한다. 이 책으로 로이드 존스 설교 세계의 진수를 맛본 후에 본격적으로 그의 모든 책들을 읽으면 큰 유익을 얻을 것이다.

김서택 대구동부교회 담임목사

20세기의 탁월한 설교자인 로이드 존스의 대표 설교들을 모은 『그리스도 중심의 설교』는 기독교 설교의 진수를 보여준다. 웨일스에 있는 그의 묘비에 새겨진 성구, 즉 "예수 그리스도와 그가 십자가에 못 박히신 것 외에는 아무것도 알지 아니하기로 작정"한 바울의 고백처럼(고전 2:2), 그는 오직 그리스도만이 죄에 빠진 인류의 유일한 해결책임을 보여준다. 이 책은 최소한 세 가지 특징을 지닌다. 첫째로, 이 책은 로이드 존스의 딸 엘리자베스 캐서우드와 외손자 크리스토퍼 캐서우드가 편집한 것으로 서론에서 그의 생애와 사역을 소개하고 있다. 따라서 아무리 낯선 독자라 할지라도 그의 설교 세계에 친근하게 다가가게 한다. 둘째로, 17개의 설교와 강연에 앞서 전개되는 짤막한 소개는 크리스토퍼 캐서우드의 역사학자다운 면모가 드러난다. 이 소개는 각각의 설교가 지닌 핵심적인 특징을 오늘의 맥락에서 읽을 수 있도록 친절하게 안내한다. 마지막으로, 이 책의 가장 비중 있는 부분은 로이드 존스의 설교 자체다. 이 설교들은 그가 중요하게 여겼던 주제들, 즉 십자가의 복음, 세상, 부흥, 성령, 전도 등을 담고 있는 것으로서 그의 설교와 사역의 세계를 한눈에 보게 해준다. 로이드 존스는 늘 십자가의 복음을 통한 하나님의 구원과 영광을 주시하였다. 번잡하고 시끄러운 오늘날에 복음의 고요한 울림을 경험하기 원하는 모든 독자들에게 『그리스도 중심의 설교』는 늘 곁에 두고 읽을 고전이 될 것이다.

박태현 총신대학교 신학대학원 설교학 교수

오늘날 조국 교회를 향한 부르심은 신앙의 본질을 회복하는 것이라고 생각한다. 이 부르심 앞에서 그리스도와 복음을 중심으로 하는 로이드 존스의 설교집은 그 가치를 헤아릴 수 없을 것이다. 그의 설교는 감정을 과도하게 조작하거나 지성만을 만족시키지 않는다. 우리의 전 인격, 곧 지성과 감정과 의지 모두에 깊은 도전을 준다. 그리하여 우리의 삶을 변화시킨다. 우리 모두가 이런 변화에 동참하길 원하는 마음으로 이 책을 기쁘게 추천한다.

화종부 남서울교회 담임목사

나는 로이드 존스에 대해 애정과 감탄 어린 존경심을 늘 품고 있다. 신학적으로 혼란스러운 시대에 그는 역사적, 성경적 기독교 신앙을 굳게 고수했다. 그는 논쟁적인 연설가였으나 언제나 원리 원칙과 인신 공격을 분명하게 구분할 줄 알았다. 그는 가슴이 따스한 사랑과 평화의 사람이었으며, 많은 사람들의 영적 아버지였다. 그의 죽음으로 인해 신학적, 영적으로 가히 심각한 공백이 빚어졌다고 해도 과언이 아닐 것이다.

존 스토트

로이드 존스는 뛰어날 뿐 아니라 근면한 설교자였다. 그는 신약의 복음을 하나님과 인간에 대한 가장 심오하면서도 최종적인 말씀으로 선포하고 주장하며 적용하는 것을 사역의 전부로 삼았다. 그는 복음을 성경의 진리 전체 및 인간의 삶 전체와 연결시켜 거시적으로 제시했다. 또한 그리스도의 십자가 대속과 성령을 통한 중생이라는 핵심 진리를 중심으로 여러 주제들을 한없이 변주해 냄으로써, "옛날 옛적 이야기"를 새롭게 전달하는 전도자의 재능을 한껏 발휘했다.

제임스 패커

로이드 존스의 설교는 깊은 독서와 학문에 바탕을 두고 있지만 누구나 쉽게 다가가 읽을 수 있다. 그의 설교는 감정을 자극하고 마음을 변화시킨다.

팀 켈러

교회 역사의 마지막 장이 기록될 때 로이드 존스가 모든 시대의 가장 위대한 설교자 중 하나로 우뚝 서게 될 것을 확신한다.

존 맥아더

옛 진리가 철저히 무시당하고 단지 나라 구석에 있는 극히 소수의 사람에게만 기억될 때 로이드 존스가 그것에 새 옷을 입힌 것은 주목할 만하다. 당시 진리가 새로운 생명을 갖게 된 것은 신약성경의 우위성을 철저히 고수한 그의 생애와 사역 방식 때문이다. 그는 복음을 위해 살았다. 많은 사람들을 천국으로 이끌었고, 인격적인 본보기를 통해 기독교가 어떤 종교여야 하는지 수많은 사람들에게 새로운 인상을 심어 주었다.

이안 머레이

그리스도 중심의 설교

D. Martyn Lloyd-Jones

The Christ-Centered Preaching of Martyn Lloyd-Jones

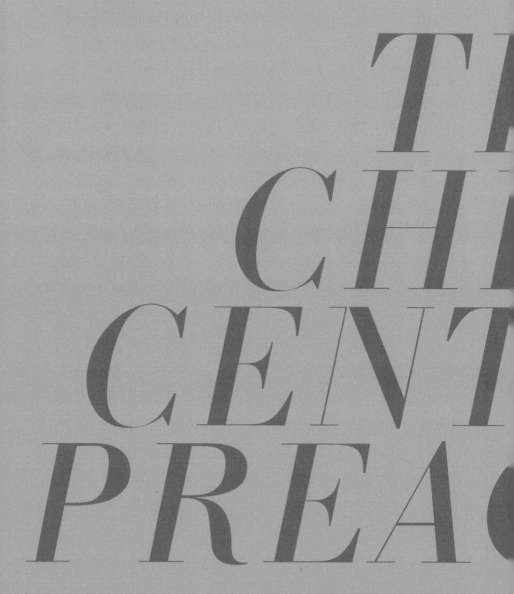

edited by Elizabeth Catherwood and Christopher Catherwood

마틴 로이드 존스

그리스도 중심의 설교

HE
RIST
ERED
CHING

복 있는 사람

그리스도 중심의 설교

2015년 12월 31일 초판 1쇄 발행
2025년 3월 7일 초판 3쇄 발행

지은이 마틴 로이드 존스
옮긴이 정상윤 정근두 전의우 김귀탁
펴낸이 박종현

(주) 복 있는 사람
주소 서울특별시 마포구 연남동 246-21(성미산로23길 26-6)
전화 02-723-7183, 7734(영업·마케팅) 팩스 02-723-7184
이메일 hismessage@naver.com
등록 1998년 1월 19일 제1-2280호

ISBN 979-11-7083-246-1 03230

이 도서의 국립중앙도서관 출판예정도서목록(CIP)은
서지정보유통지원시스템 홈페이지(http://seoji.nl.go.kr)와 국가자료공동목록시스템
(http://www.nl.go.kr/kolisnet)에서 이용하실 수 있습니다. (CIP 제어번호: 2015033095)

The Christ-Centered Preaching of Martyn Lloyd-Jones
by D. Martyn Lloyd-Jones

Copyright © 2014 by Elizabeth Catherwood and Ann Beatt
Originally published in English as *The Christ-Centered Preaching of Martyn Lloyd-Jones*
by Crossway, 1300 Crescent Street, Wheaton, Illinois 60187
All rights reserved.

This Korean translation edition © 2015 by The Blessed People Publishing Co., Seoul, Republic of Korea.

This Korean edition is published by arrangement of Crossway through rMaeng2, Seoul, Republic of Korea.

이 한국어판의 저작권은 알맹2 에이전시를 통하여 Crossway와 독점 계약한 (주) 복 있는 사람에 있습니다. 신저작권법에 의하여 한국 내에서 보호받는 저작물이므로 무단 전재와 무단 복제를 금합니다.

차례

일러두기

이 책의 서론과 각 설교의 해설의 글은 편집자 엘리자베스 캐서우드와 크리스토퍼 캐서우드가 작성했다.

서론

마틴 로이드 존스Dr. D. Martyn Lloyd-Jones는 20세기의 가장 위대한 설교자 가운데 한 사람입니다. 그는 복음적인 삶과 복음 증거의 부흥—그의 사후에 세계적으로 계속 파급되고 있는—을 이끌도록 하나님이 사용하신 주도적인 복음주의자였습니다. 그는 또한 청교도 작품들을 매우 좋아했습니다. 그리하여 1945년부터 지금까지 계속되고 있는 청교도 작품에 대한 관심의 부활에도 일익을 담당했습니다.

로이드 존스는 또한 역사를 사랑했습니다. 그는 역사에 대한 지속적인 관심으로 친구와 가족들을 열광하게 했습니다. 하지만 이 책은 본질적으로 역사책이나 회상록은 아닙니다. 몇 년 전 그의 설교들을 묶은 책이 출판되었는데, 그의 설교를 좋아하는 사람들에게 큰 인기를 얻었습니다. 그러나 이 책의 목적은 그것과는 전혀 다릅니다.

이 책의 주제

로이드 존스는 하나님의 말씀이 모든 시대에 모든 곳에서 적합하다는 것을 굳게 믿었습니다. 우리는 설교에서 성경이 중심적인 위치를 차지한다는 그의 견해를 염두에 두고 이 책을 계획했습니다. 우리는 이 책에 어떤 설교들을 포함할 것인지 선정할 때에 그의 일부 설교가 나머지 설교보다 더 가치 있다고 말할 수 없음을 곧 깨달았습니다.

로이드 존스는 남웨일스의 에버라본Aberabon에서 젊은 사역자로서 처음 설교를 시작했던 1927년부터 1980년에 이르기까지 수십 년 동안 수많은 설교를 했습니다(그는 1980년 한 교제회에서 마지막으로 설교했습니다. 이때는 그가 앓아 왔던 암이 재발하여 고생하다 세상을 떠나기 1년 전입니다). 그의 모든 설교에 대해 우리가 참으로 말할 수 있는 사실이 있습니다. 그것은 그의 설교들 모두가 어떤 시기에든지 "적합한" 설교였다는 것입니다.

그러므로 우리는 이 책에 53년이라는 긴 기간에 걸쳐 전해진 설교들을 선별하여 다음과 같은 기준에 따라 수록했습니다.

- 이 설교들은 대체로 설교가 전해진 연대를 따라 수록되었습니다.
- 그러나 그의 설교 스타일을 드러내고, 그의 강해설교가 가지는 초시간적인 적합성을 보여주기 위해 주제별로 수록했습니다.
- 만약 우리가 성도들에게 항상 강해설교를 하고 있다면 그리고 우리가 성경적이라면, 우리의 설교는 항상 적합하다는 사실, 즉 수천 년 전에 전해진 설교가 그 당시와 마찬가지로 21세기에도 적합하다는 사실을 증명하는 데 초점을 맞추었습니다.

개혁주의 신학과 강해설교에 대한 새로운 관심—이로 인해 우리는 모두 하나님께 감사할 수 있습니다—이 지속되려면, 이 관심은 안전한 기초 위에 서야 합니다. 그렇지 않으면 이 관심은 일시적인 유행으로 그칠 것이 분명합니다. 결국은 우리가 살고 있는 21세기 복음주의 교회에 큰 손실을 가져올 것입니다.

로이드 존스는 자신이 역사에 큰 관심이 있다고 말했는데, 그것은 옛 세계에 대한 막연한 동경 때문은 아니라고 말했습니다. 그는 그것이 하나님의 백성들을 대대로 성경 교리로 세우려는 목적 때문이었음을 항상 강조했습니다.

그러므로 이 책은 그를 소개할 뿐만 아니라 21세기를 위해 그가 확립한 진리도 함께 소개합니다. 오늘날의 사람들도 이 책을 통해 그와 같이 복음주의적인 사람들이 되기 바랍니다. 또한 개혁주의 신학과 강해설교의 진수를 발견하기 바랍니다. 또한 그가 당대에 제시했던 진리를 21세기에 어떻게 제시할 수 있는지 생각해 보기 바랍니다.

그의 생애를 살펴보기 전에 잠시 설교 선정에 대해 간략히 설명하겠습니다.

우리는 무엇보다 "설교"에 중점을 두었습니다. 로이드 존스보다 교회 역사에 대해 열정적인 관심을 가진 자는 별로 없을 것입니다. 하지만 우리는 이 책에 그의 역사 강의는 포함하지 않았습니다. 대신 그의 설교를 강조하는 것이 더 낫다고 판단했습니다. 이것은 그가 크게 강조한 교회 정치와 교회론에 대해서도 똑같이 적용됩니다. 그는 이에 대한 자신의 견해 역시 성경에 기초를 두었다고 굳게 믿었습니다. 그렇지만 역사 강의를 다루지 않은 것과 같은 이유로 그의 교회 정치와 교회론도 여기서 다루지 않았습니다. 우리는 이 책이 복음주의의 연합을 돕는 책이 되기를 소원합니다. 지금 미국의 여러 주요 단체들이 복음주의 연합에 크게 힘쓰고 있습니다. 예를 들면 "복음을 위하여 함께"Together for the Gospel라는 단체는 오늘날 미국에서 성경 중심적인 개혁주의 신학을 복음주의 부흥의 기초로 다시 받아들이도록 장려하는 데 열렬히 애쓰고 있습니다.

로이드 존스의 생애와 설교 선정의 배경

그러므로 이 책에 담긴 설교들은 목적이 있는 설교입니다! 우리는 이 설교들을 통해 그의 생애의 연대기가 어떻게 드러나는지 확인할 수 있습니다. 왜냐하면 그는 개혁주의 신학을 믿은 신자로서 자신에게 일어난 일은 모두 하나님의 섭리 안에서 일어난 것으로 확신했기 때문입니다. 세계 전역의 무수한 사람들이 그의 사역에 영향받은 것처럼, 그의 생애 역시 우리 모두의 삶을 변화시켰습니다.

로이드 존스는 부자나 특권층의 자녀로 태어나지 않았습니다. 그의 아버지 헨리 로이드 존스Henry Lloyd-Jones는 시골에서 상점을 운영했고, 나중에 상점이 망하자 런던으로 이주했습니다. 그의 어머니 마그달린 에번스Magdalen Evans는 농부의 딸이었습니다. 남웨일스의 린카드포Llwyncadfor 가족 농장은 그의 생애에서 매우 중요한 역할을 했습니다. 왜냐하면 그는 그곳에서 친척들, 즉 농장을 물려받고 말을 사육하여 사업에 성공한 친척들을 만나 숱한 추억을 쌓았기 때문입니다. 어떤 사람은 그가 자기 아버지의 지성을 꽤 물려받았다고 말할지도 모르겠습니다. 시대가 달랐다면 헨리 로이드 존스는 대학에 들어가 우수한 성적을 거두었을 것으로 보이기 때문입니다. 또 그는 어머니 편 조상들의 활력적인 기질도 물려받았다고 말할 수 있을 것입니다.

그러나 정말 중요한 것은 1981년에 그가 죽었을 때 아내의 가문인 필립스 가족the Phillipses과 함께 묘지에 안장된 것입니다. 마틴의 형으로 뛰어난 시인이었던 해롤드Harold는 제1차 세계대전에 참전하여 치열한 서부전선에서 살아남았으나 당시 세계적으로 수백만 명의 목숨을 앗아 간 전염병인 급성 독감에 걸려 1918년에 죽었습니다. 마틴의 동생인 빈센트 로이드 존스 경Sir Vincent Lloyd-Jones은 저명한 고등법원 판사로, 웨일스의 문학계와 정치계에서 유명 인사가 되었습니다. 아버지 헨리 로이드 존스는 1922년에 죽었습니다. 아버지가 죽고 수십 년이 지난 후에 미국의 신학자 칼 헨리Carl Henry가 아버지가 그리스도인이었는지 물었을 때 그는 어떻게 대답해야 할지 몰라 눈물만 글썽거렸습니다.

로이드 존스는 늘 자신은 오늘날 우리가 생각하는 그런 십대 시절을 보내지 못했다고 말했습니다. 그는 웨일스에서 살던 어린 시절에 집에 불이 나 거의 타 죽을 뻔했습니다. 또한 아버지의 파산으로 가족에 대해 무거운 책임감을 가지고 있었습니다. 그는 강단에서 설교할 때 농담을 거의 하지 않았습니다. 그것 때문에 어떤 사람들은 그를 우울한 사람으로 생각하기도 했습니다. 그러나 사실 그는 유머 감각을 타고났습니다. 그래서 그가 편하게 대할 수 있었던 가족이나 절친한 친구들에게 이 유머 감각을 전염시킬 정도였습니다. 그와 동생 빈센트가 평소에 즐겼던 말놀이를 시작하면 아무도 우울해할 수 없었습니다!

유머 감각을 보여주고 가족과 절친한 친구들을 깊은 사랑과 애정으로 대했던 것을 제외하면, 그의 삶은 공인으로서나 개인으로서나 똑같았다고 말할 수 있었습니다. 예를 들면 논쟁을 좋아하는 것이나 즉흥적으로 재치 있게 대답하는 것은 공식적인 목사 모임에서나 친밀한 가족 식사 시간에서나 차이가 없었습니다. 그는 어떤 상황에서든 자신이 설교한 대로 살았던 인물이었습니다.

사립학교에 들어갈 돈이 없었음에도 불구하고 매우 총명했던 그는, 런던에서 최고 학교 중 하나인 웨스트민스터의 세인트 매릴번 그래머 스쿨St. Marylebone Grammar School(the Old Philologian)에 입학하게 되었습니다. 그는 훗날 웨스트민스터에서 유명한 사람이 됩니다.

그는 보통 학생들보다 더 어린 나이에 런던의 세인트 바르톨로뮤 병원St. Bartholemew's Hospital의 의학생이 되었습니다. 당시 바르톨로뮤 병원은 영국에서 가장 우수하고 오래된 의학교 중 하나였습니다. "너는 항상 바르톨로뮤 사람과 말할 수 있으나 그와 오래 말할 수는 없다"라는 농담도 있었습니다. 그런데 그 병원에서도 그는 두드러졌고, 가장 우수하고 탁월한 학생이 되었습니다. 그는 다른 학생들보다 젊은 나이에 의학 과정을 수료하고, 영국 왕 조지 5세의 궁정 의사이자 당대 최고의 진단 의사인 호더 경Lord Horder의 수석 어시스턴트가 되었습니다.

1981년에 있었던 로이드 존스의 추도식에서 고인이 된 친구의 설교에 가장 큰 영향을 미친 것이 무엇인지에 대해 두 강사 사이에 유쾌한 논쟁이 벌어졌습니다. 그중 한 명인 런던의 유명한 정신과 의사 가이우스 데이비스 박사Dr. Gaius Davies는 하나님이 그의 의학 지식을 사용하여 그를 훗날 그토록 유명한 설교자로 만들었다고 말했는데, 그 말은 확실히 옳았습니다. 죄는 질병이고, 그리스도는 유일한 치료자였으니까요. 그가 설교를 "불붙은 논리! 불타는 사람을 통해 나오는 신학"이라고 정의한 것을 생각해 보면, 이것을 분명히 확인할 수 있습니다. 그는 바르톨로뮤 병원에서 배운 진단법을 통해 죄를 해부하고 성경에 제시된 교리들을 해설하는 논리를 터득했던 것입니다. 논리를 구비했을 뿐만 아니라 열정적인 확신까지 가미된 설교 방식으로 그의 설교는 매우 독보적이고 설득력이 있었습니다. 우리는 여기서 그가 목회를 고려하기 전에 하나님이 그를 먼저 의학교로 보내신 이유를 쉽게 확인할 수 있습니다.

런던에 있는 동안 그의 생애를 변화시킨 일이 또 있었습니다. 로이드 존스 가족은 웨일스 사람들로 이루어진 유명한 채링 크로스 로드 교회Charing Cross Road Welsh Chapel에 출석하기 시작했습니다. 거기서 그들은 필립스 가족을 만나게 되었습니다. 토머스 필립스Thomas Phillips는 할리 스트리트Harley Street에 병원을 가진 저명한 안과 의사였습니다. 필립스와 아내 마거릿Margaret 그리고 세 자녀인 유안Ieuan, 베단Bethan, 토모스 존Tomos John은 해로우Harrow의 큰 집에서 살았습니다. 유안은 남웨일스에서 목사가 되었습니다. 베단은 바르톨로뮤 병원과 쌍벽을 이루는 런던의 유니버시티 칼리지 병원University College Hospital의 의학생이었습니다. 그리고 토모스 존은 훗날 아버지의 뒤를 이어 안과 의사가 되었습니다. 유안과 마틴은 평생 친구가 되었습니다. 그러나 마틴의 눈을 사로잡은 것은 유안의 동생 베단이었습니다! 아름답고 정숙했던 베단은 마틴보다 18개월 먼저 태어났습니다. 마틴은 여러 해 동안 베단을 짝사랑했습니다. 그러나 시간이 지나자 상황도 바뀌었습니다. 1927년 1월에 드디어 두 사람은 결혼했고 (흔히 하는 말처럼) "행복하게 잘 살았습니다!"

그런데 정말 중요한 것은 필립스 가문이 1859년과 1904년에 일어난 웨일스의 대부흥 사건에서 한 몫을 담당했다는 것입니다. 베단과 오빠 유안은 아버지의 지시를 받아 대부흥의 역사를 보고 경험하기 위해 그곳으로 갔습니다. 그래서 1904년 부흥의 역사를 직접 목격했습니다. 부흥은 로이드 존스의 평생의 관심사였습니다. 미국과 웨일스에서 벌어진 대각성 운동the Great Awakenings이 있고 백 년이 지난 1959년에, 그는 부흥과 성경이 부흥을 어떻게 보는지를 주제로 유명한 설교 시리즈를 전하게 되었습니다. 그는 부흥을 직접 목격하기를 갈망했습니다. 웨일스에서 사역할 당시에는 자그마한 부흥을 목격하기도 했습니다. 그리고 그리스도인들은 부흥을 위해 끊임없이 기도해야 한다고 믿었습니다. 그렇지만 그렇게 즐겨 설교한 것만큼 부흥을 충분히 경험하지는 못했습니다.

그는 의학을 공부하던 젊은 시절을 회상하면서, 자기는 그때 그리스도인이 아니었다고 고백했습니다. 그는 그때가 천국의 사냥개가 자신을 쫓아다닌 시기—자기에게 죄를 깨닫게 하고 또 사람의 치료가 어떻게 하나님의 치료가 아닌지 보여줌으로써 자신의 양심을 자극한 시기—였다고 말했습니다. 바르톨로뮤 병원의 많은 환자들이 영국 사회의 최고위층 사람들이었는데, 그들의 삶은 보기에 그리 아름답지 못했습니다.

적절한 때가 이르자 성령께서 두 가지 방법을 통해 그에게 역사하셨습니다. 하나는 그가 회심하고 예수 그리스도를 믿는 참된 믿음을 갖도록 역사하신 것입니다. 다른 하나는 그가 런던의 지식인과 특권층 사람들과 함께하는 동안 자신의 출신지인 웨일스의 가난한 사람들이 영적 어둠 속에서 살고 있다는 것을 깨닫도록 역사하신 것입니다.

따라서 그는 26세가 되었을 때 당시에 영국의 수도이자 대영제국의 수도인 런던에서 의사로 사는 안정된 길을 포기하고 웨일스로 돌아가기로 결심했습니다. 이때 그는 병원 의사로서가 아니라 영혼의 의사로서 돌아갔습니다. 돌아가서 어린 시절 몸담았던 웨일스 칼빈주의 메소디스트 단체Welsh Calvinistic Methodist group의 하나인 웨일스 전진 운동Welsh Forward Movement에 소속된 목사가 되었습니다. 이 획기적인 전환은 결혼과 함께 전국적인 뉴스거리가 되었습니다. 갓 결혼한 이 신혼부부는 남웨일스의 낙후 지역인 에버라본의 샌드필즈Sandfields로 갔습니다. 당시 샌드필즈는 대공황의 직격탄을 맞아 지역 노동자들—철강업에 종사한 노동자와 부두 노동자들—이 대부분 실직하여 이전보다 훨씬 더 가난한 상태에 빠져 있었습니다. 그들 사이에 알코올 중독이 유행처럼 번졌습니다.

그들은 복음을 절실하게 필요로 하는 사람들이었습니다. 로이드 존스는 바로 그런 자들에게 가도록 부르심을 받았습니다. 그는 1927년에서 1938년까지 샌드필즈에서 사역했습니다. 그때 그곳에서 일어난 부흥은 지금도 회자되고 많은 사람들에게 기억되고 있습니다.

로이드 존스 부부의 첫째 자녀는 딸 엘리자베스Elizabeth였습니다. 어린 시절을 이런 상황 속에서 보낸 엘리자베스는 샌드필즈에 대하여 평생 지워지지 않은 인상을 갖게 되었습니다. 9년이 지난 후 둘째 딸 앤Ann이 태어남으로써 로이드 존스 사중창단은 완성되었습니다. 이로써 그는 온전한 가정과 정서적 안정감을 갖게 되었습니다. 이것은 처음에는 웨일스에서, 나중에는 런던과 세계 전역에서 하나님이 맡기신 사역을 감당하는 데 필수적인 인간적 기반의 역할을 했습니다.

그때 당시와 마찬가지로 지금 우리에게도 중요한 것은, 그가 런던에서 사회적으로 유명한 환자들을 대했던 것과 같이 지성적인 공경과 존경으로 교인들을 대했다는 것입니다. 종종 고백했던 것처럼, 그는 평범한 노동자(종종 실직 상태에 있기도 하는)도 가르치면 대학교수 못지않게 하나님의 진리와 성경적 신학을 적절하게 이해할 수 있다고 믿었습니다. 그는 평생 동안 복음 메시지를 포기하거나 침묵을 지킨 적이 결코 없었습니다. 그는 제3세계 국가의 학생들이나 어린아이들을 지적으로 동등한 자, 즉 복잡한 진리들을 충분히 파악할 수 있는 자들로 대했습니다. 그들은 후에 이 일에 대해 크게 감사했습니다.

생각해 보면 이것은 철저히 성경적이었습니다. 신약성경 저자들 중 교육을 받은 자는 누가와 바울뿐이었고, 대부분은 무식한 어부에 불과했습니다. 그러나 이런 집단에 속한 사람들이 세상을 뒤집어 놓았습니다. 로마 제국을 변혁하고 기독교를 전 세계로 전파했습니다.

우리가 오늘날 이 시대를 위해 선정한 설교들이 복음적인 설교라는 것을 주목하기 바랍니다. 이어서 이 설교를 들었던 자들의 교육적 배경을 생각해 봅시다.

『샌드필즈의 추억』*Memories of Sandfields*이라는 소책자에서 아내 베단이 보여준 것처럼, 당시에 웨일스에서 가망 없던 사람들이 구원받는 등 놀라운 일들이 벌어졌습니다. 샌드필즈 교회는 구도자 중심의 교회가 아니었습니다. 사실 그가 처음 부임하여 했던 일은 성가대를 해체하고 금주 동맹을 폐지한 것이었습니다. 알코올 중독자들은 당연히 술 먹는 습관을 포기해야 했습니다. 하지만 그 포기는 선의의 봉사가 아니라 회심을 통해서 이루어져야 했습니다.

지금까지 로이드 존스의 생애를 간략히 정리했습니다. 이제 대서양 건너편까지 나아가 펼친 그의 유명한 복음 전도 활동에 대해 살펴볼 차례입니다. 그는 미국을 사랑했기에 여름에는 가능한 미국에 머무르며 여러 장소에서 설교했습니다. 1969년에 암에서 회복되자 그는 필라델피아 인근에 있는 웨스트민스터 신학대학원 학생들에게 설교에 대해 강의를 했습니다. 이 강의 중 하나가 이 책 1장에 수록되어 있습니다.

1938년에는 저명한 설교자 캠벨 모건J. Campbell Morgan이 그에게 영국의 자유교회 교단에서 가장 큰 교회 중 하나로 세계적인 명성을 얻고 있던 웨스트민스터 채플Westminster Chapel에서 함께 사역하자고 제안했습니다. 오늘날에는 크게 잊혀졌지만 모건은 당시 강단의 거인 중 한 사람이었습니다. 이 제안을 받아들이려면 그는 웨일스에서 성공적으로 일궈 왔던 사역을 그만두는 큰 결단을 해야 했습니다.

그는 결국 이 제안을 받아들이기로 결정했습니다. 그는 모건이 1943년에 은퇴하자 담임목사가 되어 1968년에 암으로 은퇴할 때까지 25년 동안 목회했습니다. 웨스트민스터 채플에서 사역함으로써 그는 굉장히 유명한 설교자가 되었습니다(이 책의 설교들도 대부분 웨스트민스터 채플에서 전해진 것입니다). 웨스트민스터 채플은 비국교회 설교자가 설 수 있었던 가장 큰 강단 중 하나였습니다. 그러나 그가 영국과 미국, 그리고 세계 전역에서 그토록 유명하게 된 것은 그의 설교의 힘 때문이었습니다. 웨스트민스터 채플은 그의 근거지였지만, 그의 사역은 특히 제2차 세계대전 이후로는 전 세계로 확대되었습니다.

1945년 이후 웨스트민스터 채플은 교인들이 잉글랜드 남서부 전역에서, 또 일부는 아주 먼 곳에서 출석했습니다. 그 때문에 교인 수가 급증하여 그는 교회를 견고히 세울 수 있었습니다. 대부분의 교인들은 주일이면 오전 11시 예배 시간에 맞춰 교회에 도착한 다음 하루 종일 교회에 머물렀습니다. 저녁 6시 30분이 되면 저녁예배를 드렸고, 예배 후에도 곧바로 떠나지 않고 커피를 마시며 저녁 8시 30분이나 그 이후까지 교회에 있었습니다. 전시戰時에 한시적으로 운영되었던 점심 식당이 상설 기관이 되었고, 수백 명의 교인들이 그곳에서 점심을 먹었습니다. 오후 성경학교(미국의 전 교인 주일학교 제도와 동등한 영국의 제도)를 마친 후에는 그곳에서 차를 마셨습니다. 웨스트민스터 채플의 교인들은 각기 지리적으로 멀리 떨어진 곳에 살았지만 한 공동체였습니다.

런던에서 유달리 많은 교인들이 몰려든 것은 물론 그의 설교 때문이었습니다. 당시에 웨스트민스터 채플이 가지고 있던 규모와 견줄 만한 교회를 주변에서 찾는다면, 몇 킬로미터 떨어진 지역에 있던 존 스토트John Stott의 올 소울즈 랭햄 플레이스All Souls Langham Place가 유일했습니다. 주일에 그의 설교를 들으러 온 사람들 중에는 올 소울즈 교회의 젊은 부목사들이 있었습니다. 그들 중에는 제임스 패커James Packer라는 이름을 가진 젊은 국교회 신학자도 있었습니다(제임스 패커는 그에게 깊은 영향을 받았다고 고백했습니다). 훗날 패커는 이때를 로이드 존스가 독보적인 탁월함의 정상에서 있던 시기로 회상했습니다.

주일 오전예배 설교는 이미 그리스도인이 된 자들이 주된 대상이었습니다. 저녁예배 설교는 대체로 아직 회심하지 못한 사람들을 대상으로 한 전도 설교였습니다. 그렇지만 오전예배 설교와 마찬가지로 저녁예배 설교도 성경에 기반을 둔 강해설교였습니다. 그는 자신의 설교가 권위적인 것으로 간주되는 것을 경계했습니다. 모든 것은 성경 말씀 자체에 따라 증명되어야 했기 때문입니다.

그러나 그가 이 기간에 전한 중요한 설교 일부는 변증과 중대한 성경 교리에 대한 내용으로 이루어졌습니다. 만일 설교가 성경에 기반을 두고 있다면, 변증과 강해 사이에 충돌은 전혀 없을 것입니다. 왜냐하면 변증은 성경에서 확인되는 하나님의 진리에서, 또 하나님이 만드시고 우리가 우리 주변에서 보는 세계에서 자연스럽게 흘러나오는 것이기 때문입니다. 이 시기에 전한 설교, 즉 우리가 『변하지 않았고 변하지 않는 진리』*Truth Unchanged, Unchanging*에서 선정한 설교는 미국에서 전해진 것으로 무척 중요합니다. 왜냐하면 그가 이 설교를 마치고 돌아온 후에 미국에서 굉장히 유명한 설교자가 되었기 때문입니다.

이때쯤 그는 또한 국제복음주의학생회International Fellowship of Evangelical Students

실행위원회의 초대 의장이 되었습니다. 그리고 나중에는 이 단체의 회장이 되었습니다. 당시 국제복음주의학생회는 세계적인 기구였습니다. 그러나 그때보다는 지금이 더 세계적입니다. 왜냐하면 당시에 복음이 금지되거나 알려지지 않았던 세계의 일부 지역이 21세기에는 가장 강력한 복음 전도 지역이 되었기 때문입니다. 로이드 존스를 영국 출신의 인물로 집중 조명하는 연구를 보면, 유감스럽게도 그의 국제적인 생애와 사역에 대한 이 활력적인 요소를 빠뜨리고 있습니다. 그러나 사실상 이 국제적인 사역은 25년 이상 그의 생애에서 중심 역할을 했습니다.

국제복음주의학생회가 제2차 세계대전 이후에 강력한 복음주의 운동으로 시작된 것은 그의 영향력과 성경 중심 사고에 크게 기인했습니다. 이 책은 설교자로서 그에게 집중하고 있기 때문에 그에 대한 종합적인 관점을 제공할 수 없습니다. 안타깝게도 그의 중대한 사역은 언급할 수 없습니다.

1950년에 로이드 존스는 산상 설교에 대한 설교를 시작했습니다. 이 설교 시리즈는 어떤 진영에서는 지금도 그의 가장 유명한 설교로 남아 있습니다. 이때는 그가 영국과 해외 모두에서 강해설교자로 명성을 얻고 있던 시기였습니다. 그의 설교는 지성적이고, 논리적이고, 성경에 기초를 두고, 시간을 초월해 있었습니다. 그는 열정과 전적인 확신을 가지고 이 설교를 전했습니다. 이것은 당시에 런던에서 큰 인기를 끌었던 다른 사역자들의 설교와는 대조되는 특징이었습니다. 지금 그들은 대부분 망각 속으로 사라졌고, 그들의 작품은 케케묵은 것이 되었습니다. 그들의 신학은 설사 뭔가 있었다고 해도 이미 오래전에 믿을 수 없는 것으로 취급되었습니다.

그는 많은 교인들이 신앙의 기초는 알고 있으나—그들은 자신들이 십자가에서 죽으신 예수 그리스도로 말미암아 구원받았다고 알고 있었습니다—기독교의 실천적 교리는 거의 알지 못하고 있음을 발견했습니다. 뿌리가 없는 믿음은 얕을 수밖에 없습니다. 이는 사도 바울이 갓난아기들이 젖을 먹는 것으로 묘사한 상태를 가리킵니다. 그러나 어른들에게 실제로 필요한 것은 단단한 음식입니다. 따라서 그는 주일 예배에서는 성경의 특정 책들을 강해하는 형식을 유지했지만, 금요일 밤 모임에서는 "중대한 성경 교리"로 불리는 성경에 기반을 둔 강해설교 시리즈를 시작했습니다.

유감스럽게도 우리는 지금 소위 복음주의자들이 성경 교리 또는 교리에 대한 진지한 연구를 지겨운 일로 받아들이는 시대에 살고 있습니다. 그러나 건전한 신학 연구의 필요성은 신약성경 전체를 관통하고 있는 주제입니다. 성경은 건전한 신학을 배우지 않아 신학적으로 불안정한 신자들을 잡아먹으려는 탐욕스러운 이리들을 조심하라고 경고합니다. 그런 의미에서 우리는 우리가 무엇을 믿고 있는지 그리고 왜 이전보다 더 그렇게 해야 하는지에 대해 성경 중심적인 강해가 필요합니다. 그는 이 시간에 한 시간 남짓 중요한 문제들에 대해 전했습니다. 이 설교들은 처음에 전해졌을 때보다—그것을 듣기 위해 런던 중심지에서 멀리 떨어져 있는 곳에서 일부러 힘들게 찾아온 교인들이 많았습니다—60년 이상이 지난 지금 이 설교를 듣는 자들에게 훨씬 더 적합합니다.

목사-교사는 성경에 근거를 둔 직분입니다. 로이드 존스는 의학적인 의미에서만 의사였던 것이 아닙니다. 그는 교회의 교인들과 웨스트민스터 목사회Westminster Fellowship of Ministers(처음에 국교회와 자유교회 교단의 목사로 구성되었지만 나중에는 자유교회 교단의 목사만 참여했습니다)에서도 의사 역할을 했습니다. 날카로운 의학 지식(그는 생애를 마칠 때까지 한평생 의학 잡지를 탐독했습니다)과 목회적인 안목을 가진 그는 웨스트민스터 채플의 교인이나 어려움에 빠진 사역자들이 어떻게 육체적으로나 정신적으로 침체나 우울증에 빠지고, 그러기에 영적 질병에 걸리는지 확인할 수 있었습니다. 그는 또한 죄가 때때로 영적 무기력이나 소외감을 일으키지만, (욥에게 그런 것처럼) 사탄이 신실하고 무고한 하나님의 자녀를 공격하는 일도 있음을 잘 알고 있었습니다. 하나님이 특별한 유익을 위해 자기 자녀를 시험하신 것이 바로 그런 경우일 것입니다. 이 모든 것은 가능한 일입니다. 인간 심리에 정통한 의학 훈련을 받은 의사로서, 그리고 영혼들을 영적으로 보살필 의무를 하나님께 부여받은 목사로서, 그는 이런 왜곡된 증상이 무척 다양하다는 것을 잘 알고 있었습니다.

「정신과 마음과 의지」라는 제목의 설교는 탁월한 성경 강해자로서의 면모뿐만 아니라 의사로서의 면모, 즉 하나님이 1920년대에 그에게 쌓도록 하신 의학적 지식을 활용하는 면모도 함께 보여줍니다. 참된 설교는—그것이 성경적으로 이해된다면—지(지성) · 정(감정, 정서) · 의(의지, 적용)에 호소할 것입니다. 이 독특한 결합은 단순히 이 주제에 대해서만 그런 것이 아니라 그의 설교 전체의 한복판에 놓여 있었습니다. 그의 설교는 불붙은 논리와 의지를 사용한 논리의 적용이 완전히 하나로 결합되어 있었습니다. 이는 감정이나 지성 중 어느 하나에 주로 호소하거나 아니면 이 둘에 아예 호소하지도 않거나, 혹은 배운 것을 실천하도록 의지에 호소하는 경우도 없는 당시의 다른 목사들의 설교와는 달랐습니다.

그의 이런 설교는 오늘날에도 얼마나 참된 설교일까요! 요즘은 감정을 지나치게 부추기고 조작하며, 월요일 아침이 되면 삶에 전혀 적용되지 않는 지성적인 설교가 매우 흔합니다. 당대의 다른 설교와는 전혀 다른 그의 설교의 중요성은 아무리 강조해도 지나치지 않습니다. 왜냐하면 이 특별한 결합, 즉 지성과 감정과 의지의 결합은 여러 가지 면에서 그의 실제 말만큼 중요했기 때문입니다. 그가 설교했던 당대와 오늘 우리 사이에 60년 이상의 간격이 놓여 있는 것은 그리 중요하지 않습니다.

그는 한 번 시작하면 끝까지 계속했습니다.

그가 복음주의권에서 유명하게 된 것은 그의 웅대한 강해설교, 특히 주일마다 전했던 에베소서 강해설교와 금요일 저녁마다 전했던 로마서 강해설교 때문이었습니다.

그의 강해는 성경적이었지만, 또한 굉장히 실제적이기도 했습니다! 그의 설교 시리즈 중 하나는 그리스도인의 결혼, 가정, 직장 생활과 같은 실제 삶에 관한 것입니다. 이 책은 지금까지 수십 년 동안 신혼부부에게 결혼 선물로 인기가 있습니다. 성경에서 바울이 제시한 원리들은 변하지 않았습니다. 인간의 본성도 바뀌지 않았습니다. 따라서 결혼과 결혼의 기쁨 및 요구 사항도 똑같이 변하지 않습니다. 따라서 우리는 성경의 원리들을 매일, 깨어 있는 모든 순간마다 삶의 기초로 삼아야 합니다.

이 모든 것은 깊은 영적 토대를 가지고 있습니다. 십자가에서 이루어진 하나님의 화목의 역사가 바로 이 기초입니다. 이것이 없으면 우리는 아무것도 아닙니다. 그래서 우리는 이 기초를 이 책의 핵심으로 삼았습니다. 여러분은 이 책의 모든 설교를 읽을 때 그것이 "기름부음"을 받았음을 잊지 마십시오. 이것은 성령께서 주신 확신과 능력으로 설교할 수 있도록 그에게 주어진 하나님의 선물이라는 것을 명심하십시오. 역사 강의와 기름부음으로 충만한 설교 사이에는 엄청난 차이가 있습니다. 역사 강사나 현대 물리학 강연자는 열정을 가지고 인간적인 노력을 다하여 열변을 토할 수 있습니다. 그러나 하나님이 친히 준비하신 설교자는 오직 하나님으로부터 나오는 확신을 가지고 설교합니다.

하나님으로부터 나오는 확신 외에 어떠한 비결도 로이드 존스와 같이 설교하도록 만들 수 없을 것입니다. 이것을 기억하는 것은 매우 중요합니다.

1

대안은 없다

1969 | 『설교와 설교자』

이 책은 로이드 존스의 그리스도 중심의 설교를 모아 놓은 책입니다. 따라서 이 책 대부분은 서론에 언급한 대로 그의 설교로 구성될 것입니다.

그러나 우리는 로이드 존스가 "그리스도 중심의 설교"라는 말을 실제로 어떤 의미로 사용했는지 알아야 합니다. 감사하게도 그는 『설교와 설교자』*Preaching and Preachers*에서 이에 대해 상세하게 답변합니다. 『설교와 설교자』는 처음 강의가 있고 난 이후로 50년이 넘게 지금도 책으로 출판되고 있습니다.

그는 「대안은 없다」라는 강의에서 이를 얼마간 깊이 있게 설명합니다. 따라서 이후 장들과 달리 이번 장의 서론은 길게 제시하지 않을 것입니다. 그는 설교와 강의를 완전히 다른 사역으로 보았습니다. 설교는 하나님이 정하신 선포 방법이고, 강의는 인간이 정한 교수 방법이었습니다. 그래서 그는 웨스트민스터 채플에서 주일과 금요일 저녁마다 전한 설교를 매우 높이 평가합니다. 그는 주중에(혹은 신문을 읽는 동안에) 우연히 얻은 좋은 관념들을 단순히 전달하지 않았습니다. 그는 하나님의 말씀을 선포했습니다.

목사-교사는 신약 시대의 신령한 은사 중 하나입니다. 감사하게도 이 직분이 항구적인 타당성이 있다는 점에 대해서는 결코 논란이 없습니다. 목사-교사는 사도 바울 시대와 마찬가지로 오늘날 우리 시대에도 절대적으로 필요합니다! 설교자는 세상적인 직업이 아니라 하나님이 직접 주신 소명입니다. 설교는 하나님이 정하신 전달 수단이며, 설교자는 대체 불가능한 직분입니다.

오늘날 설교의 중심적인 위치가 부활하고 있습니다. 이에 대해 우리는 하나님께 감사해야 합니다! 그러나 동시에 우리 주변에는, 21세기 사람들은 낡고 구시대적인 과거의 방법으로는 더 이상 현실에 대처할 수 없으므로 '교회를 운영하는' 새로운 방법을 찾아야 한다고 열변을 토하는 자들도 있습니다. 그러므로 성경에 기초를 둔 그리스도 중심의 설교를 옹호하는 것보다 더 중요한 일은 없을 것입니다.

이 사실을 그보다 더 설득력 있게 전할 수 있는 사람은 없을 것입니다. 이제 1969년에 이 강의를 들은 사람들과 같이, 그리고 이후로 이 강의를 통해 변화된 수많은 사람들과 같이 여러분도 변화시킬 말씀을 들어봅시다.

첫 번째 강의에서는 "설교야말로 교회의 주된 임무이자 목회자의 주된 임무이며, 그 밖의 모든 것은 보조적인 장치로서 외곽에서 설교를 받쳐 주고 매일의 삶을 통해 이를 실천하는 방편"이라는 명제를 제시했습니다. 저는 다른 여러 형태의 활동에 들어가는 수고를 감수하면서까지 설교를 깎아내리려 드는 오늘날의 경향을 특별히 염두에 두면서 이 명제의 정당성을 입증해 나가는 중입니다. 그래서 일단 명제를 제시한 후, 신약성경과 교회사가 제공하는 증거를 통해 그 정당성을 입증하고자 했습니다.

이번에는 한 걸음 더 나아가, 신약성경 자체가 제공해 주는 증거, 교회 역사가 실례를 통해 지지해 주는 이 증거로 볼 때, "설교의 우선성을 주장하는 것이 결국 신학적으로도 옳은 일"이라는 결론이 나온다고 말하고 싶습니다. 다시 말해서 성경 메시지 전체가 이 결론을 주장하며 이 결론으로 우리를 몰아간다는 것입니다. 무슨 뜻입니까? 제가 의미하는 바는 이것입니다. 즉, 인간이 처한 상황과 성경이 전하고 선포하는 구원의 성격을 고려할 때 인간의 진정한 필요가 무엇인지 밝히며 그 유일한 해결책 내지 치료책을 제시하는 것이야말로 교회의 주된 임무라는 것입니다.

좀 더 자세히 설명해 보겠습니다. 제 논지의 핵심은 이것입니다. 사람들이 설교의 중요성을 더 이상 깨닫지 못하는 것은 교회의 주된 임무를 오해하는 견해들이 나돌고 있기 때문입니다. 인간의 필요라는 문제에 대해 생각해 보십시오.

인간의 필요는 무엇입니까? 소극적인 정의부터 내리자면, 인간의 필요는 단순히 질병을 고치는 것이 아닙니다. 사람들은 인간의 본질적인 문제를 질병의 측면에서 보려는 경향이 있습니다. 물론 여기에서 질병이란 신체적인 질병만을 가리키지 않습니다. 물론 그것도 포함되기는 하지만, 여기에서 말하는 것은 정신적이고 도덕적이며 영적인 질병입니다. 인간의 문제는 그런 질병에 있지 않습니다. 인간의 진정한 필요는 그런 질병을 치료받는 것이 아닙니다. 인간의 비참함과 불행에 대해서도, 또한 인간은 환경의 희생자라는 주장에 대해서도 저는 같은 말을 하고 싶습니다.

오늘날에는 이렇게 잘못된 견해들이 득세하고 있습니다. 많은 이들이 인간의 상황을 진단하려고 달려듭니다. 그리고 인간이 병들고 불행한 존재이며 환경의 희생자라는 결론에 도달합니다. 따라서 인간의 주된 필요는 이 문제를 해결하는 것이며, 이 문제에서 해방되는 것이라고 믿습니다. 그러나 저는 그들이 인간의 상황을 너무 피상적으로 진단했다고 생각합니다. 인간의 진정한 문제는 하나님을 거슬러 반역함으로써 그분의 진노 아래 놓이게 된 데 있습니다.

이것이 인간에 대한 성경의 설명이며, 인간의 원래 모습에 대한 성경의 견해입니다. 인간은 "허물과 죄로" 죽은 존재, 즉 영적으로 죽은 존재입니다.엡 2:1 인간은 하나님의 생명과 영적인 영역에 대해 죽어 있으며, 그 영적인 영역이 주는 모든 혜택에 대해서도 죽어 있습니다. 또한 성경은 인간이 "맹인"이라고 말하고 있습니다. 바울은 고린도후서 4:3-4에서 이렇게 말합니다. "만일 우리의 복음이 가리었으면 망하는 자들에게 가리어진 것이라. 그중에 이 세상의 신이 믿지 아니하는 자들의 마음을 혼미하게 하여 그리스도의 영광의 복음의 광채가 비치지 못하게 함이니." 또한 바울은 에베소서 4:17 이하에서 인간의 문제는 "그들의 총명이 어두워지고 그들 가운데 있는 무지함과 그들의 마음이 굳어짐으로 말미암아 하나님의 생명에서 떠나" 있는 것이라고 말하고 있습니다. 이러한 인간의 상태를 묘사하기 위해 성경이 흔히 사용하는 또 다른 단어는 "어둠"입니다. 여러분은 요한복음 3:19에서 그 단어를 볼 수 있습니다. "그 정죄는 이것이니 곧 빛이 세상에 왔으되 사람들이 자기 행위가 악하므로 빛보다 어둠을 더 사랑한 것이니라." 요한일서에도 같은 사상이 나타나고 있습니다. 요한은 그리스도인들을 향해 "어둠이 지나가고 참빛이 벌써 비침이니라"라고 말합니다.요일 2:8 사도 바울도 에베소서 5장에서 똑같은 개념을 사용하고 있습니다. "너희가 전에는 어둠이더니 이제는 주 안에서 빛이라."엡 5:8 성경은 인간의 본질적인 문제를 이러한 말들로 진단하고 있습니다. 이 모든 말을 한 단어로 요약하면 "무지"라고 할 수 있습니다. "맹인"이나 "어둠"은 전부 무지를 가리키는 말입니다. 성경적인 인간관에 따르면 불행이나 비참함, 더 나아가 신체적 질병이나 우리에게 고통과 괴로움을 주는 모든 것은 원죄의 결과요 타락의 산물입니다. 근본적인 문제가 아니라 결과 내지는 증상이며, 궁극적이고 주된 이 병의 표출이라는 것입니다.

인간의 필요가 이런 것이라고 할 때, 성경이 구원에 대해 이야기하면서 이러한 필요를 나타내는 표현들에 상응하는 용어들을 사용하는 것은 놀랄 일이 아닙니다. 사도 바울은 구원을 "진리를 아는 데에 이르"는 일로 묘사합니다.[딤전 2:4] 모든 사람이 구원을 받고 진리를 아는 데 이르는 것이야말로 하나님의 뜻입니다. 구원은 진리를 아는 것입니다. 바울은 고린도후서 5:19-20에서 그리스도의 "사신"인 설교자들에게 위탁된 메시지는 곧 "너희는 하나님과 화목하라"라는 것이라고 말합니다. 우리는 사도행전에서 그 실례를 발견합니다. 17장에서 바울은 아덴 사람들에게 "너희가 알지 못하고 위하는 그것을 내가 너희에게 알게 하리라"라고 말합니다.[행 17:23] 아덴 사람들은 철학자였음에도 진리에 무지했습니다. 바울은 이 부분에서 그들에게 가르침과 빛을 줄 수 있는 사람이었습니다.

저는 이러한 사람들의 무지를 해결해 주는 것이 곧 구원이며, 성경은 사람들에게 없는 이 '지식'을 줄 때 구원이 임한다고 가르치고 있음을 밝히고자 합니다. 바울은 "하나님의 뜻을 다" 전했다고 말하며,[행 20:27] 베드로도 그리스도인들이란 "어두운 데서" 나와 "그의 기이한 빛에 들어가게" 된 자들이라고 말함으로써 똑같은 사상을 보여주고 있습니다.[벧전 2:9] 성경은 이런 용어들을 사용하고 있으며, 제가 볼 때 이 모든 용어들은 우리가 항상 설교에 우선권을 주어야 한다는 사실을 보여줍니다. 만약 구원이 인간에게 가장 필요한 것이며 인간의 궁극적인 필요가 그에 대한 무지에서 발생한 것이라면, 다시 말해서 하나님께 반역한 결과 발생한 것이라면, 인간에게 최우선적으로 필요한 일은 무엇보다 이 사실에 대해 듣는 것입니다. 자기 자신에 대한 진실을 듣는 것이고, 이 문제를 해결할 수 있는 유일한 방법을 듣는 것입니다. 그러므로 저는 이 모든 것에 대해 알려 주는 일이야말로 교회와 설교자의 고유한 임무라고 주장하는 바입니다.

여기에서 제가 강조하고 싶은 것은 '고유한'이라는 단어입니다. 원한다면 '예외적인'이나 '특별한'이라는 말로 바꾸어도 좋습니다. 이것은 오직 설교자만 할 수 있는 일입니다. 설교자만 세상의 가장 중대한 필요를 채워 줄 수 있는 자리에 있습니다. 바울은 고린도전서 9:17 이하에서 이 점에 대해 이야기하고 있습니다. 그는 자신이 복음을 나누어 주는 "사명을 받았"다고 말합니다. 즉, 자신이 부름받은 것은 자신에게 주어진 이 메시지 곧 복음을 나누어 주기 위해서라는 것입니다. 똑같은 표현을 에베소서 3:8-10에 나오는 지극히 영광스러운 진술에서도 찾아볼 수 있습니다. "모든 성도 중에 지극히 작은 자보다 더 작은 나에게 이 은혜를 주신 것은 측량할 수 없는 그리스도의 풍성함을 이방인에게 전하게 하시고." 이것이 그의 소명이자 임무였습니다. 그는 앞에서도 "이제 그의 거룩한 사도들과 선지자들에게 성령으로 나타내신 것같이 다른 세대에서는 사람의 아들들에게 알리지 아니하셨으니"라고 말하고 있습니다. 하나님이 성령으로 나타내 주신 메시지는 바로 이것입니다. "영원부터 만물을 창조하신 하나님 속에 감추어졌던 비밀의 경륜이 어떠한 것을 [만민에게] 드러내게 하려 하심이라. 이는 이제 교회로 말미암아 하늘에 있는 통치자들과 권세들에게 하나님의 각종 지혜를 알게 하려 하심이니."

저의 주장은 교회만이 이 일을 할 수 있으며, 이런 내용을 알릴 수 있는 사람 또한 설교자밖에 없다는 것입니다. 앞으로도 밝혀 나가겠지만, 설교자는 이 고유한 역할을 감당하며 이 고유한 임무를 수행하기 위해 교회가 따로 구별해서 세운 사람입니다. 우리는 이 점을 우선적으로 강조해야 합니다. 반드시 그래야 합니다. 우리가 인간의 참된 필요와 그 유일한 해답을 알게 되는 순간, 오직 그 지식을 가진 자들이 그렇지 못한 자들에게 그것을 전해 주어야 한다는 사실 또한 분명히 깨닫게 됩니다.

좀 더 설명해 보겠습니다. 세상에는 인류의 여러 문제들을 다룰 수 있는 매개체들이 많이 있습니다. 예를 들어 의술도 있고 국가도 있으며, 더 나아가 다른 종교나 사교 및 심리학, 그 밖의 다양한 가르침과 정부 기관들도 있습니다. 이 모든 매개체들은 인간의 상황을 조금이나마 개선하고자 고안된 것들입니다. 삶에 수반되는 문제들과 고통들을 덜어 주고 좀 더 조화롭게 살면서 삶의 즐거움을 더 많이 누릴 수 있도록 고안된 것들입니다. 이 같은 목적을 위해 만들어진 매개체들에 아무 가치도 없다고 말할 생각은 추호도 없습니다. 우리는 이런 매개체들도 유익을 끼칠 수 있다는 사실, 그것도 상당한 유익을 끼칠 수 있다는 사실을 인정해야 합니다. 이런 매개체들 또한 인간의 문제를 어느 정도는 다루어 줄 수 있습니다. 그러나 우리가 지금까지 살펴본 이 근본적이고도 주된 문제를 다룰 수 있는 매개체는 한 가지도 없습니다.

설사 그들이 제 역할을 다 한다 해도, 심지어 교회가 그런 매개체들의 수준으로 내려가 그 수준에서 할 일을 다 한다 해도 인간의 주된 문제는 여전히 해결되지 못한 채 남게 됩니다. 그렇기 때문에 교회의 주된 임무는 그런 매개체들처럼 사람을 신체적, 정신적으로 치료하거나 교육하거나 행복하게 만드는 일이 아니라는 것을 저는 기본 명제로 전제하고 싶습니다. 더 나아가 사람을 선하게 만드는 일 또한 교회의 임무가 될 수 없습니다. 이런 것들은 구원에 수반되는 부산물에 불과합니다. 교회가 참된 임무를 수행하는 과정에서 부수적으로 사람들을 가르치거나 지식과 정보를 제공하거나 사람들을 행복하게 만들거나 전보다 더 선한 사람으로 만들게 되는 것입니다. 그러나 그 자체는 교회의 주된 목표가 아니라는 것이 저의 논지입니다. 그중 어느 것도 교회의 주된 목적은 될 수 없습니다. 교회의 주된 목적은 인간을 하나님과 바른 관계로 이끄는 것이며 화목케 하는 것입니다. 이 점은 특히 요즘 강조될 필요가 있습니다. 제가 볼 때 이것이야말로 현대인들이 범하고 있는 오류의 핵심에 있는 문제이기 때문입니다. 이러한 오류는 교회에도 침투해서 많은 교인들의 사고에 영향을 주고 있습니다. 사람들을 행복하게 만들거나 삶을 유기적으로 통합하거나 어려움을 덜어 주거나 상황을 개선하는 것이 교회의 할 일이라는 개념이 스며든 것입니다. 그러나 그런 일들은 단지 증상을 완화해서 일시적으로 진정시키는 데 지나지 않는다는 것이 저의 주장입니다.

물론 증상을 완화하는 것 자체가 나쁜 일은 아닙니다. 그것은 분명히 옳고 좋은 일입니다. 그러나 이처럼 증상을 완화하거나 경감하는 것이 그 자체로서는 나쁜 일이 아니라 하더라도 인간과 인간의 필요를 이해하는 성경의 관점에서 볼 때에는 나쁜 일이 될 수 있으며 나쁜 영향과 나쁜 효과를 낼 수 있다는 점을 짚고 넘어가지 않을 수 없습니다. 증상을 완화함으로써 오히려 질병의 실체를 가려 버릴 수 있기 때문입니다. 현대 세계에 사는 우리는 바로 이 점에 유념해야 합니다. 제가 크게 오해한 것이 아니라면, 이것이야말로 오늘날 우리가 안고 있는 문제의 핵심입니다.

병원의 예를 들어 봅시다. 침대에 누워 복통으로 몸부림치는 환자가 있다고 합시다. 아주 친절하고 동정적인 의사가 그 곁으로 다가옵니다. 그는 사람이 고통을 겪거나 괴로워하는 모습을 보고 싶어 하지 않습니다. 그래서 그의 고통을 덜어 주기 위해 조치를 취해 주어야겠다고 생각합니다. 그는 그럴 능력이 있는 사람입니다. 진통제 주사를 놓아 줄 수도 있고, 금방 고통을 덜어 줄 다양한 약을 처방할 수도 있습니다. 이에 대해 "그건 확실히 잘못된 행동이 아닙니다. 오히려 친절하고 선한 행동이지요. 그 덕분에 환자의 몸과 마음이 편해지고 고통도 사라지지 않습니까?"라고 말할 수도 있습니다. 그러나 의사로서 그것은 거의 범죄행위에 가깝습니다. 증상의 원인은 찾지 않은 채 증상만 제거하는 것은 오히려 환자에게 해를 입히는 일이기 때문입니다. 증상은 질병의 표출이라는 점에서 아주 중요합니다. 그 증상을 잘 추적해야 질병의 정체를 파악할 수 있습니다. 따라서 원인을 발견하기도 전에 증상을 제거해 버리는 것은 환자를 일시적으로 편안하게 만들어 줌으로써 마치 모든 문제가 사라진 양 착각하게 만든다는 점에서 환자에게 해를 입히는 행위입니다. 문제는 사라지지 않았습니다. 일시적으로만 편안해졌을 뿐, 병은 여전히 진행되고 있습니다. 만약 그 병이 급성 맹장염 같은 것이라면 빨리 처리하면 할수록 좋습니다. 수술은 하지 않고 고통만 면하게 해주는 것은 맹장이 곪아 터지거나 그보다 더 나쁜 결과가 오기를 재촉하는 짓이나 다름없습니다.

이 예는 현재 일어나고 있는 상황을 잘 이해하게 해줍니다. 이것은 오늘날 교회가 직면하고 있는 문제 중 하나이기도 합니다. 우리가 살고 있는 이 '풍요로운 사회'는 사람들에게 마취제를 주어서 마치 만사가 잘되고 있는 것처럼 착각하게 만듭니다. 사람들은 더 많은 월급과 더 좋은 집, 더 좋은 차와 온갖 종류의 가전제품을 소유하고 있습니다. 생활은 만족스럽고 만사는 형통한 것 같습니다. 그래서 진정한 문제들에 대해 생각하거나 직면하기를 회피합니다. 사람들은 이러한 피상적인 편안함에 만족하며, 그 만족감 때문에 자신들이 처한 실제 상황을 진정으로 철저하게 이해하지 못합니다. 다른 많은 요소들도 이러한 경향을 악화시키고 있습니다. 사람들은 쾌락에 집착하고 있으며, 텔레비전과 라디오가 가정 깊숙한 곳까지 영향을 끼치고 있습니다. 이 모든 요소들이 마치 만사가 잘되고 있는 것처럼 착각하도록 우리를 설득합니다. 일시적인 행복감을 줌으로써 다 형통한 것처럼 안심하게 만들고, 더 이상 생각하지 않게 만듭니다. 그 결과, 인간은 자신의 실제 처지를 인식하거나 직면하지 못하게 됩니다.

진정제를 맞는 일, 이른바 각성제와 수면제를 먹는 일도 여기에 추가해야 할 것입니다. 사람들은 이런 약에 의존해서 살아가는데, 그럴 경우 흔히 신체적 문제가 은폐될 뿐 아니라 더 심각하게는 영적인 문제까지 은폐되어 버립니다. 이처럼 일시적인 위안에 만족할 때, 인간은 계속해서 만사가 잘되고 있다고 안심하고 있다가 결국에는 파멸에 이르게 됩니다. 그러한 파멸은 오늘날 약물 중독 등의 형태로 흔히 나타나고 있습니다. 각성제와 수면제, 진정제와 자극제를 번갈아 먹지 않고서는 일을 계속하지 못하는 사람들이 많이 있습니다. 교회가 설교라는 주된 임무를 수행하는 대신 다른 매개체들이 하는 일들로 돌아간다면, 이와 똑같은 결과를 낳게 될 것입니다. 그 자체로서는 나쁜 일을 한 것이 아님에도 불구하고 진정한 필요를 은폐함으로써 결과적으로는 큰 피해를 입히게 되는 것입니다.

교회와 설교가 해야 할 일, 교회와 설교만이 할 수 있는 일은 인간의 근본적인 문제들을 끄집어내서 철저하게 다루는 것입니다. 이것은 전문적인 일이며 교회의 고유한 임무입니다. 교회는 여러 매개체 중에 하나가 아닙니다. 사교와 경쟁하는 곳도 아니고, 다른 종교와 경쟁하는 곳도 아닙니다. 심리학자나 다른 정치 단체, 사회 단체와 경쟁하는 곳도 아닙니다. 교회는 특별하고도 독특한 기관입니다. 오직 교회만이 이 일을 할 수 있습니다.

저는 다른 사람들의 말을 통해 제 주장의 정당성을 입증하고자 합니다. 예를 들어 저에게는 거의 재미있게 들리기까지 하는 제안이 있습니다. 그것은 설교는 줄이고 다른 다양한 활동을 더 많이 해야 한다는 것입니다. 이는 물론 새로운 제안은 아닙니다. 그런데도 사람들은 이런 제안을 아주 새롭게 여기면서, 설교를 비난하고 깎아내리는 것을 현대성의 표지로 여기는 것 같습니다. 그러나 이러한 제안은 전혀 새로운 것이 아니라고 간단히 대답할 수 있습니다. 형태는 새로울지 몰라도 원리는 전혀 새롭지 않습니다. 그런데도 20세기는 이것을 특히 강조해 왔습니다.

복음의 사회적 적용에 대한 이 모든 새로운 관심, 즉 사람들 사이로 들어가 정치를 논하며 사회적 사안 등에 개입하자는 견해에 대해 한번 생각해 봅시다. 이에 대한 간단한 답변은, 제1차 세계대전이 발발하기 전에도 대부분의 서방 국가에서 이런 견해가 유행했다는 것입니다. 그때는 '사회복음'이라는 이름이 붙어 있었지만, 그 내용은 지금의 주장과 하나도 다를 것이 없습니다. 그들은 케케묵은 복음 설교는 너무 개인 중심적이고 단순하며 사회 문제나 상황을 도외시한다고 주장했습니다. 물론 그것은 성경과 주님을 자유주의와 현대주의, 고등비평의 관점에서 바라본 사람들의 견해였습니다. 그들은 주님을 완벽한 인간이요 위대한 선생에 불과한 분으로, 정치적 선동가이자 개혁가이며 위대한 본보기에 불과한 분으로 보았습니다. 주님은 선을 행하러 온 인물이며 산상 설교는 법률과

규정에 포함되어야 할 내용이라고 생각한 것입니다. 그들은 그 가르침을 실천함으로써 완벽한 세상을 만들 수 있다고 생각했습니다. 이처럼 오늘날 새로운 주장으로 간주되며 교회의 주된 임무로 간주되고 있는 내용은 사실상 20세기 초반에 이미 철저하게 시도된 것들입니다.

교회의 활동과 삶에 침투해 들어오고 있는 다양한 다른 매개체들도 마찬가지입니다. 오늘날 새로운 접근법으로 지지받고 있는 것들은 이른바 '복지시설 교회'Institutional Church가 이미 시험을 마친 것들이며, 그것도 상당히 철저한 시험을 마친 것들입니다. 교회 내에 각종 문화 단체들이 마련되었고, 교회는 사회 생활의 중심지 역할을 하면서 여러 가지 이름의 운동경기와 모임들을 조직했습니다. 이 모든 것이 1914년 이전에 이미 철저한 시험을 거쳤습니다.

우리에게는 이런 시도들이 효과가 있었는지, 과연 어떤 결과를 낳았는지 물어볼 권리가 있습니다. 그에 대한 대답은 그것이 전부 실패했다는 것, 완전한 실패작으로 드러났다는 것입니다. 미국의 상황은 자세히 모르겠지만, 영국과는 약간 달랐던 것으로 알고 있습니다. 그러나 영국 교회들을 텅 비게 만든 책임은 대부분 '사회복음적인' 설교와 '복지시설 교회'에 있었다고 주저 없이 말할 수 있습니다. 거기에 무엇보다 큰 책임이 있었습니다. 교회의 사명이 단지 정치, 사회적인 개혁과 평화주의를 전하는 것이라면 굳이 교회가 있어야 할 필요는 없다는 주장이 당연히 대두되었습니다. 그런 일은 정치 단체에서도 능히 할 수 있었습니다. 그래서 사람들은 교회를 떠나 정당에서 그 일을 하고자 했습니다. 그것은 논리적으로 완벽한 수순이었습니다. 그리하여 교회는 치명타를 맞았습니다.

이 점은 지금의 상황을 가지고서도 얼마든지 입증할 수 있습니다. 교회가 정치, 사회적 관심을 보여야 한다고 열렬히 주창하는 설교자 두 사람이 런던에 있습니다. 그들은 이렇게 할 때 사람들을 얻을 수 있고 도울 수 있으며 그리스도인으로 만들 수 있다고 주장합니다. 그런데 영국에서 이런 내용을 가장 많이 가르치는 이 두 사람의 교회에 모이는 인원이 소수에 불과하다는 것은 아주 흥미로운 사실입니다. 런던 도심에 교회가 있어서 어디서나 쉽게 찾아갈 수 있는데도 말입니다. 이것은 확인 가능한 사실로서, 그리 놀라운 일이라고 할 수 없습니다. 사람들은 굳이 교회까지 가서 그런 이야기를 들으려 하지 않기 때문입니다. 그런 이야기는 신문에서도 매일 읽을 수 있고, 바로 그런 목적으로 세워진 정치 기관이나 사회 기관을 통해서도 얼마든지 들을 수 있습니다. 그 두 설교자 중 한 사람이 이러한 자신의 관심 때문에 최근 주일 저녁예배를 폐지함으로써 여론의 주목을 받았습니다. 결국 그는 같은 거리에 있는 다른 교회의 저녁예배에 참석할 수밖에 없었습니다.

자, 이것은 매우 흥미롭고도 중요한 주제입니다. 여러분이 교회의 주된 임무를 버리고 다른 일을 한다면, 아무리 그 동기가 순수하고 훌륭하다고 해도 결과는 이렇게 나타날 것입니다. 저는 그 동기를 의심하거나 비난하려는 것이 아닙니다. 다만 이런 이론이 추구하는 결과와 실제 결과는 사실상 상반된다는 점을 보여주려는 것입니다. 저는 현대 사회가 이 모양이 된 책임의 상당 부분이 교회가 설교에서 떠나 버린 데 있다고 주장하는 바입니다. 교회는 복음에 토대를 두지 않은 도덕과 윤리를 설교하고자 애썼습니다. 경건이 없는 도덕을 설교했고, 결국 아무 영향도 끼치지 못했습니다. 그러한 시도는 아무 열매도 거두지 못했으며 앞으로도 거두지 못할 것입니다. 진정한 임무를 포기한 교회는 결국 인류가 자기 꾀를 좇아

가도록 어느 정도 방치하는 결과를 낳았습니다.

이 점에서 제가 예증하려는 또 하나의 주장이 있습니다. 그것은 교회가 설교에서 돌이켜 이러한 수단들로 향하는 순간, 끊임없는 변화에 휘둘려 갈팡질팡하게 된다는 것입니다. 나이가 들어서 좋은 점 중에 한 가지는 사람들이 새로운 것을 보고 흥분할 때 자신도 40년 전에 그랬다는 사실을 기억할 수 있다는 것입니다. 교회에도 인기 있는 풍조나 유행이나 물결이 나타났다 사라졌다 합니다. 새로운 유행이 나타날 때마다 사람들은 크게 흥분하면서 이것이야말로 교회를 가득 채우는 방법이며 문제 해결 방책이라고 크게 선전합니다. 그렇게 너나없이 그것에 관해 이야기하다가 몇 년 후에는 또 전부 잊어버린 채 또 다른 물결, 또 다른 새로운 개념에 빠져듭니다. 누군가 필요한 한 가지를 생각해 내거나 현대인을 이해하는 심리적인 통찰을 얻으면 그것이야말로 최상의 해결책인 것처럼 저마다 그리로 달려갑니다. 하지만 그것도 금세 한물가 버리고 또 다른 유행이 그 자리를 차지합니다.

이처럼 교회도 세상처럼 끊임없는 유행의 변화에 휩쓸린다는 것은 참으로 슬프고 안타까운 일입니다. 그 와중에서 교회는 지금껏 그 영광이 되어 왔던 메시지의 지속성과 견고함, 안정성을 상실하고 있습니다.

복음 설교를 사회 정치적 관심으로 대체하려는 시도에 대해 좀 더 적극적인 반대 의견을 내놓을 수도 있습니다. 사회 정치적 상황과 개인의 행복 등에 대한 관심이 좀 더 효율적으로 실행된 때는 교회가 부흥하고 개혁되며 진정한 설교가 선포되었던 때였습니다. 저는 한 걸음 더 나아가 수세기에 걸쳐 이러한 문제를 해결하는 데 가장 지대한 공헌을 한 곳 또한 교회였음을 밝히고자 합니다. 현대인은 역사에 아주 무지합니다. 그들은 병원을 처음 시작한 곳이 교회라는 사실을 모르고 있습니다. 처음으로 고통과 질병에 연민을 느끼고 신체적인 질병에 대해 무언가 조처를 취하려 했던 이들은 바로 그리스도인들이었습니다. 그들이 초창기 병원들을 세웠습니다. 교육도 마찬가지입니다. 교육의 필요를 처음으로 보고 무언가 일을 시작한 곳은 바로 교회였습니다. 구빈법을 제정해서 가난에 시달리는 사람들의 고통을 덜어 준 곳도 교회였습니다. 다름 아닌 교회가 이런 일들을 실천한 것입니다. 노동조합과 그 밖의 사회 운동들도 시초를 살펴보면 거의 항상 그리스도인들이 관여했음을 알게 됩니다.

교회가 주된 임무를 제대로 수행할 때, 이러한 다른 활동들 또한 반드시 하게 된다는 것이 저의 주장입니다. 달리 말해 봅시다. 예컨대 종교개혁은 삶에 대한 인간의 관점과 활동 전체에 자극을 주었습니다. 종교개혁이 과학이나 과학적 탐구 및 연구를 한껏 촉진시켰으며 문학과 다른 많은 활동들도 동일하게 촉진시켰다는 것은 얼마든지 입증할 수 있는 사실입니다. 다시 말해서 인간은 하나님의 통치를 받는 본연의 위치로 돌아갈 때에야 비로소 자신의 능력과 가능성을 깨닫기 시작하며 그것을 사용하기 시작한다는 것입니다. 따라서 역사상 가장 위대한 시대는 항상 위대한 종교개혁과 부흥의 시대에 뒤이어 찾아왔습니다. 다른 사람들도 정치와 사회 상황에 대해 말들은 많이 쏟아 내지만 실제로 하는 일은 거의 없습니다. 그런 상황들에 현실적으로 대처하여 지속적이고도 영구적인 결과물을 만들어 내는 것은 바로 교회의 활동입니다. 그러므로 저는 실용적인 관점에서 볼 때에도 무엇보다 설교를 중심적이고 주된 위치에 두어야 한다는 사실이 입증된다고 주장하는 바입니다.

이제 개인의 문제라는 영역을 살펴봅시다. 앞서 지적한 바와 같이 이것은 오늘날 익숙한 주제입니다. 설교자는 강단에 서서 설교하지만, 그 앞에 앉아 있는 사람들은 각각 개인적인 문제와 고통을 가지고 있다고들 말합니다. 그러므로 설교 시간은 줄이고 개인 사역을 하는 시간, 즉 개인 상담과 면담을 하는 시간을 늘려야 한다는 논리를 전개합니다. 그러나 그에 대한 저의 대답은 이 부분에서도 역시 설교를 주된 위치에 두어야 한다는 것입니다. 왜 그렇습니까? 참된 설교는 개인의 문제를 다루게 되어 있으며, 그만큼 목회자의 시간을 엄청나게 절약해 주기 때문입니다. 저는 지금 40년간의 경험을 토대로 말씀드리고 있는 것입니다.

이것이 무슨 뜻일까요? 이제부터 설명해 보겠습니다. 청교도들은 목회적 설교로 유명합니다. 그들은 설교할 때 이른바 '양심의 문제'를 다루었습니다. 사람들은 이런 문제를 다루는 그들의 설교를 들으면서 각자 개인의 문제들을 해결했습니다. 저도 내내 그런 경험을 했습니다. 성령께서 강단에서 전파되는 복음을 각 개인에게 적용하시고 그들 각자의 문제들을 다루는 수단으로 삼으시는 경험을 한 것입니다. 설교자인 저는 그 문제들에 대해 개인적으로 아는 바가 없었습니다. 예배가 끝난 후에 사람들이 찾아와서 하는 말을 듣고서야 알았을 뿐입니다.

"오늘 설교를 듣고 정말 감사했습니다. 목사님이 제가 교회에 와 있다는 것을 미리 아셨고 제가 정확히 어떤 문제로 고민하고 있는지 아셨다 해도, 제 마음속에 있는 여러 가지 질문에 대해 오늘 설교 때보다 더 완벽한 답을 주시지는 못했을 겁니다. 목사님을 찾아가서 말씀드릴까도 여러 번 생각해 보았지만, 이제는 대답을 들었으니 갈 필요가 없겠군요."

제가 직접 만나기 전에 설교로 이미 그들의 문제가 해결되어 버린 것입니다. 오해하지는 마십시오. 저는 설교자가 개인 사역을 해서는 안 된다고 말하는 것이 아닙니다. 결코 아닙니다. 제가 주장하려는 바는 설교가 언제나 첫자리에 와야 하며, 다른 어떤 것으로도 설교를 대체해서는 안 된다는 것입니다.

제가 자주 언급했던 이야기 중에 이 점을 잘 보여주는 것이 있습니다. 수년 전에 의사이자 목사의 자격으로, 8년간 양다리가 마비된 채 살아온 아가씨를 만나 달라는 부탁을 받은 적이 있습니다. 그런데 직접 그 아가씨를 만나 본 저는 깜짝 놀랐습니다. 그녀에게는 다리를 아주 잘 움직일 만한 신체적인 능력이 있었기 때문입니다. 저는 즉각 히스테리라는 진단을 내렸습니다. 그리고 그 진단이 옳았음이 곧 드러났습니다. 그녀의 가상적인 마비 증세 내지 기능 장애는 감정적인 실망의 결과로 찾아온 것이었습니다. 그녀는 침대에 누워 있었는데, 제가 의사로서 제대로 진찰할 수 있을 만큼 가만히 있지 않았던 탓에 그 당시에는 도움을 줄 수가 없었습니다. 그러나 그 후에 다음과 같은 일이 일어났습니다. 그녀에게는 언니가 둘 있었는데, 저의 방문을 받고 맏언니가 교회에 나오기 시작했습니다. 그리고 수개월 후 회심하여 아주 훌륭한 그리스도인이 되었습니다. 얼마 후에는 둘째 언니도 예배에 참석하기 시작했고, 그녀 역시 그리스도인이 되었습니다. 어느 주일 저녁, 드디어 저는 그 '마비' 환자가 두 언니에게 반쯤 들려진 채 교회에 들어서는 모습을 보게 되었습니다. 그녀는 그 후에도 계속해서 예배에 참석했고, 오래지 않아 그리스도인이 되었습니다. 제가 강조하고 싶은 점은 이것입니다. 저는 그 마비 증세에 대해 당사자와 더 이상 이야기를 나눈 적이 없었습니다. 그에 대해 언급한 적도 없었고 의논한 적도 없었는데 증상이 완전히 사라져 버렸습니다. 그 이유가 무엇일까요? 어떻게 그런 일이 일어났을까요? 그것은 복음을 설교한 결과 일어난 일이었습니다. 그녀가 그리스도인이 되자 성령께서 진리를 적용해 주셨고, 그로써 별도의 개인 상담이나 심리 분석이나 치료 없이 문제가 해결된 것입니다.

물론 매번 이런 일이 일어난다고 주장하는 것은 아닙니다. 저의 논점은, 설교자가 참으로 복음을 설교할 때 성령께서 아주 놀라운 방식으로 그것을 각 사람의 사례와 문제에 적용하심으로써 설교자가 알지 못하는 가운데 문제들을 해결해 주시는 일이 일어날 수 있다는 것입니다. 저는 이 말을 입증해 줄 이야기를 수도 없이 할 수 있습니다. 심지어 설교자가 생각지도 않았던 부분이 어떤 이들의 문제를 해결하는 수단으로 사용된 이야기 또한 수도 없이 할 수 있습니다.

여하튼 저는 사람들이 복음 설교를 듣고 설교자를 찾아와 이야기하는 경우와 자신들의 특정한 문제를 해결할 기회를 제공받는 경우를 종종 보곤 했습니다. 설교는 사람들을 서로 만나게 하는 최상의 수단으로서, 서로를 연결하는 띠를 만들어 줍니다. 사람들은 설교자의 어떤 말을 들으면서 그가 동정심과 이해심을 가지고 있다거나, 자신의 특정한 어려움에 대해 통찰력을 가지고 있다는 인상을 받습니다. 사람들은 그 설교 때문에 설교자를 찾아가 개인적인 도움을 청할 마음을 갖게 됩니다.

더 나아가 설교자는 이런 식으로 수십 명, 아니 수백 명의 사람들을 동시에 도와줄 수도 있습니다. 한 번의 예배에서 성경을 설명했는데 여러 가지 다양한 상황에 처한 사람들이 동시에 도움을 받는 일을 보게 되는 것은 참으로 놀라운 경험이 아닐 수 없습니다. 설교가 오히려 설교자의 시간을 훨씬 절약해 준다는 말의 의미가 바로 이것입니다. 설교자가 각 사람을 따로 만나야 한다면 아마 평생을 바쳐도 모자랄 것입니다. 그러나 설교자는 한 편의 설교로 아주 많은 문제를 동시에 다룰 수 있습니다.

어떤 경우에든 설교하는 것이야말로 사람들에게 개인적인 도움이 될 근본적인 원리를 제공하는 방법입니다. 이것은 저에게 아주 중요한 논지입니다. 간단한 예를 들어 보겠습니다. 한 사람이 목회실에 찾아와 어떤 문제에 대해 의논하고 싶어 합니다. 여러분이 해야 할 첫 번째 일은 문제의 본질을 파악하는 것입니다. 여러분은 그가 그리스도인인지 아닌지부터 파악해야 합니다. 그래야 그다음에 할 일을 결정할 수 있기 때문입니다. 만약 그리스도인이 아니라면 영적인 도움은 줄 수가 없습니다. 그럴 때 먼저 해야 할 일은 그리스도인이 되도록 도와주는 것입니다. 그것이 최우선적으로 해야 할 일입니다. 그래야 영적인 가르침을 특정 문제에 적용할 수 있습니다. 그리스도인이 아닌 사람에게 영적인 가르침을 적용하려 드는 것은 어리석은 일입니다. 복음 사역자로서 그런 사람의 특정 문제와 어려움을 다루려고 하는 것은 시간 낭비입니다. 그럴 때에는 그 문제를 전문적으로 다루는 사람과 연결해 주는 것이 여러분의 의무라고 저는 생각합니다. 목사로서 여러분이 해야 할 일은 영적인 문제를 다루는 전문가의 사역이기 때문에 무엇보다 이 부분을 먼저 확인해 보아야 합니다. 영적인 지각이 없는 사람에게 영적인 방식으로 말해 보았자 아무 소용이 없습니다. 그러한 영적 지각은 일반적으로 복음 전도를 통해 생기는 것이며, 영혼이 거듭나야 생기는 것입니다.고전 2:10-16, 벧전 1:23 만약 여러분이 설교를 통해 그들 자신이 그리스도인이 아니라는 사실을 깨우친다면, 본인들이 직접 그 문제를 가지고 여러분을 찾아올 것입니다. 그러면 그들이 염려하고 있는 특정 증상은 그리스도인이 아니기 때문에, 즉 하나님과 잘못된 관계에 있기 때문에 생긴 것이라는 사실을 알려 줄 수 있습니다. 이처럼 그들 스스로 여러분을 찾아올 때 상담해 주고 도와주며 구원의 길을 보여줄 수 있습니다. 설사 특정 문제 그 자체는 본질적으로 해결해 주지 못한다 해도, 그들과 함께 영적인 방식으로 문제의 답을 찾아 나갈 수 있는 위치에 서게 되는 것입니다. 결국 개인 사역의 유일하고 참된 기초는—그 사역이 순전히 심리적인 치료로 전락하지만 않는다면—참되고 건전한 복음을 설교하는 것이라고 저는 주장하는 바입니다.

제 논지는 개인 상담을 비롯한 다른 모든 활동들은 설교를 대체하기 위해서가 아니라 보충하기 위해 존재한다는 것입니다. 원한다면 그런 활동들을 '추가 사역'이나 '후속 사역'으로 할 수 있겠지만, 결코 주된 사역으로 취급해서는 안 됩니다. 그 관계를 잘못 설정하는 순간, 여러분은 개인적인 의미에서 화를 자초할 뿐 아니라 교회가 위임한 사명 또한 참되고 바르게 해석하지 못하게 될 것입니다. 따라서 저는 오직 설교로만 사람들에게 진리를 전달할 수 있으며, 그들 자신의 필요가 무엇인지 깨우쳐 줄 수 있고, 유일하게 그 필요를 채워 줄 수 있다는 말로 제 주장을 요약하고자 합니다. 예전과 의식, 찬양과 오락, 정치 사회적인 사안들에 대한 관심 등 다른 것들로는 이 일을 할 수 없습니다. 물론 그런 것들도 영향을 끼칠 수 있다는 사실까지 부인하는 것은 아닙니다. 그런 것들도 영향을 끼칠 수는 있습니다. 그렇기 때문에 위험할 수 있다는 것입니다. 사람들은 '진리를 아는 지식'으로 나아가야 합니다. 그 지식으로 나아가게 하지 못한다면 단지 증상을 완화하며 문제를 일시적으로 무마하는 수준에 머물고 말 것입니다. 한마디로 교회와 목회자에게 위임된 커다란 사명을 수행하지 못하게 되는 것입니다.

이제 이러한 논지와 관점에 대한 몇 가지 반대 의견들을 살펴봅시다. 어떤 이는 말할 것입니다. "하지만 시대가 변하지 않았습니까? 20년 전이라면, 아니, 100년 전이라면 당신 말이 전부 맞을 수도 있습니다. 하지만 시대가 변하지 않았습니까? 이 새로운 상황에서도 당신의 방법이 옳다는 말입니까?" 미국에 있는 사람들은 또 이렇게 말할 수도 있습니다. "글쎄요, 당신 말이 영국이나 런던에는 해당될지 몰라도 미국에는 통하지 않습니다. 여기는 상황이 달라요. 배경도 다르고 문화도 다르고 환경도 다릅니다."

그에 대한 대답은 무엇일까요? 아주 간단합니다. 하나님은 변하지 않으셨으며 사람도 변하지 않았다는 것입니다. 물론 표면적으로는 변했다는 것을 저도 압니다. 옷차림도 달라졌고, 한 시간에 6킬로미터가 아닌 6백 킬로미터를 여행할 수 있게 되었습니다. 그러나 인간의 본질은 하나도 변하지 않았습니다. 인간의 필요도 예나 지금이나 다를 바가 없습니다. 또한 지난 강의에서 살펴본 대로 과거 교회 역사에도 지금처럼 생명 없이 죽어 있던 시대가 있었습니다.

이처럼 우리의 상황은 전혀 새로울 것이 없습니다. 우리가 20세기 중반에 살고 있기 때문에 우리의 문제들 또한 완전히 새로울 것이라는 생각은 오늘날 사람들이 범하고 있는 가장 치명적인 오류 중에 하나입니다. 그런 생각은 전후 세계니 과학 시대니 원자 시대니 기독교 후기 시대니 하는 말들로 포장되어 교회의 활동과 사고에까지 스며들어 있습니다. 그러나 그것은 전부 헛소리입니다. 새로울 것은 하나도 없습니다. 하나님은 변하지 않으십니다. 누군가의 표현대로 "시간은 영원하신 분의 이마에 주름살 하나 남기지" 못합니다. 인간도 변하지 않습니다. 인간은 타락한 이후 항상 이런 모습이었고, 항상 같은 문제를 안고 있었습니다.

실제로 저는 오늘날보다 설교하기에 더 좋은 때는 없다고 말하고 싶습니다. 왜냐하면 우리는 환상이 깨진 시대에 살고 있기 때문입니다. 지난 세기, 즉 빅토리아 시대는 낙관의 시대였습니다. 사람들은 진화와 발전 이론에 흥분했고, 시인들은 "인간의 의회와 세계 연방"의 도래를 노래했습니다. 사람들은 전쟁이 곧 추방될 것이고 만사가 잘될 것이며 세계는 커다란 하나의 국가를 이룰 것이라고 생각했습니다. 그들은 진짜 그런 일이 일어날 거라고 믿었습니다. 그러나 지금은 여기저기 조금 남아 있는 1914년 이전의 옛 '사회복음' 주창자들 외에는 아무도 그렇게 믿지 않습니다. 우리는 옛 낙관적 자유주의의 몰락을 보고 있으며, 절망에 빠진 환멸의 시대에 살고 있습니다. 학생들의 항의집회와 온갖 종류의 항의집회가 일어나는 이유가 여기 있으며, 사람들이 마약에 빠져드는 이유가 여기 있습니다. 자유주의자들의 낙관주의는 종말을 고했습니다. 이것은 필연적인 결과입니다. 왜냐하면 그 기본 개념과 기원과 사고 자체가 잘못되어 있었기 때문입니다. 우리는 그 모든 것의 종말을 목도하고 있습니다. 그러니 지금이야말로 복음을 설교할 문이 활짝 열려 있는 시대가 아니겠습니까? 우리가 살고 있는 이 시대는 여러 가지 면에서 1세기와 아주 비슷합니다. 옛 세계도 고갈되어 있었습니다. 헬라 철학이 꽃을 피웠던 시대는 물러갔고, 어떤 의미에서 로마도 절정기를 지났습니다. 현대인들처럼 피곤하고 지친 사람들이 자연히 쾌락과 오락으로 돌아서고 있었습니다. 오늘날도 마찬가지입니다. 설교를 줄이고 다른 임시방편들을 더 많이 활용하자는 주장과 달리, 저는 지금이야말로 하늘이 주신 설교의 기회라고 말하고 싶습니다.

자, 이제 두 번째 반대 의견을 살펴봅시다. 사람들은 다음과 같이 말할 수 있습니다. "요즘 사람들은 교육도 받고 세련된 만큼, 책이나 잡지를 통해서도 당신이 말한 일들을 다 할 수 있지 않습니까? 텔레비전이나 라디오를 통해, 특히 토론을 통해 그런 일들을 할 수 있지 않습니까?"

물론 다른 매개체들처럼 독서도 큰 도움이 될 수 있습니다. 그러나 지금은 그런 것들이 진정으로 상황을 개선하는 데 과연 어느 정도까지 도움이 되느냐를 물어야 할 때가 아닐까요? 제가 볼 때 그 결과는 실망스럽습니다. 지금부터 그렇게 생각하는 이유를 말씀드리겠습니다. 첫째로, 그것은 너무 개인주의적이라는 점에서 잘못된 접근입니다. 어떤 사람이 앉아서 책을 읽고 있습니다. 그것은 순전히 지적인 접근이며, 지적인 관심에서 비롯된 일입니다. 또 한 가지 이유는 말로 표현하기는 어렵지만 제가 볼 때 아주 중요한 점으로서, 사람이 너무 많은 통제권을 행하게 된다는 것입니다. 즉, 책을 읽다가 동의하지 않으면 덮어 버린다거나 텔레비전을 보다가 원치 않으면 꺼 버릴 수 있다는 것입니다. 그럴 때 여러분은 혼자 있으면서 상황을 자기 마음대로 통제합니다. 좀 더 적극적으로 말하자면, 그런 접근 방식에는 교회가 가지고 있는 핵심적인 요소가 결여되어 있습니다.

교회는 선교 공동체입니다. 우리는 교회 자체가 복음과 그 진리 및 메시지에 대한 증거의 일부라는 개념을 회복해야 합니다. 그렇기 때문에 사람들이 교회의 영역 안에 함께 모여 말씀을 듣는 일이 아주 중요한 것입니다. 그 자체에 영향력이 있습니다. 저는 그에 관련된 이야기들을 종종 듣곤 합니다. 결국 설교자는 자기 자신의 이야기를 하는 사람이 아니라 교회를 대변하는 사람입니다. 그는 교회가 어떤 곳이며 교회에 모인 사람들이 어떤 이들인지, 왜 지금과 같은 이들이 되었는지에 대해 설명해야 합니다. 여러분은 사도 바울이 데살로니가전서에서 이 점을 잘 지적해 주고 있음을 기억할 것입니다. 요즘 사람들은 이 점을 무시하는 경향이 있습니다. 바울은 데살로니가 사람들에게 그들이 하나의 교회로서 자신의 설교에 큰 도움이 되었다고 말합니다. 그는 1:6 이하에서 다음과 같이 말합니다. "또 너희는 많은 환난 가운데서 성령의 기쁨으로 말씀을 받아 우리와 주를 본받은 자가 되었으니 그러므로 너희가 마게도냐와 아가야에 있는 모든 믿는 자의 본이 되었느니라. 주의 말씀이 너희에게로부터 마게도냐와 아가야에만 들릴 뿐 아니라 하나님을 향하는 너희 믿음의 소문이 각처에 퍼졌으므로 우리는 아무 말도 할 것이 없노라. 그들이 우리에 대하여 스스로 말하기를 우리가 어떻게 너희 가운데에 들어갔는지와……."

회중이 모인 것 자체가 설교의 일부로서, 예배 참석자들에게 즉각 그 영향을 끼치기 시작합니다. 제가 볼 때에는 순전히 지적인 논증보다 회중의 존재가 영적인 의미에서 더 강한 영향력을 행사할 때가 자주 있습니다.

그뿐 아니라 교회를 찾아온 사람은 거기 모인 회중이 하나님의 백성이자 수세기에 걸쳐 각 세대에 알려 주신 내용을 현대에 전달하는 대변인 같다는 느낌을 막연하게 받게 됩니다. 그 느낌 자체가 그에게 강한 영향력을 행사하게 됩니다. 회중 사이에 앉아 있는 사람은 단순히 새로운 이론이나 가르침이나 사상을 검토하고 있는 것이 아닙니다. 오랜 역사와 전통을 가진 어떤 세계로 찾아온 것이며 그 세계로 진입한 것입니다.

다른 식으로 말해 봅시다. 이런 일이 독서나 텔레비전 시청으로 일어날 수 있다고 생각하는 사람은 교회의 삶 속에 들어 있는 신비스러운 요소를 놓치고 있는 것입니다. 그 신비스러운 요소가 무엇입니까? 그것은 "두세 사람이 내 이름으로 모인 곳에는 나도 그들 중에 있느니라"마 18:20는 주님의 말씀에 제시되어 있습니다. 교회는 단순한 인간의 모임이 아닙니다. 그리스도가 그 가운데 함께 계시는 모임입니다. 이것은 교회의 신비 중에서도 가장 위대한 신비입니다. 하나님께 예배드리며 복음 설교를 듣기 위해 모인 그리스도인들 사이에는 분명히 무언가가 있습니다.

이 말뜻을 잘 보여주는 이야기를 한 가지 하겠습니다. 전에 제가 알던 여성은 강신술사이자 영매로서 강신술 모임에 고용되어 일하고 있었습니다. 그녀는 일요일 밤마다 그 모임에 참석해서 영매 역할을 하는 대가로 3기니를 받았습니다. 이것은 1930년대의 일로서, 그 당시 3기니는 중하층 여성에게 상당히 큰 수입이었습니다. 그런데 어느 일요일 밤, 그녀는 몸이 아파 약속을 지킬 수가 없었습니다. 그래서 집에 앉아 있다가 사람들이 교회에 가는 모습을 보게 되었는데, 그 교회는 제가 남웨일스에 있을 때 시무했던 교회였습니다. 그녀는 거기 가는 사람들에게 대체 무엇이 있는지 알고 싶다는 생각이 들었습니다. 그래서 예배에 참석하기로 마음먹었고, 실제로 예배에 참석했습니다. 그 후로 그녀는 죽을 때까지 교회에 나왔으며 아주 훌륭한 그리스도인이 되었습니다. 어느 날, 저는 그녀에게 처음 교회에 왔을 때의 느낌이 어떠했느냐고 물었습니다. 그때 그녀가 했던 대답에 바로 제가 보여드리고 싶은 요점이 들어 있습니다. 그녀는 이렇게 말했습니다.

"예배당에 들어가서 사람들 사이에 앉는 순간, 어떤 능력이 느껴졌어요. 우리 강신술 모임에서 익숙하게 경험했던 바로 그 능력이라는 것을 알아챘지요. 그러나 그 사이에는 한 가지 큰 차이가 있었습니다. 예배당에서 느낀 능력은 정결한 능력이었어요."

제가 말하고 싶은 것은 그녀가 어떤 능력을 인식했다는 이 단순한 사실입니다. 이것이 제가 말하는 신비스러운 요소입니다. 이것은 하나님의 자녀, 하나님의 백성들 가운데 임하시는 성령의 임재로서, 외부인들도 그것을 인식합니다. 그러나 혼자 앉아 책을 읽을 때에는 이런 것을 경험할 수 없습니다. 물론 성령께서 책도 사용하실 수 있다는 것은 저도 압니다만, 인간의 본질상—무리지어 사는 속성, 무의식중에라도 서로 도움을 받으며 의지하려는 습성—함께 모인다는 것은 아주 중요한 요소입니다. 자연의 측면에서도 그렇지만 성령의 임재라는 측면에서는 더더욱 그렇습니다. 그렇다고 군중 심리를 옹호하려는 것은 아닙니다. 저는 군중 심리를 아주 위험하게 생각하며, 그것을 부추기는 일은 더더욱 위험하게 생각합니다. 저의 논지는 여러분이 교회, 즉 하나님 백성의 모임 속에 들어갈 때 즉각적으로 작용하는 어떤 요소가 있으며, 그것은 설교자가 강단에서 말씀을 선포할 때 더욱 강화된다는 것입니다. 이것이 독서나 텔레비전 시청, 그 밖의 다른 활동으로 설교를 대체할 수 없는 이유입니다.

2

복음의 좁은 길

1935 |『에버라본에서 전한 전도 설교』

좁은 문으로 들어가라. 멸망으로 인도하는 문은 크고 그 길이 넓어 그리로 들어가는 자가 많고 생명으로 인도하는 문은 좁고 길이 협착하여 찾는 자가 적음이라. 마태복음 7:13-14

로이드 존스의 목회 사역 초기의 시절, 즉 에버라본(또는 톨벗 항Port Talbot)의 거친 노동자들과 함께했던 시간들은 무척 낭만적이었습니다. 갓 결혼한 그는 목사와 교사로서 장차 40년에 걸쳐 펼쳐질 목회 사역을 이곳에서 처음 시작했습니다. 그의 아내 베단이 쓴 『샌드필즈의 추억』을 읽은 사람이라면, 이 시기에 사회에서 거부당하거나 무시당한 사람들 속에 성령이 권능으로 일하심으로써 회심할 가망이 전혀 없어 보이는 사람들이 놀랍게 회심한 역사를 확인할 것입니다. 정말 놀라운 이야기입니다.

또한 이 시기가 중요한 것은 그가 한번 시작하면 끝까지 계속했기 때문입니다. 이 설교들이 전해졌을 당시에 그는 별로 유명하지 않았습니다. 그는 그리스도 중심의 설교들을 순전히 하나님이 주신 힘으로 전했습니다. 그 결과 처음에는 웨일스에서 그리고 영국 나머지 지역과 이후 미국에서 유명한 설교자가 되었습니다. 당시 그가 전한 설교는 직관적으로 전하는 설교와는 철저히 달랐습니다. 이것은 그때나 그 이후에나 같았습니다.

남웨일스에서는 음주가 사회적으로 큰 문제였습니다. 많은 교회들이 금주연합(미국의 금주법과 비슷한 성격을 지녔지만 더 엄격한 제도)을 결성하는 것이 해결책이라고 생각했습니다. 그러나 미국에서 금주법의 시행이 실패한 것처럼, 웨일스에서도 과도한 음주를 방지하기 위한 노력이 수포로 돌아갔습니다.

로이드 존스는 한평생 술을 입에 대지 않았습니다. 하지만 이 책 서론에서 확인했던 것처럼, 그는 교회 안에서 금주 운동을 벌이는 것을 중단했습니다. 그러나 흥미롭게도 에버라본의 수많은 주민들이 음주를 한평생 포기했습니다(이는 영적으로 보면 별로 놀랍지 않은 일입니다). 물론 그들이 음주를 포기한 이유는 그의 설교를 통해 그리스도인이 되었기 때문입니다. 그들이 다시는 술을 입에 대지 않게 된 것은 그의 설교 때문이었습니다.

로이드 존스가 11년 동안 섬겼던 샌드필즈 교회에서는 수많은 사람들의 삶이 변화되었습니다. 이것은 인간적인 노력의 결과가 아니라 그들이 회심했기 때문이었습니다. 그리스도인이 되는 것은 모든 것을 변화시킵니다. 새로운 신자는 예수 그리스도 안에서 새로운 사람이므로 무엇보다 먼저 삶의 방식을 바꿀 것입니다.

영적인 생명력이 없으면 교회는 교제 모임이나 성가대나 온갖 통상적인 기구로는 내면의 변화를 일으킬 수 없습니다. 그 의도가 아무리 좋다고 해도 말입니다. 내면의 변화는 오직 회심으로만 가능하다는 것을 그는 잘 알고 있었습니다. 그래서 그에게는 복음을 명확하게 선포하는 것이 가장 중요한 사역이었습니다. 하나님은 그의 이런 헌신을, 영적인 관점에서 다소의 사울과 동등한 입장에 있던 웨일스 사람들을 은혜롭게 구원하고 변화시키는 도구로 사용하셨습니다.

또 중요한 것은 그가 자신의 교회 교인들의 비위를 맞추는 설교를 하지 않았다는 것입니다. 교인들 중 그만큼 교육 수준이 높은 자는 거의 없었습니다. 그는 런던에서 엘리트 계층의 도덕적 타락과 내적 절망이 얼마나 심각한지 보았습니다. 사회적 위치나 교육 수준이 어떠하든 간에 죄인들은 모두 똑같았습니다. 죄인들은 누구나 성경이 말하는 구원의 메시지를 똑같이 필요로 했습니다.

그는 옥스퍼드 대학 학생들이라고 해서 자신의 교회에 속해 있던 노동자 계층과 (나중에 대공황이 시작되자) 남웨일스에서 실직한 교인들에게 했던 것과 다르게 설교하지 않았습니다.

우리는 로이드 존스가 처음부터 성경에, 그리고 복음 전도에 대한 성경의 답변과 방식에 충실했던 것을 하나님께 감사해야 합니다. 이 설교는 우리에게 그 이유를 보여줄 것입니다.[1]

기독교적 삶의 방식은 너무 좁다는 주장만큼 흔하고 빈번하게 주어지는 비난도 없습니다. 그것은 또한 자신의 마음이 넓다는 것을 보여주려는 욕망에서, 자신을 세상 사람처럼 묘사하는 유형의 신자가 기독교 신자 개인에 대해 가하는 비난이기도 합니다. 이런 유형의 신자는 단지 세속적 차원에서만 마음이 넓습니다. 그래서 여러분에게 그의 견해가 폭이 넓고 크다는 인상을 실제로 줄 수 있을 것입니다! 이런 신자는 자신을 그리스도인으로 부르는 이 좁고 협착한 사람과는 반대되는 세상에 속해 있습니다! 저는 때때로 평범한 기독교 신자가 이처럼 좁다는 비난을 받는 것만큼 두려워하는 비난은 없다는 것이 사실이라고 생각합니다. 물론 현재 일부 그리스도인들은 스스로를 좁은 자로 묘사하지 않는 한, 사람들이 자신에 대해 말하는 것을 대체로 대수롭지 않게 여깁니다. 이것은 매우 유익하고 건전한 반응일 수 있습니다. 그렇지만 바리새인들이나 유대교가 좁았던 것과 같이 우리도 좁아지면 절대로 안 됩니다. 또한 우리가 이 영광

1. 이 설교는 로이드 존스가 웨스트민스터 채플을 최초로 방문한 1935년 12월 29일 저녁에 전했다. 그리고 이보다 앞서 샌드필즈에서도 전했다.

스러운 자유의 복음을 단순한 금지와 제한으로 축소해서도 안 됩니다. 그러나 그것이 우리가 당면한 위험은 결코 아닙니다. 우리의 위험은 생각이 좁아지는 것에 대한 두려움 때문에 정반대로 나아가 결국은 너무 넓어지는 것입니다. 세상 사람들과 아무런 구별이 없어지게 되는 것입니다.

저는 때때로 『이솝 우화』*Aesop's Fables*에 나오는 한 유명한 이야기가 현대 그리스도인들에게 많은 것을 말해 준다고 느낍니다. 그것은 「개구리와 황소 이야기」입니다. 어느 날 들판에서 작은 개구리가 불현듯 머리를 들었는데 옆에 황소가 서 있었습니다. 개구리는 황소를 보자 그의 몸집이 큰 것이 너무 부러웠습니다. 황소처럼 크고 거대한 몸집을 갖고 싶어졌습니다. 개구리는 이렇게 말합니다. "나는 너무 작고 보잘것없구나. 황소같이 크고 거대한 몸집을 가지면 얼마나 좋을까!" 그리고 이야기는 계속됩니다. 개구리는 배에 숨을 불어넣어 황소를 흉내 내기 시작했습니다. 그렇게 자신의 몸집을 불리다가 결국 견디지 못하고 배가 터져 버렸습니다. 제가 잘못 생각하는 것이 아니라면, 이것이야말로 지난 50년 동안 많은 그리스도인의 신앙에 일어난 일입니다. 더 넓어지고 커지려는 욕망 때문에 그가 지금까지 가지고 있던 작은 기독교 신앙은 더 이상 커질 수 없을 정도로 커지다 오래전에 터져버렸습니다. 이 현상에 대한 정확한 설명이 무엇인지 저는 확실히 모르겠습니다. 하지만 20세기 동안 교회가 과학적 지식을 가진 사람을 크게 존중하고 존경하는 경향이 있었다는 사실을 우리는 인정해야 한다고 생각합니다. 과학적 지식을 가진 사람이 모든 문제에 대해 최종적인 권위를 갖게 되었습니다. 교회는 이들을 기쁘게 하기 위해 어떤 일도 서슴지 않았습니다. 교회는 신조에 나타난 일부 교리를 강조하지 않기도 했고, 성경의 일부 내용을 삭제해 버리기도 했습니다. 그렇게 함으로써 주와 주인 되시는 분이 보여주신 본보기에서 벗어나 크게 방황하는 처지가 되어 버렸습니다. 저는 예수 그리스도께서 사람들의 비위를 맞추려고 자신의 복음을 바꾸신 것을 추호도 보지 못했습니다. 오히려 그분께서 자신의 복음에 알맞도록 사람들을 변화시키신 것을 봅니다. 우리가 주님께서 보여주신 본보기로 돌아오지 않는 한, 이 나라에서 참된 부흥은 절대로 없을 것입니다. 이것이 우리 주변에서 일어날 수 있는 일임에도 말입니다.

여기서 저는 다음과 같이 당부하고 싶습니다.

> 참 놀랍도다 주 크신 이름,
> 온 세상 중에 다 전파하라.[2]

사람들이 좋아하든 싫어하든 간에, 우리의 임무는 성도들에게 단번에 위임된 진리를 액면 그대로 전파하는 것입니다. 우리는 편협하다는 판단을 받게 될 두려움 때문에 일종의 열등의식에 사로잡혀 결국은 믿음을 파선할 실제적인 위험 속에 있습니다. 그러나 이 모든 것이 단지 여담으로 그치고 있습니다. 오늘 설교의 본문은 부정적이 아니라 매우 긍정적입니다. 본문은 우리가 좁은 자로 불리는 것을 두려워해서는 안 될 뿐만 아니라, 우리가 진정 그리스도인이라는 이름에 어울리는 자가 되기 원한다면 좁은 자가 되기 위해 크고 넓은 길에서 나와야 한다고 말합니다. 우리는 좁은 문으로 들어가고 좁은 길을 걸어가야 합니다! 그런데 이 말은 특이하

2. 「참 놀랍도다 주 크신 이름」, 새찬송가 34장.

고 놀라운 말입니다. 주님이 자신의 생애를 묘사하기 위해 이런 표현을 사용하셨다는 것이 놀랍지 않습니까? 우리를 두렵게 하는 그 표현을 주님이 기뻐하신다는 것, 곧 주님이 크게 환영하신다는 것이 놀랍지 않느냐는 말입니다. 제가 두려워하는 그리스도인을 격려하고 자극하고자 하고 싶은 말이 있습니다. 이 세상 사람들이 여러분에게 좁다고 말할 때, 여러분은 도망치지 말고 굳게 서서 그의 얼굴을 똑바로 쳐다보며 이렇게 말하십시오. "맞습니다. 저는 물론 좁습니다. 그런데 만일 당신 역시 좁은 사람이 되어 크고 넓은 태도를 자랑하기를 멈춘다면(이런 태도는 느슨하고 흐트러진 모습을 감추는 가면에 불과합니다!), 그것이 당신과 당신의 아내와 자녀에게 훨씬 더 좋을 것입니다"라고 말하라는 것입니다. 그러면 그는 앞으로 여러분을 자주 귀찮게 하지 않을 것입니다!

그런데 왜 주님은 좁은 문으로 들어가고 좁은 길을 걸으라고 말씀하실까요? 주님은 어떤 말씀이든 아무 이유 없이 말씀하시지 않았습니다. 그분은 무엇인가를 명령하실 때는 다양한 표현을 사용하셨지만, 자신의 생활 방식을 묘사하실 때에는 일부러 이 말을 선택하셨습니다. 주님이 그렇게 말씀하신 것은 그리스도의 복음이 실제로 좁기 때문입니다. 따라서 저는 여러분과 함께 그리스도의 복음을 좁은 것으로 만드는 몇 가지 특징에 대해 살펴보고 싶습니다.

우리가 그리스도의 복음의 협소함을 주목할 때 발견하는 첫 번째 특징은 복음은 오직 하나의 특수한 주제로 한정된다는 것입니다. 그리스도의 복음은 그 관심사가 인간의 영혼과 이 영혼이 하나님과 맺는 관계로 귀착될 정도로 좁습니다. 성경을 보면 상당히 많은 역사—사람들과 민족들의 역사—와 지리가 나타나 있습니다. 또 어떤 사람들은 성경에서 지질학과 생물학을 찾아냅니다. 성경은 잡다한 주제를 다루고 있습니다. 그렇지만 성경은 백과사전이 아닙니다. 성경은 다양한 주제에 관한 지식을 얼마간 제공하는 책이 아닙니다. 성경은 한 가지 사실에 대해 많은 지식을 제공하는 책입니다. 성경은 삶의 교과서이고, 영혼의 안내서입니다. 성경은 인간과 하나님 사이의 화목이라는 한 가지 주제를 다루고 있습니다. 만일 지금까지 이 세상에 전문가가 쓴 교과서가 있었다면 성경이 바로 그 책입니다. 이것은 그 책의 저자에게도 해당됩니다. 지금까지 지구상에 한 전문가가 있었다면 그분은 바로 우리 주 예수 그리스도이십니다. 그리스도께서 오직 한 가지 설교만 하셨다는 것은 맞는 말입니다. 그리고 이 설교의 주제는 바로 인간의 영혼과 그의 영원하신 하나님 아버지와의 관계입니다. 그리스도께서 가지셨던 모든 지식과 정보는 이 중요하고도 결정적인 주제를 예증하는 데 사용되었습니다. 이제 이에 대해 몇 가지 실례를 들어봅시다.

어느 날 주님은 자기를 둘러서 있는 제자들과 함께 시골에 가셨습니다. 거기서 땅에 씨를 뿌리고 있는 농부를 보셨습니다. 주님은 농사에 관심이 있으셨을 뿐만 아니라 이에 대한 지식도 많이 가지고 계셨습니다. 그러나 주님이 그 농부를 바라보시는 것은 농사에 대해 설교하는 데 도움을 받기 위해서가 아닙니다. 주님은 자신이 전할 설교의 한 예증을 보고 계시는 것입니다. 주님은 이렇게 말씀하셨습니다. "저 농부를 보라. 농부는 땅에 씨를 뿌리고 있다. 그런데 씨가 뿌려지는 땅은 종류가 다양하다. 땅은 농부가 뿌리는 씨에 어떻게 반응하느냐에 따라 판단받을 것이다. 나는 농부와 같다. 나는 영생의 열매를 맺는 하나님의 말씀의 씨를 뿌리고 있다. 사람들은 궁극적으로 자신의 삶 속에 뿌려진 하나님의 말씀의 씨에 어떻게 반응하느냐에 따라 심판을 받게 될 것이다."

또 언젠가 주님은 시골의 과수원에서 나무들이 각종 열매를 맺은 것을 보고 계셨습니다. 주님이 원예에 대해 상당히 깊은 지식을 갖고 계셨던 것은 확실합니다. 하지만 그것은 원예를 주제로 설교하는 데 도움을 받기 위한 것이 아닙니다. 주님은 다음과 같이 말씀하셨습니다. "이 나무들을 보라. 이 나무들은 좋은 열매를 맺거나 나쁜 열매를 맺을 것이다. 이 나무들은 결국 어떤 열매를 맺느냐에 따라 판단받게 될 것이다." 그리고 주님은 제자들을 향해 이렇게 말씀하셨습니다. "너희는 이 나무들과 같다. 너희의 삶과 행실에서 좋은 열매나 나쁜 열매가 맺힐 것이다. 그러니 조심하여라." 또 한번은 시골에서 들의 백합화와 공중의 새를 보고 계셨습니다. 그때 이렇게 말씀하셨습니다. "만일 하나님이 들의 백합화를 염려하여 그것을 입히시고 공중의 새를 염려하여 그것을 먹이신다면, 너희에 대해서는 얼마나 큰 관심을 갖고 계시겠느냐?" 저는 여러분에게 주님이 이렇게 말씀하셨던 실례를 계속 제시할 수 있습니다. 그러면 여러분은 주님이 일관되게 자신의 핵심 주제, 즉 인간의 영혼과 하나님과의 관계를 보여주기 위해 주변 사건들을 어떻게 활용하시는지 깨닫게 될 것입니다.

우리는 요즘 단순한 복음에 대해 굉장히 많은 말을 듣습니다. 단순한 복음의 비밀은 바로 이것입니다. "하나님의 아들 예수, 자기 아버지와 완벽하게 일치된 삶을 살고 교제를 나누신 나사렛 예수는 모든 지식을 가지고 계셨다. 예수님은 무엇이 중요하고 중요하지 않은지 알고 계셨다. 그리고 중요하지 않은 것은 무시하고 중요한 것에만 오로지 집중하셨다. 예수님은 부적합한 것은 무시하셨다. 적합한 것과 궁극적으로 중요한 것에만 전적으로 헌신하셨다." 단순한 복음의 비밀은 예수님이 영혼의 필요에 가장 중요한 한 가지 문제 외에 다른 모든 것은 피하셨다는 사실에 있습니다. 그것은 현대적인 관념이나 개념과는 철저히 모순됩니다. 우리는 오늘날 인간의 위대함을 단순함이 아니라 복잡함으로 판단하는 경향이 있습니다. 그러나 하나님의 아들이 여기 계셨습니다. 아무리 작은 아이라도 그분에게서 뭔가 얻었으며, 평범한 어부들도 그분을 따랐습니다. "많은 사람들이 즐겁게 듣더라."막 12:37 왜 그렇습니까? 예수님은 항상 그들이 이미 알고 있던 것에 근거하여 말씀하셨기 때문입니다. 성도 여러분, 여러분은 예술과 과학에 대해 정통할 수 있습니다. 정치에 관한 전문가일 수도 있습니다. 다양한 영역에서 권위자일 수도 있습니다. 그러나 저는 여러분에게 단순한 질문을 하나 던지고 싶습니다. 여러분은 인생을 어떻게 살아야 하는지 알고 있습니까? "사람이 만일 온 천하[부와 지식과 같은]를 얻고도 자기 목숨을 잃으면 무엇이 유익하리요."막 8:36 "좁은 문으로 들어가라."마 7:13 그러므로 처음으로 돌아가십시오. 중요하고 결정적인 문제는 영혼의 문제이니까요.

그러나 복음의 협소함은 여기서 끝이 아닙니다. 단지 시작에 불과합니다. 우리는 복음이 이 영혼의 문제마저도 더 좁히고 있다는 것을 발견합니다. 고대 헬라의 이방 철학자들은 하나의 개념과 사상으로서 영혼에 대한 관심이 지극했습니다. 이런 관점을 가지고 그들은 영혼에 대해 많은 말을 하고 많은 주장을 펼쳤습니다. 그러나 주님은 영혼에 대해 그들이 논의했던 것에는 관심이 없었습니다. 주님이 관심을 가지셨던 것은 개인의 영혼이었습니다. 이 때문에 어떤 이들은 "나는 이런 복음에는 관심 없습니다. 너무 개인적이니까요"라고 말합니다. 복음이 개인적이라는 것은 사실입니다. 그래서 어떤 사람들은 복음을 싫어합니다. 우리는 요한복음

4장에서 주님이 사마리아 여인을 만나는 장면에서 복음의 개인적인 성격에 대한 완벽한 실례를 발견합니다. 그날 오후에 주님은 무척 피곤하셨습니다. 너무 피곤하여 제자들과 함께 성으로 음식을 구하러 가실 수 없었습니다. 그래서 우물가에서 쉬고 계셨습니다. 그때 한 여인이 물을 길러 왔습니다. 주님은 즉시 그 여인과 대화를 나누셨습니다. "이 우물은 진정 유대인의 소유입니까, 아니면 사마리아인의 소유입니까? 예배는 어디서 드려야 합니까?" 여인은 대화에서 조금도 빈틈이 없어 보였습니다. 여인은 즉답을 하는 데 선수였습니다. 주님은 예기치 않게 개인적으로 여인과 대화를 나누셨습니다! 주님은 여인에게 "가서 네 남편을 불러오라"고 말씀하셨습니다. 이것으로 주님은 여인이 어떻게 살았는지, 삶의 방식이 어떠했는지 전부 알고 계심을 드러내셨습니다. 주님은 다음과 같이 말씀하시는 듯했습니다. "사랑하는 여인아, 네가 누구든 너는 예배와 하나님에 대해 말할 권리가 없구나. 너는 지금 네 자신의 삶조차 주관하지 못한다. 너는 이처럼 중대하고 영원한 주제에 대해 견해를 내놓을 권리가 없다. 먼저 네 자신부터 보아라. 가서 네 남편을 불러오라. 네 삶이 바르게 되어야 이런 말을 할 자격이 주어질 것이다."

그렇습니다. 복음은 개인적인 것입니다. 우리는 가족별로 구원받지 않습니다. 교회에 속해 있다고 해서 구원받는 것도 아닙니다. 함께 모여 어떤 자선 사업을 벌인다고 해서 다 같이 구원받을 수 있는 것도 아닙니다. 우리는 하나씩 구원받습니다. 구원은 여러분 개인과 하나님 사이의 문제입니다. 여러분은 좁은 문으로 들어갔습니까? 하나님을 대면할 준비가 되어 있습니까? 장차 받을 심판에 대비가 되어 있습니까? 여러분은 믿음의 대상에 대해 알고 있습니까? 여러분의 영혼은 좋은 상태에 있습니까?

죄를 자각하고 있으며 하나님을 개인적으로 알고 있습니까?

복음의 협소함은 여기서 끝나지 않습니다. 복음은 우리의 행실과 행동에 대해 말하는 것으로 더 좁아지게 됩니다. 복음은 단순히 영혼을 하나님과 개인적으로 접촉하도록 이끄는 것으로 만족하지 않습니다. 복음은 우리가 실천해야 할 삶의 방식을 강력히 제시합니다. 어떤 사람은 이렇게 말합니다. "그것이 내가 제도권 종교와 오래전에 결별하고 등을 돌린 이유입니다. 제도권 종교는 너무 좁습니다. 나는 내 방식대로 나만의 인생을 살 자격이 있다고 생각합니다. 나는 얽매이지 않을 겁니다." 그렇습니다. 복음은 매우 좁습니다. 행실과 윤리 문제에 관련해 말한다면, 복음은 두 가지 명령으로 좁아집니다. 우리는 이 두 가지 명령을 소극적 명령과 적극적 명령으로 나눌 수 있습니다. 행실과 관련한 소극적 명령을 우리는 너무 잘 알고 있습니다. "살인하지 말라." "도둑질하지 말라." "간음하지 말라." "네 하나님 여호와의 이름을 망령되게 부르지 말라." "악은 어떤 모양이라도 버리라." 만일 이것들 중 하나라도 의심스럽다면 그것은 잘못입니다. 그래서는 안 됩니다. 복음은 내가 보기에 아무리 옳은 일이라고 해도 그것이 약한 형제를 걸려 넘어지게 한다면, 그 형제를 위해 그 일을 해서는 안 된다고 말하는 데까지 나아갑니다. 어떤 사람은 이렇게 말합니다. "이것이 내가 복음을 인정하지 않는 이유입니다. 이런 복음은 우리네 삶을 비참하게 하지요. 그렇게 되면 우리는 검은 옷을 입고 머리를 숙이고 교회에 가야 할 겁니다." 그러나 모든 사람이 그리스도의 복음만큼 좁아진다면, 더 이상 술 취한 자도 없고, 이혼 법정에 갈 필요도 없으며, 국제연맹을 결성할 이유도 없어지게 되리라는 것을 여러분은 깨달았습니까? 왜 그렇습니까? 모든 사람이 그리스도의 복음만큼 좁아진다면 세상이 낙원이 될 것이기 때문입니다. 그렇게 되면 하나님이 온전하신 것처럼 세상도 온전하게 될 테니까요! 제가 정중한 태도를 가지고 말하는 복음의 좁음은 하나님 자신 속에 있는 좁음입니다. 오, 우리가 모두 좁게 되어 이 좁은 문으로 들어갈 수 있기를 바랍니다! 주님은 "찾는 자가 적음이라"라고 말씀하십니다. 유혹을 거부하고 자신을 제어하고 통제하는 특별한 사람만이 그 길을 찾기 때문입니다. 다른 이들의 편의를 위해 자기를 부인하는 특별한 사람만이 그 길을 찾기 때문입니다. 넓은 길에는 사람이 많습니다! "그리로 들어가는 자가 많고." 이 길에서 죄를 짓지 않는 사람은 없습니다. 이 길에서는 어떤 미련한 사람이든 죄를 지으며, 또 모든 미련한 사람이 죄를 짓습니다. 그러나 이 넓은 길은 멸망으로 인도합니다. 이처럼 복음의 좁음은 소극적 명령을 통해 주어집니다.

그러나 저는 또 여러분에게 복음의 좁은 특징을 적극적 명령을 통해 보여주고 싶습니다. 이것이 산상 설교의 큰 주제입니다. 만일 진정으로 복음의 좁음을 알고자 한다면, 여러분은 산상 설교로 가야 합니다. 요즘 세대의 화두 중 하나는 사랑입니다. 그러나 여러분이 진정으로 사랑이라는 말의 중대성을 알고자 한다면, 범주를 좁히고 그것에 초점을 맞추어야 합니다. 여러분은 원수를 사랑하게 될 때까지는 사랑이 진정으로 무엇인지 알지 못할 것입니다. 그리스도인 앞에 놓여진 중대한 과제는 보기 싫은 사람들이 아름답게 보일 때까지 사랑하는 것입니다. 오늘날 화두가 되고 있는 또 다른 말은 형제애입니다. 우리는 오늘날 선을 행하고 남을 돕는 것을 치켜세웁니다. 하지만 이 말이 진정 무엇을 의미하는지 알기 원한다면 범주를 다음으로 좁혀야 합니다. 즉, 여러분은 여러분을 저주하는 자들을 축복하고, 여러분을 악의로 대하는 자들을 위해 기도해야 합니다.

그리스도인 앞에 놓여진 임무는 "너희를 미워하는 자에게 선을 행하라"는 것입니다. 화두가 되고 있는 또 하나의 말은 행복입니다. 다음과 같이 말하는 자들이 있습니다. "나는 삶을 즐기기를 원합니다. 종교가 내게 무슨 소용이란 말입니까? 내가 왜 스스로 묻혀 살아야 합니까?" 여러분은 어떤 말의 진정한 의미를 알고 싶으면, 그 말의 범주를 좁히고 그것에 초점을 맞추어야 합니다. 여러분은 "환난 중에도 즐거워"할 때까지, 즉 박해를 받는 중에도 행복할 수 있을 때까지 그것의 참된 의미를 모르는 것입니다. 그리스도인에게 주어진 임무는 먹구름이 몰려들고 해가 비치지 않으며 모든 것이 엉망일 때에도 행복하기로 결정하는 것입니다.

우리는 여기서 복음의 본질적인 협소함을 어느 정도 확인하게 됩니다. 복음의 협소함은 원숙한 자의 좁음입니다. 여러분이 좋아하는 말로 표현하자면 가장 높은 성취를 이룬 자의 좁음입니다. 여러분은 정상에 있는 사람에게는 서 있을 공간이 충분하다는 말을 익히 들었을 것입니다. 성취의 단계가 높을수록 그 성취를 이룬 사람은 그만큼 더 적기 때문입니다. 예로, 노래를 잘 부르는 사람은 많지만 카루소(이탈리아 출신의 세계적인 테너 가수 – 옮긴이)만큼 잘 부르는 사람은 거의 없습니다. 바이올린을 놀라울 정도로 잘 연주하는 사람은 많지만 크라이슬러(오스트리아 출신의 세계적인 바이올리니스트 – 옮긴이)만큼 잘 연주하는 사람은 거의 없습니다. 그림을 잘 그리는 사람은 많지만 로열 아카데미 화가들만큼 잘 그리는 사람은 매우 적습니다. 제가 보기에 그것이 주님이 오늘 본문에서 제시하신 참된 요점입니다. 결론적으로 주님은 이렇게 말씀하십니다. "평범하게 사는 삶으로 만족하지 마라. 정상을 차지하라. 산으로 올라가라. 놀랍고도 탁월한 삶을 살라. 내가 사는 것처럼 살라. 그리고 절정에 도달하라. 하늘 아버지께서 온전하신 것처럼 너희도 온전하라."

그러나 가장 좁고 협착한 지점이 남아 있습니다. 여러분은 구원이 오직 한 특정한 인격 안에서—그분의 죽음 안에서 그리고 그 죽음을 통해서만— 가능하다고 말하는 지점에서 복음을 만나야 합니다. 아마 그 지점은 대다수 사람들이 반대할 것입니다. 어떤 사람은 이렇게 말합니다. "나는 지금까지 당신의 말에 전적으로 동조했습니다. 당신이 영혼을 강조하고, 개인적인 결심을 강조하며, 윤리와 행실을 강조하는 것에 찬성했습니다. 그러나 당신이 지금 그리스도를 믿으라고 말한다면, 그가 나를 대신해 죽으셨다는 사실을 믿어야만 구원받을 수 있다고 말한다면, 나는 그 말을 따를 수 없습니다. 나는 그것을 도저히 이해할 수 없습니다. 그것이 내게는 더없이 부당하게 들립니다. 나는 더 이상 동의할 수 없습니다." 이런 사람에게 복음은 어떻게 말합니까? 복음은 그와 논쟁하지 않습니다. 오히려 그에게 도전합니다. 복음은 그에게 다음과 같이 말합니다. "네가 갈보리를 거치지 않고 하나님을 찾을 수 있다면 그렇게 해보라. 네가 그리스도의 십자가의 능력이 없어도 너를 사로잡고 있는 죄에서 해방될 수 있다면 그렇게 해보라. 너와 너의 죄를 위해 하나님의 아들이 죽으셨음을 믿지 않아도 괴로운 양심에서 벗어날 수 있다면, 평강과 안식을 찾을 수 있다면 그렇게 해보라. 네가 죽음을 눈앞에 두고 두려움과 공포가 없이 거룩하신 하나님 앞에 나아갈 수 있다고 생각한다면 나는 너에게 해줄 말이 하나도 없다. 그러나 네가 당혹감과 비참함과 불행을 느낀다면, 너의 모든 의가 단지 더러운 누더기에 불과하다고 느낀다면, 하나님과 하나님의 거룩한 율법에 대해 생각할 때마다 두려움과 공포로 가득 찬다면, 철저히 무력함과 절망감을 느낀다면, 십자가의 그리스도 그분에게 돌아서

라. 그리스도는 팔을 쭉 펼치고 '땅의 모든 끝이여, 내게로 돌이켜 구원을 받으라'사 45:22라고 말씀하신다. 모든 인간이 초점을 맞춰야 할 곳은 바로 이 지점이다. 그리스도는 인간 전체의 대표자가 되신다. 그리스도는 모든 사람을 위하여 죽으셨다. 그러나 이보다 훨씬 더 놀라운 것은 '그 안에는 신성의 모든 충만이 육체로 거하'신다골 2:9는 사실이다." 온전한 사람과 온전한 하나님이 한 인격 안에 있습니다! 신인神人입니다! 그리스도 안에는 하나님과 사람이 서로 뗄 수 없게 결합되어 있습니다. 그리스도를 통해 그리고 그리스도 안에서 지옥에서 천국으로, 어둠에서 빛으로, 절망에서 소망으로 가는 길이 열립니다.

이제 마지막으로, 오늘 본문과 제가 본문에 대해 말하고자 했던 모든 것이 주님의 생애와 여정에서 얼마나 완벽하게 증명되는지 살펴보겠습니다. 주님의 출생과 이 출생에 함축되어 있는 자기 비움을 묵상해 보십시오. 말씀이 육신이 되어 영원이 시간 속에 들어온 순간에, 베들레헴은 얼마나 좁고 협착한 곳이었을까요? "문은 좁고." 또 주님이 지상 사역을 시작하실 당시 광야에서 시험받으신 것도 숙고해 보십시오. 이어서 서기관과 바리새인과 사두개인과 헤롯당이 주님 주변에 그물을 치고 점차 세게 끌어당긴 것도 주목해 보십시오. "좁은 문으로 들어가라……길이 협착하여." 그리고 겟세마네 동산에 서 계신 주님을 바라보십시오. 만물이 그분으로 말미암아 그분을 통해 지음받았음에도, 하나님의 친 아들이 군인들에게 포위되어 활동에 제약을 받았습니다. 이어서 몇 시간 동안 재판정에서 양쪽에 군인들이 지키고 서 있던 주님을 보십시오. 겟세마네 동산에서 주님은 최소한 앞뒤로는 걸을 수 있었습니다. 그러나 이제는 움직이는 것조차 허용되지 않습니다. "좁은 문으로 들어가라……길이 협착하여." 그러나 이것이 끝이 아닙니다. 십자가에 못 박히신 하나님의 아들, 세상의 창조자를 보십시오. 나무에 못 박혀 손이나 발을 움직일 수조차 없습니다. 주님은 죽습니다. 군인들은 주님의 몸을 내려 무덤 속에 두었습니다. 그 무덤 속을 자세히 들여다보십시오. 여러분은 거기서 희미한 빛이라도 볼 수 있습니까? 벽이 쓰러지고 무너질 것 같지 않습니까? "좁은 문으로 들어가라……길이 협착하여." 복음은 죽음, 무덤, 어둠, 완전한 폐허로 이끕니다.

그런데 만약 우리가 이같이 오늘날 복음으로 여겨지는 것만을 믿고 있었다면, 복음도 거기서 끝나야 했을 것입니다. 그러나 하나님의 이름을 송축합시다. 복음은 계속됩니다. 복음은 베들레헴을 의미합니다. 복음은 광야와 시험을 의미합니다. 복음은 원수들과 박해를 의미합니다. 복음은 겟세마네, 재판, 십자가, 죽음, 그리고 무덤을 의미합니다. 그러나 사흘째 되는 날 아침에 보십시오, 부활이 있습니다! 주님은 죽음의 끈을 끊어 버리고 무덤을 이기고 부활하십니다. 어둠은 여명을 낳고 영원한 날의 빛을 낳습니다! "좁은 문으로 들어가라……길이 협착하여." 그러나 그 길은 "생명으로 인도"합니다.

만일 여러분이 복음을 받아들이고 이 복음에 자신을 복종시킨다면, 여러분에게 복음은 또 다른 출생을 의미할 것입니다. 재판과 시험을 의미할 것입니다. 박해를 의미할 것입니다. 십자가 고난과 옛 사람의 죽음을 의미할 것입니다. 그러나 복음은 생명 곧 참된 생명, 더 풍성한 생명, 하나님 자신의 생명으로 인도할 것입니다. "좁은 문으로 들어가라." 좁은 길로 가십시오!

3

우리의 질문에 대한 최종적인 답변

1939 |『하나님은 왜 전쟁을 허용하실까?』

우리가 알거니와 하나님을 사랑하는 자 곧 그의 뜻대로 부르심을 입은 자들에게는 모든 것이 합력하여 선을 이루느니라.

로마서 8:28

영국은 제1차 세계대전이 끝나고 21년밖에 지나지 않은 1939년에 독일과 대격돌을 앞두고 있었습니다. 이런 상황에서 이 로마서의 메시지는 시대적으로 매우 적합했습니다. 『하나님은 왜 전쟁을 허용하실까?』*Why Does God Allow War?* 의 서문에서 밝히는 것처럼, 이것이 로이드 존스가 이 설교들을 책으로 엮은 것을 허락한 이유입니다.

제2차 세계대전은 인류 역사상 가장 큰 전쟁이었습니다. 이 전쟁으로 적어도 5천만 명이 죽었습니다. 제2차 세계대전이 이전의 전쟁들과 결정적으로 다른 것은 대부분의 희생자가 전투에서 죽은 군인들이 아닌 시민들이었다는 데 있었습니다(그것도 많은 시민들이 자기 집에서 폭격을 받아 죽었습니다). 로이드 존스의 가족은 전쟁이 처음 발발하던 시기와 전쟁이 끝나던 시기에 런던에 거주하고 있었습니다. 그들은 수많은 다른 가족들과 마찬가지로 한동안 피난을 가야 했습니다. 그러나 전쟁이 끝나던 해에 2차 공습이 있었을 때에는 런던에 돌아와 있었습니다.

1939년에 공습은 한동안 잠잠해졌습니다. 1940년 봄까지 계속된 "가짜 전쟁" 곧 개전 휴전 시기에 웨스트민스터 채플의 교인들은 자신들이 히틀러의 직접적인 진노의 대상이 되리라는 것을 몰랐습니다. 1940년 가을에 일어난 대공습으로 수천 명의 런던 시민이 죽게 되리라는 것도 상상하지 못했습니다.

이 설교가 전해지고 책으로 출판되었을 때 제목이 지금과 같이 『하나님은 왜 고난을 허용하실까?』가 아니라 『하나님은 왜 전쟁을 허용하실까?』였는지는 매우 중요합니다. 왜냐하면 책 제목이 변경된 것에서 우리는 그의 설교가 시간을 초월하여 적합하다는 사실을 알 수 있기 때문입니다. 이 책은 영국이 아르헨티나와 전쟁하던 1982년에 다시 출간되었습니다. 그러나 현재의 미국판이 등장했을 때에 이 책은 아무런 수정을 거치지 않고 고난에 대한 문제를 다룬 작품으로 변경될 수 있었습니다.

로이드 존스가 보여주는 것처럼, 기독교의 기본 진리는 항상 신학적입니다. 사도 바울이 편지를 쓴 대상인 로마에 사는 성도들은 믿음 때문에 혹독한 고난을 겪고 있었습니다. 우리가 아는 바와 같이 바울 자신도 순교자로 죽었습니다. 바울이 언급한 것은 1세기 그리스도인들의 시련과 슬픔이었습니다. 그러나 그가 보여준 것처럼, 해답은 항상 신학적이고 영적인 메시지였습니다. 인간 중심적이 아닌 하나님 중심적인 메시지였습니다. 오늘날과 같은 치료 문화 속에서 우리는 심지어 하나님이 존재하신다는 사실조차 망각하고 오직 우리 자신에게만 집중합니다. 그러나 하나님이 없으면 우리는 희망이 없습니다. 그가 증명한 것처럼, 중요한 것은 우리가 어떻게 느끼느냐 혹은 우리가 처한 특수한 상황이 어떠하냐에 있는 것이 아니라 우리가 예수 그리스도를 통해 하나님과 관계를 맺고 있느냐에 있습니다. 우리와 하나님과의 관계가 파괴된 것에 비하면, 영국과 독일 사이의 관계가 파괴된 것은 아무것도 아니었습니다. 누구나 전쟁이 앞으로 어떻게 될지 불안해합니다. 하지만 우리의 삶 속에서 일하시는 하나님의 활동은 외적인 상황과는 완전히 독립적입니다.

이 설교에서 로이드 존스는 1939년과 마찬가지로 오늘날 불확실한 세상을 사는 우리를 향해서도 성경적 권위와 신학적 통찰력을 가지고 선포합니다. 성경대로 설교하십시오. 그러면 여러분은 항상 시대에 맞는 설교를 하게 될 것입니다. 우리는 이것을 이 설교에서 발견합니다.

이 본문은 매우 간략합니다. 하지만 시련과 난관에 부딪혔을 때 이 본문은 우리의 생각과 마음속에서 종종 일어나는 온갖 의심과 불평에 대해 매우 포괄적이고도 가장 최종적인 답변을 제공합니다. 바울은 고난을 당하고 시련과 환난을 겪고 있던 사람들에게 이 편지를 썼습니다. 고난과 시련과 환난은 그들의 믿음을 시험하는 시금석이었습니다. 그들은 자신들에게 이것이 허락된 것을 의아하게 여겼습니다. 또한 이런 일이 복음이 자신들에게 제시하는 약속들과 어떻게 조화를 이루는지 몰라 당혹해 했습니다. 바울은 이 중대한 본문에서 관련 문제를 모두 다룹니다. 바울은 로마서 8장 앞부분에서 신자의 개인적인 삶 속에서 맺히는 복음의 결과와 열매를 다루었습니다. 거기서 그는 신자가 성령의 역사로 말미암아 육신과 죄의 온갖 공격을 능히 물리칠 수 있음을 보여주었습니다. 이어서 그는 성령께서 우리가 하나님의 자녀라는 것 따라서 우리가 상속자 곧 그리스도와 함께하는 상속자라는 것을 우리의 영과 더불어 증언함으로써, 하나님의 자녀임에 대한 확신을 우리에게 심어 주시는 것을 보여줍니다. 그런데 18절에 느닷없이 바울은 다음과 같은 진술을 집어넣습니다. "생각하건대 현재의 고난은 장차 우리에게 나타날 영광과 비교할 수 없도다."

바울은 왜 갑자기 이런 말을 했을까요? 그것은 바울이 다음과 같이 주장하는 어떤 신자를 염두에 두었기 때문일 것입니다. "당신이 우리 앞에 영광스러운 환상을 보여주는 것은 좋습니다. 우리가 하나님의 상속자 곧 그리스도와 함께한 상속자라는 사실을 말해 주는 것도 괜찮습니다. 그렇지만 우리의 상황을 한번 보십시오. 지금 우리에게 닥친 일들과 미래에 우리를 위협하게 될 일들을 좀 보십시오! 이것들이 하나님이 우리에게 특별한 관심을 갖고 계심을 암시하기라도 한단 말입니까? 이것들이 약속으로 빛나는 미래를 예시한다고 생각합니까? 모든 일이 우리를 거스르는 것처럼 보입니다. 우리는 상속자의 자리를 차지하기는커녕 날마다 환난, 곤고, 박해, 기근, 적신, 위험, 칼에 직면하고 있습니다. 이 일들이 당신이 말하는 중대하고 보배로운 약속들과 어떻게 조화된단 말입니까? 우리에게 일어나고 있는 이 모든 일에도 불구하고, 당신이 우리에게 마침내 일어날 일이라 말하는 것에 대해 우리가 어떠한 보증을 가지고 있습니까?" 바울은 실제든 상상이든 간에 로마에 사는 그리스도인들의 마음속에서 일어나는 이런 의문에 대해 답변을 제시합니다.

이 구절은 바울 서신에서 가장 장엄한 본문 중 하나입니다. 문학 작품으로서 로마서는 매우 탁월합니다. 또한 변증적인 진술로서, 또 웅변적이면서 동시에 이성적이고 논리적인 진술로서 훌륭합니다. 무엇보다 로마서에는 경건한 예배의 정신이 스며들어 있습니다. 이 서신은 어떤 문제에 대한 학문적이거나 이론적인 강론이 아닙니다. 바울 자신은 숱한 어려움과 시련을 겪었습니다. 그는 옥에 갇히기도 하고, 매도 수없이 맞고, 여러 번 죽을 뻔 했고, 유대인들에게 사십에서 하나 감한 매를 다섯 번이나 맞았습니다. 또한 "세 번 태장으로 맞고 한 번 돌로 맞고 세 번 파선하고 일 주야를 깊은 바다에서 지냈으며 여러 번 여행하면서 강의 위험과 강도의 위험과 동족의 위험과 이방인의 위험과 시내의 위험과 광야의 위험과 바다의 위험과 거짓 형제 중의 위험을 당하고 또 수고하며 애쓰고 여러 번 자지 못하고 주리며 목마르고 여러 번 굶고 춥고 헐벗었"습니다.고후 11:25-27 이런 일들을 겪었기 때문에 바울은—자기만큼 고난을 겪은 것은 아니지만 그럼에도 매우 힘든 시기를 보내고 있던—로마 지역 신자들에게 이 편지를 쓰는 것입니다.

여기서 본문의 전체 문맥을 고찰하는 것이 의미가 있을 것입니다. 우리가 살펴보고 있는 본문은 로마서뿐만 아니라 신약의 다른 모든 책이 가르치는 핵심 원리에 초점을 맞추고 있습니다. 본문의 문맥은 신자들에게 위로와 안위를 제공하는 신약성경의 전형적인 방법을 보여줍니다. 우리는 본문의 문맥이 말하는 것과 말하지 않는 것을 주의 깊게 파악하는 것이 중요합니다. 또 바울의 웅변술에 사로잡혀서는 안 되고, 어떤 막연한 감정으로 만족해서도 안 됩니다. 본문의 문맥을 분석하고, 이 문맥이 말하는 바가 무엇인지 정확히 파악해야 합니다. 그러나 그렇게 하기 전에 먼저 해야 할 일이 있습니다(어떤 면에서는 이것이 아주 중요합니다). 그것은 우리가 진술의 내용뿐만 아니라 진술의 방식도 살펴보아야 한다는 것입니다. 또는 여러분이 좋아하는 말로 표현한다면, 신정론의 방법이 신정론의 내용만큼 중요하다는 것입니다. 진술의 내용뿐만 아니라 진술의 근거가 되는 원리도 파악해야 한다는 것입니다. 우리가 그렇게 하지 못하면 이 말씀이 우리에게 어떤 결과를 일으키든지 간에 그것은 거짓이 되고 맙니다. 바울의 마음속에 있었던 것과는 완전히 다른 것이 되고 말 것입니다.

위로와 안위에 대한 신약성경의 가르침을 이해하고 파악하는 데 절대로 중요한 두 가지 핵심 원리가 있습니다. 첫 번째 원리는 신약성경이 제공하는 위로는 반드시 신학적 위로라는 것입니다. 이 말을 들으면 놀라운 느낌이 들 것입니다. 많은 사람이 불쾌한 감정을 가질 수도 있습니다. 왜냐하면 이 말은 우리가 자연스럽게 기대했던 결론을 곧바로 막아 버리기 때문입니다. 한동안 종교에 대해 인기가 있었던 태도와도 반대되기 때문입니다. 우리는 그간 신정론에 대한 주제를 다루면서 여러 차례 신학적인 가르침과 사고를 반대하는 자들을 지적했습니다. 그들은 경험과 결과를 지나치게 중시했습니다. 올바른 기초의 중요성을 강조하는 노력을 합리주의적이거나 율법주의적인 관점의 표지로 간주하고 거부했습니다. 그러나 신학을 반대하는 사람들이 아니더라도, 신학이 위로와 안위 문제에서 결정적으로 중요한 위치를 갖고 있다는 생각에 깜짝 놀라거나 힘들어하는 사람들도 많습니다. 그들의 입장은 다음과 같습니다. "삶의 기초를 갖는 것이 중요함을 저도 잘 압니다. 신학도 물론 필요하지요. 평화롭고 평안할 때에는 신학 연구에 시간과 관심을 쏟는 것도 괜찮을 겁니다. 하지만 시련과 환난이 닥쳤을 때, 위기와 곤경에 처했을 때, 우리에게 필요한 것은 신학이나 이성적인 진술이 아니라 위로와 안위란 말입니다! 신경이 날카롭고 마음이 피곤할 때, 감정이 상하고 심령이 한계에 도달했을 때, 사람들에게 신학을 들이미는 것은 너무 잔인하지 않습니까? 그런 자들은 더 행복하고 더 밝은 분위기를 느껴야 합니다. 또 자신의 문제와 고통을 잊도록 우리가 도와야 합니다. 그들에게는 마음을 진정시키고 편안하게 해주는 것이 무엇보다 필요합니다. 신학적인 개념들이 평상시에는 유용할 수 있겠지만 이런 때는 아닙니다."

이런 생각은 널리 퍼져 있습니다. 그러나 이것이 끔찍하게 잘못되었다는 것, 신약성경의 가르침에 완전히 어긋난다는 것이 본문의 문맥에서 분명히 확인됩니다. 본문은 성경에서 가장 수준 높은 신학적 진술 가운데 하나입니다. 여기서 사용되는 용어 몇 개만 들어봅시다. 미리 아심, 미리 정하심, 의롭다 하심, 영화롭게 하심, 택하신 자! 이 용어들은 중대하고 전형적인 신학 용어로, "실천하는 종교"를 주장하는 모든 자들이 무척 싫어하고 혐오하는 말들입니다. 그러나 이 용어들은 이 사랑 많은 사도가 상상을 초월한 고난과 시련을 겪은 사람들에게 편지를 쓸 때 자신의 메시지의 핵심 요소로 사용하는 말들입니다. 바울은 이 본문의 문맥에서, 즉 성경 전체에서 다른 어떤 본문보다 신학적 내용을 더 많이 담고 있고 논의와 토론과 논쟁을 크게 불러일으킬 가능성이 농후한 문맥에서 자신의 위로와 안위를 전달합니다. 바울이 왜 그렇게 합니까? 그리고 그것은 어떤 의미일까요? 이에 대한 답변은 두 가지입니다.

첫 번째 답변은 신약성경은 행복에 관한 문제를 마치 그 자체로 다룰 수 있는 어떤 분리되고 특수한 문제로 취급하지 않는다는 것입니다. 우리는 행복을 얻기를 바라지만 실제로는 행복을 얻는 것과는 정반대로 행하는 경향이 있습니다. 우리는 행복을 직접 그리고 즉각 붙잡고자 합니다. 하지만 행복은 반드시 다른 어떤 것의 결과라는 사실을 모릅니다. 또한 행복을 결정하는 것, 즉 참된 행복인지 아니면 거짓된 행복인지를 판단하는 것은 그 행복을 낳은 원인의 본질에 달려 있다는 것을 깨닫지 못합니다. 신약성경에 따르면 진정한 행복과 기쁨은 오직 하나밖에 없습니다. 그것은 하나님과의 참된 관계에 기반을 둔 행복, 하나님이 자기 아들 예수 그리스도로 말미암아 우리에게 주시는 의의 결과인 행복입니다. 우리는 너무나 자주 즐거움과 낙심, 기쁨과 절망이 교차하는 경험을 반복합니다. 이는 행복에 대해 거짓된 관념을 가졌기 때문입니다. 행복을 거짓

되고 불안정한 기초 위에 두었기 때문입니다. 결코 사라지지 않는 유일한 기쁨은 오직 주님이 자신의 약속에 따라 주시는 것입니다. 그러므로 행복을 얻고 유지하는 길은 주님이 행복을 주시는 조건을 이해하고 파악하는 데 있습니다. 그리고 그 조건은 사상과 신학을 의미합니다.

두 번째 답변은 바울이 편지의 수신자로 하여금 자신이 친히 위로와 안위를 받았던 방법을 깨닫게 하여, 장차 언제 어디서 어떤 일이 벌어지든지 간에 그들이 그 방법을 적용할 수 있도록 하는 데 관심을 두고 있다는 것입니다. 바울은 단순히 수신자가 편지를 읽고 있는 동안에만 혹은 그들이 자신의 인격에 감동받았을 경우에만 그들을 위로하고 그들이 행복을 느낄 수 있도록 만들지 않았습니다. 만약 그랬더라면 바울은 일정한 간격을 두고 주기적으로 편지를 써야 했을 것입니다. 그러나 사실은 그렇게 하고 싶어도 할 수가 없었습니다. 왜냐하면 그들은 도처로 흩어졌고, 옥에 갇혔으며, 편지를 받아 볼 수 없는 상태에 있었기 때문입니다. 그러므로 바울은 어떠한 상황과 조건에도 불구하고 언제 어디서나 항상 적용할 수 있는 방법을 소개하기 원합니다. 바울이 편지의 수신자에게 보여주고자 하는 그리스도인의 행복은 인위적으로 만들어 내거나 계속 변하는 상황과 환경에 의존하는 것이 아닙니다. 그리스도인의 행복은 어떤 진리들을 받아들인 결과입니다. 그리고 이 진리들을 기초로 한 이성적이고 논리적인 논증에서 나오는 결실입니다. 그리스도인의 행복은 사람의 기분이나 감정에 따라 달라지는 것이 아닙니다. 사람이 처해 있는 상황에 따라 예민하게 좌우되는 애매하고 일반적이며 막연한 어떤 것도 아닙니다. 또한 교회에 주기적으로 출석하거나 그 영적인 분위기에 편승하거나 설교자의 설교에 의존하는 것도 아닙니다. 그리스도인의 행복은 어떤 논증의 결과, 즉 신자라면 누구든 자신에 대해 확립할 수 있고 또 확립해야 하는 위치에 대한 일련의 논리적인 결론입니다. 만약 진리를 이해하는 것 외에 다른 어떤 것에 의존한다면, 우리는 실망과 불행에 빠질 수밖에 없습니다. 그러나 진리를 받아들이고 그 가르침을 깨닫는다면, 우리는 이 진리를 언제 어디서나 우리의 필요에 적용할 수 있을 것입니다. 그러므로 신자들에 대한 교회의 일차적인 임무는 단순히 감동이나 위로를 베푸는 것이 아니라 신앙에 대한 교리를 가르치는 것입니다.

위로 및 안위와 관련된 신약성경 본문에서 항상 발견되는 두 번째 원리가 있습니다. 그것은 신약성경이 삶에 대해 가지고 있는 관점입니다. 이 관점은 초자연적 혹은 영적 관점으로 불립니다. 그리스도인들이 삶에서 많은 불행을 느끼고 큰 실망감에 빠지는 것은 이 관점을 깨닫지 못했기 때문입니다. 그러나 신약성경이 삶에 대해 가지는 이 관점만큼 성경의 큰 특징은 없습니다. 이것이 우리가 지금 다루고 있는 본문에서 분명히 확인됩니다. 바울에 따르면 그리스도인들은 "상속자"입니다. 물론 아직은 기업을 충분히 상속받지 못했습니다. 아직 그때를 기다리고 있고, 기대하고 있습니다. "우리에게 나타날 영광"이 남아 있고, 그래서 그것을 고대하고 있습니다. 그리스도인들은 "양자 될 것 곧 우리 몸의 속량을 기다리"고 있습니다.롬 8:23 아직 큰 추수를 거두지는 못했고, "첫 열매"만 받았습니다. 아직은 자신들의 큰 기업을 받지 못했습니다. 하지만 남아 있는 기업을 바랄 만큼 충분히 보고 알았습니다. 그래서 그것을 바라며 "참음으로 기다"립니다. 이 사실 때문에 바울은 다음과 같이 확신합니다. "생각하건대 현재의 고난은 장차 우리에게 나타날 영광과 비교할 수 없도다."롬 8:18 그에 따르면, 그리스도인은 분명 현세에 살고 있지만 미래를 위해 살아야 하는 존재입니다. 그것이 바울이 다른 본문에서 "위의 것을 생각하고 땅의 것을 생각하지 말라"골 3:2 고 말하고, 또 에베소 교회 교인들에게 "너희 마음의 눈을 밝히사 그의 부르심의 소망이 무엇이며 성도 안에서 그 기업의 영광의 풍성함이 무엇"인지엡 1:18 알라고 권면하는 이유입니다. 이것은 우리가 히브리서 11장과 12장에서 발견하는 관점이기도 합니다. 아울러 우리는 베드로가 "산 소망"벧전 1:3에 대해 말한 것도 기억해야 합니다. 그것은 신약성경뿐만 아니라 구약성경에서도 발견되는 인생관입니다. 이스라엘의 참된 신자들은 자신들을 "외국인과 나그네", 곧 잠시 이 땅에 거류하는 자로 생각했습니다. 대신, 그들은 모두 앞을 바라보고 고대했습니다. 그들은 하나님과 영원을 향해 나아가는 순례자였습니다.

이것이 성경 모든 곳에서 발견되는 인생관입니다. 이 관점이 위로 및 안위와 관련한 성경의 가르침의 핵심적인 요소입니다. 이 관점이 없으면 위로도 전혀 없습니다. 신약성경은 주로 우리의 육체가 아니라 영혼의 상태에 관심을 두고 있습니다. 또한 우리의 물질적인 조건이 아니라 영적인 행복에 관심을 두고 있습니다. 신약성경은 우리의 영적 행복이 우리가 사람들과 어떤 관계를 맺느냐 혹은 사람들이 우리를 어떻게 대하느냐를 고려하는 데서 시작되는 것이 아니라고 말합니다. 대신, 하나님과의 올바른 관계를 고려하는 데서 시작한다고 말합니다. 따라서 신약성경은 현세와 이 세상에 대해서는 매우 느슨한 태도를 가지는 듯 보이지만, 아무리 악한 상황에 직면하더라도 담대하게 다음과 같이 말합니다. "주는 나를 돕는 이시니 내가 무서워하지 아니하겠노라."히 13:6 "우리가 잠시 받는 환난의 경한 것이 지극히 크고 영원한 영광의 중한 것을 우리에게 이루게 함이니 우리가 주목하는 것은 보이는 것이 아니요 보이지 않는 것이니 보이는 것은 잠깐이요 보이지 않는 것은 영원함이라."고후 4:17-18 이것이 성경의 인생관입니다. 우리는 이것이 현세적인 현대의 인생관과 어떻게 전적으로 다른지 굳이 언급할 필요가 없습니다. 현세와 이 세상의 것을 바라보고 바라는 사람들은 실망할 것입니다. 결국은 하나님과 복음을 비난할 것입니다. 그들은 그들의 인생과 세계관이 거짓되고 성경의 가르침에 일치되지 않는다는 말을 들으면, 초자연적 인생관은 도피주의의 한 표현에 불과하고 현재의 상황과 문제를 등한시한다고 말하며 반박할 것입니다.

이런 반박에 대해 한마디로 답변할 수는 없습니다. 하지만 우리는 그것이 완전히 잘못되었음을 증명해야 합니다. 우리는 먼저 다음과 같은 역사적 사실을 상기시키는 것으로 시작할 수 있습니다. 구약성경에 등장하는 사람들, 아브라함과 야곱과 모세와 다윗 등 수많은 성도들이 인생의 문제를 회피한 도피주의자로 간주될 수 있습니까? 사도들, 특히 바울이 초자연적 인생관을 고수함으로써 인생의 문제와 책임을 회피했다고 말할 수 있습니까? 이후에 다른 어느 누구보다 이 인생관을 몸소 실천한 청교도들에게 이 비난을 퍼부을 수 있습니까?

초자연적인 인생관을 고수한 그리스도인들이 세속적인 관점을 기초로 삼아 계획을 세우고 실천하기를 거부했다고 해서, 그것이 그들이 인생과 세상일에 무관심했다는 뜻은 아닙니다. 그들은 자신들의 삶을 이 세상으로만 제한하여 오직 현세만을 위해 사는 것은 인생에서 겪는 가장 큰 덫이라고 생각했습니다. 그들은 "눈으로 보지 못하고 귀로 듣지 못하고 사람의 마음으로 생각하지도 못하였"던고전 2:9 것에 대한 비전을 가지고 있었습니다. 그들은 바로 이 비전의 궁극적인 성취를 위해 인생을 살았습니다. 이것이 바로 그리스도인들의 관심을 끄는 일입니다. 그들은 이것으로 말미암아 인생을 삽니다. 그러나 이런 태도를 가졌다고 해서 이 세상에 무관심한 것은 아닙니다. 그것은 이 세상과 이 세상을 가능한 한 더 좋은 곳으로 만들려는 노력에 대해 매우 비관적인 태도를 가지고 있다는 것을 가리킵니다.

우리는 우리의 육체에 대해 관심을 쏟는 만큼 영혼에 대해서도 관심을 기울이고 있습니까? 수시로 일어나는 세상의 전쟁에 대해 고민하는 것처럼 치열한 영적 싸움에 대해서도 고민합니까? 국가 내의 다양한 관계와 국제 관계가 깨졌을 때와 마찬가지로 하나님과의 관계가 깨졌을 때에도 근심합니까? 만일 우리의 인생관이 신약성경의 인생관이 아니라면, 우리는 이 세상에서 쓰라린 실망을 겪을 뿐만 아니라 신약성경의 가르침이 주는 위로와 안위도 전혀 받지 못할 것입니다.

우리는 지금까지 본문을 이해하는 데 결정적으로 중요한 배경을 살펴보았습니다. 이제 다음의 순서에 따라 본문의 구체적인 가르침을 고찰해 보도록 합시다. 온갖 시련과 환난과 난관에 직면한 성도들에게 본문은 "하나님을 사랑하는 자 곧 그의 뜻대로 부르심을 입은 자들에게는 모든 것이 합력하여 선을 이루느니라"롬 8:28라고 선언합니다. 이것은 중대한 진술이자 약속입니다.

우리는 여기서 잠시 약속의 포괄성을 주목해야 합니다. "모든 것이 합력하여 선을 이루느니라." 여기서 "모든 것"이 특별히 시련과 환난을 가리킨다는 것은 일반적으로 인정되는 사실입니다. 기독교에 대한 가장 주목할 만한 주장 하나가 여기에 있습니다. 하나님이 인간을 다루시는 방식을 가장 담대하게 정당화하는 말이 여기에 있습니다. 우리는 이것이 무슨 뜻인지 정확히 파악해야 합니다. 이것을 부정적인 방식으로 접근하면 그 의미를 가장 잘 파악할 수 있을 것입니다. 우리는 여기서 그리스도인으로서 이 세상에서 편하게 살 것이라는 약속을 받지 않았음을 확인합니다. 주님은 제자들에게 그들이 환난과 시련과 고난을 겪을 것이라고 말씀하셨습니다. 그리고 바울도 그렇게 가르칩니다. "그리스도를 위하여 너희에게 은혜를 주신 것은 다만 그를 믿을 뿐 아니라 또한 그를 위하여 고난도 받게 하려 하심이라."빌 1:29 그리스도인의 인생관과 세계관은 낭만적 관점이 아니라 현실적 관점입니다. 그리스도인은 고통과 문제를 회피하지 않습니다. 고통과 문제의 심각성과 중대성을 축소하려고 하지도 않습니다. 어떤 사람들은 위로하고 안위하는 사역의 임무가 시련과 고통이 실제로는 보이는 것만큼 나쁘지 않다는 것을 보여주는 데 있다고 생각합니다. 친구들을 돕고자 할 때 항상 그런 태도와 입장을 취하려고 애쓰는 선한 사람들이 있습니다. 물론 우리 모두에게는 자신의 어려움을 과장하고 문제를 확대하는 경향이 있습니다. 이 경향은 억제되고 조절되어야 합니다. 그러나 실제로 심각한 고통을 가볍게 여기도록 애쓰는 것은 어리석을 뿐만 아니라 부정직하기도 합니다. 고통으로 괴로워하는 사람에게 그 고통이 그가 생각하는 것만큼 나쁘지는 않다고 말하는 것은 그를 모욕하는 일일 뿐 아니라 괴롭히는 일이기도 합니다. 의도는 좋을지 모르지만 결과는 도움이 안 되기 때문입니다. 게다가 화까지 나도록 만들어 그의 고통을 키울지도 모릅니다! 그것은 복음적인 방법이 아닙니다. 복음은 사실을 있는 그대로 취합니다. 복음은 사실을 정직하게 맞이합니다. 복음은 문제를 축소함으로써 값싼 승리나 성공을 탐하지 않습니다.

마찬가지로 복음이 우리에게 전하는 메시지는 단순히 이를 악물고 용기를 내라는 것도 아닙니다. 믿음을 용기와 혼동하고, 그리스도인을 온갖 역경에도 불구하고 머리를 쳐들고 앞만 보고 나아가기로 결심하는 자들로 간주하는 사람들이 많습니다. 과거에는 용기가 하나의 덕으로 높이 평가받았습니다. 당연히 우리는 용기 있는 모습 속에 매우 고상한 덕이 있음을 인정합니다. 용기는 남자다운 것입니다. 용기는 강직하여 불만과 불평을 터뜨리지 않고, 온갖 어려움 앞에서도 균형과 평정을 유지하는 것입니다. 굴하지 않고 끈질기게 목적을 추구하는 것입니다. 용기는 참으로 고상하고 영웅적인 면모를 가지고 있습니다. 그러나 그런 용기는 본질상 기독교와는 아무 상관이 없는 이방인의 덕성입니다. 바울은 사람들에게 단순히 용기를 내라고 촉구하지 않습니다. 그의 호소는 온갖 어려움에도 불구하고 참고 견디라는 것이 아닙니다. 우리가 살펴보겠지만, 바울의 강조점은 그들이 해야 할 일에 있는 것이 아니라 하나님이 그들을 위해 행하셨고, 행하고 계시고, 행하실 일에 있었습니다. 그리스도인들은 용기와 결단력을 가지고 이를 악무는 것으로 만족하면 안 됩니다. "그들의 생각을 위의 것에 두어야" 합니다. 만일 용기가 우리를 지탱해 주는 유일한 것이라면, 그것은 사실상 절망일 뿐입니다. 용기는 아무 가망이 없지만 그래도 굴복하지 않는 태도입니다. 그러나 그리스도인은 소망으로 구원받고, 소망을 따라 삽니다.

기독교의 메시지는 하나님이 우리를 사랑하시므로 우리는 결국은 잘될 것이라고 막연하게 진술하는 것이 아닙니다. 그렇게 말하는 것은 하나님의 사랑과 우리가 처한 상태 사이에 간격이 있다는 것을 의미합니다. 그것은 사실상 문제를 완전히 회피하는 것입니다. 문제에서 우리의 등을 돌리는 것이며, 문제를 떨쳐내고 다른 무언가를 생각하는 것과 같습니다.

물론 문제에 병적으로 집착하는 것은 크게 잘못된 것입니다. 그리고 하나님의 사랑에 거하는 것은 항상 좋은 일입니다. 그러나 기독교적 입장은 이 두 입장 사이 어느 한 지점에 있는 것이 아닙니다. 그것은 참된 해결책이 아닙니다. 그것은 하나님의 사랑과 어려움 및 문제 사이를 분리하는 이원론입니다. 복음은 어떤 상황도 회피하지 않습니다. 복음은 모든 상황에 맞서지만 출구를 보여줍니다. 일부 오래된 역본은 "모든 것이 합력하여 선을 이루느니라"라는 구절 앞에 "하나님은"이라는 말을 집어넣습니다. 곧 "하나님은 모든 것이 합력하여 선을 이루느니라"라고 말함으로써 이 특징을 부각하고 있습니다. 이것이 의심할 것 없이 바울의 가르침입니다. 우리는 시련, 난관, 환난을 무시해서는 안 됩니다. 어떤 식으로든 이에 대해 설명해야 합니다. 하나님은 이를 우리의 유익을 촉진하는 용도로 활용하십니다. 그러므로 하나님을 믿는 믿음과 인생의 난관과 시련 사이를 조화시킬 수 없는 대립은 조금도 없습니다. 하나님은 난관과 시련을 사용하여 우리의 유익을 이끌어 내시고, 이들을 활용하여 하나님 자신의 목적을 이루심으로써 "하나님을 사랑하는 자 곧 그의 뜻대로 부르심을 입은 자들에게는 모든 것이 합력하여 선을 이루는" 결과를 가져오십니다. 따라서 그것은 하나님의 방법을 정당화합니다. 그것이 하나님이 왜 이런 일들이 우리에게 일어나도록 허락하시는지에 대한 궁극적인 답변입니다.

이번에는 우리가 "약속의 한정성"이라고 부를 수 있는 것에 대해 간단히 살펴봅시다. "하나님을 사랑하는 자 곧 그의 뜻대로 부르심을 입은 자들에게는 모든 것이 합력하여 선을 이루느니라." 원문에서는 "하나님을 사랑하는 자"라는 말을 문장 첫 부분에 둠으로써 이 약속의 대상이 제한된다는 사실을 강조합니다. 즉 이 구절은 "우리는 하나님을 사랑하는 자에게 모든 것이 합력하여 선을 이룬다는 것을 알고 있다"라는 뜻입니다. 이 약속은 분명히 제한적입니다. 여기에 포함된 사람들의 범주가 보편적이지 않습니다. 우리가 반복해서 지적했던 것처럼, 하나님의 사랑에 대한 인기 있는 관념 곧 보편적인 하나님의 사랑의 관념은 이와는 정반대입니다. 이 관념에 따르면, 하나님은 모든 사람에게 복을 베푸시겠다고 약속하신 것으로 간주됩니다. 하나님이 그분의 섭리로 모든 사람에게 복을 베푸시는 것은 사실입니다. 그러나 성경 모든 곳에서 구원받은 자와 구원받지 못한 자, 예수 그리스도를 통해 구원을 받아 하나님과의 언약 관계로 들어간 자와 들어가지 못한 자, (본문에 나오는 표현대로) "부르심을 입은 자"와 부르심을 입지 못한 자 사이에는 근본적인 차이가 있습니다. 구원은 특별 은총의 역사입니다. 이 은혜를 받은 자들에게만 특별한 약속이 주어집니다.

복음이 주 예수 그리스도를 믿지 않는 자들에게 해줄 말은 한 마디뿐입니다. 그것은 회개하고 믿으라는 것입니다. 복음은 그들이 회개하고 믿지 않는 한 특별한 약속을 주지 않습니다. 오히려 파멸과 재앙을 경고합니다. 복음은 그들에게 "모든 것이 합력하여 선을 이루느니라"라고 말하지 않습니다. 대신, 그들이 믿지 않기 때문에 "이미 정죄를 받았다"고 말합니다. 우리가 앞에서 확인했던 것처럼, 특별한 약속과 위로와 안위는 직접 얻게 되는 것이 아닙니다. 하나님의 유일하신 아들을 믿음으로 얻게 되는 구원의 열매와 결과입니다. 곧 "하나님을 사랑하는" 자들에게만 주어지는 축복입니다. 우리는 여기서 "하나님을 사랑한다"는 말의 경계를 명확히 해야 합니다. 이 말은 하나님에 대한 수많은 진술에 그저 동의하는 것이 아닙니다. 또 어떤 감상적인 느낌을 가리키는 것도 아닙니다. 여기서 "사랑하다"라는 말은 하나님의 뜻을 행하고 그분을 섬기는 것을 갈망하는 것을 뜻합니다. 하나님이 하나님이라는 이유로 모든 것 안에서 하나님을 영화롭게 하고 그분을 즐거워하기를 열망하는 것을 가리킵니다.

우리가 살펴보고 있는 이 본문에는 놀랍고 경이로운 사실이 함축되어 있습니다. 이 사실은 우리를 철저하게 시험합니다. 이것은 우리가 하나님과 그분의 활동을 조금이라도 오만한 의아심을 갖고 의심하고 질문한다면, 우리가 이 약속 밖에 있는 자임을 암시합시다. 하나님을 사랑하는 자는 "모든 것이 합력하여 선을 이룬다"는 사실을 알고 있습니다. 그것은 그들이 현재 일어나는 일을 설명하는데 아무 어려움이 없다는 것을 의미하지 않습니다. 그러나 그들의 마음이 혼란스러울 때가 있기는 해도, 그들의 영혼은 항상 건강하고 건전합니다. 하나님을 사랑하는 자는 하나님을 사랑하는 일을 멈추지 않습니다. 우리는 종종 우리가 던지는 질문을 통해 우리가 어떤 존재인지 그리고 어디에 서 있는지를 드러냅니다. 우리에게 결정적인 하나의 질문은 "우리가 하나님을 사랑하는가?"입니다. 하나님과의 관계가 없으면 우리는 그분의 길을 파악할 수 없습니다. 그것은 우리가 하나님의 은혜로운 약속들의 범주 밖에 있기 때문입니다. 약속들은 모두 조건적입니다. 우리는 하나님의 신실하심에 대해 질문하기 전에 먼저 우리 자신을 검토하고, 우리가 약속의 조건들을 준수했는지 확인해야 합니다.

그러나 우리는 여기서 약속의 메커니즘, 즉 약속이 작용하는 방식에 대해 고찰해야 합니다. 바울은 이렇게 말합니다. "하나님을 사랑하는 자 곧 그의 뜻대로 부르심을 입은 자들에게는 모든 것이 합력하여 선을 이루느니라." 바울은 우리가 그것을 "알고 있다"고 말합니다. 즉, 그것은 그리스도인에게 자명한 것으로, 잘 알려져 있고 익히 인정받는 사실이라는 것입니다. 이것이 어떻게 그렇습니까? 이에 대한 답변은 부분적으로는 교리적이고, 부분적으로는 경험적입니다. 교리적인 답변은 본문 마지막 부분—"그의 뜻대로 부르심을 입은 자들에게는"—에서 시작되어 8장 마지막까지 계속됩니다. 우리는 신자들에게는 모든 것이 합력하여 선을 이룬다는 것을 알고 있습니다. 그 이유는 신자들의 운명이 하나님과 그분의 활동에 좌우되기 때문입니다. 이에 대한 논증을 들어 보십시오. "하나님이 미리 아신 자들을 또한 그 아들의 형상을 본받게 하기 위하여 미리 정하셨으니 이는 그로 많은 형제 중에서 맏아들이 되게 하려 하심이니라. 또 미리 정하신 그들을 또한 부르시고 부르신 그들을 또한 의롭다 하시고 의롭다 하신 그들을 또한 영화롭게 하셨느니라."롬 8:29-30 하나님의 행위에는 우연적이거나 우발적이거나 즉흥적인 것이 없습니다. 그것은 처음부터 끝까지 계획적으로 이루어집니다. 우리의 경험에 비추어 볼 때 하나님의 행위는 우리에게 점차 확대되어 나타나지만, 하나님의 마음과 목적 안에서 그분의 행위는 이미 완전하고 온전합니다. 하나님의 행위를 좌절시킬 수 있는 것은 아무것도 없습니다. 그것이 바울이 확고하게 "그런즉 이 일에 대하여 우리가 무슨 말 하리요. 만일 하나님이 우리를 위하시면 누가 우리를 대적하리요"31절라고 반문한 이유입니다. 그러나 이처럼 수준 높은 교리적 답변만 있는 것은 아닙니다. 이 모든 것을 확증하고 입증하는 사실이 있습니다. "자기 아들을 아끼지 아니하시고 우리 모든 사람을 위하여 내주신 이가 어찌 그 아들과 함께 모든 것을 우리에게 주시지 아니하겠느냐."32절 우리와 우리의 죄를 위해 유일한 자기 아들을 내주신 하나님이, 그 아들을 갈보리 십자가에 달려 죽게 하신 하나님이 어떤 사건이나 사람이 우리와 우리를 향한 자신의 궁극적인 목적 사이를 가로막도록 하시겠습니까? 그것은 불가능합니다. 우리는 경외감을 가지고 이렇게 선포해야 합니다. "이같이 불가능한 일을 행하신 하나님은 당연히 다른 모든 일도 행하실 수 있다." 만일 하나님이 우리의 구원을 위해 가장 불가능한 일을 하셨다면, 다른 모든 일도 하실 수 있을 것입니다. 그리고 그리스도의 죽음이 우리의 구원의 최종적인 원인이라면, 아무리 쓰라리고 잔혹하더라도 우리가 경험하는 다른 모든 일도 이 중대한 목적을 위해 허락된 것이 틀림없습니다. 하나님은 가장 악랄한 죄의 행위마저 우리의 구원을 위한 수단으로 삼으셨습니다. 따라서 우리가 죄와 악의 결과로 겪어야 하는 것은 아무리 작은 고난이라도 영광스러운 결과로 바꾸실 것입니다. 만일 우리가 하나님의 뜻 안에 있다는 것을 믿는다면, 하나님이 우리를 사랑하신다는 것을 알고 있다면, 하나님의 사랑에 대한 답례로 그분을 사랑한다면, 우리는 모든 것이 합력하여 우리의 선을 이룬다고 확신할 수 있습니다.

감사하게도 우리는 또한 이 영광스러운 약속의 방식에 대해 경험적으로 답변할 수 있습니다. 우리가 살펴보는 본문이 참되다는 것은 성경에 기록되어 있거나 이후로 교회의 역사 속에 등장한 모든 성도들의 보편적인 증언입니다. 이 약속이 이루어지는 방법들은 거의 무한하지만, 모든 방법에 공통적으로 들어 있는 원리가 있습니다. 그것은 (우리가 이미 강조했던 것인데) 오직 하나의 궁극적인 선이 있다는 것입니다. 이 궁극적인 선은 바로 하나님에 대한 지식과 우리 영혼의 구원입니다. 그것을 염두에 두면 우리는 시련과 환난과 난관과 고통이 다음과 같은 이유로 일어나는 것을 알게 됩니다.

첫째, 우리는 고난을 통해 우리가 세상사와 인간사에 지나치게 의존하고 있다는 사실을 깨닫게 됩니다. 우리는 자신도 모르는 사이에 주변 환경의 영향을 받습니다. 그리하여 우리의 삶은 점점 하나님을 덜 의지하게 되며, 우리의 관심사는 점차 더 세속화됩니다. 이런 상황에서 우리가 세속적이고 인간적인 위로와 기쁨을 거부할 때 우리가 겪는 고난의 이유를 깨닫게 됩니다. 그 외에 다른 방법으로는 깨달을 수 없습니다.

둘째, 우리는 이런 고난을 통해 여기 이 땅에서 펼쳐지는 인생의 덧없음을 깨닫게 됩니다. 우리는 이 세상에서의 삶에 안주하기 쉽습니다. 영원히 여기서 살 것이라고 착각할 때가 얼마나 많은지 모릅니다! 우리는 모두 "장차 우리에게 나타날 영광"과 (앞에서 확인했던 것처럼) 우리의 묵상의 중요한 주제가 되어야 하는 것을 잊어 버릴 정도로 세상에 안주하려는 경향이 있습니다. 그러므로 여기서 우리가 게으름에 빠지지 않도록 각성하고 우리가 단지 순례자에 불과하다는 사실을 상기할 때 비로소 "위의 것을 생각"할 수 있게 됩니다.

셋째, 인생의 큰 위기들을 겪을 때 우리는 우리의 연약함, 부족함, 무력함을 보게 됩니다. 바울은 로마서 8장에서 기도를 다루면서 이 사실을 예증합니다. "우리는 마땅히 기도할 바를 알지 못하나."26절 평안하고 순조로울 때 우리는 기도할 수 있다고, 또 기도하는 법을 알고 있다고 생각합니다. 마땅한 방식대로 신앙생활을 잘해 왔다고 확신하고 자부합니다. 그러나 시련이 닥치면 우리는 우리가 얼마나 연약하고 무력한 존재인지를 깨닫습니다.

넷째, 시련을 통해 우리는 하나님께 나아가게 되고 이전보다 더 절실하게 하나님을 의지해야 함을 깨닫게 됩니다. 이것이 모든 그리스도인의 경험입니다. 그런데 미련하게도 우리는 우리 자신의 힘과 능력으로 살 수 있다고 생각합니다. 그래서 우리의 기도는 형식적이 되고 맙니다. 그러나 환난이 임하면, 우리는 하나님께 날아가고 그분을 더 잘 섬기게 됩니다. 하나님은 호세아 선지자를 통해 이스라엘 백성들에게 "그들이 고난받을 때에 나를 간절히 구하리라"호 5:15고 말씀하셨습니다. 우리도 마찬가지입니다. 고통을 통해 우리는 하나님을 찾습니다.

다섯째, 그러나 이 모든 고난은 주로 우리 탓입니다.

고난을 이처럼 다른 각도에서 고찰하고 나면, 그리스도인들에게는 고통의 학교에서 하나님의 자비롭고 부드러운 보살핌에 대해 배우는 것만큼 더 좋은 것이 없다고 말할 수 있습니다. 우리는 모든 일이 순조로울 때에는 자기만족에 빠져 삶에서 하나님을 몰아냅니다. 하나님이 우리의 삶에 세밀하게 간섭하시는 것을 보지 못합니다. "오직 성령이 말할 수 없는 탄식으로 우리를 위하여 친히 간구하시"는26절 것을 깨닫게 될 때는 오로지 우리가 고난 가운데 있을 때입니다. 밑바닥에 있는 사람들에게 하나님의 임재 의식이 가장 실제적입니다. 그들에게 하나님의 보존하시는 능력을 가장 명확하게 깨닫는 역사가 있습니다.

몇 달 전에 독일의 모라비아 형제단의 한 주교의 미망인이 제게 이런 말을 했습니다. 자신의 경험으로 볼 때, 믿음 때문에 형용할 수 없는 고난을 겪은 독일의 모든 그리스도인이 보편적으로 증언하는 것이 있다고 했습니다. 그것은 그들이 이 고난에 대해 하나님께 진정으로 감사할 정도로 이 고난을 충분히 이해했다는 것입니다. 고난을 통해 그들은 자신의 신앙과 삶의 경험이 얼마나 빈곤한지 깨닫게 되었습니다. 또한 고난을 통해 하나님의 놀라운 은혜를 목도하게 되었습니다. 이것은 시편 기자가 다음과 같이 고백한 것을 현대적으로 표현한 것과 같습니다. "고난당한 것이 내게 유익이라. 이로 말미암아 내가 주의 율례들을 배우게 되었나이다." 시 119:71 그것은 또한 하나님의 선언에 대해 바울이 반응한 것을 그대로 반복하는 것이기도 합니다. "내 은혜가 네게 족하도다. 이는 내 능력이 약한 데서 온전하여짐이라. 그러므로 도리어 크게 기뻐함으로 나의 여러 약한 것들에 대하여 자랑하리니 이는 그리스도의 능력이 내게 머물게 하려 함이라. 그러므로 내가 그리스도를 위하여 약한 것들과 능욕과 궁핍과 박해와 곤고를 기뻐하노니 이는 내가 약한 그때에 강함이라."고후 12:9-10 이것이 우리의 경험입니까? 만일 우리가 "하나님을 사랑하고" 그분께 복종한다면, 틀림없이 우리의 경험이 될 것입니다. 저는 여기서 다시 한 번 "하나님을 사랑하는 자 곧 그의 뜻대로 부르심을 입은 자들에게는 모든 것이 합력하여 선을 이룬다"는 사실을 상기시키고자 합니다.

4

복음은 여전히 적합한가

1947 | 『변하지 않았고 변하지 않는 진리』

우리는 새로운 무신론의 시대에 살고 있습니다. 리처드 도킨스나 고故 크리스토퍼 히친스와 같은 저술가들은 복음을 조롱하고 기독교를 근절해야 할 위험한 질병으로 격하합니다.

시대와 상황이 변해도 근본적으로 달라지는 것은 없습니다.

기독교 신앙에 대한 이런 비판가들은 항상 있었습니다. 로이드 존스가 1947년에 일리노이 주 휘튼 대학에서 강의했을 때에도 비슷한 비방자들은 존재했습니다. 엄밀히 말해 이 강의들은 설교가 아닙니다. 하지만 그중 하나를 이 책에 포함한 것은 이 강의가 당대의 중요한 지성적 이슈에 대해 그가 무엇을 전했으며 왜 전했는지를 보여주기 때문입니다. 그는 여기서 탁월한 통찰을 제시합니다.

로이드 존스는 의학 과정을 밟을 때 질병을 제대로 진단하기 위해 과학적 방법론을 공부했습니다. 그런 의미에서 그를 "독터"the Doctor라고 부르는 것은 다정한 애칭일 뿐만 아니라 적절한 묘사이기도 합니다. 그는 과학자였습니다. 우리가 그렇게 말할 수 있는 것은 그가 논리적으로 생각하는 훈련—세상의 상태가 완전히 절망적인 것을 스스로 확인할 수 있었을 정도로—을 받았기 때문입니다. 인류에게는 오직 십자가에 못 박혀 죽으시고 부활하신 예수 그리스도로 말미암아 하나님이 행하신 것을 통해서만 소망이 있습니다. 의학과 과학은 우리를 결코 구원할 수 없습니다.

1981년 웨스트민스터 채플에서 열린 그의 추도 예배에서 한 친구는 그가 일차적으로는 설교자였지만 또한 의사로 남아 있었다고 말했습니다. 이 두 가지 지칭은 모두 사실입니다. 이 둘은 서로를 보완하는 관계에 있었습니다.

무엇보다 그는 인간이 처한 상태의 참된 본질이 어떠한가에 대해 성경이 진술하는 바를 철저히 확신한 사람이었습니다. 휘튼 대학 강의에서 그는 변증론을 다루었습니다. 설교자로서 그는 변증론이 복음 전도 도구로서 가지는 유용성에 대해 약간 애매한 태도를 유지했습니다. 그럼에도 불구하고 그는 이 강의에서 자신이 복음 전도를 어떻게 이해하고 있으며, 비기독교 세계에 접근하는 방법에 대해 자신이 가지고 있는 세계관이 무엇인지 알려 주었습니다.

그것은 다음과 같은 세 가지 핵심 신념이었습니다.

첫째, 인간은 언제나 변함없이 동일하다.

둘째, 하나님은 언제나 변함없이 동일하시다.

셋째, 인간에 대한 하나님의 태도는 언제나 동일하시다.

이 세 가지는 모두 영원한 진리입니다. 따라서 복음은 20세기와 마찬가지로 21세기에도 적합합니다. 이것은 우리가 오늘날 복음을 선포하는 방법에 강한 영향을 미쳐야 합니다. 그가 농담으로 말했던 것처럼, 1세기의 사람은 한 시간에 6킬로미터를 여행할 수 있고, 21세기의 사람은 한 시간에 6백 킬로미터를 여행할 수 있지만 두 사람 모두 똑같은 사람으로서 여행하고 있는 것입니다!

비기독교인은 우리가 2천 년도 넘은 책을 믿는 것이 고리타분하고 구시대적이라고 욕할 것입니다. 그러나 프랜시스 쉐퍼Francis Schaeffer가 말했던 것처럼, 참된 진리는 존재합니다. "변하지 않았고 변하지 않는 진리"라는 로이드 존스의 표현도 쉐퍼와 말과 동일합니다. 아무리 오래되었다고 할지라도 진리는 결코 변하지 않습니다. 우리는 죄인이며, 따라서 예수 그리스도로 말미암아 하나님과 화목해야 합니다. 우리의 주된 목적은 행복이나 자아성취나 최근에 유행하는 어떤 것이 아닙니다. 그것은 예수 그리스도로 말미암아 구원을 얻는 것입니다. 다음 글을 읽는 자는 누구나 확인하게 되겠지만, 그것 외에 다른 것은 그리 중요하지 않습니다.

예수 그리스도의 복음은 인간의 모든 질문과 문제에 대해 유일하게 해답을 가지고 있다고 주장하며 현대 세계를 도전합니다. 복음은 세상, 온갖 비극과 고통에서 벗어날 방도를 모색하고 있는 이 세상을 향해 해답은 이미 주어졌다고 선언합니다. 복음은 미래를 열띠게 전망하고 계획하는 세상을 향해, 그 추구는 방향만 잘못된 것이 아니라 추구 자체도 전혀 불필요하다고 선언합니다. 복음은 앞으로 발생할 일에 우리의 희망을 거는 것은 치명적으로 잘못된 습관이라고 비난합니다. 복음은 개인이든 집단이든 사람들이 필요로 하는 모든 것은 이미 2천 년 동안 인간의 손에 맡겨져 있었다고 선언합니다. 복음의 중심 메시지는 구원에 필수적인 모든 것이 하나님의 유일하신 아들 나사렛 예수 그리스도의 인격 안에서 발견된다고 말합니다. 복음은 그리스도가 충분하고 최종적인 하나님의 계시라고 선언합니다. 우리는 그리스도 안에서, 그의 생애와 가르침 안에서 우리가 어떤 존재가 되어야 하는지, 어떤 방식으로 살아야 하는지 보게 됩니다. 그리스도의 십자가 죽음에서 우리는 세상의 죄가 최종적으로 드러나고 정죄된 것을 봅니다. 또한 그리스도의 죽음으로 말미암아 인간이 하나님과 화목할 수 있는 유일한 길이 열리게 된 것을 발견합니다. 우리는 오직 그리스도 안에서만 새 생명을 얻고 새 출발을 할 수 있습니다. 오직 그리스도에게서 능력을 받아야만 하나님이 우리에게 바라시는 인생을 살 수 있습니다.

복음의 메시지는 여기서 그치지 않습니다. 복음은 또한 예수 그리스도가 하나님 오른편에 앉아 능력으로 다스리고 계심을, 원수들을 자신의 발등상으로 삼을 때까지 계속 다스리실 것임을 보증합니다. 복음은 "하늘에 있는 자들과 땅에 있는 자들과 땅 아래에 있는 자들"이 모든 무릎을 예수의 이름에 꿇게 될 것이라고 선언합니다.빌 2:10 그래서 예수 그리스도의 복음은 우리에게 도전하고 촉구합니다. 2천 년 전에 여기 이 땅에 계셨던 구원의 근원이신 예수 그리스도, 이 유일하신 분에게 돌아가라고 말입니다.

그러나 현대인이 정통 교리인 그리스도의 속죄 관념을 매우 싫어한다는 것을 우리는 잘 알고 있습니다. 오늘날 복음이 거부되는 이유로 복음이 오래되었다는 것만큼 자주 거론되는 것은 없습니다. 현대인은 그리스도인으로 사는 사람들이 너무 무지몽매하기 때문에, 혹은 의도적인 반反계몽주의자로서 사실을 있는 그대로 받아들이지 못하기 때문에 기독교를 신봉하는 것이라고 간주합니다. 현대인에게는 오늘날 인간이 필요로 하는 모든 것이 기독교가 2천 년 동안 인류에게 지속적으로 제공해 온 바로 그것이라는 주장만큼 어리석은 말이 없습니다. 현대 세계는 온갖 지식을 가지고 계속 발전하고 있으며 세련된 교양을 보여주는 게 사실입니다. 그리하여 현대인은 본질상 인간이 오랜 인류 역사를 거쳤다고 해도 영적으로는 여전히 똑같은 상태에 처해 있다는 말을 모욕으로 여깁니다. 그들은 오래된 것은 무엇이든 오늘날의 필요를 채우는 데 적합할 수 없다고 단정합니다. 이런 이유로 대다수 현대인은 오래된 것은 아예 거들떠보지도 않습니다. 그들은 옛것은 오늘날 적합한 것이 될 수 없다고 주장합니다.

그렇다면 복음은 이런 태도와 비판에 대해 무엇이라고 말할까요? 우리는 먼저 이런 태도는 완전히 비합리적이고 단순히 편견을 드러내는 것에 불과함을 증명할 수 있습니다. 지금 우리가 인생에서 가장 심각하고 중요한 문제를 다루고 있는 것이 아니었다면, 이 문제의 어떤 국면들은 터무니없는 것으로 쉽게 드러날 것입니다. 어쨌든 우리는 복음을 이처럼 무조건 거부하고 그저 오래되었다는 이유만으로 복음에 대해 생각조차 하지 않는 사람들은, 그들 자신이 그렇게 추정하는 이유와 논리에서 벗어나는 과오를 범한다고 지적할 수 있습니다. 우리는 그들의 주장이 부메랑처럼 그들 자신의 머리로 되돌아온다는 점을 보일 수 있습니다.

예를 들어, 이런 사람들은 스스로 열린 마음을 가졌다고 자랑하기를 무척 좋아합니다. 하지만 그들은 그렇게 말할 자격이 없습니다. 그들은 자기 자신과 종교적인 사람들을 대조하여 종교적인 사람들의 마음은 좁고 편협하다고 주장합니다. 그들은 한 권의 책과 한 사람에게 모든 관심이 쏠려 있다고 우리를 비난합니다. 반면에 자신들은 모든 면에서 마음의 창문을 활짝 열어 두었다고, 그 결과 케케묵은 성경의 메시지를 받아들이는 것이 불가능할 정도로 많은 지식과 정보를 축적했다고 역설합니다. 그들은 열린 마음을 갖고 있다고 주장하며, 자유사상가를 자처합니다.

그러나 마음이 진정으로 열려 있다고 말하기 전에, 모든 면에서 과연 그러한지를 증명해야 합니다. 마음이 진정으로 열려 있다면 사방으로, 또 과거 · 현재 · 미래에 대해서까지 열려 있어야 합니다. 어느 한 방향이라도 일부러 마음을 닫았다면 그것은 절대로 열린 마음이 아닙니다. 그러므로 누군가가 복음이 오래되었다는 이유만으로 생각해 보지도 않고 무시하고 거부한다면, 그것은 그가 과거를 향해서는 일부러 마음을 닫았다는 것을 보여줍니다. 그것은 전혀 이성적이지 않습니다. 생각이 깊은 것도 아닙니다. 논리적인 것은 더더욱 아닙니다. 단순히 편견을 드러내는 것에 불과합니다. 그러므로 이 이유만으로 복음을 거부하는 자는 누구나 자신이 열린 마음을 갖고 있다고 주장할 하등의 권리가 없습니다.

우리는 또한 이런 생각을 가진 사람이 이 문제에 대해 잘못된 기준을 세웠음을 증명할 수 있습니다. 이들에게 가장 최종적인 기준은 진리가 아니고 연대年代입니다. 그러나 우리가 진리를 다룰 때 중요한 것은 진리의 연대가 아니라 진리의 진정성입니다.

이 점은 아주 쉽게 예증할 수 있습니다. 어떻게든 목표를 추구하려는 사람은 다음과 같이 말할 것입니다. "내 목표는 내가 세운 최종 목적에 도달하는 것입니다. 나는 목표에 도달하기를 열렬히 원합니다. 따라서 누구에게서든, 어느 방향에서든 조언과 정보를 받아들일 준비가 되어 있습니다. 나는 그 조언이 과거에서 오든 현재나 미래에서 오든 개의치 않습니다. 목표에 도달하도록 돕는 것은 무엇이든 환영하고 소중히 여길 것입니다." 이렇게 말하는 사람이 정보 제공자의 나이나 그가 제공한 정보의 연대에 대해 묻는 것은 당찮은 일입니다. 만일 내가 새롭고 현대적인 것만이, 과거 사람들은 알 수 없었던 것만이 진리라고 말한다고 칩시다. 그렇다면 그것은 분명히 진리에 대한 나의 전체 관념이 바뀐 것입니다. 그것은 진리 자체보다 현대성을 더 중요하게 여기고 현대성을 기준으로 삼은 것에 불과합니다.

물론 연대와 나이라는 기준이 매우 합리적일 수도 있습니다. 골동품을 수집하는 취미를 가진 사람들의 경우를 예로 들어 봅시다. 그들은 의심할 것 없이 골동품의 질보다는 골동품의 연대에 더 큰 관심이 있습니다. 그런데 단순히 골동품과 관련된 문제라면 우리는 이런 기준을 세우는 자들과 다툴 이유가 없습니다. 그러나 우리가 인간과 하나님에 대한 문제를 다루고 있다면 어떨까요? 도덕·순결·정결에 대한 문제라면, 삶과 죽음, 인간의 영원한 미래에 대한 논의라면 어떨까요? 이런 경우 나이와 연대 문제에 집착하는 것은 매우 부적합할 것입니다. 이는 아무 상관이 없는 것을 논의의 주제로 끌어들이는 것입니다.

유감스럽지만 우리는 이처럼 복음에 대해 편견을 가지고 있는 사람들은 진정한 관심을 진리 자체가 아닌 현대적이며 최신 유행하는 것에 두고 있다고 지적하지 않을 수 없습니다. 그들의 궁극적 관심사는 진리가 아니라 현대성에 있습니다.

단순히 오래되었다는 이유만으로 복음을 거부하는 이 편견을 폭로하기 위해 우리는 현대인이 매우 높게 평가하는, 가장 인기 있는 분야인 과학으로 시선을 옮겨야 합니다. 종교와 성경을 반대하는 대부분의 사람들은 자신들이 과학적 탐구 방법을 통해 그런 입장에 도달했다고 주장합니다. 그들은 종교가 상상과 낭만의 영역, 환상과 공상의 세계에 속한 것에 불과하다고 말합니다. 종교는 민간전승이나 동화의 범주에, 두려움과 환상이 만들어 낸 비현실 세계에 속해 있다고 주장합니다. 그러면서 종교는 오직 사실에만 관심을 두는 과학적 방법과는 정반대라고 말합니다.

지금 우리의 관심사는 이 문제를 철저히 다루는 데 있지 않습니다. 그렇기는 해도 우리는 이런 주장과 관련해 다음과 같은 몇 가지 요점을 제시하지 않을 수 없습니다. 먼저, 참된 과학의 정신은 항상 이론과 실제, 가정과 진리, 가설과 증명하고 예증할 수 있는 것 사이를 구별하는 데 주의를 집중한다는 것입니다. 과학의 범주는 보고 접촉하고 느끼고 접근할 수 있는 현상의 세계입니다. 만일 과학자가 가시적이고 유형적인 영역에서 벗어나는 순간, 다른 사상가와 마찬가지로 아무런 권위를 갖지 못하는 철학자가 되고 맙니다.

따라서 오늘날 세상에서 벌어지는 가장 큰 비극 중 하나는 이론이 사실과 동등하게 여겨지고, 가설이 공인된 진리가 되어 버린다는 점에 있습니다. 많은 사람이 진리를 믿지 않는 저명한 과학자들의 말에 현혹되어 하나님의 현존을 믿지 않고 그리스도의 신성, 이적, 초자연적인 것을 부인합니다. 이런 과학자들의 독단적인 주장은 견고한 사실로 받아들여지지만 실제로는 이론에 불과합니다. 어떤 과학자도 하나님은 계시지 않는다는 것, 나사렛 예수는 하나님의 유일하신 아들이 아니었다는 것, 나사렛 예수는 이적을 행하지 않았다는 것을 증명한 적도 없고, 또 증명할 수도 없습니다. 아무도 죽음 이후에 삶이 없다는 것, 심판이 없다는 것, 지옥이 없다는 것을 증명할 수 없습니다. 그들은 그저 자기들은 이런 사실을 믿지 않는다고 말할 수 있을 뿐입니다. 그러나 아무리 목소리를 높여 장담한다 할지라도, 이런 사실이 신빙성이 없다는 것은 증명된 것이 아닙니다. 그러므로 이처럼 가설을 진리와, 이론을 사실과 혼동하는 것보다 비과학적인 것은 없습니다.

이와 같은 비과학적인 태도는 다른 면에서도 증명될 수 있습니다. 참된 과학적 연구 방법은 무엇일까요? 그것은 틀림없이 다음과 같을 것입니다. 한 젊은이가 과학 연구 프로젝트에 참여한다고 가정해 봅시다. 그렇다면 그는 선배 연구자의 보호와 책임 아래 들어갈 것입니다. 본격적인 연구가 시작되기 전 그는 선배에게 조언을 구합니다. 그러면 그는 젊은이에게 뭐라고 말합니까? 그 주제에 관해 쓴 모든 책을 불태워 소각하라고 말합니까? 아닙니다. 오히려 정반대로 말합니다. 실험에 들어가기 전에 먼저 도서관으로 가 과거에 그 주제에 대해 쓴 모든 문헌을 찾아 그 내용을 이해하고 활용하라고 조언합니다. 이것이 지혜로운 방법일 것입니다. 왜 이미 발견한 것을 다시 찾아내는 데 시간을 낭비해야 합니까? 그러므로 젊은이는 옛 문헌들을 읽으면서 자신의 연구에 유용한 정보를 수집할 것입니다.

참된 과학적 방법은 단순히 과거로 회귀하는 것이 아닙니다. 과거와 함께 시작하고, 과거를 연구하며, 과거 위에 세우는 방법입니다. 오늘날 사람들이 성경을 읽지 않고 복음에 무지하며 교회 역사를 살펴보지 않은 채, 성경과 복음과 기독교 교회를 무시하는 것만큼 비과학적인 것은 없습니다. 이런 방법에 대해 다른 어떤 말을 하더라도, 그것은 참된 과학적 방법과는 완전히 상반됩니다.

따라서 우리는 단순히 오래되었다는 이유만으로 복음을 거부하는 것은 사고와 이성과 지식과 논리에 기반을 둔 것이 아니라 과거에 대한 순진한 편견에 기초한 것이라고 말할 수 있습니다. 물론 어떤 사람은 복음이 현대의 상황과 맞지 않는다고 이의를 제기합니다. 또 어떤 사람은 오래되었다는 이유만으로 복음을 거들떠보지 않고 무시하는 것은 편견에 불과하다는 사실에 전적으로 동조한다고 주장합니다. 그러나 그는 계속해서 자신의 입장은 약간 다르다고 주장합니다. "나는 그리스도인이 아닙니다. 하지만 내가 복음을 믿지 않고 거부하는 것은 이성과 실증에 기초를 두고 있다는 점을 증명할 수 있습니다."

그의 주장은 다음과 같이 계속됩니다. "나는 삶의 모든 요소와 영역을 바라볼수록 인생 전체를 관통하는 보편적인 법칙이 있음을 더욱 깨닫게 됩니다. 그 보편 법칙이란 성장, 진보, 발전의 법칙입니다. 모든 것이 진보하고 전진합니다. 예컨대 저는 봄에 정원에 심겨진 씨가 이제 싹을 틔우는 것을 봅니다. 그러나 이 씨는 자라기를 멈추지 않습니다. 계속 자라 꽃을 피우고 완전히 다 자란 상태가 됩니다. 그런 다음 시들어 죽습니다. 마찬가지로 저는 봄에 시골에서 산책하다 들판에 뛰어노는 어린양들을 봅니다. 그렇지만 그 양들은 계속 어린양으로 남아 있지 않습니다. 역시 자라고 장성한 상태에 이릅니다. 또 요즘 시골에서 농부가 트랙터로 밭을 가는 것을 봅니다. 나는 사람들이 말에 철로 만든 쟁기를 달아 땅을 갈았던 때를 기억합니다. 또 사람들이 소에 나무로 만든 쟁기를 달아 땅을 갈았던 때가 있었음을 압니다. 이보다 앞선 시대에는 물론 사람들이 직접 땅을 팠었겠지요.

또 나는 현대의 도시들이 쾌적한 시설을 갖춘 것을 봅니다. 그리고 이것을 우리 선조들이 살았던 허술한 움막과 대조해 봅니다. 또한 현대의 내외과 의사와 18세기의 이발사 의사, 그리고 원시 사회의 주술사 의사와 비교하고 대조해 봅니다. 나는 항상 어디서나 똑같은 법칙을 발견합니다. 어떤 주제를 다룬 책을 집어 들어 그것을 동일한 주제를 다룬 20년 전의 책과 비교해 보십시오. 얼른 봐도 지식과 정보에 큰 진전을 이룬 것을 알 수 있을 겁니다. 또 제2차 세계대전의 전쟁 방법을 제1차 세계대전의 방법과 비교해 보십시오. 거기서도 동일한 법칙을 발견할 것입니다. 삶의 모든 것은 발전하고 진보하고 전진하고 있습니다. 이것이 삶과 존재의 보편적인 법칙입니다.

그러나 당신들은 가장 중요하고 핵심적인 문제, 이를테면 인간 존재나 인간이 겪고 있는 문제, 혹은 인간의 구원 등을 놓고서는 갑자기 이 보편 법칙을 거역하라고 요구합니다. 답을 얻기 위해 과거로 돌아가고 과거를 바라보라고 요구합니다. 하지만 당신들의 입장은 너무나도 비합리적입니다. 그것은 마치 병에 걸렸을 때 최신 의학의 도움을 거절하고 이발사 의사나 주술사 의사에게 치료받으라고 권하는 것과 똑같습니다. 그것은 농부에게 트랙터의 도움을 거부하고 계속 자기 힘으로 땅을 파라고 설득하는 것과 똑같습니다. 당신들은 자연에서 발견되는 본질적인 법칙을 거역하고 시계를 되돌려 놓으려 합니다. 우리에게 지적 자살을 하라고 요구하고 있습니다. 나는 간혹 당신들이 주장하는 복음을 믿고 그리스도인이 되기를 바랄 때도 있습니다. 하지만 지금까지 내가 말한 것에 비추어 보면 그것은 불가능할뿐더러 순진한 비합리적 행위에 불과할 것입니다."

이것이 현재 대다수 사람들이 펼치는 주장입니다. 그러면 우리는 이 주장에 대해 어떻게 대답해야 할까요? 먼저는 방금 제시된 사실들에 전적으로 동조하는 것으로 시작해야 합니다. 있는 사실을 부정하는 것이 복음 설교의 한 부분은 아닙니다. 복음을 믿는 신자는 어리석은 바보가 아닙니다. 신자도 다양한 지식 분야에서 진보가 이루어졌음을 잘 압니다. 삶의 다양한 부문에서 발전이 거듭되고 있음을 잘 알고 있습니다. 그렇지만 신자는 여전히 오래된 복음을 믿습니다. 이에 대해 현대인은 "당신들은 이 두 가지 모순된 입장을 어떻게 조화시킵니까?" 하고 묻습니다.

이 질문에 대해 우리는 다음과 같이 답변합니다. 즉, 우리는 있는 사실에 대해서는 전적으로 동의하지만 그 사실에서 추론된 주장은 거짓임을 증명할 수 있다고 말입니다.

그러나 우리는 여기서 이 답변을 긍정적인 형태로 제시해야 합니다. 즉 우리가 이 오래된 복음의 메시지를 현대 세계에서 여전히 믿고 있는 이유들을 제시해 주어야 합니다. 우리가 이것을 믿는 첫 번째 이유는 인간은 인간으로서 자신을 조금도 변화시키지 못했기 때문입니다. 사람들이 크게 자랑하는 모든 변화는 외적인 것에 불과합니다. 인간 자신은 조금도 변하지 않았습니다. 그저 인간의 활동 양식만 변화된 것입니다. 이를 여러 가지 면에서 증명할 수 있습니다. 예를 들면, 위대한 세계 고전 문헌은 영원하고 시간을 초월한다는 것이 공인된 사실입니다. 그 이유는 고전이 어느 특정 시기 사람들의 특정한 국면만을 다루지 않고 인간을 인간으로서 다루기 때문입니다. 그리스의 비극들은 지금도 계속 번역되고 있습니다. 셰익스피어의 희곡은 항상 현대적입니다. 왜냐하면 심원한 통찰력과 분별력을 갖춘 셰익스피어는 단순히 엘리자베스 시대를 묘사하는 것으로 그치지 않고 인간을 인간으로서 묘사하기 때문입니다.

그래서 우리는 셰익스피어의 희곡을 읽을 때 현대인을 묘사하는 작품을 읽고 있는 것처럼 느끼게 됩니다. 이것은 구약성경도 마찬가지입니다. 구약성경은 매우 오래된 책이지만 등장인물들은 본질상 현대적입니다. 예를 들어 자기 동생을 질투 때문에 죽인 가인을 보십시오. 현대 세계에 이런 사람들이 없습니까? 또 에서와 같은 사람을 봅시다. 에서는 먹을 것과 마실 것에 온통 관심이 있었던 자입니다. 현대 세계에 이런 에서가 없습니까? 열차의 식당차와 레스토랑에서 사람들이 대화하는 것을 들어 보면 이를 확인하게 될 것입니다. 또한 야곱과 같은 사람을 주목해 봅시다. 야곱은 성공과 번성을 열렬히 갈망한 사람으로, 자기 형을 주저 없이 속일 정도로 큰 탐욕을 가지고 있었습니다. 야곱이 시대에 뒤떨어진 본보기입니까? 이번에는 이스라엘의 왕인 다윗을 생각해 봅시다. 여러분은 다윗이 언젠가 자기 집 지붕 위에 앉아 다른 남자의 아내를 어떤 식으로 보았는지 잘 알 것입니다. 다윗은 그녀가 매우 맘에 들었습니다. 그녀와 성적인 관계를 맺고 싶었습니다. 그렇게 하기로 결심했습니다. 그리고 그녀를 차지하기 위해 그녀의 남편을 죽였습니다. 현대 세계에 이런 유형의 사람들이 없습니까? 우리는 구약성경 인물 전체를 통해 이 점을 확인할 수 있습니다. 모든 경우에 우리는 전형적인 현대인의 모습을 찾아낼 수 있습니다.

이에 대해 어떤 사람은 다음과 같이 물을 것입니다. "그렇지만 당신들의 말에는 얼마간 잘못이 있습니다. 당신들은 한 시간에 6백 킬로미터를 나는 비행기로 여행하는 현대인을 보지 않았습니까? 그가 도보로 한 시간에 6킬로미터를 가는 사람과 동일하다고 주장하는 겁니까?" 그러나 잠깐만 기다려 보십시오. 이 두 사람을 주목해 봅시다. 한 사람은 한 시간에 6백 킬로미터를 가고, 다른 사람은 6킬로미터를 갑니다. 여기서 답해야 할 중요한 질문은 바로 이것입니다. 곧 여행의 목적이 무엇이냐는 것입니다. 여행의 목적은 두 사람 모두 같습니다. 이들은 모두 사랑을 나누거나 싸우거나 사업하거나 또는 즐거움을 얻기 위해 여행하고 있는 것입니다. 이 두 사람 간에는 오직 한 가지 차이가 있습니다. 그것은 동일한 목표를 위해 여행하는 데 걸리는 시간이 다르다는 것입니다. 현대인이 자신의 문화 속에서 드러내는 교만과, 바벨탑을 쌓아 하늘에까지 닿게 하려고 했던 옛사람들의 억지와 오만 사이에 어떠한 차이라도 있습니까?

이 점을 가장 분명하게 보여주는 것은 다음과 같습니다. 즉, 온갖 솜씨와 능력을 갖춘 현대인도 새로운 죄 하나 만들어 낼 힘이 없어 보인다는 사실입니다. 여기서 현대인의 가치와 능력을 떨어뜨리고 손상하는 것이 우리의 목적은 아닙니다. 정말이지 그들의 지식과 능력은 매우 탁월합니다. 그들은 원자를 분열시키는 연구도 성공했습니다. 그럼에도 불구하고 새로운 죄를 생각해 낼 수 없다는 것이 진실입니다. 현대 세계에서 저질러지는 온갖 죄가 구약성경에 그대로 등장하는 것을 우리는 확인합니다. 반대로 구약성경에 등장하는 모든 죄를 오늘날 사람들이 저지르는 죄에서 확인할 수 있습니다. 인간은 예나 지금이나 조금도 변하지 않았습니다. 인간은 태초의 타락 이후로 지금까지 모순된 인격을 그대로 가지고 있습니다. 이것이 우리가 오래된 예수 그리스도의 복음을 현대인에게 계속 제시하는 첫 번째 이유입니다.

우리가 이 복음을 현대인에게 제시하는 두 번째 이유는 정말 중요합니다. 그것은 바로 하나님이 변하지 않으셨다는 것입니다! 앞에서 증명하고자 했던 것처럼, 나이와 연대 문제에 집착하는 것이 결국 무익하다는 것은 인간의 궁극적인 문제가 하나님과의 관계 여부에 있다는 것을 깨달을 때 알 수 있습니다. 이 점에서 우리는 오래되었다는 이유만으로 복음을 거부하는 것이 얼마나 어리석은 일인지 분명히 확인합니다. 어떤 사람은 "시간은 영원하신 분의 이마에 주름살 하나 남기지 못한다"는 말로 이를 적절하게 묘사했습니다. 물론 진보와 발전은 있습니다. 그렇다고 이것들이 하나님의 존재와 성품에 조금이라도 영향을 미칩니까? 우리가 내연기관을 갖고 있고 원자를 분열시키는 데 성공했다는 사실이 하나님의 법칙을 파기하기라도 합니까? 이것이 하나님이 죄와 악행을 싫어하시는 것을 조금이라도 축소시키실 수 있습니까?

아닙니다. 인간에게 주어진 가장 절박하고 결정적인 질문은 그 옛날 욥

이 제기했던 바로 그 질문입니다. "인생이 어찌 하나님 앞에 의로우랴."욥 9:2 정치·경제 또는 교육 문제나 주택 부족, 파업 사태와 같이 새로운 환경으로 인해 발생하는 문제들이 있습니다. 그러나 이 모든 문제는 일시적입니다. 이런 문제들 배후에는 우리가 "변함도 없으시고 회전하는 그림자도 없으신 빛들의 아버지"약 1:17 참조가 되시는 영원하신 하나님과 대면해야만 하는 상황이 놓여 있습니다.

인간의 궁극적인 문제는 인간 자신이나 그가 추구하는 행복 혹은 여기 이 땅에서 사는 동안 그를 둘러싸고 있는 상황에 있지 않습니다. 그것은 시간과 영원 속에서 영원하고 불변하며 절대적인 하나님과 가지는 관계에 있습니다. 그러므로 현대인에게 우리의 주와 구주 되시는 예수 그리스도 안에서만 발견되는 "복되신 하나님의 영광의 복음"딤전 1:11 외에 다른 치유책이나 구원이 필요하다고 주장하는 것은 얼마나 어리석은 일일까요!

우리가 이처럼 오래된 복음을 추천하는 마지막 세 번째 이유는 복음보다 더 좋은 것이 없기 때문입니다. 구체적으로 말해, 복음이 여전히 세상에서 인간의 문제와 상황을 적절하게 다룰 수 있는 유일한 길이기 때문입니다. 우리는 현대인이 자기는 항상 가장 잘 해낼 것이라고 믿는다고 말할 때 그 말에 진심으로 동의해야 합니다. 그것을 바라지 않는 사람은 바보이니까요. 우리는 어떤 대가를 치르든지 간에, 우리의 자원이 무엇이든 간에 가장 잘 해내야 합니다. 나아가 삶의 많은 영역에서 가장 최근의 것이 의심할 것 없이 가장 좋다고 말하는 것도 옳습니다.

한 가지 예를 들어 보겠습니다. 제2차 세계대전에서 일어난 놀랍고 경이로운 발전 가운데 질병의 예방과 치료 분야에서 이룩한 성취에 비할 만한 것은 없습니다. 우리는 우리 자녀들이 예방 접종으로 백일해나 디프

테리아와 같은 질병의 폐해에서 보호받을 수 있음을 알고 있습니다. 또한 해외 봉사자들이 예방 접종을 통해 장티푸스에 걸리지 않을 수 있다는 사실도 들었습니다. 더 나아가 설파제나 특효약인 페니실린을 통해 질병을 화학적으로 치료하는 것도 알고 있습니다. 이런 발전은 실로 놀랍습니다. 이런 발전의 힘은 단순히 의견이나 이론의 문제는 아닙니다. 통계로 증명될 수 있습니다. 예를 들어 남아프리카 전쟁을 보면, 전투하다 죽은 사람보다 장티푸스로 죽은 사람이 더 많았던 것이 사실입니다. 그러나 지난 두 번의 세계대전에서 이런 질병으로 죽은 사람은 거의 없었는데, 그것은 오로지 예방 접종을 받았기 때문입니다. 또한 우리는 뇌막염과 폐렴과 같은 질병의 치료 약품이 제조되기 전과 후의 치사율을 비교해 볼 수 있습니다. 차이는 정말 놀랍습니다. 신체의 병고와 질병을 치료할 때에는 최신의 치료제가 가장 좋다는 것은 추호도 의심할 수 없는 사실입니다.

그러나 영혼의 질병의 예방과 치료와 회복에 대해서도 동일하게 말할 수 있을까요? 젊은이들이 거리에서, 영화에서, 그들이 읽는 책과 잡지에서 쉽게 접하는 죄의 부추김에 면역성 있는 예방 접종이 있습니까? 그들을 유혹에서 완전히 보호할 수 있는 약이 존재합니까? 양심의 가책으로 고통을 겪고 죄책감과 실패감에 눌린 이들에게 효과가 있는 놀라운 특효약이 개발되었습니까? 인간의 연약한 의지를 강화하고 그를 공격하는 원수들을 넉넉히 이길 수 있도록 돕는 강장제를 살 수 있습니까? 임종의 자리에서 자신의 죄악을 깨닫고 하나님과 영원하신 심판자를 만나는 것을 두려워하는 사람을 치료할 마법의 약이 있습니까?

무엇이 사실일까요? 우리는 육체 분야에서는 최신 치료법이 가장 좋다는 것을 통계로 증명할 수 있음을 이미 확인했습니다. 그러나 영혼 분야에서는 어떨까요? 이 점에서 우리는 현실적이어야 하고, 현실을 직시해야 합니다. 지난 100년 동안 교육·지식·문화의 엄청난 성장에도 불구하고, 또 악과 불의를 바로잡고 사회를 발전시키기 위해 마련한 모든 법령에도 불구하고, 오늘날의 상황은 실제로 얼마나 좋아졌습니까?

이에 대한 대답은 청소년 범죄, 음주, 도박, 음행 그리고 별거와 이혼을 낳는 부부간의 불화가 훨씬 더 증가한 것을 보면 확인할 수 있습니다. 대부분의 국가에서 도덕적 풍조와 수준이 완전히 바닥에 떨어진 것에서, 문란한 성관계에서, 쾌락과 피상적인 즐거움만을 추구하는 경향이 크게 증가한 것에서 확인할 수 있습니다. 현대 세계는 절망적으로 악합니다. 우리는 지금, 이전 시기보다 더 불행한 상태에 있습니다.

인간의 죄악에 대해서는 오직 한 가지 치유책이 있을 뿐입니다. 양심이 저를 고소할 때 안식과 평안을 얻기 위해 제가 할 수 있는 일은 하나밖에 없다는 것을 잘 알고 있습니다. 그것은 제 죄를 짊어지고 "친히 나무에 달려 그 몸으로 우리 죄를 담당하"신벧전 2:24 하나님의 아들 나사렛 예수께서 저를 용서하셨다는 것을 아는 것입니다. 그분께서 저를 사랑하시고 저를 위해 죽으셨기에 제가 고소에서 벗어났음을 믿고 아는 것입니다. 저의 연약함과 부족함 그리고 신자라는 이름에 합당한 삶을 살 수 없음을 알고 있기에 저는 다시 그리스도께 나아갑니다. 제가 넉넉히 이길 수 있는 것은 오직 그리스도에게서 나오고 그분께서 제게 주시는 성령의 능력 때문입니다. 그리고 임종의 자리에 누워 나의 창조주이자 심판자가 되시는 분을 만나러 가는 것을 숙고해 보면, 저의 유일한 소망은 제가 예수 그리스도의 의로 옷 입은 것과 그분께서 제 손을 잡아 주시며 저를 "그 영광 앞에 흠이 없이 기쁨으로 서게" 하시는유 24절 것에 있습니다. 제가 만족을 얻을 때는 오로지 그리스도 안에 있을 때입니다. 제 문제가 해결될 때는 오직 그리스도 안에 있을 때입니다. 세상은 갖은 수단을 다 동원해도 큰 곤경 속에 빠진 저를 도울 수 없습니다. 그러나 그리스도는 결코 실패하지 않고 저를 도우십니다. 그분은 항상 모든 면에서 저를 만족시키십니다. 그분을 더 깊이 묵상할수록, 저는 찰스 웨슬리Charles Wesley가 다음과 같이 노래한 것에 그만큼 더 동의하게 됩니다.

> 오, 그리스도여, 당신만이 제가 바라는 모든 것이고
> 저는 당신 안에서 모든 것을 찾습니다.
> 공의와 거룩함이 당신의 이름이지만
> 저는 불의밖에 없습니다.
> 저는 거짓되고 죄로 가득 차 있지만
> 당신은 은혜와 진리로 충만하십니다.

그리스도는 여전히 각 사람의 유일한 소망이자 온 세상의 유일한 소망이십니다. 복음은 여전히 유효합니까? 오래된 복음의 메시지는 아직도 적실합니까? 대답은 복음만이 적합하다는 것입니다. 복음만이 인간의 문제들을 처리하고 해결할 수 있다는 것입니다.

5

산상 설교의 실천

1950-52 | 『산상 설교』

예수께서 이 말씀을 마치시매 무리들이 그의 가르치심에 놀라니 이는 그 가르치시는 것이 권위 있는 자와 같고 그들의 서기관들과 같지 아니함일러라. 마태복음 7:28-29

로이드 존스가 1950-1952년에 걸쳐 전한 산상 설교 시리즈는 (제임스 패커가 지적한 것처럼) 그가 "독보적인 탁월함의 정상"에 있었던 시기에 전한 것입니다. 이 설교 시리즈는 수십 년 동안 많은 사랑을 받았습니다. 1959년과 1960년에 책으로 처음 출판된 이후로 50년 넘게 계속 출간되며 널리 읽혀졌습니다. 그의 여러 설교 시리즈 중 산상 설교 시리즈가 개혁주의 독자들은 말할 것도 없고 복음주의 진영 밖에 있는 독자들에게도 가장 유명할 것입니다. 많은 목회자들이 로이드 존스 사후에 출판된 에베소서 설교 시리즈나 다른 설교 시리즈는 소장하지 못했지만 산상 설교 시리즈는 소장하고 있었습니다.

우리가 이 책에 수록한 설교가 참으로 매력적인 것은 성경 없는 도덕, 십자가 없는 산상 설교를 제시하는 자유주의 신학의 견해를 완전히 무너뜨리고 있기 때문입니다. 그가 이 설교에서 증명하는 것처럼, 현대 신학은 이런 자유주의 신학의 견해를 불완전하거나 불분명한 것으로 보지 않았습니다.

우리는 지금 그때와는 다른 시대에 살고 있습니다. 하지만 이 설교에 소개된 자유주의 신학과 같은 부류의 신학은 아직도 사라지지 않았습니다. 종교에 기반을 두지 않더라도 인간성은 진보할 수 있고, 인간의 힘으로 부패한 세상을 더 나은 곳으로 바꿀 수 있다는 관념은 절대로 사실이 아닙니다. 성경으로 보아 분명한 것처럼, 우리는 산상 설교가 우리에게 요구하는 기준을 자연스럽게 지킬 수 없습니다. 그럴 만한 능력이 없기 때문입니다. 우리는 모두 죄인이기 때문에, 산상 설교의 말씀은 지켜야 할 청사진이라기보다는 사실상 정죄입니다. 그리스도께서 우리에게 명하시는 것에 온전히 순종한다는 것은 우리가 완전하다는 것을 의미하는데, 우리 중 어느 누구도 완전하지 못하기 때문입니다.

따라서 산상 설교의 중심에는 그리스도와 그리스도의 사명이 놓여 있습니다. 산상 설교에서 그리스도는 독보적인 권위를 가지고 말씀하십니다. 그는 단순히 선한 선생이 아닙니다. 1세기의 간디(로이드 존스의 비유가 아니라 저의 비유입니다)가 아닙니다. 그는 스스로 구원할 능력이 없는 사람들에게 구원을 주시려고 이 땅에 오신 하나님이십니다.

산상 설교는 1950년대와 마찬가지로 지금도 인기가 없습니다. 초대교회 교인들이 사자들에게 던져진 이후로 이 메시지는 언제나 인기가 없었습니다! 오늘날도 상황이 다르지 않습니다. 명목상 신앙을 고백하는 신자들은 산상 설교 메시지를 개조하여 실천의 수위를 낮추려고 애를 씁니다. 로이드 존스가 활동하던 당시에 자기만족에 빠진 자유주의자들은 신앙에서 영적인 것을 어떻게든 제거하려는 목표를 가지고 있었습니다. 오늘날 우리 시대에도 열렬하게 그리스도인을 자처하지만 속죄 교리를 제거하려고 애쓰는 자들이 더러 있습니다. 전략은 바뀌었을지 모르지만 이런 자들이 범하는 기본적인 오류는 동일합니다. 그렇지만 우리는 모두 죄인이고, 우리가 하나님과 화목할 수 있는 길은 오직 그리스도의 십자가 사역을 통하는 것 외에는 없습니다.

그런데 복음주의자가 아닌 자들도 그의 『산상 설교』*Studies in the Sermon on the Mount*를 계속 읽고 있습니다! 그러나 우리가 산상 설교에 충실하려면 이 메시지를 절대로 희석해서는 안 된다는 것을 잊지 말아야 합니다. 여러분이 읽게 될 이 설교가 보여주겠지만, 복음의 한가운데에 놓여 있는 것은 "그리스도 중심의 설교"입니다.

우리는 오늘 설교 본문인 마태복음 7장의 마지막 두 구절에서 이 유명한 산상 설교가 청자들에게 어떤 결과를 일으켰는지에 대해 말하는 것을 듣습니다. 따라서 이 두 구절은 동시에 산상 설교를 읽고 숙고하는 이들에게 어떤 결과를 일으키는지에 대해서도 생각해 볼 기회를 제공합니다.

이 구절은 무의미하거나 무익한 에필로그로서 단순히 사족처럼 붙어 있는 것이 절대로 아닙니다. 이 구절은 산상 설교를 숙고하는 자라면 누구에게나 매우 중요합니다. 저는 그것이 성경 기자가 산상 설교의 결과를 기록하도록 성령의 인도를 받은 이유였다는 것을 조금도 의심하지 않습니다. 왜냐하면 우리는 여기서 산상 설교 자체보다 이 설교를 전하신 설교자를 주목하게 되기 때문입니다. 말하자면 우리는 산상 설교를 숙고할 때 설교를 전하고 선포하신 분을 주목하도록 요구받습니다. 우리는 그동안 산상 설교의 가르침을 세세히 살펴보는 데 많은 시간을 할애했습니다. 특히 이 연구의 마지막 부분에서 우리는 주님이 설교를 들은 자들에게 간절히 호소하시는 것을 살펴보았습니다. 주님은 그들에게 자신의 가르침을 실천할 것을 당부하셨습니다. 우리가 아무리 산상 설교에 감탄하고 이 설교에 나타나 있는 어떤 사상들을 칭송하더라도 이를 제대로 실천하지 못한다면, 우리는 하나님 나라 밖에 있게 될 것이라고, 우리가 그동안 의지했던 모든 것이 심판 날에 갑자기 우리에게서 사라지게 될 것이라고 경고하셨습니다.

그러나 많은 사람들이 다음과 같이 질문합니다. "왜 우리는 산상 설교를 실천해야 합니까? 왜 이런 엄중한 경고를 주목해야 합니까? 이런 삶의 방식을 받아들이지 않으면 하나님을 대면하게 될 그날에 아무런 희망이 없다고 믿어야 한단 말입니까?" 이 질문에 대한 대답이 마지막 두 구절이 가르치는 주제입니다. 그 주제는 이 말씀을 선포하신 바로 그분 자신, 이 가르침을 우리에게 전달하신 분 자신입니다. 우리는 산상 설교를 고찰할 때, 설교의 내용과 전달 방식에서 발견되는 언어의 아름다움, 완벽한 구조, 인상적인 묘사, 두드러진 예증, 특별한 균형 등에만 집중해서는 안 된다는 것을 깨달아야 합니다. 저는 한 걸음 더 나아가 이렇게 말하고 싶습니다. 우리는 도덕적, 윤리적, 영적 교훈에만 머물러 있어서도 안 됩니다. 이들이 아무리 감탄스럽고 중요하다 할지라도, 이런 교훈들을 넘어 설교자 자신의 인격에 초점을 맞추어야 합니다.

이렇게 말하는 데에는 두 가지 중요한 이유가 있습니다. 첫 번째는 산상 설교의 권위가 궁극적으로 설교자 자신에게서 나오기 때문입니다. 물론 그것 때문에 신약성경은 유일한 책이 되고, 주님의 가르침은 유일한 가르침이 됩니다. 세상에 알려진 다른 모든 선생들에게 있어 중요한 것은 그들의 가르침입니다. 그러나 여기서는 선생의 가르침보다 선생 자신이 훨씬 더 중요합니다. 어떤 면에서 여러분은 선생과 선생의 가르침을 서로 나누거나 분리할 수 없습니다. 그러나 굳이 어느 하나를 꼽자면, 항상 설교자 자신에게 우선권을 두어야 합니다. 따라서 산상 설교 마지막 부분에 나오는 이 두 구절은 우리의 관심을 설교자 자신에게로 이끕니다.

만일 어떤 사람이 "왜 우리는 산상 설교를 주목해야 합니까? 왜 산상 설교를 실천해야 합니까? 왜 산상 설교가 현세에서 정말 중요하다고 믿어야 합니까?"라고 묻는다면, 대답은 산상 설교를 전한 사람 때문에 그렇게 해야 한다는 것입니다. 그것이 산상 설교의 권위이고, 이 설교 배후에 있는 효력입니다. 우리가 산상 설교를 전한 사람에게 조금이라도 의심이 있다면, 그것은 분명 산상 설교에 대한 우리의 견해에 영향을 미칠 것입니다. 만일 우리가 설교자의 유일성에 대해, 그분의 신격에 대해, 그분이 육체를 입으신 하나님의 말씀이라는 사실에 대해 의심을 갖고 있다면, 산상 설교에 대한 우리의 전반적인 태도도 완연히 달라질 것입니다. 반대로 설교자가 독생자 곧 하나님의 유일하신 아들이라고 믿는다면, 산상 설교는 엄청난 엄숙함을 갖고 권위가 더해질 것입니다. 그리고 그 가르침 전체를 하나님에게서 직접 나오는 선포로 매우 진지하게 받아들여야 할 것입니다. 따라서 우리는 이 문제를 진지하게 다룰 충분한 근거를 가지게 됩니다. 산상 설교의 모든 가르침 배후에 있는 궁극적인 효력도 거기서 발견되어야 합니다. 그러므로 산상 설교를 읽을 때 이 설교를 반대하거나 혹은 설교의 어떤 내용이 중요하지 않다고 말하고픈 유혹을 받는다면, 우리는 하나님의 아들이 전하신 말씀을 다루고 있다는 사실을 상기해야 합니다. 산상 설교의 권위와 효력은 설교자 곧 자비로우신 분 자신에게서 나오는 것입니다.

그러나 이런 결론은 제쳐 두더라도, 주님 스스로가 자기 자신에게 주목하라고 촉구하십니다. 주님은 산상 설교에서 자신에게 주의를 집중하고 계십니다. 우리의 관심을 자신에게 돌리기 위해 시험을 마련하시고 이를 반복해서 행하십니다. 복음을 자처하는 많은 것들이 참된 복음과 차이가 나는 곳은 바로 이 지점입니다. 어떤 사람들은 신약성경의 가르침과 주님을 갈라놓는 경향이 있습니다. 그것은 치명적인 잘못입니다. 주님은 항상 자기 자신에게 주의를 집중시키십니다. 우리는 산상 설교에서 이에 대한 충분한 예를 발견합니다. 그러므로 교리와 신학을 희생시키고 산상 설교의 가르침을 강조하는 사람들의 문제는 그들이 이 점을 전혀 깨닫지 못한다는 데 있습니다. 그리고 종종 언급했던 것처럼, 산상 설교를 좋아한다고 말하면서 이것을 속죄와 그리스도의 죽음에 대한 가르침 및 서신서의 고귀한 교리들과 대립시키는 자들이 있습니다. 그들은 산상 설교는 실천적인 가르침이고 삶에 적용할 수 있는 교훈이므로 사회 질서 등의 기초가 된다는 것을 이유로 내세웁니다. 그러나 이런 사람들이 갖고 있는 진정한 문제점은 그들이 산상 설교를 올바로 이해하지 못했다는 것입니다. 왜냐하면 제대로 이해했다면 산상 설교가 설교자 자신에게 계속 주의를 집중시키고 있다는 것을 발견했을 것이기 때문입니다. 여기서 즉시 중대한 교리가 세워집니다. 그것은 산상 설교는 (우리가 여러 번 확인했던 것처럼) 다른 모든 교훈이 흘러나오는 근본적인 가르침이라는 것입니다. 산상 설교는 교리로 충만합니다. 때문에 도덕적이고 윤리적인 가르침 외에 다른 것은 없다는 주장은 산상 설교의 가르침에 전혀 일치하지 않습니다. 이는 특히 이 두 구절에서 강조하는 요점과도 완전히 상충됩니다.

우리는 산상 설교에서 주님이 자기 자신에게 주의를 환기시키는 것을 봅니다. 어떤 면에서는 산상 설교에서 이것만큼 크게 주목할 만한 것은 없습니다. 산상 설교 전체를 살펴본다면, 우리는 주님의 말씀이 주님 자신에게 초점이 맞추어져 있는 것을 발견하게 됩니다. 우리는 이 설교에서 특별한 방법으로 주님을 주목하게 됩니다. 그리고 반드시 주님께로 이끌립니다. 이 마지막 두 구절에서 우리는 주님을 주목하도록 우리를 이끄는 놀라운 방법을 보게 됩니다. 여기서 우리는 주님을 직접 바라보며 설교를 듣는 특권을 가진 사람들의 반응에 대해 듣습니다. 그리고 그것은 놀라움으로 가득 찬 반응이었다는 것도 확인합니다. "예수께서 이 말씀을 마치시매 무리들이 그의 가르치심에 놀라니 이는 그 가르치시는 것이 권위 있는 자와 같고 그들의 서기관들과 같지 아니함일러라."

우리도 가능하면 이런 놀라움을 가져야 합니다. 왜냐하면 주님을 바라보는 것만큼 우리가 누릴 수 있는—저는 이 말을 의도적으로 사용합니다—큰 특권은 없기 때문입니다. 주님에 대한 우리의 견해가 올바르지 않으면 다른 모든 가르침은 아무 가치가 없습니다. 성경의 모든 가르침과 신학의 요점은 그리스도에 대한 지식과 그분과의 관계로 우리를 이끄는 것에 있습니다. 따라서 우리는 이 복되신 분을 바라보고, 그분을 바라보는 장면을 상상해 보아야 합니다. 여기에 큰 무리가 있습니다. 처음에 주님이 가르치고자 앉으셨을 때에는 주님과 제자들만 있었습니다. 그러나 마지막에는 큰 무리가 둘러싸고 있었습니다. 사람들 앞에 앉으신 이 젊은이는 갈릴리에서 나사렛으로 불리는 작은 마을 출신의 목수로 평범한 보통 사람이었습니다. 그분은 학교 문턱에도 가 보지 못했습니다. 바리새인이나 서기관도 아니었습니다. 가말리엘이나 어떤 위대한 권위자나 선생들에게 배우신 적도 없었습니다. 매우 평범한 인생을 산 매우 평범한 사람에 불과했습니다. 그런데 어느 날 갑자기 등장해 한 지역에서 특별한 사역을 펼칩니다. 그리고 이때 산 위에 앉아 지금 살펴보고 있는 말씀들을 가르치고 전하기 시작합니다. 듣고 있던 사람들이 깜짝 놀란 것은 당연합니다. 그것은 전혀 예상하지 못한 것이었습니다. 모든 면에서 매우 이례적이고, 그때까지 알고 있던 것과는 완전히 다른 것이었습니다. 그러나 우리는 이미 이런 사실을 잘 알고 있기에 익숙합니다. 따라서 이 일이 2천 년 전에 실제로 일어났다는 것을 깨닫거나 이 일이 주님과 동시대인들에게 어떤 결과를 가져왔는지 가늠하는 것이 무척 어렵습니다. 갈릴리 출신의 이 목수가 산 위에 앉아 율법을 매우 특별한 방식으로 가르치고 해설할 때 그들이 얼마나 놀라고 경악했을지 상상해 봅시다. 그들은 너무 놀라 할 말을 잃었습니다.

여기서 우리가 발견해야 할 사실은 놀라움을 일으킨 것, 바로 그것입니다. 분명히 이 놀라움을 일으킨 것은 주님의 말씀에 나타난 일반적인 권위입니다. 즉 "그 가르치시는 것이 권위 있는 자와 같고 그들의 서기관들과 같지 아니"했다는 것입니다. 여기서 부정적인 방식으로 표현한 것이 흥미롭습니다. 말하자면 그 가르치시는 것이 서기관들과 같지 않았다는 것입니다. 여러분도 알다시피, 서기관들은 전형적으로 항상 권위자를 인용하고 자신들의 원래 사상은 전혀 말하지 않았습니다. 그들은 율법이 모세에게 처음 주어진 이후로, 율법 자체가 아니라 율법에 대한 다양한 해설과 해석을 발전시킨 전문가였습니다. 따라서 그들은 율법 해석에 능통한 권위자들을 늘 인용했습니다. 이것이 무엇을 의미하는지 확인하기 위해 하나의 예를 들겠습니다. 우리는 소송이 제기되었을 때 법정에서 자주 일어나는 일을 생각해 볼 수 있습니다. 여러 권위자가 인용됩니다. 어떤 권위자는 이렇게 말하고 또 어떤 권위자는 저렇게 말합니다. 여러 교과서가 인용되고 그들의 해설이 주어집니다. 이것이 서기관들의 방식과 관습이었습니다. 서기관들은 항상 주장했지만 그들의 주장은 인용이 한없이 이어지는 것이었습니다. 이런 일은 오늘날에도 일어납니다. 여러분은 다양한 책에서 뽑아 온 일련의 인용문으로 구성된 설교를 읽거나 들었을 것입니다. 이런 방법은 학식과 교양이 있다는 인상을 줍니다. 우리는 서기관과 바리새인들이 자신들의 학식을 크게 자랑했다는 말을 듣습니다. 그들은 우리 주님을 조롱하면서, "이 사람은 배우지 아니하였거늘 어떻게 글[학식]을 아느냐"요 7:15고 말했습니다. 그것은 주님의 가르침에는 한없이 이어지는 인용이 없었다는 사실을 암시합니다. 주님에게는 놀라운 것이 있었는데, 그것은 바로 그분의 독창성이었습니다. 주님은 언제나 "아무개가 그렇게 말했는데"가 아니라 "내가 너희에게 이르노니"라고 말씀하셨습니다. 주님의 가르침은 항상 새로웠습니다. 주님의 방법은 서기관들과 달랐습니다. 주님의 태도는 차원이 달랐습니다. 주님의 사상과 태도는 매우 독창적이었습니다. 주님은 말씀하신 내용뿐만 아니라 말씀하신 방법에 있어서도 독창적이었습니다.

그러나 무엇보다 놀라운 사실은 주님이 말씀하신 사실의 신빙성과 확실성에 있었습니다. 그것은 산상 설교의 첫 부분 곧 팔복에 대해 말씀하셨을 때부터 나타났습니다. 주님은 "심령이 가난한 자는 복이 있나니"라는 말씀으로 시작하십니다. 이어서 "천국이 그들의 것임이요"를 덧붙이십니다.[마 5:3] 여기에는 어떤 의심이나 질문이 없습니다. 가정이나 개연성이 조금도 없습니다. 주님 말씀의 이런 특별한 보증과 권위는 처음부터 명백하게 드러났습니다.

그러나 저는 사람들이 주님의 권위에 대해 크게 놀란 것은 주님이 말씀하신 내용, 특히 그분이 자신에 대해 말씀하신 것에 있다고 생각합니다. 그것이 그들을 기절초풍하게 했습니다. 그러면 주님이 말씀하신 것, 특히 가장 먼저 가르치신 것을 다시 생각해 봅시다. 주님은 자신의 가르침과 그 가르침에 대한 자신의 태도에 주의를 환기시키는 언급을 계속하십니다. 예를 들면 마태복음 5장에서 다음과 같은 말씀을 반복하십니다. "[옛 사람에게]……너희가 들었으나 나는 너희에게 이르노니."[마 5:27-28] 주님은 지체 없이 바리새인과 그들의 권위자들의 가르침을 수정하셨습니다. 여기서 "옛 사람"은 일부 바리새인과 모세 율법에 대한 그들의 해설을 대변하는 말입니다. 주님은 주저하지 않고 그런 해설을 배척하고 정정하셨습니다. 이 직공, 학교 문턱에도 가 본 적이 없는 이 목수가 "내가 너희에게 이르노니"라고 말씀하십니다. 주님은 자기 자신과 자신의 가르침에 대해 권위를 주장하십니다.

주님은 자신이, 오직 자신만이 모세를 통해 주어진 율법을 영적으로 해석할 수 있음을 단호하게 천명하십니다. 주님의 전반적인 주장은 사람들이 모세 율법의 영적 의미나 내용을 깨닫지 못했다는 것입니다. 사람들은 율법을 잘못 해석했고, 이를 육신적 차원으로 환원했습니다. 사람들은 실제로 육체적인 간음을 저지르지 않으면 그것이 문제 될 것 없다고 생각했습니다. 그들은 하나님이 마음, 욕구, 영에 관심을 두고 계신다는 것을 알지 못했습니다. 그래서 주님은 사람들 앞에 율법의 유일하며 참된 해석자로 서 계십니다. 주님은 자신의 해석만이 율법의 영적 의도를 분명히 드러낸다고 말씀하십니다. 주님은 주저하지 않고 자기 자신에 대해 말씀하시고, 자신을 율법 수여자로 간주하십니다. "내가 너희에게 이르노니."

이어서 여러분은 주님이 산상 설교 마지막 부분에서 이것을 훨씬 더 명백하게 제시하는 것을 기억할 것입니다. 거기서 주님은 "그러므로 누구든지 나의 이 말을 듣고 행하는 자는……"마 7:24이라고 말씀하십니다. 여기서 주님이 자신의 말씀에 부여하는 중요성을 주목해야 합니다. 주님은 그렇게 말씀하실 때 자기 자신에 대한 어떤 사실을 말씀하는 것입니다. 주님은 두 집에 대한 두려운 그림을 사용하여 자신에 대해 묘사하십니다. 주님은 이미 심판에 대해 말씀하셨고, "나의 이 말"이라는 표현에 심판에 대한 모든 말씀을 압축하셨습니다. 주님은 결론적으로 다음과 같이 말씀하시는 것입니다. "나는 너희가 이 말 곧 '나의 이 말'을 듣기 원하고 실천하기를 바란다. 너희는 내가 누구인지, 그러므로 내가 말하는 것이 얼마나 중요한지 알고 있느냐?" 따라서 우리는 주님이 자신의 가르침에 대해 말씀하신 것에서 자기 자신에 대해 엄청난 선언을 하시는 것을 발견합니다. 주님은 자신의 유일한 권위를 주장하십니다.

그러나 자신에 대한 주님의 언급이 함축적이거나 간접적이기만 한 것이 아닙니다. 여러분은 주님이 산상 설교에서 자신에 대해 직접적으로 언급하시는 것을 보지 않았습니까? 그러므로 이제 이 부분을 순서대로 살펴봅시다. 첫 번째로 마태복음 5:11입니다. 주님은 팔복에 대한 말씀을 막 마치신 후 다음의 말을 덧붙이십니다. "나로 말미암아 너희를 욕하고 박해하고 거짓으로 너희를 거슬러 모든 악한 말을 할 때에는 너희에게 복이 있나니." 얼마나 놀라운 말씀일까요! 주님은 "나의 가르침으로 말미암아 너희를 욕하고 박해하고 거짓으로 너희를 거슬러 모든 악한 말을 할 때에는 너희에게 복이 있나니"라고 말씀하지 않으십니다. "이처럼 수준 높고 고귀한 가르침을 실천하려다 박해를 받고 죽음까지 겪는다면 너희에게 복이 있나니"라고도 말씀하지 않으십니다. 또한 "하늘에 계신 너희 아버지 하나님의 이름을 위하여 이와 같은 일을 겪는다면 너희에게 복이 있나니"라고 말씀하지도 않으십니다. 대신 주님은 "나로 말미암아"라고 말씀하십니다. 사람들이 단지 윤리적, 도덕적, 사회적 가르침으로만 산상 설교에 관심을 갖는다고 말하는 것은 두말할 것 없이 미련한 태도입니다. "누구든지 네 오른편 뺨을 치거든 왼편도 돌려 대며"라는 말씀에 이르기 전에, 주님은 우리가 주님으로 인해 고난받고 박해받아야 하며, 죽을 각오까지 해야 한다는 것을 말씀하십니다. 이 놀라운 주장은 산상 설교 첫 부분에 나옵니다.

주님은 계속해서 동일한 사실을 함축적으로 언급하십니다. "너희는 세상의 소금이니." "너희는 세상의 빛이라." 여러분은 이 말씀에 함축된 의미를 알겠습니까? 주님은 결론적으로 이렇게 말씀하시는 것입니다. "너희는 내 제자이자 나를 따르는 자들이다. 그러므로 너희는 나의 이름을 위해 박해받을 정도로, 필요하면 나를 위해 죽을 정도로 너희 자신을 내게 바쳐야 한다. 내게 듣고 세상을 다니며 나의 가르침을 전파해야 하는 너희는 이 땅의 소금이자 세상의 빛이다." 여기서 이끌어 낼 수 있는 한 가지 유일한 추론은 바로 이것입니다. 즉, 그들은 그리스도와의 관계로 말미암아 이 땅의 소금과 세상의 빛이 되는 매우 독특하고 유일한 사람이 되리라는 것입니다. 이것이 온전한 새 탄생 교리입니다. 그들은 단순히 가르침을 듣기만 하는 사람들이 아니고, 그것을 반복해서 가르쳐 소금과 빛의 효과를 내는 사람들입니다. 그들 자신이 소금과 빛이 되어야 합니다. 우리는 여기서 그리스도와 그분의 백성 간의 신비적인 관계와 연합에 대한 교리 즉 그들 안에 그리스도께서 거하시고 그분의 본성이 그들에게 주어지는 것을 봅니다. 그러므로 그리스도께서 세상의 빛이신 것처럼 그들도 그분을 따라 세상의 빛이 됩니다. 다시 말하지만 이것은 그리스도에 대한 굉장히 놀라운 진술입니다. 주님은 여기서 자신의 유일한 신격과 구주되심을 확언하십니다. 주님은 자신이 사람들이 오랫동안 갈망해 왔던 메시야라는 사실을 천명하십니다.

따라서 우리가 주님의 세부적인 가르침을 살펴보기 전에 이 획기적인 두 구절을 고찰한다면, 다음과 같이 질문하지 않을 수 없습니다. "이와 같이 말씀하시는 이분은 과연 누구인가? 우리에게 자기를 위해 고난받으라고 요구하고, 만약 우리가 그렇게 하면 확실히 복을 받게 될 것이라고 말씀하시는 이 나사렛 출신 목수는 누구인가? '나로 말미암아' 불의와 박해를 겪으면 '기뻐하고 즐거워하라. 하늘에서 너희의 상이 큼이라'마 5:12라고 말씀하시는 이분은 누구인가? 우리를 이 땅의 소금과 세상의 빛으로 만들 수 있다고 말씀하시는 이 사람은 과연 누구인가?" 주님은 마태복음 5:17에서 이 질문에 답하십니다. 주님은 이렇게 말씀하십니다. "내가 율법이나 선지자를 폐하러 온 줄로 생각하지 말라. 폐하러 온 것이 아니요 완전하게 하려 함이라." 여기서 잠시 "내가……온 줄로"라는 특별한 표현에 대해 생각해 봅시다. 주님은 자기 자신에 대해, 다른 누구와도 다른 자신의 생애에 대해 말씀하십니다. 주님은 "나는 태어났고, 그래서 이런 저런 일을 했다"고 말씀하시지 않고 "나는 왔다"고 말씀하십니다. 그러면 어디서 오셨을까요? 주님은 이 세상으로 들어오신 분입니다. 단순히 태어나신 분이 아닙니다. 이 세상이 아닌 어딘가에서 이 세상으로 오신 분입니다. 영원으로부터, 하늘로부터, 아버지의 품으로부터 오셨습니다. 율법과 선지자는 주님이 오실 것이라고 말했습니다. 한 예로, 그들은 "공의로운 해가 떠올라서 치료하는 광선을 비추리니"말 4:2라고 말했습니다. 그들은 항상 외부에서 오시도록 되어 있던 어떤 한 분에 대해 말했습니다. 그리고 여기서 주님은 자기 자신에 대해 "내가 왔다"고 말씀하십니다. 그러므로 주님 앞에 앉아 그분의 말씀을 들은 이 사람들이 "그가 무슨 말을 하는 것이냐? 이 사람 곧 우리와 별반 다르지 않은 이 목수가 누구냐?"고 말한 것은 놀라운 일이 아닙니다.

주님은 늘 "내가 왔다"고 말씀하십니다. 주님은 자신이 이 세상에 속하지 않고, 영광으로부터, 영원으로부터 현세와 이 세상 속으로 왔다고 말씀하십니다. 주님은 "나와 아버지는 하나이니라"요 10:30라고 말씀하십니다. 여기서 주님은 성육신을 언급하십니다. 그러므로 산상 설교를 단순히 사회적 선언문으로만 간주하고, 그 안에서 단지 윤리와 도덕만을 보는 것은 얼마나 비극적이며 어리석은 일일까요! 주님이 자기 자신에 대해 "나는 왔다"고 말씀하시는 것을 귀담아 들으십시오. 이분은 인간 선생이 아닙니다. 바로 하나님의 아들이십니다.

그러나 더 나아가 주님은 자신이 율법과 선지자를 폐하러 오신 것이 아니라 이루기 위해 오셨다고 말씀하십니다. 이것은 주님이 하나님의 거룩한 율법을 이루고 지키기 위해 오셨다는 것과 그분이 메시야라는 것을 의미합니다. 주님은 여기서 자신이 죄가 없고 절대적으로 완전하신 분이라는 것을 주장하고 계십니다. 하나님은 자신의 율법을 모세에게 주셨지만 지금까지 그 율법을 지킨 사람은 아무도 없었습니다. 율법이 그렇게 주어진 것은 "온 세상으로 하나님의 심판 아래에 있게" 하려는 것이었습니다.롬 3:19 "의인은 없나니 하나도 없으며."롬 3:10 구약 시대의 모든 성도는 율법을 어겼습니다. 아무도 그것을 준수하지 못했습니다. 그러나 굳게 서서 이렇게 말씀하시는 분이 여기 있습니다. "나는 율법을 지키고 있다. 율법의 일점일획이라도 지킬 것이다. 율법을 이룰 것이다. 율법을 온전히 지키고 존귀하게 만들 것이다." 아무 죄가 없고 절대로 완전하다고 주장하시는 분이 여기 있습니다. 그뿐만이 아닙니다. 주님은 지체 없이 바울이 "그리스도는 모든 믿는 자에게 의를 이루기 위하여 율법의 마침이 되시니라"롬 10:4라고 한 말을 스스로 주장하십니다. 다시 말해 주님은 율법을 준수하심으로써 율법을 이루십니다. 한평생 절대적으로 완전한 삶을 사심으로써 율법을 존귀하게 하십니다. 과연 그렇습니다. 하지만 주님은 율법을 위반한 자들에게 율법이 부과하는 형벌도 감당하십니다. 주님은 율법의 모든 요구를 만족시키셨습니다. 주님은 자기 자신과 다른 사람들을 위하여 율법을 이루셨습니다.

그러나 주님은 자신이 선지자[의 예언]도 이루셨다고 주장하십니다. 자신이 구약의 모든 선지자가 예언한 바로 그분이라고 주장하십니다. 선지자들은 메시야에 대해 예언했고, 주님은 "내가 바로 그 메시야다"라고 말씀하십니다. 주님은 자신의 인격으로 모든 약속을 이루시는 분입니다. 사도 바울은 그것을 다음과 같이 요약합니다. "하나님의 약속은 얼마든지 그리스도 안에서 예가 되니 그런즉 그로 말미암아 우리가 아멘 하여 하나님께 영광을 돌리게 되느니라."고후 1:20 하나님의 약속은 자신이 율법과 선지자의 완성자라고 말씀하시는 이 놀라운 분 안에서 완전히 성취됩니다. 구약성경의 모든 사실이 주님을 가리킵니다. 주님이 그 모든 것의 중심에 계십니다. 주님은 오실 자 곧 고대하던 그분이십니다. 주님은 이 모든 것을 바로 산상 설교에서 말씀하십니다. 사람들이 교리가 아니라고 말하며 신학적이 아니라는 이유로 좋아하는 산상 설교에서 말입니다! 그러므로 사람들에게 이처럼 미련하게 말하는 것만큼 더 비극적인 무지가 있을 수 있겠습니까? 그리스도의 성육신, 그분의 인격과 죽음에 대한 교리가 산상 설교에 모두 담겨 있습니다. 우리가 산상 설교를 상세히 살펴볼 때 그 점을 확인했고, 지금 여기서도 그것을 확인하고 있습니다.

또 하나의 중대한 진술이 마태복음 7:21에서도 발견됩니다. "나더러 주여 주여 하는 자마다 다 천국에 들어갈 것이 아니요." 주님은 사람들이 자기를 '주'로 부를 것이라고 지체 없이 말씀하십니다. 이는 그분이 여호와 곧 하나님이라는 것을 의미합니다. 여기서 주님은 매우 자연스럽게 사람들이 자신에게 "주여, 주여" 하고 부를 것이라고 말씀하십니다. 사람들은 어떤 의미에서 지금도 그렇게 부르고 있고, 중대한 심판 날에도 그럴 것입니다. 그러나 여기서 강조점은 사람들이 "나에게" 그렇게 말할 것이라는 데 있습니다. 즉, 하늘에 계신 아버지에게가 아니라 "나에게", 곧 산 위에서 말씀을 전하고 계시는 그분에게 그렇게 하리라는 것입니다. 주님은 지체 없이 성경 전체에서 영원하고 절대적이며 복되신 하나님에 대해 사용된 최고의 용어를 자신에게 귀속하여 당신 것으로 취하십니다.

심지어 주님은 산상 설교 마지막 부분에서 자신이 세상의 심판자가 될 거라고 선언하셨습니다. "그날에 많은 사람이 나더러 이르되 주여 주여……." 그 말이 반복되는 것을 주목하십시오. "그때에 내가 그들에게 밝히 말하되 내가 너희를 도무지 알지 못하니 불법을 행하는 자들아 내게서 떠나가라."마 7:22-23 그렇습니다. 심판은 하나님의 아들에게 위임된 일입니다. 주님은 자신이 모든 사람의 심판자라는 사실을 주장하십니다. 또 우리가 자기 자신과 갖는 관계와 우리에 대한 자신의 지식과 관심이 중요하다고 주장하십니다. 어떤 사람이 다음과 같이 잘 표현했습니다. "산 위에 앉아 가르치시는 분은 마지막 날에 자신의 영광의 보좌에 앉아 계실 분이고, 세상의 모든 족속이 자기 앞에 나아오면 그들에게 심판을 선언하실 분이다." 이제껏 이보다 더 놀랍고 환상적인 말이 있었을까요? 이 장면을 다시 한 번 상상해 봅시다. 외관상 너무나 평범한 이 사람 곧 이 목수가 산 위에 앉아 결론적으로 다음과 같이 말하는 장면을 그려 보십시오. "내가 지금 여기 앉아 있는 것처럼 영원한 영광의 보좌에 앉아 있을 것이다. 그때 온 세상과 민족과 모든 사람이 내 앞에 나타나고 나는 그들에게 심판을 선언할 것이다." 진정 주님은 영원하신 심판자이십니다.

지금까지 우리는 이 유명한 산상 설교에서 주님이 자기 자신에 대해 말씀하시는 핵심 진술들을 종합했습니다. 이제 마지막으로 저는 단순하지만 심원한 질문을 여러분에게 던지고자 합니다. 그렇다면 여러분은 이 모든 사실에 어떻게 반응하겠습니까? 우리는 사람들이 "그의 가르치심에 놀라니 이는 그 가르치시는 것이 권위 있는 자와 같고 그들의 서기관들과 같지 아니함일러라"마 7:28-29라는 말을 전해 듣습니다. 그들이 그것 외에 다른 반응을 보였다는 말을 듣지 않습니다. 우리는 그들이 주님의 태도 때문에, 주님이 가르치시는 방법 때문에, 깜짝 놀랄 만한 가르침 자체뿐 아니라 주님이 자신에 대해 말씀하시는 어떤 사실들 때문에 경악했다는 말을 듣습니다. 산상 설교에 놀라지 않는 사람들이 많습니다. 그렇지만 우리 중 한 사람도 그래서는 절대로 안 됩니다. 그런데 우리는 단순히 깜짝 놀라는 것으로는 충분하지 않습니다. 우리의 반응은 그것을 넘어서야 합니다. 주님이 우리에게 말씀하실 때 우리는 다음과 같이 반응해야 합니다. 즉, 이분이 하나님의 아들 자신 곧 성육신하신 하나님의 아들 외에 다른 분이 아니라는 사실을 인정해야 합니다. 우리의 첫 번째 반응은 복음의 핵심 진리 곧 하나님의 독생자가 이 세상 속으로 들어오셨다는 것을 다시 인정하는 것이어야 합니다. 산상 설교를 살펴볼 때 우리는 단순한 철학이나 삶의 방식이 아닌, 설교자가 육체를 입고 이곳에 오신 전능하신 하나님의 아들이었다는 사실에 관심을 두어야 합니다.

그렇다면 하나님의 아들은 왜 오셨고, 왜 산상 설교를 전하셨습니까? 그분은 다른 율법을 주시기 위해 오신 것이 아니었습니다. 단순히 사람들에게 어떻게 살아야 할지를 가르쳐 주기 위해 오신 것도 아니었습니다. 왜냐하면 산상 설교는 모세 율법보다 훨씬 더 실천이 불가능하기 때문입니다. 우리는 이미 이 가르침을 준수할 수 있는 인간은 단 한 명도 없다는 것을 확인했습니다. 그렇다면 산상 설교의 메시지는 무엇일까요? 이는 다음과 같습니다. 산상 설교에서 우리 주님은 구원 문제에 있어 인간적 노력과 자연적 능력에 대한 모든 신뢰를 단번에 정죄하십니다. 다시 말해 주님은 우리에게 하나님의 영광이 부족하다는 것과 지금부터 죽을 때까지 아무리 노력하고 수고한다고 해도 이것이 하나님 앞에 서기에 합당하도록 우리를 결코 의롭게 하지 못한다고 말씀하십니다. 주님은 바리새인이 율법의 참된 의미를 변질시켰지만 율법 자체는 영적이라고 말씀하십니다. 주님은 바울이 나중에 다음과 같이 깨닫고 말한 바로 그 사실을 말씀하십니다. "전에 율법을 깨닫지 못했을 때에는 내가 살았더니 계명이 이르매 죄는 살아나고 나는 죽었도다."롬 7:9 주님은 우리 모두가 하나님 보시기에 죄인으로 정죄되었고, 그리하여 자기 자신을 스스로 구원할 수 없다고 말씀하십니다.

예수님은 계속해서 우리는 누구나 새 탄생, 새 본성, 새 생명을 필요로 한다고 말씀하십니다. 우리는 본성상 이와 같은 삶을 살 수 없습니다. 새롭게 되지 않으면 안 됩니다. 그래서 예수님은 우리에게 이 생명을 주기 위해 왔다고 말씀하십니다. 그렇습니다. 그분과의 관계 속에 있을 때 우리는 이 땅의 소금과 세상의 빛이 됩니다. 그분은 단순히 가르침을 전하러 오신 것이 아니었습니다. 그 가르침을 가능하게 하시려고 오셨습니다. 팔복에 대한 설교로 시작되는 산상 설교에서 예수님은 자기 백성에 대해 설명하셨습니다. 예수님은 그들이 어떤 자가 되어야 하는지, 그들이 어떻게 행동해야 하는지에 대해 설명하셨습니다. 산상 설교는 그리스도인 곧 성령을 받은 사람들에 대해 묘사합니다. 자연인이 하나님 앞에 스스로 의롭게 되려고 애쓰는 것이 아니라 하나님이 자기 백성을 새롭게 만드시는 것에 대해 묘사합니다. 예수님은 우리에게 아브라함에게 주신 약속 곧

"아버지께서 약속하신 것"인 성령을 선물로 주셨고, 이 약속을 받아들여야 우리는 산상 설교의 가르침에 부합하는 백성이 됩니다. 팔복은 산상 설교에 따라 사는 모든 사람 곧 모든 그리스도인에게 해당됩니다. 그것은 우리가 죄 없이 완전한 삶을 산다는 것을 의미하지 않습니다. 그것은 삶의 전반적인 방향이 산상 설교의 가르침에 일치하는 삶, 요한이 "하나님께로부터 난 자마다 죄를 짓지 아니하나니"요일 3:9라고 말한 삶을 산다는 것을 의미합니다. 이것이 중요합니다. 사람의 인생을 전체적으로 봅시다. 신자를 보면 그는 산상 설교를 지킵니다. 그에 따라 살기를 원합니다. 최대한 그렇게 하려고 애씁니다. 자신의 잘못을 깨닫고 성령으로 충만하기 위해 기도합니다. 의에 주리고 목마릅니다. 일상생활 속에서 하나님의 약속이 실현되는 복된 경험을 가집니다.

이것이 산상 설교에 대한 참된 반응입니다. 우리는 산상 설교에서 예수님이 하나님의 아들 바로 그분이시라는 것과 예수님이 새로운 공동체를 시작하려고 오셨다는 것을 깨닫습니다. 예수님은 "많은 형제 중에서 맏아들"이십니다. 예수님은 "마지막 아담"이십니다. 예수님은 하나님의 새 사람으로, 그분에게 속한 모든 사람은 그분을 닮아가게 됩니다. 이것은 정말 놀라운 교리입니다. 그러므로 우리가 이것을 진리로 아는 것에 감사해야 합니다. 우리는 예수님이 우리의 죄를 위해 죽으셨고, 그 결과 우리의 죄가 사함받은 것을 압니다. "우리는 형제를 사랑함으로 사망에서 옮겨 생명으로 들어간 줄을 알거니와."요일 3:14 진정으로 의에 주리고 목마른 것에서 우리가 예수님에게 속한 자라는 것을 압니다. 예수님은 자신의 영이 우리 안에서 역사하도록 하심으로써 우리를 다루십니다. 성령은 우리 자신의 연약함과 불완전함을 알려 주십니다. 또한 "자기의 기쁘신 뜻을 위하여 소원을 두고 행하게" 하시고,빌 2:13 우리 안에 갈망과 열망을 일으키십니다. 우리는 무엇보다 온갖 시련과 문제와 시험으로 얼룩진 인생 속에서, 이 원자 시대의 온갖 불확실성과 죽음과 최후의 심판이라는 확실한 사실 속에서 사도 바울처럼 말할 수 있습니다. "이로 말미암아 내가 또 이 고난을 받되 부끄러워하지 아니함은 내가 믿는 자를 내가 알고 또한 내가 의탁한 것을 그날까지 그가 능히 지키실 줄을 확신함이라."딤후 1:12

무섭게 바람 부는 밤, 물결이 높이 설렐 때
우리 주 크신 은혜에 소망의 닻을 주리라.
세상에 믿던 모든 것, 끊어질 그날 되어도
구주의 언약 믿사와 내 소망 더욱 크리라.
주 나의 반석이시니, 그 위에 내가 서리라.
그 위에 내가 서리라.[3]

—에드워드 모트Edward Mote

"이 닦아 둔 것 외에 능히 다른 터를 닦아 둘 자가 없으니 이 터는 곧 예수 그리스도라."고전 3:11 "그러나 하나님의 견고한 터는 섰으니 인침이 있어 일렀으되 주께서 자기 백성을 아신다 하며 또 주의 이름을 부르는 자마다 불의에서 떠날지어다 하였느니라."딤후 2:19

3. 「이 몸에 소망 무언가」, 새찬송가 488장.

6

정신과 마음과 의지

1963 | 『영적 침체』

하나님께 감사하리로다. 너희가 본래 죄의 종이더니 너희에게 전하여 준바 교훈의 본을 마음으로 순종하여.

로마서 6:17

화장실에서 비롯되었다고 말할 수 있는 책은 거의 없을 것입니다! 그러나 로이드 존스의 가장 유명한 책인 『영적 침체』Spiritual Depression는 엄밀히 말해 화장실에서 시작되었습니다. 자신의 전기 작가 이안 머레이Iain Murray에게 말한 것처럼, 그는 어느 날 아침 면도할 때 시편 42편의 "내 영혼아, 네가 어찌하여 낙심하며"라는 말씀이 떠오르자 교인들에게 영적 불행이라는 중대한 문제에 대해 연속적으로 설교해야겠다고 다짐했습니다.

페이퍼백 방식으로 된 책을 굉장히 싫어했던 그가 그 방식으로 출판된 『영적 침체』가 세계적인 베스트셀러가 된 것을 본 것은 역설적인 일입니다. 『영적 침체』는 1963년에 웨스트민스터 채플에서 처음 전해진 이후로 50년 이상 계속 출판되고 있습니다. 이 책에 담긴 설교는 대부분 주제 설교입니다. 이 설교들은 OM국제선교회Operation Mobilization의 창립자인 조지 버워George Verwer의 열렬한 지지를 받았습니다. 40년 이상 조지 버워는 세계 전역의 청중에게 『영적 침체』는 "모든 시대에 걸쳐 가장 위대한 기독교 작품"이라고 말했습니다.

이 설교 시리즈는 두 가지 이유로 무척 흥미롭습니다.

첫째, 이 책은 로이드 존스가 설교자일 뿐만 아니라 의사라는 사실을 보여줍니다.

둘째, 이 책은 그가 한결같이 선호했던 설교 방식, 즉 성경의 한 책을 선택해 연속적으로 강해하는 방식이 아닌 성경의 다양한 부분에서 뽑아 온 본문에 기반을 둔 방식을 택했습니다.

이번 장 설교의 제목으로 보아 분명한 것처럼, 그는 기독교 신앙과 실천은 정신mind과 마음heart뿐만 아니라 의지will와도 연관된다고 믿었습니다. 이것은 명백한 사실이지만, 이 총체적인 성경적 관점이 현대 기독교에서는 거의 부각되지 않습니다. 무미건조한 지식적 설교는 단지 지성에만 호소할 뿐이고, 자기계발 또는 치유 지향적 설교는 오직 감정에만 접근합니다. 성경은 지성과 감정을 다 다루고, 이것은 우리가 일상생활에서 기복을 겪을 때 우리의 의지에 중대한 영향을 미칩니다.

로이드 존스는 언젠가 설교를 "불붙은 논리"로 정의했습니다. 우리는 이번 설교에서 이 정의를 온전히 확인하게 될 것입니다. 그가 이 설교에서 결론 내린 것처럼, "하나님께서 우리를 균형 잡힌 그리스도인으로 만드시기를 바랍니다." 오늘날 우리는 얼마나 많이 이 말을 들어야 하는지 모릅니다. 이것은 하나님이 결합하신 것을 쉽게 갈라놓은 기독교에 참으로 적절한 말입니다.

이 구절에서 흠정역KJV이 "교리의 형태"form of doctrine라고 옮긴 부분을 개역성경RV은 "교훈의 본"standard of teaching이라고 옮겨 놓았습니다(개역개정판은 후자로 번역했다 – 옮긴이). 앞으로 살펴보겠지만 이 두 표현이 가리키는 내용은 한 가지인 것이 분명합니다. 제가 이 구절에 주의를 환기시키는 것은 이를 통해 '영적 침체'의 원인과 치료라는 문제를 계속 살펴보기 위해서입니다.

침체에 대해 살펴볼수록 그 형태가 거의 무한대로 많다는 사실에 놀라게 됩니다. 그 모습과 형태가 얼마나 다양한지 이 사실 자체에 걸려 넘어지는 사람들이 있을 정도입니다. 그들은 이 한 가지 질병, 이 한 가지 영적 상태에 수반되는 증상과 징후가 그토록 많다는 데 놀라움을 금치 못합니다. 그만큼 이 문제에 무지한 탓에 침체에 빠집니다. 주 예수 그리스도를 믿는 즉시 모든 문제가 사라지고 "그 후로 내내 행복하게 살았더래요"라는 말로 자기 인생의 나머지 이야기가 풀릴 것이라고 믿는 사람은 얼마 가지 않아 영적 침체에 빠질 것이 확실합니다. 우리는 하나님의 은혜로 이 경이로운 삶과 영적인 상태로 옮겨졌습니다. 그러나 우리를 대적하는 또 다른 권세가 있다는 사실을 절대 잊으면 안 됩니다. 하나님 나라 시민인 우리를 대적하는 또 다른 나라, 영적인 나라가 있다고, 그 나라가 계속 우리를 포위하고 공격한다고 성경은 말합니다. 우리는 "믿음의 선한 싸움"을 싸우는 사람들입니다.[딤전 6:12] "우리의 씨름은 혈과 육을 상대하는 것이 아니요 통치자들과 권세들과 이 어둠의 세상 주관자들과 하늘에 있는 악의 영들을 상대함이라."[엡 6:12] 그러므로 지금 살펴보고 있는 이런 침체에 마땅히 대비해야 하며, 온갖 유형의 사람들에게 온갖 방식으로 침체가 나타날 것에 대비해야 합니다.

사탄의 활동에 가장 크게 나타나는 특징은 교묘함입니다. 사탄은 강력할 뿐 아니라 교묘합니다. 실제로 사도 바울은 사탄이 필요할 때마다 "자기를 광명의 천사로 가장"한다고 했습니다.[고후 11:14] 사탄의 유일한 소원은 하나님의 역사를 망치고 파괴하는 것입니다. 그중에서도 우리 주와 구주 되신 예수 그리스도 안에 있는 은혜의 역사, 그리스도를 통해 이루어지는 은혜의 역사를 가장 파괴하고 싶어 합니다. 그렇기 때문에 그리스도인이 되는 순간 우리는 사탄의 표적이 됩니다. 그래서 야고보가 "내 형제들아, 너희가 여러 가지 시험을 당하거든 온전히 기쁘게 여기라"라고 말한 것입니다.약 1:2 시험을 당한다는 것은 우리가 제대로 믿고 있다는 증거이기에 기뻐해야 합니다. 그리스도인이 되는 순간부터 마귀는 우리를 낙담시키는 일에 각별한 관심을 쏟는데, 그 가장 좋은 방법이 바로 우리를 비참하게 만드는 것입니다. 찰스 램Charles Lamb의 표현대로 "영혼의 홍역과 볼거리"를 앓게 만드는 것입니다. 침체한 그리스도인은 마치 소모증에 걸린 아이처럼 건강과 활력을 잃고 제대로 성장하지 못합니다. 그리스도인이 이런 상태로 사는 것은 거의 믿음을 부인하는 일이나 다름없기 때문에 사탄은 이것을 좋아합니다. 그래서 우리를 침체시키는 일에 각별한 관심을 쏟는 것입니다. 침체가 나타나는 방식, 우리에게 영향을 끼치는 방식은 무한히 많습니다. 그 변화무쌍한 징후들을 미리 예측하고 대비해야 합니다.

이번에는 또 한 가지 일반적인 원인에 여러분의 주의를 환기시키고 싶습니다. 오늘 본문이 그 원인을 알려 줍니다. 이 구절은 그리스도인을 적극적으로 묘사하고 있지만, 소극적으로도 활용할 수 있습니다. 즉, 이 구절이 묘사하는 모습에 일치하지 못하는 것이야말로 모든 영적 침체의 공통된 원인이라고 볼 수 있습니다. 이것은 그리스도인에 대한 완벽한 묘사입니다. 바울은 말합니다. "너희는 사탄의 지배를 받던 사탄의 종이었다. 그것이 너희의 원래 위치였다. 그러나 이제는 그 위치가 바뀌었다." 그는 이렇게 말할 수 있는 것에 대해, 그들이 전에는 사탄의 종이었지만 이제는 아니라고 말할 수 있는 것에 대해 하나님께 감사를 드립니다. 왜 이제는 종이 아닙니까? "너희에게 전하여 준바—너희가 인도함을 받은바—교훈의 본을 마음으로 순종"했기 때문입니다. 이것이 사도가 적극적으로 묘사하는 그리스도인의 모습입니다.

그 삶의 총체성과 균형에 이 구절의 강조점이 있다는 사실을 여러분도 알아챘을 것입니다. "교훈의 본"은 정신과 지각으로 아는 것입니다. "마음으로"라는 것은 감정과 감성으로 반응한다는 뜻이며, "순종하여"라는 것은 의지로 반응한다는 뜻입니다. 사도가 그리스도인을 이렇게 묘사하면서 강조하는 것은 그 삶의 총체성입니다. 즉, 그리스도인의 삶은 전인全人을 포괄한다는 것입니다. 정신과 마음과 의지를 다 포괄한다는 것입니다. 영적 침체의 공통된 원인 한 가지는 그리스도인의 삶이 이처럼 총체적이고 균형 잡힌 것임을 모르는 데 있습니다. 균형을 잃는 것이야말로 그리스도인의 삶에 혼란과 불일치와 불안을 가장 많이 일으키는 원인입니다.

두렵지만 이렇게 균형을 잃게 되는 책임을 설교자나 전도자들에게서 찾아야 하는 경우가 너무나 많다는 점을 다시금 지적해야겠습니다. 일반적으로 교리가 균형 잡혀 있지 않고 총체적이지 못하며 빈약한 설교자나 전도자들이 이처럼 치우친 그리스도인들을 만들어 냅니다. 이 문제를 계속 살펴볼수록 어떤 환경에서 그리스도인이 되었느냐가 얼마나 중요한지 알게 됩니다. 누군가 이것을 연구 주제로 삼아 그리스도인이 회심한 방법 및 방식과 이후 살아가는 모습 사이의 상관관계를 조사하면 좋겠다는 생각이 가끔 듭니다. 필시 의미도 있고 재미도 있는 작업이 될 것입니다. 일반적으로 자녀를 보면 부모의 특징을 알 수 있듯이, 회심자들을 보면 그들의 회심에 사용된 자들의 특징을 알 수 있습니다. 그뿐 아니라 회심자가 어떤 유형, 어떤 종류의 모임에서 빛으로 나아오게 되었느냐, 어떤 환경에서 중생했느냐 하는 점도 우리 생각보다 자주 이후의 행로에 영향을 끼칩니다. 지난번에도 우리는 이 점에 주목했습니다. 확실한 것은, 이 점이 지금 고찰하는 문제와 관련해서도 매우 중요하다는 것입니다. 그리스도인들이 각기 다른 유형의 특징을 보이는 이유가 여기 있습니다. 한 집단의 구성원들은 비슷한 모습을 보이며 일정한 특징을 나타냅니다. 다른 집단도 마찬가지입니다. 그렇게 될수록, 특정한 목회 유형과 관련된 특징이 많이 나타날수록 균형을 잃기 쉬우며 결국 그로 인해 불행해지고 비참해지기 쉽습니다.

사도 바울이 이 점을 다루는 것은, 이 점이 실제적인 문제를 야기하기 때문입니다. 이 편지는 로마의 그리스도인들에게 보내는 것입니다. 사도가 단지 논증을 위해 이런 질문을 가정한 것인지, 아니면 실제로 로마 교인들이 이런 질문을 던진 것인지는 확실히 알 수 없습니다. "은혜를 더하게 하려면 죄에 거해야 하는 것 아닌가요?"라고 질문한 자들이 정말 있었을 수도 있고, 사도가 오직 믿음으로 의롭다 하심을 받는다는 교리를 입증한 후에 '아, 이 말을 오해할 위험이 있겠다. 은혜를 더하게 하려면 오히려 죄에 거해야 하는 것 아니냐고 물을지도 모르겠다'고 생각해서 이런 질문을 가정했을 수도 있습니다. 사도 자신이 "죄가 더한 곳에 은혜가 더욱 넘쳤나니"라는 말을 직전에 했기 때문입니다. 초대교회에는 그렇게 반박하는 자들이 있었고, 지금도 여전히 그렇게 하는 자들이 많습니다. 그들의 입장은 이것입니다. "좋습니다. 그 교리에 따르면 사람이 무슨 짓을 하든 상관이 없군요. 죄를 많이 지을수록 그를 용서하시는 하나님은 더 큰 영광을 받으시니 말입니다. 어차피 은혜로 다 덮어 주실 테니 그리스도인은 무슨 짓을 하든 괜찮겠네요." 이에 대해 사도가 하는 말이 무엇입니까? 자신의 가르침을 전혀 이해하지 못해서 그런 말을 한다는 것입니다. 제대로 이해한 사람은 절대 그런 추론을 하지 않는다는 것입니다.

그런 추론을 하려야 할 수가 없다는 것입니다. 사도의 즉각적인 대답은 이것입니다. "그럴 수 없느니라. 죄에 대하여 죽은 우리가—사도가 이제껏 전한 메시지가 바로 이것입니다—어찌 그 가운데 더 살리요?" 그리스도인은 "그리스도 안에" 있음으로써 그와 함께 죽었으며 그와 함께 다시 살아났습니다. 이 가르침을 제대로 이해한 사람은 "은혜를 더하게 하려면 죄에 거해야 합니까?"라는 무서운 질문을 할 수가 없습니다. 사도가 6장을 기록한 전적인 목적은 진리를 균형 있게 파악하는 일의 중요성, 진리를 총체적으로 붙잡는 일의 중요성, 진리를 제대로 이해할 때 반드시 수반되는 결과를 깨닫는 일의 중요성을 알리려는 데 있습니다.

이 주제를 간단히 분류해서 살펴보겠습니다. 사도가 명확히 밝히는 원리가 몇 가지 있습니다. 첫 번째는 복음이 얼마나 큰 것인지 모르는 탓에 영적 침체에 빠지거나 불행한 삶을 사는 그리스도인들이 아주 많다는 것입니다. 사도는 "너희에게 전하여 준 교훈의 본", 즉 "교리의 형태"에 대해 언급합니다. 부적절한 관점으로 기독교와 복음 메시지를 바라보는 탓에 불행한 삶을 사는 그리스도인들이 많습니다. 어떤 이는 복음을 단순한 용서의 메시지로 생각합니다. 그런 이에게 기독교가 무엇이냐고 물으면 "주 예수 그리스도를 믿고 죄 사함을 받는 것"이라고 대답합니다. 그 이상 나아가지 못합니다. 이것이 그들이 아는 전부입니다. 그들에게는 불행한 과거사가 있습니다. 그런데 하나님이 그리스도 안에서 다 용서하신다는 메시지가 들립니다. 그들은 그 메시지를 받아들이는 데서 만족해 버립니다. 이것이 그들이 믿는 기독교의 전부입니다. 그런가 하면 기독교를 도덕적인 교훈으로만 생각하는 이들도 있습니다. 그들에게 죄 사함은 필요 없습니다. 그저 고양된 삶을 살고 싶을 뿐이며, 세상에서 선한 일을 하고 싶을 뿐입니다. 그들에게 기독교는 윤리적이고 도덕적인 프로그램입니다. 그런 자들은 불행해질 수밖에 없습니다. 도덕으로는 절대 피할 수도 없고 해결할 수도 없는 문제들—누군가의 죽음이나 인간관계 같은 문제들—이 발생하기 때문입니다. 그럴 때 도덕과 윤리는 아무 도움이 되지 못합니다. 따라서 그들이 복음이라고 생각했던 것 또한 아무 역할을 하지 못합니다. 이처럼 그들은 복음에 대해 올바른 관점을 가지고 있지 못한 탓에 충격을 받고 불행해집니다. 그것은 부분적인 관점에 불과합니다. 그들은 복음의 한 측면에만 주목합니다. 또는 복음을 단순히 좋고 아름다운 것으로만 보는 이들도 있습니다. 그들은 기독교에 심미적으로 큰 매력을 느낍니다. 이것이 그들이 복음을 묘사하는 방식입니다. 그들이 볼 때 복음 메시지는 들으면 기분이 좋아지는 아주 아름답고 훌륭한 이야기에 불과합니다.

이 모든 것은 사도가 "교훈의 본"이나 "교리의 형태"라고 말한 복음, 로마서에서 강력한 논증과 명제와 영적인 상상력을 동원하여 구체적으로 설명하는 중대한 진리에 어긋나는 불완전하고 부분적인 관점들입니다. 복음은 로마서와 에베소서와 골로새서에 나오는 다음과 같은 것입니다. 토머스 칼라일Thomas Carlyle의 표현을 빌리자면 "무한하고 광대한" 것입니다. 정확한 관점으로 복음을 바라보아야 합니다. "당신은 에베소서와 골로새서는 거론하면서 '복음 메시지'는 말하지 않는군요. 복음 메시지를 전한다면 죄 사함만 이야기해도 될 텐데요"라고 말하는 사람이 있을지 모르겠습니다. 그것은 어떤 점에서는 맞지만 어떤 점에서는 틀린 말입니다. 주일 저녁예배에 참석했던 어떤 사람이 저한테 편지를 보내 자신이 한 가지 사실을 발견했다고 했습니다. 그것은 그 예배가 분명히 전도 예배였음에도 신자들을 대상으로 했다는 것이었습니다. 그는 말했습니다. "전에는 그런 일이 가능하다는 생각 자체를 하지 못했습니다. 한 예배에서 불신자들에게 복음을 전하는 동시에 신자들에게도—그들이 불쾌해할 텐데도—복음을 전할 수 있다는 걸 알지 못했지요." 그것은 중대한 고백이었습니다. 그는 지금까지 자신이 복음적인 관점을 가지고 있었다고 했습니다. 그러나 그것은 한두 가지만 골라낸 부분적이고 불완전한 관점이었습니다. 그렇습니다. 복음을 전하는 자는 "하나님의 뜻을 다" 전해야 합니다.행20:27 그런데 사람들은 너무 바쁘다고, 그 뜻을 다 이해할 수가 없다고 말합니다. 저는 사도 바울이 노예들에게 설교했다는 사실을 상기시키고 싶습니다. "능한 자가 많지 아니하며 문벌 좋은 자가 많지 아니하도다."고전 1:26 그런 자들에게 사도는 이 엄청난 진리를 제시했습니다. 복음은 부분적이거나 단편적인 것이 아닙니다. 삶 전체, 역사 전체, 세상 전체를 포괄하는 것입니다. 복음은 창조와 마지막 심판, 그리고 그 사이에 일어나는 모든 일에 대해 알려 줍니다. 삶을 온전히, 총체적으로 보게 해줍니다. 이처럼 기독교적인 삶의 방식은 우리 삶의 모든 필요를 채워 준다는 것, 우리가 경험하는 모든 일에 적용된다는 사실을 깨닫지 못하는 탓에 불행하게 사는 그리스도인들이 많습니다. 복음이 다루지 않는 삶의 측면은 하나도 없습니다. 이처럼 복음은 포괄적이기 때문에 삶 전체를 그 영향력 아래 두어야 합니다. 복음이 우리 삶의 모든 것을 통제하고 지배하게 해야 합니다. 이것을 모르면 얼마 가지 않아 불행해지게 됩니다. 이처럼 비성경적이고 해로운 이분법에 빠져 기독교를 삶의 특정 영역에만 적용하는 탓에 불가불 혼란에 빠지는 이들이 너무나 많습니다. 그것은 피할 수 없는 결과입니다. 이것이 본문에서 발견하는 첫 번째 원리입니다. 복음이 얼마나 큰 것인지, 그 범위가 얼마나 광대하고 영원한지 알아야 합니다. 그 크고 절대적인 교리의 부요함을 되새기며 그 안에 거해야 합니다. 복음서 안에만 머물면 안 됩니다. 복음서에서 출발하여 더 나아가야 합니다. 큰 맥락 안에서 복음을 보아야 그것이 얼마나 강력한 것인지 알게 되며, 우리 삶 전체를 그 통치 아래 두어야 한다는 것을 알게 됩니다.

이것은 두 번째 원리로 연결됩니다. 우리는 복음 메시지가 얼마나 크고 총체적인 것인지 깨닫지 못하듯이, 인간 전체가 복음에 연관되고 포함되어야 한다는 것, "너희에게 전하여 준바 교훈의 본을 마음으로 순종"해야 한다는 것 또한 깨닫지 못하고 있습니다. 인간은 놀라운 피조물입니다. 정신이 있고, 마음이 있고, 의지가 있습니다. 이것이 인간을 구성하는 세 가지 주된 요소입니다. 하나님은 인간에게 정신과 마음과 행동하는 의지를 주셨습니다. 이렇게 인간 전체를 포괄한다는 것이야말로 복음의 가장 영광스러운 점 중에 하나입니다. 아니, 더 나아가 저는 복음 외에 그 어떤 것도 이처럼 전체를 포괄하지 못한다고 말하고 싶습니다. 이 완전한 복음, 삶과 죽음과 영원에 대한 이 완전한 관점만큼 인간 전체를 포괄하는 거대한 것은 없습니다. 우리의 많은 혼란은 이 사실을 깨닫지 못하는 데서 발생합니다. 우리는 이 거대한 복음에 부분적으로만 반응합니다.

제 요점을 입증하기 위해 몇 가지 구체적인 사실들을 살펴보겠습니다. 머리—지성과 지각—만 사용하는 듯한 사람들이 있습니다. 그들은 하나의 관점 내지 기독교 철학으로서 복음에 지대한 관심이 있다고 말합니다. 그들은 기독교적인 시각, 요즘 말로 하자면 기독교적인 통찰에 대해 늘 이야기합니다. 그들에게 복음은 순전히 철학적인 것이요 지적인 것입니다. 요즘 이런 입장을 취하는 이들이 아주 많다는 데 여러분도 동의하리라 생각합니다. 이들은 기독교를 지대한 관심사로 삼고, 기독교적인 관점을 정치계와 산업계와 다른 모든 분야에 적용하면 모든 문제가 해결될 것이라고 선언합니다. 이것은 완전히 지적인 태도 및 관점입니다.

전처럼 많지는 않지만 오직 신학과 교리와 형이상학에 대한 관심으로, 중대한 문젯거리와 논쟁거리와 토론거리에 대한 관심으로 복음에 관심을 갖는 자들도 있습니다. 물론 이것은 과거의 이야기로서, 그런 시절은 이제 지나갔습니다. 그들을 옹호할 마음은 없지만 현 상황에 비하면 그래도 그때가 훨씬 나았습니다. 그때는 오직 신학적인 문제에 대한 관심 때문에 복음에 관심을 갖는 자들이 있었습니다. 그들은 신학적인 문제들을 놓고 논쟁하며 토론했습니다. 그 일에 몰두했습니다. 신학이 지적인 취미이자 관심사였습니다. 그러나 그들의 비극은 오직 지적인 관심만 있었을 뿐, 마음의 감동은 전혀 없었다는 것입니다. 그들의 삶에는 주 예수 그리스도의 은혜가 없었을 뿐 아니라 평범한 인정조차 찾아보기 힘들었습니다. 특정 교리를 놓고 거의 싸우다시피 논쟁을 벌이는 자들에게 다가가기란 그리 쉬운 일이 아닙니다. 어려움에 처한 사람이라면 그런 자들을 찾지 않을 것입니다. 그런 자들이 자신의 어려움을 이해하거나 공감해 줄 것 같지가 않기 때문입니다. 그보다 더 나쁜 점은, 머리로는 진리에 그토록 큰 관심을 쏟으면서 삶에는 하나도 적용하지 않는다는 것입니다. 오직 연구만 할 뿐입니다. 정신으로만 진리를 탐구할 뿐, 행동과 행위는 아무 영향도 받지 않습니다. 그런 자들은 얼마 가지 않아 어려움에 빠져 불행해집니다. 그렇게 인생의 종말을 맞는 이들을 본 적이 있습니까? 더 이상 아무것도 읽을 수 없을 때, 오직 침상에서 임종만 기다릴 때의 모습을 본 적이 있습니까? 저는 한두 사람 보았는데, 그런 비참한 모습은 다시 보고 싫지 않습니다. 자신이 그토록 열심히 논쟁하고 추론하며 심지어 '옹호'했던 복음에 단 한 번도 붙잡혀 본 적이 없기에, 막상 죽음이 닥쳤을 때 아무 도움도 받지 못한다는 것은 참으로 무서운 일입니다. 그들에게 복음은 지적인 취미에 불과합니다.

그런가 하면 마음만 복음의 영향을 받는 이들도 있습니다. 오늘날 더 흔히 나타나는 모습은 이것입니다. 그들은 감정적으로 해방감을 느끼고, 위기의식에서 벗어납니다. 그런 경험을 폄하할 의도는 없습니다만, 순전히 감정적인 차원의 경험에만 머물게 될 현실적인 위험이 있습니다. 어떤 이들은 풀리지 않는 인생의 문제로 고민합니다. 과거에 지은 죄 때문에 괴로워하기도 합니다. 애써 잊으려 하지만 잊히지가 않습니다. 그런데 자신을 거기에서 해방시켜 주는 듯한 메시지가 들립니다. 그 메시지를 받아들이면서 모든 문제가 해결됩니다. 그들은 거기에 만족해 버립니다. 그들은 해방되길 원했고, 마침내 해방되었습니다. 복음을 불완전하게 듣고서도 그런 해방감을 느낄 수 있습니다. 그러나 그것은 부분적이고 불완전한 경험에 불과합니다. 그런 이들은 자신이 일차적으로 원했던 감정적인 경험만 할 뿐, 그 이상은 얻지 못합니다.

신비주의나 신비한 현상에 자연스럽게 관심을 가질 수도 있습니다. 천성적으로 신비주의자에 가까운 이들이 있습니다. 그들에게는 어딘가 다른 세상에서 온 것 같은 분위기가 있습니다. 그들은 신비한 것에 흥미를 느낍니다. 요즘 사람들은 심령 현상이나 초감각적인 경험에 큰 관심을 보이는데, 이런 데 관심을 갖는 이들은 어느 시대에나 있었습니다. 이들은 천성적인 신비주의자들로서 신비한 경험을 제공하는 것에 이끌립니다. 성경을 읽는 것도 그 안에서 신비한 경험에 대한 동경과 갈망을 채울 수 있기 때문입니다. 그들은 추구하는 바를 얻지만, 그 이상은 얻지 못합니다.

단순히 복음이 전달되는 방식이나 교회의 분위기, 색유리 그림, 기념물, 의식, 찬송가, 음악, 설교 중 한 가지나 그 모든 것에 심미적인 감동을 받아 균형을 잃는 이들도 있습니다. 그들은 힘들고 냉혹한 삶을 살아온 자들로서, 그런 상황에 분하고 억울한 심정을 느끼고 있습니다. 그런데 예배를 드릴 때 왠지 모를 위로와 위안이 느껴지면서 행복감과 만족감이 찾아옵니다. 그들이 원하던 바가 바로 이것이었습니다. 이것을 얻었으니 더 이상 바랄 게 없습니다. 그들은 행복한 마음으로 집에 돌아갑니다. 그러나 그렇게 행복했던 것만큼 확실한 또 한 가지 사실은, 막상 곤경이 닥칠 때 그 행복감이 아무 도움이 되지 않는다는 것입니다. 위기에 봉착할 날, 그 위기를 뚫고 나가야 할 날이 옵니다. 그러나 그들은 충분히 생각하는 법을 배우지 못했습니다. 감정에 기초한 삶에만 만족했을 뿐입니다.

집회 설교자의 초청에 응했다가 균형을 잃는 이들도 있습니다. 영국을 방문했던 한 유명한 전도자, 이제는 나이 들어 은퇴한 전도자의 신앙상담실에서 있었던 이야기를 여러 목회자들에게 들은 것이 생각납니다. 그들은 신앙상담실을 찾아오는 이들에게 방문 사유를 묻곤 했는데, 자신이 왜 왔는지 모르는 경우가 허다했습니다. "그래도 이렇게 오시지 않았습니까? 왜 오신 거지요?"라고 물으면, "설교자가 오라고 해서 왔는데요"라는 대답이 돌아왔습니다. 그 설교자는 이야기를 아주 잘하는 훌륭하고도 특별한 재주가 있었습니다. 그는 극적으로 이야기할 줄 알았고, 종종 감동적인 일화로 강연을 마치곤 했습니다. 그리고 앞으로 나오라고 초청하면, 사람들은 거의 홀린 듯 자리에서 일어나 이유도 모른 채 신앙상담실을 찾곤 했습니다. 그들은 감동을 받고 매료되었지만 진리를 알지 못했고 "너희에게 전하여 준 교훈의 본"과 연결되지 못했습니다. 오직 감정적인 감동 때문에 신앙상담실을 찾았습니다. 이런 이들 또한 얼마 가지 않아 혼란에 빠집니다. 불행해지고 비참해지며 침체하게 됩니다. 마음으로는 느끼는 바가 있지만 머리는 전혀 쓰지 않는 자들, 불행히도 의지 또한 쓰지 않는 자들이 많습니다. 그들은 감정적으로 누리고 느끼는 데만 만족합니다. 진리를 정신과 의지에 적용하는 일에는 아무 관심이 없습니다.

마지막으로, 의지만 쓰는 자들도 있습니다. 이런 일도 가능합니다. 불행히도 이런 일이 실제로 발생하는 것은 전도자들이 기독교를 믿도록 설득하기 때문입니다. 의지만 쓰는 자들은 기독교의 삶이 선한 것이기 때문에 그것을 믿기로 엄숙히 결단했다고 말합니다. 저는 '결단'이라는 말부터 폐기해야 한다고 생각합니다. 저는 그 말을 좋아하지 않습니다. 이제부터 설명하겠지만, 그리스도를 믿기로 결단한다는 것은 우리가 살펴보고 있는 이 구절을 부정하는 말처럼 들립니다. 더욱이 '결단'은 초청의 결과로 이루어지는 경우가 많습니다. 의지를 강하게 몰아붙이면 바로 반응하는 이들이 있습니다. 결단하라고 요구하고 압박하면 바로 결단하는 것입니다. 그들은 의지의 압박을 받습니다. 결단해야 한다는 말을 들으면 바로 결단합니다. 그러나 늘 이유를 알고 결단하는 것은 아닙니다. 시간이 흐르면 의문이 고개를 들기 시작합니다. 사탄은 반드시 그런 이들의 마음에 의문을 불러일으킵니다. 그러나 그들은 답을 찾지 못합니다.

이 점을 요약해서 설명해 보겠습니다. 이들은 기독교에 붙잡히는 대신 스스로 기독교를 붙잡기로 결단합니다. 자신을 강권하는 힘, "저는 도저히 거부할 수 없사오니, 하나님, 저를 도와주소서"라고 부르짖게 만드는 절박함을 느낀 적이 없습니다. 믿는 것 외에는 도저히 다른 길을 선택할 수 없는 경험, 도저히 거부할 수 없도록 진리가 강하게 다가오는 경험을 해본 적이 없습니다. 바울이 6장에서 말하는 바가 바로 이것입니다. 그는 말합니다. "그것은 있을 수 없는 일이다. 대체 지금 무슨 말을 하는 것이냐? 진리가 무엇인지 모르는 것이냐? 은혜를 더하게 하려고 죄에 거하겠다는 말을 감히 어떻게 할 수 있느냐? 그런 말을 하는 사람은 은혜가 무엇인지 모르는 것이다." 진리를 이해한 사람만 진리를 행하길 열망합니다. 진리를 행치 않는 이들의 비극은 진리를 한 번도 깨달은 적이 없다는 것입니다.

이것이 침체의 원인입니다. 저는 이 점을 강조하고 싶습니다. 앞에서도 설명했듯이, 인격의 한 부분—머리나 가슴이나 의지—만 쓰는 이들이 종종 있습니다. 그런 이들은 잘못될 수밖에 없다는 말에 모두 동의할 것입니다. 좀 더 분명히 짚어서 말하자면, 셋 중에 어느 두 가지만 쓰는 이들도 잘못되기는 마찬가지입니다. 머리와 가슴만 쓰고 의지를 쓰지 않거나, 머리와 의지만 쓰고 가슴을 쓰지 않거나, 가슴과 의지만 쓰고 머리는 쓰지 않는 것도 똑같이 잘못된 일입니다. 사도가 명심시키려 하는 점이 바로 이것이라고 저는 생각합니다. 그리스도인의 위치는 삼중적인 것입니다. 세 가지를 다 사용해야 합니다. 세 가지를 항상 같이, 동시에 사용해야 합니다. 위대한 복음은 전인을 붙잡습니다. 복음에 전인이 붙잡히지 않은 사람은 자신의 위치를 다시 확인할 필요가 있습니다. "너희에게 전하여 준 교훈의 본을 마음으로 순종하여." 복음은 이런 것입니다! 영광스러운 메시지는 이런 것입니다! 복음은 인간의 정신을 온전히 채우고, 마음을 완전히 움직이며, 의지를 전심으로 순종하게 만듭니다. 이것이 복음입니다. 그리스도는 우리의 일부를 구원하기 위해 죽으신 것이 아니라 전인을 온전케 하기 위해 죽으셨습니다. 치우친 그리스도인이 아닌 균형 잡히고 완성된 그리스도인을 만들기 위해 죽으셨습니다.

그뿐만이 아닙니다. 이처럼 비례가 맞지 않으면 나중에 반드시 문제가 생기게 됩니다. 인간은 원래 균형 잡힌 존재로 지어졌기 때문입니다. 이 점을 생각해 본 적이 있습니까? 하나님이 어떻게 이 세 가지 힘—정신, 마음, 의지—을 인간 안에 두셨느냐 하는 것은 심리학적으로 흥미로운 주제입니다. 더구나 그 힘이 얼마나 막대한지 모릅니다. 한 사람 안에서 이 세 가지 힘이 균형 있게 공존한다는 것이 불가능해 보일 수도 있습니다. 그러나 하나님은 인간을 완벽하게 만드셨습니다. 알다시피 이 세 가지 힘은 주 예수 그리스도 안에 완벽하게 공존했습니다. 구원의 목표는 우리 또한 그렇게 완벽하게 만드시는 것입니다. 죄의 영향과 흔적을 제하고 없애서 그의 형상을 닮게 만드시는 것입니다.

마지막으로, 균형에 대해 한마디만 더 하겠습니다. 이 세 가지는 항상 바른 순서에 따라 사용해야 합니다. 17절에는 명확한 순서가 나오는데, 그 순서는 다음과 같습니다. 로마 교인들은 죄에 붙잡힌 종이었지만, 이제는 거기에서 벗어났습니다. 어떻게 벗어났을까요? 사도는 교훈의 본이 전해졌기 때문이라고 말합니다. "너희에게 전하여 준바 교훈의 본을 마음으로 순종하여." 그들은 전에 종살이를 했습니다. 그런데 어떻게 벗어났습니까? 진리가 제시되면서 벗어났습니다. 단순히 마음의 영역에서 감정적인 감동만 받은 것이 아닙니다. 초청을 받아 의지만 사용한 것도 아닙니다. 그렇습니다. 진리가 먼저 제시되었습니다. 항상 이 순서를 지켜야 합니다. 진리가 첫 번째입니다. 교리가 첫 번째이고, 교훈의 본이 첫 번째이며, 복음 메시지가 첫 번째입니다. 단순히 감정적으로나 의지적으로 사람들을 끌어당기려 해서는 안 됩니다. "말씀을 전파"해야 합니다.딤후 4:2 사도들은 단순히 성과를 내고 사람들을 바꾸기 위해 보냄받지 않았습니다. "복음을 전파"하라고, 진리를 설교하라고, "예수와 부활"을 전하고 선포하라고, 이 메시지, 이 교훈의 본, 맡은바 이 말씀을 전하라고 보냄받았습니다!막 16:15, 행 17:18 이것이 신약성경이 사용하는 용어들입니다. 교회가 진리를 첫자리에 두는 데 실패할 때, 어김없이 영적 괴물이 생겨납니다.

그리스도인은 자신이 왜 그리스도인인지 알아야 합니다. 단순히 자신에게 굉장한 일이 일어났다고만 하면 안 됩니다. 절대 그러면 안 됩니다. "속에 있는 소망에 관한 이유"를 밝힐 수 있어야 하며, 언제든지 밝힐 준비를 하고 있어야 합니다.벧전 3:15 그럴 수가 없다면, 자신의 위치를 확인해 보는 것이 좋습니다. 그리스도인은 자신이 왜 그리스도인인지, 자신이 서 있는 위치가 어디인지 아는 자입니다. 제시된 교리를 듣고, 진리를 받아들인 자입니다. "교훈의 본"을 깨달은 자입니다. 정신으로 깨달은 자입니다. 언제든지 정신으로 먼저 깨달아야 합니다. 성령이 밝혀 주신 정신과 지각으로 먼저 깨달아야 합니다. 이렇게 진리를 깨달은 그리스도인은 진리를 사랑하게 됩니다. 진리가 그 마음을 움직이게 됩니다. 자신이 과거에 어떤 사람으로서 어떤 삶을 살아왔는지 보고, 그것을 미워하게 됩니다. 여러분도 자기 자신에 대한 진리, 죄의 종이라는 진리를 안다면, 자신을 미워할 것입니다. 그리스도의 사랑에 대한 영광스러운 진리를 깨닫고, 그것을 소원하며 열망할 것입니다. 마음을 다 바칠 것입니다. 참으로 진리를 안다는 것은 진리에 감동받는다는 뜻이며 진리를 사랑한다는 뜻입니다. 사랑하지 않으려야 않을 수가 없습니다. 진리를 밝히 본 사람은 그것을 마음으로 느끼게 됩니다. 그 진리를 실천하며 그 진리대로 살기를 다른 무엇보다 열망하게 됩니다.

이것이 바울의 전적인 주장입니다. 그는 말합니다. "죄에 계속 거하겠다는 것은 감히 생각도 할 수 없는 일이다. 자신이 그리스도와 연합했다는 사실만 알아도, 그의 죽으심과 같은 모양으로 연합했으며 그와 함께 부활했다는 사실만 알아도 그런 말은 절대 할 수가 없다. 그리스도와 연합해 하나가 된 사람이 죄에 계속 거해도 되느냐고 묻는다는 것은 있을 수 없는 일이다. 이 큰 진리가 전에 했던 짓들을 계속하도록 허용할 리가 있겠느냐? 절대 없다. 그것은 상상도 할 수 없다. 자신이 그리스도와 함께 다시 살아났다는 사실을 알고 믿는 사람은 반드시 그와 함께 새 생명 가운데 행하기를 열망하게 된다."

이처럼 바울은 강력하게 논증하며 입증합니다. 제가 여기에서 이끌어 내는 최종적인 결론은 항상 정신의 영역에서 먼저 깨달아야 한다는 것, 따라서 복음을 전하는 자는 마음에 직접 접근해서는 안 된다는 것입니다. 더 나아가 의지에 직접 접근해서도 안 된다고 말하고 싶습니다. 이것은 개인적인 관계에서나 복음을 전할 때나 공히 마음에 새겨야 할 아주 중요한 원칙입니다. 마음은 항상 지각의 영향을 받아야 합니다. 정신이 첫 번째고, 마음이 그다음이며, 의지가 마지막입니다. 대상이 자기 자신이든 다른 사람이든 마음을 직접 공략해서는 안 됩니다. 제가 아는 이들 중에는 악한 삶을 살면서도 '신앙 집회에서 여전히 감정적인 감동을 받고 울 수 있다'는 사실에서 거짓 위로를 찾는 어이없는 사람들이 있습니다. 그들은 "내가 이렇게 반응하는 걸 보면 완전히 나쁜 사람은 아니야"라고 주장합니다. 그러나 그것은 잘못된 추론입니다. 그들 스스로 감정적인 반응을 만들어 낸 것에 불과합니다. 참으로 진리에 반응했다면 삶이 바뀌어야 합니다. 진리를 전하는 자는 마음이나 의지에 직접 접근하지 말아야 하며, 진리를 듣는 자는 인간에게 주신 하나님의 가장 큰 선물인 정신과 지각으로 먼저 받아들여야 합니다. 하나님은 자기 형상대로 인간을 지으셨는데, 그 형상의 가장 큰 부분이 바로 진리를 이해할 수 있는 정신입니다. 하나님은 우리에게 정신을 주셨고, 그 통로를 통해 진리를 보내십니다.

그렇다고 지성으로 다 되는 것처럼 생각해서도 안 됩니다. 지성에서 출발하여 계속 더 나아가야 합니다. 마음으로 나아가야 하며, 결국은 의지를 양도해야 합니다. 어쩔 수 없이 마지못해 순종하는 것이 아니라 전심으로 순종해야 합니다. 그리스도인의 삶은 인격 전체를 사로잡고 붙잡는 영광스럽고 완전한 것입니다. 오, 하나님이 우리를 균형 잡힌 그리스도인으로 만들어 주시기를, 그리하여 "받은바 교훈의 본을 마음으로 확실하고 명백하게 순종하는 자들"이라는 말을 듣게 해주시기를 원합니다.

7

교리 연구의 목적과 방법

1952 | 『중대한 성경 교리』

감추어진 일은 우리 하나님 여호와께 속하였거니와 나타난 일은 영원히 우리와 우리 자손에게 속하였나니 이는 우리에게 이 율법의 모든 말씀을 행하게 하심이니라. 신명기 29:29

이 책 서론의 전기 부분에서 밝힌 것처럼, 로이드 존스는 성경을 일상생활과 삶의 문제들에 적용하는 데 관심이 있던 교인들을 위해 평일 저녁에 모임을 가지는 것을 좋아했습니다. 전쟁이 끝나자 웨스트민스터 채플에서 이와 동일한 모임을 가지는 것이 가능하게 되었습니다. 평일임에도 불구하고 멀리서 온 많은 사람들이 모임에 참석했습니다.

처음에 이 모임은 질문과 답변 형식으로 진행되었습니다. 하지만 1952년쯤에 그는 자유 토론 방식에 변화가 필요하다는 것을 깨달았습니다. 이 모임에서 그는 늘 위대한 개혁주의 사상가와 신학자들의 주석에 의존했습니다. 그러나 『중대한 성경 교리』*Great Doctrines of the Bible* 서론에서 말한 것처럼, 기독교 신앙의 근본 교리에 대해 질문하는 교인들이 너무 많았습니다. 그래서 그는 어쩔 수 없이 장소를 강당에서 본당으로 옮겨야 한다고 느꼈습니다. 이 설교 시리즈는 그렇게 본당에서 계속되었습니다. 이 설교 시리즈가 끝난 후에는 기념비적인 로마서 강해설교가 이어졌습니다(그는 웨스트민스터 채플에서의 마지막 13년의 사역 기간 동안 금요일 저녁에 로마서를 강해했습니다).

그러나 그가 이 설교에서 말했던 것처럼, 그는 항상 성경 본문을 가지고 설교했습니다. 따라서 우리가 여기서 확인하는 것도 대학 스타일의 세미나나 강의가 아니라 설교입니다.

그는 언젠가 가족에게 자신은 "조직 칼빈주의자가 아니라 성경 칼빈주의자" 라고 말했습니다. 얼마나 진실한 말일까요! 초기에 금요일 저녁 모임에서 토론했던 모든 것은 성경으로 증명되어야 했습니다. 존 칼빈, 존 오웬, 조나단 에드워즈가 어떤 말을 했다고 하더라도, 그의 진술은 성경 말씀에 따라 증명되어야 했습니다. 그것은 그가 주일에 교인들에게 전한 교리 설교도 마찬가지였습니다. 그의 모든 설교는 성경에 기초를 두고 전해졌습니다.

오늘날이나 그때나 이것이 얼마나 중요한지는 아무리 과장해도 지나칠 수 없을 것입니다!

최근에 발생한 가장 흥분되는 사건 중 하나는 미국에서 젊은 세대를 중심으로 개혁주의 신학을 재발견하는 움직임이 일어난 것입니다. 실제로 신칼빈주의neo-Calvinism의 도래는 「타임」지가 오늘날 미국에서 가장 주도적인 경향 중 하나로 꼽을 정도로 매스컴의 큰 관심을 끌었습니다. 이것은 로이드 존스가 주도적인 역할을 맡았던 '르네상스', 곧 제2차 세계대전 후에 영국 대학생들 사이에서 일어난 개혁주의 신학의 획기적인 부흥과 매우 유사합니다.

그러나 그의 말을 빌려 다음과 같이 질문해 봅시다. 신칼빈주의는 성경 칼빈주의일까요, 아니면 조직 칼빈주의일까요? 후자라면 그것은 금방 사라지거나 잘못된 길로 빠질 것입니다. 얼마나 많은 과거의 개혁주의 교단들이 지금 영적으로 죽어 있습니까? 이 질문에 대한 대답은 그가 교회 역사에 대한 날카로운 지식으로 이미 알고 있었던 위험들을 그대로 보여줍니다.

건전한 교리와 이를 중요하게 여기는 것이야말로 복음주의 기독교의 대표적인 특징입니다. 건전한 교리가 없으면 자유주의 신학을 피할 수 없게 되고, 포스트모던 사상의 허튼 소리에도 휩쓸릴 수밖에 없습니다. 하지만 교리는 성경에 기초를 두어야 합니다. 우리는 온갖 종류의 조직 신학을 구성할 수 있습니다. 하지만 그것이 성경에 굳건히 중심을 두고 있지 않다면, 우리의 믿음과 실천은 하나님의 말씀이 아니라 인간적인 신학 구조에 기반을 두게 될 것입니다.

로이드 존스는 죽는 날까지 건전한 교리의 필요성을 적극적으로 옹호했습니다. 그러나 세월이 흐르면서 그는 복음주의자들이 교리적으로 옳은 답변에 표시할 수는 있으나 (웨일스 출신으로 그의 절친한 동료 중 하나인 히웰 존스Hywel Jones가 언급한) "생명"을 갖지 못할 수도 있음을 깨달았습니다. 우리가 이 책 앞부분에서 확인했던 것처럼, 그는 불붙은 신학을 믿었습니다. 개혁주의 신학이 다시 유행하여 무수한 사람들의 삶에 영향을 미치는 것은 놀라운 현상입니다. 다시 말하지만 교리는 중요합니다. 그러나 로이드 존스는 "그것이 불에 붙었는가?"라고 물을 것입니다. 결정적으로 중요한 것은 믿음의 건전성이 아니라 바로 "불붙은 신학"이기 때문입니다.

우리는 무엇을 하든 성경 본문을 가지고 시작하는 것이 좋습니다. 설교를 하려는 것은 아니지만 성경 교리에 대한 이 연구 시리즈에서 제가 말하고자 하는 모든 것의 배경이 되고, 또 제가 말하고자 하는 것을 설명해 줄 성경 본문과 함께 시작하기 원합니다. 이 본문은 신명기 29:29입니다. "감추어진 일은 우리 하나님 여호와께 속하였거니와 나타난 일은 영원히 우리와 우리 자손에게 속하였나니 이는 우리에게 이 율법의 모든 말씀을 행하게 하심이니라."

우리는 여기서 불가피하게 서론과 함께 시작해야 합니다. 이것이 필요한 이유는 여러 가지가 있다고 생각합니다. 그 한 가지는 우리가 말하고자 하는 것에 대해 정당성을 의심하는 사람들이 있을 수 있기 때문입니다. 우리는 교리에 대한 이야기를 별로 많이 듣지 못하는 시대에 살고 있습니다. 심지어 교리를 그리 좋아하지 않는다고 노골적으로 말하는 어리석은 사람들도 더러 있습니다. 하지만 이것은 매우 서글프고 유감스러운 일이 아닐 수 없습니다. 성경 교리에 대한 강의나 설교가 이전에는 매우 흔했지만 지금, 특히 20세기에는 매우 드문 일이 되고 말았습니다. 그러나 여기서 이에 대한 비판을 직접 다루지는 않을 것입니다. 그렇지만 이 점은 우리에게 좋은 출발점을 제시합니다. 그리고 이로 말미암아 우리가 마음속에 확실히 기억해야 할 몇 가지 사실이 있다고 말하고 싶습니다. 저는 다음 세 가지 사실을 말하고자 합니다. 첫째, 이 성경 교리 연구를 통해 무엇을 하려고 하는가?(목적) 둘째, 이 연구를 어떻게 해야 하는가?(방법) 셋째, 우리는 이 연구를 왜 해야 하는가?(이유)

먼저 첫 번째 질문을 살펴보겠습니다. "성경 교리 연구를 통해 우리는 무엇을 하려고 합니까?"(이 성경 교리 연구는 시리즈가 될 것입니다) 우리가 성경 교리에 대해 말할 때 그것이 우리에게는 어떤 의미가 있습니까? 이 질문에 대한 답변은 이렇습니다. 즉, 성경은 어떤 진리들을 가르치는 데 관심이 있다는 것과, 따라서 그 진리들을 파악하고 그 진리들과 함께 시작하는 것만큼 중요한 일은 없다는 것입니다. 성경은 매우 명백한 목적을 가지고 있는 책입니다. 성경의 모든 가르침은 어떤 목적을 위해 주어진 것입니다. 성경은 우리 앞에 성경 교리, 즉 우리 모든 사람의 마음속에 강조하고 새기기를 원하는 특별한 진리들을 제시하는 것에 관심을 두고 있습니다.

이 점을 부정문의 형태로 더 분명히 말해 봅시다. 예를 들어, 성경은 일반 세계 역사를 다룬 책이 아닙니다. 우리는 이것을 늘 기억하지 않지만,

2천 년에 걸친 역사가 어떻게 창세기의 열한 장 안에 다 들어가 있는지 주목해 보십시오. 성경은 일차적인 관심을 세계 역사에 두고 있지 않습니다. 다른 목적을 갖고 있습니다.

이 점을 다른 부정문의 형태로 말해 보겠습니다. 성경은 심지어 하나님이 지금까지 행하신 모든 일을 완벽히 기록한 역사를 우리에게 제공하는 데 관심을 두지도 않습니다. 하나님은 성경에 기록되지 않은 일도 많이 행하셨습니다. 대신 성경은 성경의 목적과 계획을 분명히 하는 데 도움을 주는 일들만 선별하여 기록합니다. 예를 들어 사복음서는 하나님의 아들로서 우리의 주와 구주이신 예수 그리스도의 완벽한 전기를 제공하지 않습니다. 절대로 그렇지 않습니다. 사복음서는 예수 그리스도에 대한 특정한 진리들을 제시하는 데 관심을 두고 있습니다. 이를테면 이 책들은 예수 그리스도의 생애 가운데 3년 정도의 기간만을 다루고 있습니다. 이 기간의 활동을 빼면 거의 남는 것이 없습니다. 이 책들은 예수 그리스도의 탄생에 대한 기사를 제공하지만 주요 강조점은 그분의 공적 사역 곧 30세 이후 그분에게 일어난 일에 있습니다.

사도 요한은 요한복음에서 이것을 극명하게 우리에게 제시합니다. 그는 이렇게 말합니다. "예수께서 제자들 앞에서 이 책에 기록되지 아니한 다른 표적도 많이 행하셨으나." 그리고 이어서 이렇게 말합니다. "오직 이것을 기록함은 너희로 예수께서 하나님의 아들 그리스도이심을 믿게 하려 함이요 또 너희로 믿고 그 이름을 힘입어 생명을 얻게 하려 함이니라."요 20:30 요한은 우리 주님의 생애를 정확하고 세밀하게 기록한 기사를 우리에게 제공할 의도가 없었습니다. 그는 한 가지 목적을 염두에 두고 있었습니다. 그것을 요한복음 마지막 구절에서 설명합니다. "예수께서 행하신 일이 이 외에도 많으니 만일 낱낱이 기록된다면 이 세상이라도 이 기록된 책을 두기에 부족할 줄 아노라." 요 21:25

"그러면 성경은 무엇에 대한 책입니까?"라고 어떤 사람은 물을 것입니다. 이 질문에 대한 답변은 주저할 이유가 전혀 없습니다. 성경은 본질상 웅대한 구속 이야기입니다. 사람들이 죄를 지은 결과로 말미암아 하나님이 그들에게 행하신 일에 대한 역사입니다. 우리가 성경에서 발견하는 다른 모든 역사는 이 일에 수반된 역사입니다. 성경은 우리가 하나님을 이해하고 보고 믿을 수 있도록 하나님으로 말미암아 그리고 하나님으로부터 나온 구속의 메시지를 우리에게 제시하는 데 관심을 두고 있습니다. 따라서 성경 교리에 대해 말할 때 우리는 성경이 우리에게 알려 주는 이 구속의 국면들을 의미합니다. 성경 교리는 이 중대한 문제에 대해 성경에서 발견하는 다양한 진리들을 가리킵니다.

그런데 이 진리들은 다양하게 분류됩니다. 저는 여기서 우리가 반드시 살펴보아야 하는 몇 가지 기본 교리를 제시하려 합니다. 첫 번째로 살펴보아야 할 것은 성경 자체에 대한 교리입니다. 우리는 왜 성경을 주목해야 합니까? 왜 범주를 성경으로 제한해야 합니까? 성경은 성경 자체에 대해 우리에게 무엇을 가르칩니까? 우리는 성경과 함께 시작해야 합니다. 우리는 성경 자체가 무엇인지 그리고 성경이 무엇을 주장하는지에 대해 명확한 관념이 없으면 성경 교리를 더 이상 숙고할 수 없습니다.

성경을 우리의 권위와 표준으로 받아들였다면, 우리는 다른 모든 교리보다 먼저 다루어야 하는 교리에서 연구를 시작하게 됩니다. 이 중대한 교리는 바로 하나님에 대한 교리입니다. "태초에 하나님이……." 창 1:1 여기서 우리는 하나님을 만납니다. 성경은 하나님의 계시입니다. 따라서 우리는 성경을 펼치면서 하나님에 대한 진리를 배웁니다. 이것이 신학이라는 말이 의미하는 것입니다.

다음에 나오는 진리는 인간에 대한 교리입니다. 저는 성경의 임무가 우리에게 구속에 대해 가르치는 것이고, 이 구속이 하나님이 인간에게 행하시는 일이라고 말했습니다. 이것이 인간론이라고 불리는 교리입니다.

이어서 우리는 우리의 주와 구주이신 예수 그리스도에 대한 교리 곧 기독론에 이르게 됩니다. 왜냐하면 모든 구속은 결국 그리스도 안에, 오직 그리스도 안에만 있기 때문입니다. 구약 시대에 일어나는 모든 일은 그리스도를 바라보도록 이끕니다. 그리스도께서 절정이십니다. 성경은 그리스도에 대해 많은 것을 말해 줍니다.

그러나 구속이 어떻게 우리에게 제공되었는지를 확인하고 나면 우리는 다음 문제를 논의해야 합니다. "이 교리는 우리에게 어떻게 적용됩니까?" 성경은 이에 대해 중대한 가르침을 제공하는데, 이것이 구원의 적용 교리 곧 구원론입니다.

만일 우리가 구속받는다면 우리에게 어떤 일이 일어날까요? 말할 것도 없이 우리는 교회로 인도받고 그리스도의 신비한 몸의 지체가 됩니다. 여기서 여러분은 성경이 교회에 대해 언급하는 사실을 예상하게 될 것입니다(물론 성경은 그렇게 합니다). 이것이 교회론, 다시 말해 에클레시아*ecclesia* 곧 교회에 대한 교리로 불리는 것입니다.

이어서 우리는 자연스럽게 다음과 같은 질문을 하게 됩니다. "우리는 구속받은 그리스도의 지체 곧 그리스도의 몸인 교회로서 여기 있습니다. 무엇 때문입니까? 앞으로 우리에게 어떤 일이 일어납니까? 우리는 어디로 인도받습니까?" 성경은 이런 질문에 대해서도 역시 우리를 만족시킵니다. 성경은 마지막 날에 있을 일에 대한 교리를 담고 있기 때문입니다. 이 교리는 종말론으로 불립니다. 성경의 가르침은 모두 어떤 일 곧 웅대한 절정과 완성을 향해 나아가고 있습니다. 확실하고 궁극적인 마지막 일들이 남아 있습니다. 여러분은 성경에서 이 일에 대해 많은 사실을 확인하게 될 것입니다.

이상의 교리들이 하나님이 원하시는 한 우리가 함께 숙고하기를 바라는 몇 가지 진리들입니다. 제가 여기서 설명하고자 하는 진리는 이것이 전부입니다. 그러므로 우리가 여기서 성경과 성경의 내용에 대한 전체 개관이나 개요를 제공하는 데 관심이 있다고 생각해서는 안 됩니다. 그렇게 하면 더할 나위 없이 좋겠지만, 우리가 여기서 하고자 하는 일은 아닙니다. 어쨌든 여러분에게 이들 교리에 대한 전반적인 개요를 제시했으므로, 이제는 그 교리들을 설명하도록 하겠습니다. 우리는 성경 본문에서 이 교리들을 찾아보게 될 것인데, 우리의 임무는 그런 본문들을 뽑아 연구하는 것입니다.

그러나 우리는 지금 두 번째 질문을 해야 합니다. "어떻게 이 일을 하고자 합니까?" 여기서 다시 한 번 조심스럽게 정확한 정의를 내리고, 우리가 실제로 행하고자 하는 일이 무엇인지를 마음속에 명확히 해야 합니다. 왜냐하면 이 지점에서 종종 상당한 오해가 빚어지기 때문입니다. 이 점을 부정문의 형태로 말해 보겠습니다. 저는 지금 신학 강의 시리즈를 제공하려는 것이 아닙니다. 어떤 사람은 이 말에 놀랄 것입니다. 그는 "그렇지만 신학에 대해 강의하지 않고는 성경 교리에 대해 강의할 수 없을 텐데요!"라고 반문할 것입니다. 저는 여러분에게 이 두 가지는 동일한 것이 아니라고 말하고 싶습니다. 우리가 이 강의 시리즈를 숙고할 때 그 차이를 깨닫는 것이 중요합니다. 우리는 여기서 성경이 말하는 것, 오직 성경이 말하는 것으로만 연구를 제한할 것입니다.

그런데 신학은 연구를 성경으로만 제한하지 않습니다. 신학은 성경 교리를 폭넓은 분야에서 연구합니다. 신학은 하나님이 성경만이 아니라 역사 속에서도 자신을 계시하셨다고 말하는 것으로 연구를 시작합니다. 하나님은 실험적으로 경험 속에 자신을 계시하신다고 말합니다. 신학은 성경 교리 곧 성경의 교의를 여러분에게 제시하기 전에 이와 같은 계시의 다른 국면들을 고려해야 한다고 말합니다. 물론 신학은 당연히 성경을 포함하지만 성경 외의 것도 포함합니다. 신학자는 다음과 같은 일을 행합니다. 그는 성경을 펼치고 연구하여 성경의 교리를 찾아 뽑아내거나 다른 사람이 이미 그렇게 해놓은 것을 고찰합니다. 그런 다음 이 교리들을 반성하는 단계로 나아갑니다. 이 교리들을 숙고하고 분석합니다. 그리고 이를 체계화하려고 애를 씁니다. 신학자는 인간적 사고와 사상을 의미하는 철학을 끌어들입니다. 그는 이 모든 것을 하나로 묶어 반성합니다. 이 반성 과정의 산물이 신학으로 불리는 것입니다.

그러므로 제가 하려고 하는 것은 분명히 신학이 아니라고 저는 확신합니다. 그렇다고 제가 신학을 믿지 않는 것은 결코 아닙니다. 저는 신학을 믿습니다. 그러나 성경 교리 시리즈를 설교한다고 말할 때 저는 신학에 대해 강의하겠다는 뜻으로 하는 말이 아닙니다.

이것이 무슨 뜻인지 제대로 설명하는 한 가지 실례를 들어 보겠습니다. 19세기 말과 20세기 초에 미국에서 성경 강사와 강해자로 유명한 한 사람이 있었는데, 그는 『중대한 성경 교리』*The Great Doctrines of the Bible*로 불리는 작은 책을 저술했습니다. 저는 이 저자가 이를테면 하나님에 대한 교리에 대해 뭐라고 말하는지 알아보려고 큰 관심을 가지고 그 책을 펼쳤습니다. 놀랍게도 그의 책 첫 장에서 제가 본 것은 "하나님의 존재 증명"이었습니다. 그 순간 저는 혼자말로 중얼거렸습니다. "저자는 책 제목을 그렇게 정해서는 안 되었다. 그는 그 책이 기독교 신학에 대한 책이라고 말했어야 했다. 성경에서는 하나님의 존재에 대한 증거를 찾아볼 수 없으니 말이다."

하나님의 존재 증명에 대해 제가 말하려는 것은 바로 다음과 같습니다. 사람들은 자신의 양심을 들여다보기만 해도 하나님을 믿는 믿음을 가질 수 있다고 주장합니다. 여러분은 속으로 이렇게 생각합니다. "나는 생각한다. 고로 나는 존재한다. 나는 하나님에 대해 생각한다. 따라서 그 관념은 어디에선가 온 것이 틀림없다. 내 생각과 대응을 이루는 어떤 것이 있음이 틀림없다. 그러므로 하나님은 존재하셔야 하고, 존재하시는 것이 틀림없다." 또 사람들은 자연에서 하나님의 존재에 대한 논증을 가져옵니다. 그들은 이렇게 말합니다. "자연을 보십시오. 그러면 여러분은 자연의 질서와 설계를 확인하게 될 것입니다. 이 모든 것은 어디에선가 온 것이 틀림없습니다. 그 어딘가는 바로 창조자를 가리킬 것입니다." 매우 훌륭한 증명입니다.

또 도덕적 증명도 있습니다. 저는 이 세상에 선한 것과 좋은 것이 있다는 것을 인정합니다. 제가 보기에 그것은 어딘가에 가장 좋은 것이 존재한다는 것, 절대적인 완전함이 존재한다는 것이 틀림없다는 것을 암시합니다. 이것이 바로 하나님의 존재에 대한 도덕적 증명으로 불리는 것입니다. 앞에서 언급한 저자는 자신의 책에서 이 모든 증명을 철저히 다루고 있고, 다른 많은 증명들도 다루고 있습니다. 그러나 성경은 하나님의 존재 증명에 대해 결코 말하지 않습니다. 저자는 중대한 성경 교리에 대해 책을 썼다고 말하지만 사실은 신학자로 활동하고 있는 것입니다!

저는 이런 증명들이 하나님의 존재를 증명하는 데 아무 가치가 없다고 말하는 것이 아닙니다. 하지만 성경에서 이런 증명들을 발견할 수 없다는 것을 강조하고 싶습니다. 저자가 자신이 말하는 모든 사실에 대해 성경 본문을 제시하다가 갑자기 이 특정한 부분을 다룰 때에는 성경 본문을 전혀 언급하지 않는 것은 무척 흥미롭습니다. 따라서 저자는 자신이 제시한 범주를 넘어가고 만 것입니다.

그러나 우리는 성경 교리를 다룰 것입니다. 성경은 하나님의 존재에 대한 증거를 우리에게 제공하지 않습니다. 성경은 하나님을 선포합니다. 성경은 다만 우리에게 하나님에 대해 말할 뿐입니다. 앞에서 말한 것처럼 저는 신학을 믿지 않는 것은 아닙니다. 하지만 우리는 신학 연구에는 위험이 따른다는 것을 기억해야 합니다. 여러분이 철학과 사변, 여러분 자신의 생각과 인간 이성을 끌어들이는 순간, (늘 그런 것은 아니지만) 위험한 일을 행하기 시작하는 것입니다. 따라서 우리는 이런 것들은 피해야 합니다.

또한 우리가 피해야 할 것이 더 있습니다. 그것은 교리를 변증하려고 시도하는 것입니다. 변증으로 불리는 작업 역시 매우 유용한 일입니다. 그러나 우리는 교리들을 변증하는 데 관심이 있지 않습니다. 제가 이렇게 말하는 것은 여러분 중 어떤 이는 제가 특정 교리를 제시할 때 변증을 하지 않는 것에 실망할 수도 있기 때문입니다. 예를 들어, 우리가 창조 교리를 다룰 때 진화에 대한 질문을 마주하게 됩니다. 그러나 진화론을 철저히 다루는 것은 저의 일차적인 목적이 아닙니다. 성경 교리는 진화론을 자세히 다루는 것이 아니기 때문입니다. 물론 우리는 진화론을 언급하기는 할 것입니다. 하지만 우리는 주로 성경 자체가 말하는 것을 적극적으로 해설할 것입니다.

다시 말하지만 우리가 취하는 입장은 신명기 29:29의 입장입니다. "감추어진 일[의 궁극적인 설명]은 우리 하나님 여호와께 속하였거니와." 또한 우리는 죄의 교리를 다루게 될 것인데, 어떤 사람은 "악은 어디서 옵니까?"라고 질문할 것입니다. 저는 악의 문제에 대해서는 여러분에게 말할 것이 없습니다. 성경이 우리에게 말하지 않기 때문입니다. 악의 문제에 대해 여러분은 사색할 수 있습니다. 추론할 수 있습니다. 그러나 그것은 성경 교리가 아닙니다. 우리는 계시된 일로 한정해서 다룰 것입니다. 하나님의 마음속에 있는 감추어진 일은 다루어서는 안 됩니다.

이상이 교리들을 연구하는 데 사용할 방법에 대한 대략적인 설명입니다. 이제 우리는 마지막 세 번째 요점으로 나아가게 됩니다. "왜 우리는 성경 교리를 연구해야 합니까?" 이 질문에 대해 몇 가지 답변을 하면 다음과 같습니다. 첫 번째는 성경 자체가 그렇게 하고 있고, 따라서 우리도 그렇게 할 의무가 있기 때문입니다. 저는 처음에 성경은 단순히 일반 역사가 아니라고 말했습니다. 성경은 분명히 어떤 특별한 진리들을 우리에게 제시하는 데 관심을 두고 있습니다. 이 진리들이 바로 교리입니다. 따라서 성경을 읽는 것은 당연히 교리를 숙고해야 한다는 것을 의미합니다. 성경은 우리가 교리를 파악하기 원합니다. 우리는 성경을 잘 알고 있을지 모릅니다. 하지만 교리를 파악하는 일이 얼마나 중요한지 깨닫지 못한다면 성경에 대한 우리의 지식은 거의 소용이 없습니다.

이것을 이렇게 말할 수도 있습니다. 즉, 선지자들이 한 일이 결국 이것이 아니었습니까? 여러분은 구약성경에서 선지자들에 대해 읽습니다. 선지자들이 무슨 일을 했습니까? 그들은 성경의 교리—특히 율법의 교리—에 사로잡혔고, 그것을 실천하도록 백성들에게 촉구했습니다. 율법을 적용한 것입니다. 그들은 이스라엘 백성에게 나아가 이렇게 말했습니다. "백성들아, 너희는 율법을 갖고 있어서 율법을 알고 있다고 생각하지만 사실은 아는 것이 아니다!" 그들은 또 이렇게 말했습니다. "율법이 너희 앞에 제시하는 이것을 너희는 깨닫고 이해해야 한다." 그들은 백성들에게 교리를 설교했습니다. 이것은 또한 우리 주님이 친히 하신 일이 아닙니까? 이 일을 제외하면 주님이 산상 설교에서 하신 일이 진정 무엇입니까? 주님은 이렇게 말씀하셨습니다. "……하였다는 것을 너희가 들었으나 나는 너희에게 이르노니……."마 5:27-28 주님은 율법을 취해 그것을 교리 형태로 해설하셨습니다. 율법을 설명하셨습니다. 율법을 단순히 알기만 하는 것은 아무 가치가 없다고 말씀하셨습니다. 여러분은 율법이 무엇을 말하는지 정확히 알아야 합니다. 주님은 율법에서 원리를 뽑아내 그것을 적용하고 시행하셨습니다.

사도들이 한 일도 분명 이것이었습니다. 사도행전에서 최초의 설교자들이 전한 설교를 주의해 보십시오. 사도들이 무엇을 했습니까? 여러분은 그들이 헬라어와 히브리어로 된 본문을 택해 그 본문의 정확한 의미를 파악하고 분석하는 것을 발견하지 못할 것입니다. 아닙니다. 절대로 아닙니다! 사도들의 설교 방법은 교리를 선포하는 것이었습니다. 그들은 메시지를 갖고 있었고, 사람들에게 그 메시지를 전했습니다. 그들은 이것이 성경의 교리라는 것을 증명하는 데 성경을 사용했습니다.

교리를 제시하는 것, 그것이 바로 설교의 의미입니다. 그것이 설교의 목적과 기능입니다. 설교는 단순히 설교자가 자신의 생각을 표현하는 것이 아닙니다. 성경에 대한 대안적인 해석을 제공하는 것도 아닙니다. 절대로 아닙니다. 설교의 목적은 교인들에게 진리를 제시하는 것입니다. 사도들은 설교가 본질상 가지고 있는 기능에 따라 항상 설교했습니다.

또 신약성경의 서신들을 보십시오. 이 서신들은 무엇입니까? 이들은 어떤 중대한 교리들을 택해 그것을 강조하고 천명합니다. 특정 교회들이 그 교리를 특별히 필요로 했습니다. 따라서 서신서 저자는 교리를 제시하고 그것을 실제 삶 속에 적용합니다. 여러분은 서신서 저자가 교리를 표현하고 설명하는 데 관심을 갖고 있다는 것을 내내 확인할 것입니다. 이것이 제가 교리를 연구하는 첫 번째 이유입니다. 저는 성경이 그것을 요구한다고 주장하고 싶습니다. 성경은 성경 자체가 그렇게 하면서 동시에 우리에게 그렇게 하라고 권면합니다.

우리가 교리를 공부해야 하는 또 하나의 이유는 교리를 공부하지 않고 성경을 연구하는 것은 위험하기 때문입니다. 숲은 보지 못하고 나무만 보아서는 안 됩니다. 그렇게 하는 것은 정말 위험천만한 일입니다! 예수님 당시 유대인들의 진정한 문제점은 그들이 율법 조문에 갇혀 영에 이르지 못한 것이었습니다. 그들은 문자the words를 아는 것으로 만족했지만, 말씀the Word을 깨닫지 못했습니다. 이것은 우리에게도 일어날 가능성이 있는 매우 위험한 일입니다. 왜냐하면 율법 조문에만 멈추어 있으면 우리에게 아무 유익이 없기 때문입니다. 그렇게 되면 우리는 잘못된 길로 나아가고 말 것입니다. 그것이 우리 영혼의 파멸의 원인이 될 수 있습니다. 성경을 연구한 후에 교리에 이르지 못하는 것은 그 연구가 완전히 무익했다는 것을 의미합니다. 성경 연구가 매우 지성적일 수 있습니다. 시간을 보내는 좋은 방법일 수도 있습니다. 저는 글자 맞추기나 조각 그림 맞추기에서 글자나 조각 그림들을 하나로 맞추는 데 사용하는 방식으로 성경을 대하는 사람들을 알고 있습니다. 그들은 결코 교리에 이르지 못했습니다. 그들의 연구는 아무 가치가 없습니다. 그것은 무익합니다.

성경 교리를 공부하는 또 하나의 이유는 교회가 대대로 성경 교리를 강조하는 것이 본질적인 사명임을 항상 의식하고 있었기 때문입니다. 교회는 처음부터 예수가 주라는 것을 고백하지 않으면 어느 누구도 교인으로 받아들이지 않았습니다(여러분이 "예수는 주"라고 말하는 순간 교리를 진술하는 것입니다). 그런데 얼마 후에 초대교회 그리스도인들은 단순히 "예수는 주"라고 말하는 것으로는 충분하지 않다고 느꼈습니다. 그래서 세례 문답의 도입이 필요하다고 생각했습니다. 이후 세례 후보자는 세례 문답 교육을 받았습니다. 그들은 신앙에 대해 특정한 질문을 받으면 그 질문에 대답할 수 있어야 했습니다.

그러나 그때 어떤 일이 일어났는지 여러분은 기억합니까? 얼마 지나지 않아 이단이 일어나기 시작했습니다. 그로 말미암아 교회 안에 있는 사람들도 올바르지 못한 발언을 하기 시작했습니다. 그들은 매우 진실하고 신실했지만 그릇되고 해로운 사실을 진술하게 되었습니다. 이런 이단적인 거짓 선생들은 교회 안에서 혼란을 일으켰을 뿐만 아니라 교회 밖에 있는 사람들도 잘못된 길로 이끌었습니다. 교회 안에서 이단이 발흥하자 초대교회는 우리가 통상적으로 신경—예컨대 사도신경, 니케아 신경, 아타나시우스 신경—으로 부르는 것을 작성하게 되었습니다.

이 신경들이 필수적이었던 것은 교회 안에 오류와 이단이 너무 많았기 때문입니다. 그래서 교회는 성령의 인도 아래 이렇게 말했습니다. "우리는 우리가 믿는 것과 믿지 않는 것을 분명히 해야 할 필요가 있다. 단순히 성경을 펼쳐 읽는 것으로는 충분하지 않다. 신실하고 진실하고 유능한 사람들이 성경을 읽고 얼마든지 잘못된 사실을 말할 수 있기 때문이다. 우리는 교리를 정립해야 한다." 이 교리들을 간략히 정리해 놓은 것이 바로 우리가 신경이라고 부르는 것입니다.

그런데 얼마 후에 어떤 의미에서 하나였던 교회가 둘로 나뉘게 되었습니다. 동방 교회와 서방 교회로 말입니다. 그러나 다소간의 차이는 있었지만 교리는 동일했습니다. 제가 알기로 당시 교회는 생명력을 잃었지만 세 가지 중대한 신경(사도신경, 니케아 신경, 아타나시우스 신경)이 교회를 다스리고 있었습니다.

이어서 종교개혁이 일어났습니다. 새로운 삶, 새로운 활력, 새로운 지식이 들어왔습니다. 교회는 성경에서 교리를 뽑아내 그것을 분명하고 명확하게 진술하는 것이 절대로 필수적이라는 것을 다시 한 번 절실하게 깨달았습니다. 그래서 여러분은 개신교인들이 보통 신앙고백으로 부르는 것을 가지고 있게 된 것입니다. 이 신앙고백들은 성경 교리를 하나로 묶어 설명한 것 외에 다른 것이 아닙니다. 교회 지도자들은 이렇게 말했습니다. "교인들에게 성경을 주는 것으로는 충분하지 않다. 우리는 그들을 인도해야 한다. 그들을 도와야 한다. 그들이 잘못된 길로 갈 수 있기 때문이다. 그러므로 우리는 그들에게 우리가 하나님에 대해 믿는 것과 믿지 않는 것을 가르쳐야 한다. 그리스도와 교회 등에 대해 교인들에게 말해 주어야 한다." 영국 성공회는 39개조로 불리는 신앙고백을 가지게 되었습니다. 유럽 대륙에도 유명한 신앙고백이 많이 있었습니다. 예를 들어 모라비아 교회와 개혁주의 교회의 신앙고백이 바로 그런 것이었습니다. 이어서 17세기에 웨스트민스터 사원에서 작성되어 웨스트민스터 신앙고백으로 알려진 중요한 신앙고백이 있었습니다. 이 신앙고백은 스코틀랜드 교회와 세계 도처의 모든 장로교회의 신앙고백이 되었습니다.

이 모든 신앙고백과 이 신앙고백에 수반되어 있는 교리 문답들은 성경 교리에 대한 진술 외에 다른 것이 아닙니다. 따라서 교회 안에 있는 사람들은 이것들을 통해 믿는 것과 믿지 않는 것 그리고 이 믿음의 이유들을 정확히 알 수 있게 되었습니다. 이것들은 모두 우리를 믿음으로 굳게 세우고 우리가 어디에 서 있어야 하는지 정확히 알 수 있도록 마련된 것이었습니다.

이 모든 것이 초대교회에 필수적이었다면 그리고 종교개혁 시대와 17세기에 필수적이었다면, 당연히 현재에도 절실하게 필요한 것입니다. 오늘날 교회는 사교邪敎에 에워싸여 있습니다. 이 사람들은 여러분의 집 문 앞에 와서 "성경에서"를 외칩니다. 그들은 자신들이 우리가 가르치는 성경을 믿는다고 말합니다. 그들이 무언가를 말하는 순간 여러분은 본능적으로 그 말이 잘못되었다는 것을 직감하지만 그 말에 적절하게 답변할 수 없습니다. 따라서 성경 교리를 공부하는 한 가지 목적은 이런 가르침 속에서 오류를 찾아낼 수 있도록 하기 위해서입니다. 저는 지금 사교에 대해 강의를 하는 것이 아닙니다. 제가 하고자 하는 것은 여러분에게 성경이 가르치는 것을 상기시켜 주는 것입니다. 우리가 성경 교리에 대해 견고한 이해와 지식을 갖게 된다면, 우리에게 제시되는 다른 모든 가르침을 시험할 수 있게 될 것입니다.

온갖 종류의 오류와 사교들만 교회를 둘러싸고 있는 것이 아닙니다. 심지어 교회 안에도 엄청난 혼란이 있습니다. 교회 안에 교리가 없습니다. 교리를 명확하게 정의한 것이 결여되어서 누구든 자기가 좋아하는 대로 말하는 것이 허용되고 있습니다. 이것은 그리스도인들이 지금만큼 성경 교리를 숙고하는 것을 절실하게 필요로 한 때가 없었다는 것을 의미합니다. 우리는 어디에 서 있어야 하는지를 알고 있어야 합니다. 우리를 공격해 오는 모든 원수, 모든 교묘한 대적, 우리의 영혼을 파괴하기 위해 "광명의 천사"로 가장하고 다가오는 마귀가 사용하는 온갖 간계를 물리칠 수 있어야 합니다.

그러나 저는 여러분과 함께 이 교리들을 공부해야 할 더 중대한 이유를 가지고 있습니다. 그것은 교리를 공부하는 것이 하나님을 진정으로 알고, 그분의 영광스러운 임재 속에 들어가며, 그분이 우리를 다루시는 경이로운 역사를 배우는 유일한 길이기 때문입니다. 물론 우리는 계속 성경을 읽고 공부해야 합니다. 그러나 사소한 것에 집착해서는 안 됩니다. 우리는 '교리'라는 높은 산의 정상에 올라 거기서 하나님이 누구신지 그리고 하나님이 우리의 죄에도 불구하고 자신의 사랑하는 아들의 인격 안에서 우리를 위해 행하신 것이 무엇인지 깨달아야 합니다.

바로 이것이 제가 염두에 두고 있는 목적입니다. 저는 여러분이 이전에 갖고 있지 못했던 어떤 지식이나 정보를 주려는 것이 아닙니다. 저는 그렇게 하려고 시도하지 않을 것입니다. 또 누구도 우리가 그런 식으로 한다고 생각하도록 만들지 않을 것입니다. 바울은 "지식은 교만하게 하며 사랑은 덕을 세우나니"고전 8:1라고 말합니다. 따라서 성경 교리에 대한 이 강론 혹은 토론 시리즈의 분위기는 교실 분위기가 아닐 것입니다. 공부를 마치고 마지막에 여러분이 얼마나 잘 배웠는지 판별하기 위한 시험이 없습니다. 수료증도 없습니다! 절대로 없습니다. 우리는 하나님께 곧 하나님을 아는 것에 관심을 두고 있습니다. 성경에 대한 연구는 그 자체로 예배입니다. 제가 보기에 여느 책에 접근하는 것과 같은 방식으로 성경과 성경의 가르침에 접근하는 것만큼 위험한 것은 없습니다.

종종 사람들이 제게 다음과 같이 묻습니다. "신학교들이 뭐가 잘못되었나요? 입학할 때는 참 신실했던 사람이 졸업할 때에는 그렇지 못한 경우를 많이 봅니다!" 사람들이 자주 그런 식으로 말하지만 항상 그런 것은 아닐 것입니다. 그러나 때때로 그것이 사실이라면, 저는 그 이유를 여러분에게 말해 줄 수 있다고 생각합니다. 그것은 일부 신학생들이 너무 빈번하게 일반 교과서 다루듯 성경에 접근하기 때문입니다. 그들은 이 중대한 교리들을 마치 인간적인 사상과 관념인 것처럼 대합니다. 그들은 예배와 경외의 마음을 가지고 이 교리들에 다가가지 않습니다. 그들은 해석과 지식에만 몰두합니다. 물론 그것도 필수적이긴 하지만 거기서 멈추어서는 안 됩니다.

성경 교리는 연구해야 할 주제가 아닙니다. 우리가 성경 교리를 알기 원하는 목적은 그것을 안다고 지식을 "자랑하거나" 우리의 지식에 고무되기 위해서가 아닙니다. 놀라우신 하나님의 영광을 이전보다 더 충분히 보았기 때문에 예배와 찬양과 경외의 자세를 가지고 하나님께 더 가까이 나아가기 위해서입니다. 하나님께서 성경 교리를 깨닫게 하셔서 우리 모두가 유일하게 참되고 살아 계시는 하나님과 그분이 보내신 예수 그리스도를 알게 하시기를, 그리하여 부흥에 이르게 하시기를 원합니다. 우리를 통해 그리고 우리와 같은 사람들을 통해 전체 교회가 부흥하고, 하나님의 영광스러운 능력이 우리 가운데 나타나는 것을 다시 목격할 수 있기를 바랍니다.

8

세상에 대한 기독교의 메시지

1954-1962 | 『에베소서 강해: 영적 화해』

[그러나 하나님은]……. 에베소서 2:4

이 설교는 공식적으로는 더 긴 제목으로 알려져 있기는 해도, 「그러나 하나님은」But God이라는 짧은 제목으로 세계적인 사랑을 받고 있습니다.

이 설교는 웨스트민스터 채플에서 로이드 존스가 전한 모든 설교 중 가장 인기 있는 설교가 아닌가 싶습니다. 바로 이 사실 때문에 우리는 이 설교를 이 책에 포함했습니다. 그러나 이 설교는 또한 로이드 존스 자신에 대한 변호 곧 자신의 강해설교 방식에 대한 궁극적인 변증을 담은 설교입니다.

에베소서 강해설교 시리즈는 1954년에서 1962년 사이에 주일 오전예배 때 전해졌습니다. 다만 이 기간에서 1959년은 제외되는데, 이 해에는 부흥에 대한 설교가 전해졌기 때문입니다. 에베소서 강해설교 시리즈는 성경 전체를 강해 방식으로 설교하는 그의 전형적인 설교 스타일의 결정체입니다. 또 그가 1968년에 웨스트민스터 채플에서 은퇴할 때, 책으로 출판하려고 자신의 설교를 편집하기 시작한 첫 번째 설교 시리즈였다는 점에서 매우 중요한 위치를 차지합니다. 이 설교가 포함된 에베소서 강해 제2권은 그가 생전에 편집했고, 1972년에 출판되었습니다.

냉전 시기에 매우 빈번했던 것처럼, 핵무기를 통해 아마겟돈 전쟁이 일어날 것이라는 위협이 크게 대두되었습니다. 「그러나 하나님은」이 전해진 해도 예외가 아니었습니다. 그때는 베트남과 한국에 대한 최초 회담들과 함께, 많은 평화

회담이 실패로 돌아간 것에 대해 왈가왈부가 많았습니다(제가 이 글을 쓸 때 북한은 다시 위협적인 긴급 조치를 취했습니다. 이것은 인간에게 변한 것은 아무것도 없다는 그의 말이 과연 옳았음을 보여줍니다).

그러나 그가 지적한 것처럼, 그것이 문제가 아닙니다! 정말이지 그것은 가장 큰 문제가 아닙니다. 모든 것 가운데 진실로 중요한 것은 하나님 자신의 활동입니다. 그리고 그가 증명한 것처럼, "그러나 하나님은"이라는 말은 복음 전체를 한 마디로 요약하는 핵심 어구입니다.

이 설교는 오전예배 시간에 전해졌습니다. 그러므로 이 설교의 대다수 청중은 최소한 믿음을 고백하는 그리스도인이었습니다. 그러나 그는 사람들이 오전예배 설교를 듣고 회심한다는 것을 깨달았습니다. 이것은 이 설교를 강력한 복음 전도 설교로 생각하지 않으면 이해하기가 어렵습니다.

또한 흥미로운 것은 그가 1954년에 이미 에베소서 강해설교 시리즈를 시작했기 때문에, 이 구절에 대한 설교가 심각한 국제적 위기가 발발했던 기간에 전해질 거라는 사실을 알 수 없었다는 것입니다. 이것은 그의 주장의 핵심을 증명합니다. 즉 성경은 하나님의 살아 있는 말씀이므로 강해 방식으로 설교하면 항상 시간과 상황에 적합하다는 것을 보여줍니다. 설교의 적용은 때로는 교인들에게 개인적으로 이루어지고, 또 어떤 때에는 교인 전체에게 집단적으로 이루어집니다. 이 설교가 처음 전해진 이후로 60년 이상 그의 가장 인기 있는 설교로 계속 들려지고 있는 것은 이것이 사실임을 증명합니다.

우리는 그의 대작大作 에베소서 강해설교 시리즈에서 한 편만 선정했습니다. 하지만 어느 편을 선정하더라도, 아니 모든 편을 선정하더라도 동일한 요점을 증명할 것입니다. 「그러나 하나님은」에서 그는 자신이 주제 설교를 싫어한다는 것을 명시적으로 드러냅니다. 그리고 하나님 중심적이고 성경에 기초를 둔 설교 방식이 가장 중요하다는 성경의 관점을 해설합니다.

그런 면에서 그는 당시의 많은 유명한 설교자들과는 완전히 다른 방식으로 설교했습니다. 그는 하나님의 말씀을 설교했습니다. 이 설교들은 찰스 스펄전, 조나단 에드워즈, 조지 윗필드 그리고 다른 위대한 신앙의 거인들만큼 그의 사후 수많은 세월을 거치며 여전히 인기가 있습니다. 이 저명한 설교자들과 함께 로이드 존스는 시대의 시금석으로 우뚝 서 있습니다. 그들은 모두 그리스도 중심의 강해설교자였습니다.

이제 우리는 두 단어로 이루어진 놀라운 말, "그러나 하나님은"을 살펴볼 것입니다. 이 두 단어는 분명히 앞에 나온 내용과 관계가 있음을 암시합니다. 또한 "그러나"라는 말은 항상 대조를 함축하고 있는 말입니다. 그러므로 여기서 우리는 관련성과 대조를 함께 접하게 됩니다. 본문의 문맥을 잠시 확인해 봅시다. "그는 허물과 죄로 죽었던 너희를 살리셨도다. 그때에 너희는 그 가운데서 행하여 이 세상 풍조를 따르고 공중의 권세 잡은 자를 따랐으니 곧 지금 불순종의 아들들 가운데서 역사하는 영이라. 전에는 우리도 다 그 가운데서 우리 육체의 욕심을 따라 지내며 육체와 마음의 원하는 것을 하여 다른 이들과 같이 본질상 진노의 자녀이었더니 [그러나 하나님은]……."

우리는 "그러나 하나님은"이라는 두 단어에서 기독교의 메시지 곧 기독교 신앙이 우리에게 제공하는 구체적이고 특수한 메시지를 접하게 됩니다. 이 두 단어는 어떤 면에서는 그 자체로 복음 전체를 담고 있습니다. 복음은 하나님이 행하신 일 곧 하나님의 개입에 대해 말합니다. 복음은 완전히 외부에서 오는 어떤 것으로, 바울이 이후 구절들에서 계속해서 묘사하고 정의하는 하나님의 놀랍고 경이롭고 획기적인 역사를 우리에게 보여줍니다.

우리는 이제 이 두 단어를 일반적인 의미로만 살펴볼 것입니다. 그렇게 하는 이유는 여러 가지가 있습니다. 한 가지 이유는 본문 자체가 그렇게 하도록 제한하기 때문입니다. 그렇지만 다른 특별한 이유들도 있습니다. 기독교의 메시지, 특히 그 메시지를 전하는 복음 전도 방식에 대해 빈번하게 쏟아지는 비난이 있습니다. 그것은 기독교의 메시지가 삶과는 너무 거리가 멀다는 것, 사람들이 대면하는 상황과 관련이 없다는 것입니다. 다시 말해 복음을 강해설교 방식으로 전하는 몇 가지 요소에 대해 반론이 있습니다. 복음이 사람들이 하루하루 삶 속에서 부딪히는 현실과 맞물려 있는 것처럼 보이지 않고, 우리가 직면하는 세계의 상황과도 별로 상관이 없다는 것입니다. 그러므로 저는 이런 비난이 완전히 근거가 없다는 것과, 더 나아가 설교의 임무가 단순히 주제별로 현대적 사건들을 언급하는 데 있다는 관념은 어떤 면에서 기독교의 메시지와는 완전히 동떨어져 있다는 것을 증명할 작정입니다. 저는 여기서 성경의 교리들을 이해하고 믿고 적용한다면, 현대의 상황을 제대로 다루는 것은 성경 외에는 아무것도 없다고 말하는 데까지 나아가려고 합니다.

그것이 여기서 제가 하려고 하는 일입니다. 저는 각자의 특별한 상황뿐 아니라 일반적 상황—우리가 살고 있는 세상에서 일어나는 일 때문에 우리가 즉각적으로 생각해 보게 되는 (현충일과 같은) 날—에도 복음이 적합하다는 것을 증명하고자 합니다. 제가 복음이 이 세상에 사는 인간 전체와 인간의 삶 전체를 다루고 있다고 주장할 때, 이런 우리의 입장에 대해 복음이 어떻게 말하고 어떻게 대하는지를 살펴보는 것이 중요합니다. 여기서 여러분은 방법이 굉장히 중요하다는 사실을 제가 강조하고 있음을 알아차릴 것입니다. 기독교적이고 성경적인 방식으로 생각하지 않는 많은 사람들이 기독교 교회의 임무가 예컨대 '제네바 회담 실현 가능성'과 같은 주제를 선포하고, 이어서 정치인들이 어떻게 해야 하는지 우리의 생각을 말하는 것에 있다고 믿습니다. 제가 보기에 이것은 완전히 거짓이고, 성경적인 방법과는 반대입니다. 성경적인 방법은 먼저 하나님의 진리를 보여주고 이 진리가 눈앞에 펼쳐진 상황에 얼마나 적합한지를 증명하는 것입니다. 여러분은 상황에서 시작해서는 안 됩니다. 상황에서 끝나야 합니다. 성경은 처음부터 수평적으로 보는 것을 멈추라고 역설합니다. 단순히 세상과 사람들만 보는 것을 그만두라고 권면합니다. 성경은 처음부터 우리에게 눈을 들어 하나님을 보라고 권고합니다. 처음부터 끝까지 성경에 제시된 일관된 주장은 인생과 인간과 세상은 하나님에 대한 진리와 그 문맥에 비추어 보지 않으면 이해될 수 없다는 것입니다. 그러므로 우리는 하나님의 진리에서 시작하고, 그런 다음에 실제 상황으로 나아가야 합니다.

이제 우리가 다루고 있는 본문에서 그것이 어떻게 이루어지는지 살펴봅시다. 우리는 이미 에베소서 2장 처음 세 구절을 상세히 살펴보았습니다. 우리가 그렇게 살펴보았던 것은 우리 자신이 본질상 어떤 존재인지 그리고 세상은 본질상 어떤 상태에 있는지 알아보기 위해서였습니다. 여러분은 인간에 대한 진리를 알기 전에는 인류의 문제들을 해결할 수 없습니다. 인간에 대한 진리를 알지 못하고 해결책을 시도하는 것은 참으로 무익합니다. 여러분은 먼저 인간의 성품, 본질, 존재에서 시작해야 합니다. 국제회의에서 시작하거나 현대의 사건들에 대해 말하는 데에서 시작하지 말고, 뒤로 물러나 "인간은 어떤 종류의 피조물인가?"라는 질문을 던져야 합니다. 우리의 모든 결론과 모든 주장은 이 질문에 대한 답변에 따라 좌우될 것입니다. 만일 인간이 본질상 단지 좀 더 깊은 교훈과 지식과 정보를 필요로 하는 선한 피조물이라면, 대책도 비교적 단순할 것입니다. 그러나 사도 바울이 여기서 말하는 것처럼 인간이 본질상 그리스도 밖에 있는 존재라면, 말할 것도 없이 이런 식의 대책으로는 조금도 가망이 없습니다. 이런 식으로 해결을 시도하는 것은 순전히 시간 낭비일 뿐입니다.

대신 우리는 다음의 교리와 함께 시작해야 합니다. "죄 가운데 있는 인간에게 해당되는 사실은 무엇인가? 하나님의 은혜가 없이 죄 가운데 있을 때 인간은 어떤 특징을 가지고 있는가?" 우리는 이미 이 문제를 살펴보았습니다. 인간은 영적으로 죽었습니다. 마귀의 지배를 받고 있습니다. 마귀는 자신의 명령에 복종하는 강력한 영적 세력을 통해 역사합니다. 그렇게 함으로써 그의 생각과 세계관을 일으키고 조종합니다. 이것이 인간이 처해 있는 입장입니다. 그 결과 인간은 악한 세력의 지배를 받아 허물과 죄로 얼룩진 인생을 살아갑니다. 인간은 이런 상태로 태어납니다. 그는 태어날 때부터 아담에게서 그 본성을 물려받아 타락했습니다. 그는 오염된 본성과 함께 삶을 시작합니다. 그리고 결국은 하나님의 진노 아래 있게 됩니다. 그것이 바울이 에베소서 2장 처음 세 구절에서 진술하는 것입니다.

그렇다면 이 모든 것은 현재 상황과 어떻게 관련되어 있습니까? 현재 우리가 온 세계에서 만나는 상황에 대해 무엇을 말해줍니까? 이 가르침에 따르면 많은 것들을 쉽게 추론할 수 있습니다.

첫 번째 추론은 우리는 여기서 전쟁과 같은 사건들이 일어나는 이유에 대해 유일하게 참되고 적절한 설명을 얻는다는 것입니다. 왜 우리에게 그런 일들이 일어납니까? 왜 인간에게 이 미친 짓에 대한 책임이 있습니까? 왜 사람들은 서로 죽이고 심지어는 전쟁을 자랑으로 여기기까지 합니까? 이 모든 것을 어떻게 설명할 수 있을까요? 이에 대한 답변은 딱 한 가지입니다. 그것은—바울이 묘사한 것처럼—인간이 본래 그런 존재이기 때문입니다. 이것은 사도 바울만의 가르침은 아닙니다. 여러분은 야고보가 다음과 같이 말한 것을 기억할 것입니다. "너희 중에 싸움이 어디로부터 다툼이 어디로부터 나느냐." 이 질문에 대한 답변은 이렇게 이어집니다. "너희 지체 중에서 싸우는 정욕으로부터 나는 것이 아니냐."약 4:1 그것이 전쟁의 원인입니다. 부패한 상태에 있는 인간이 전쟁의 원인입니다. 따라서 이 진리와 사실을 깨닫는 것이야말로 결정적으로 중요한 출발점입니다. 이것은 민족들에게도 해당됩니다. 계층들에도 해당됩니다. 개인들에게도 해당됩니다. 사람들은 국가에 대해 생각할 때는 어떤 노선에 따라 생각하고, 개인들에 대해 생각할 때에는 또 다른 노선에 따라 생각합니다. 이처럼 모순적인 것은 없습니다. 여러분은 결혼이나 다른 사적인 계약들을 깨뜨리는 사람들을 다루는 동안 국제 조약의 신성함에 대해 굳이 열변을 토할 필요는 없습니다. 왜냐하면 국가는 개인들로 구성된 단체이기 때문입니다. 국가는 추상적인 어떤 개념이 아닙니다. 우리는 개인에게 발견하지 못한 것을 국가가 행할 것이라고 기대할 자격이 없습니다. 이 모든 일은 함께 가도록 되어 있으니까요.

이것은 사회의 구석구석까지, 개인에서 국가에 이르기까지, 대륙 아니 온 세상 끝까지 미치는 원리입니다. 성경은 세상의 상태에 대해 이렇게 설명합니다. 즉, 인간이 육체와 마음의 정욕에 지배를 받고 있다는 것입니다. 인간은 어떤 것이 옳고 그른지에 대해 관심이 없습니다. 자신이 그것을 원한다는 것, 그것을 좋아한다는 것, 그것을 가져야 한다는 것에 관심을 두고 있습니다. 물론 우리는 국가가 그와 같이 행하면 기절초풍할 것입니다. 히틀러가 오스트리아를 침략하여 점령했을 때 우리는 아연실색했습니다. 그런데 사람들은 개인적인 삶에서 히틀러와 똑같이 두려운 일을 행합니다. 그들은 다른 사람의 아내에게 그런 일을 행합니다. 다른 사람의 지위나 직무에 대해 그런 일을 행합니다. 그것은 정확히 히틀러가 한 것과 똑같은 짓입니다. 그러므로 여기에 하나의 원리가 있습니다. 그것은 인간을 지배하는 것이 바로 이 정욕이라는 것입니다. 바울은 이렇게 말합니다. "전에는 우리도 다 그 가운데서 우리 육체의 욕심을 따라 지내며 육체와 마음의 원하는 것을 하여 다른 이들과 같이 본질상 진노의 자녀이었더니."엡 2:3 그러므로 우리는 바로 이 사실에서만 사람들이 그렇게 행동하는 이유를 깨닫고 이해하게 됩니다.

두 번째 추론은 첫 번째 추론에 논리적으로 이어집니다. 그것은 인간이 이렇게 지배를 받는 상태가 계속된다면, 세상도 현재와 같은 상태로 계속될 것이라는 것입니다. 이것은 매우 확실합니다. 만일 과거 역사에 대한 책임이 죄 가운데 있는 인간의 상태에 있다면, 인간은 분명 조금도 변하지 않은 것이며 미래의 역사도 변함없는 상태로 계속될 것입니다. 여기서 우리는 자연인(거듭나지 않은 자)의 낙관주의, 즉 인간은 현 세대가 지나가기 전에 현실을 올바르게 조정할 수 있다고 굳게 확신하고 신뢰하는 사상과 맞서고 충돌하게 됩니다. 이런 낙관주의에 따르면 우리 이전 세대는 실패했으나 우리는 그와는 다른 우월한 입장에 있다고 생각합니다. 우리는 교육 수준이 높고 교양이 있습니다. 이전 사람들은 무지했지만 우리는 압니다. 우리는 크게 진보했습니다. 성공한 것이 틀림없습니다. 또 계속 성공할 것입니다. 그러나 인간을 죄인으로 간주하는 이 성경 교리를 믿는다면, 여러분은 즉시 이런 낙관적 견해가 얼마나 치명적인 오류인지 깨달을 것입니다. 만일 우리의 문제가 죄인 속에 있어 평생 그를 지배하는 정욕에 있는 것이라면, 전쟁은 당연히 일어날 수밖에 없습니다. 복되신 주님께서 직접 그 결과에 대해 주신 가르침이 있습니다. "난리와 난리 소문을 듣겠으나."마24:6 주님은 또한 이렇게도 말씀하셨습니다. "노아의 때에 된 것과 같이 인자의 때에도 그러하리라……또 롯의 때[소돔에서]와 같으리니."눅17:26-30 그것이 우리 주님의 역사관입니다.

만일 이 가르침을 붙잡는다면, 우리는 즉시 온갖 거짓 열광주의에서 벗어나고, 또 거짓 소망—새로운 조직을 만들면 전쟁을 영원히 무력화하고 사라지게 할 수 있다는—에서 해방될 것입니다. 성경의 답변은 거듭나지 않으면 절대로 그렇게 할 수 없다는 것입니다. 이것이 우울한 대답입니까? 저는 그것이 우울한 대답인지 아닌지는 우리의 관심사가 아니라고 말하고 싶습니다. 우리는 진리를 아는 데 관심을 가져야 합니다. 현대인은 현실주의자를 자처합니다. 그들이 기독교를 반대하는 이유는 기독교가 현실에 대처하는 종교가 아니기 때문이라는 것입니다. 기독교가 현실적이지 못하다는 것입니다. 기독교는 항상 "그림의 떡"과 같고, 그리스도인은 예배당에 들어가 문을 닫아 버리고 삶의 현실과는 대면하지 않는다는 것입니다. 우리가 현대인에게 이 사실을 제시할 때 그들은 즉각 우리가 우울한 견해를 갖고 있다고 반박합니다. 그러나 현실적이지 않은 자는 우리가 아니라 바로 정치적, 철학적 낙관주의자들입니다. 현실에서 눈을 감고 등을 돌린 자는 인간이 죄 가운데 있다는 사실을 결코 직면하지 않은 사람들입니다. 성경은 이 모든 사실을 직면합니다. 성경은 이 세상에서의 삶에 대해 현실주의적인 관점을 갖고 있습니다. 오직 성경만이 그런 견해를 갖고 있습니다.

이제 복음의 구체적이며 직접적인 가르침을 고찰해 봅시다. 기독교의 메시지는 우리가 방금 살펴본 이런 상태와 상황에 대해 무엇을 말해 주고 있을까요? 이에 대해 성경은 "그러나 하나님은……"이라고 답변합니다. 이것이 기독교의 메시지입니다. 이게 무슨 뜻입니까? 이 문제를 분석하는 가장 편리한 방법은 이를 먼저 부정적인 형태로 제시하고, 이어서 긍정적인 형태로 제시하는 것입니다. 여기서 먼저 부정적인 형태로 설명을 시작하는 것이 유감스럽습니다. 그런데 그렇게 해야 하는 이유는 많은 사람들이 이 부정적 형태를 망각하고 있고, 그래서 전혀 기독교의 메시지로 간주될 수 없는 의견들이 난무하기 때문입니다. 이런 의견들이 기독교와 교회의 이름으로 전달됩니다. 저는 대다수 사람들이 그리스도와 구원과 교회에서 벗어나는 것은 이 끔찍한 혼란에 대해 교회 자체에 잘못이 있었고, 또 지금도 잘못하고 있기 때문이라고 확신합니다. 오늘날 사람들이 대부분 교회 밖에 있는 것은 제1차 세계대전이 일어났을 때 교회가 너무 자주 일종의 모집 사무소가 되어 버렸기 때문입니다. 사람들이 상처를 받았습니다. 어떤 의미에서 사람들이 상처받는 것은 당연했습니다. 그러나 기독교의 메시지에 관해 절대로 혼동해서는 안 되는 것들이 있습니다. 몇 가지를 지적해 봅시다.

먼저, 기독교는 애국심에 크게 호소하지 않습니다. 애국심은 기독교의 메시지가 아닙니다. 물론 애국심을 비난하거나 애국심을 갖는 것이 잘못이라고 말하지 않습니다. 자신의 나라와 민족을 사랑하지 않는 자는 불쌍한 사람입니다. 애국심을 반대하는 내용이 성경에는 전혀 없습니다. 나라들을 나누시고 그 경계와 거주를 정하신 분은 바로 하나님이십니다. 또 나라들이 존재하게 하시는 것은 하나님의 뜻입니다. 그러나 호전적인 민족주의는 하나님의 뜻이 아닙니다. 자기 나라를 존중하고 즐거워하는 사람에게 잘못은 없습니다. 그러나 "옳거나 그르거나 내 나라다"라고 말하는 것은 완전히 비기독교적입니다. 그것은 언제나 잘못된, 그것도 치명적으로 잘못된 견해입니다. 그것은 성경의 가르침을 전면 부인하는 것입니다. 이 위대한 사도가 에베소서에서 쓴 글을 보십시오. 여기 유대인 한 사람이 있습니다. 만약 자신의 국적을 늘 자랑할 만한 사람이 있다면, 그가 바로 사도 바울이었습니다. "베냐민 지파요 히브리인 중의 히브리인이요."빌 3:5 바울은 과거에 다른 민족들을 멸시한 편협한 민족주의자였습니다. 바울이 볼 때 이방인은 경계 밖에 있어야 하는 '개'였습니다. 그러나 여러분도 기억하는 것처럼, 그가 에베소서에서 자랑하는 사실은 바로 이것입니다. "그 안에서 또한 믿어……."엡 1:13 이방인은 유대인과 똑같이 예수 안에 들어와 "함께 상속자"가 되었습니다. 중간에 막힌 담은 무너졌습니다. "너희는 유대인이나 헬라인이나 종이나 자유인이나 남자나 여자나 다 그리스도 예수 안에서 하나이니라."갈 3:28 이것이 그리스도인의 입장입니다. "그러나 하나님은……." 전쟁을 불러들이는 민족주의 정신을 무너뜨리는 길이 여기 있습니다. 우리는 항상 올바르고 다른 모든 사람은 그릇되었다고 믿는 것은 개인들뿐만 아니라 국가들에 있어서도 잘못된 견해입니다. 그것은 항상 잘못입니다. 기독교의 메시지는 단순히 애국심에 호소하는 것이 아닙니다. 만일 기독교가 그런 식으로 묘사된다면 이는 기독교의 메시지를 부정하고 조롱하는 것에 불과합니다. 또한 그것을 듣는 자들의 눈과 귀를 잘못된 곳으로 이끌 것입니다.

두 번째로, 기독교의 메시지는 단순히 용기나 영웅적인 행위에 호소하는 것이 아닙니다. 위대한 자기희생 정신에 호소하는 것도 아닙니다. 우리는 이것에 대해서도 분명히 해야 합니다. 기독교는 용기를 정죄하지 않습니다. 기독교는 자기희생이나 영웅적인 행위를 무시하지 않습니다. 그렇지만 이런 자질과 미덕이 기독교적인 것은 아닙니다. 이런 것들은 주 예수 그리스도께서 세상에 오시기 전에 가르쳐지고 고취되고 칭송되고 높임받던 이방인의 덕성입니다. 헬라의 이방 철학자들에 따르면 최고의 덕성은 용기였습니다. 용기는 스토아주의의 본질적인 요소였습니다. 이것이 그들이 온유를 연약함으로 간주한 이유였습니다. 그러나 기독교 신앙에서는 온유를 훌륭한 미덕으로 권장합니다. 헬라의 이방 철학에서는 온유에 해당하는 말이 없었습니다. 용기와 힘과 능력, 이런 것들이 그들이 추구한 덕성이었습니다. 여러분도 기억하다시피, 그것이 바울이 우리에게 십자가의 도를 전하는 것이 "헬라인에게는 미련한 것"이었다고 말한 이유입니다. 연약함 속에서 십자가에 못 박혀 죽은 사람이 구주라는 것, 그리고 그 십자가가 바로 구원의 길이라는 것이 그들에게는 무의미하고 부질없게 여겨졌습니다. 그들은 온유와 겸손에 대해 아무런 가치를 부여하지 않았습니다. 용기와 능력과 영웅적 행위만이 위대한 덕성이었습니다. 그러므로 우리가 사람들에게 용기와 영웅적 행위와 자기희생을 권면하는 것이 기독교 메시지의 한 부분이 아니라는 것을 깨닫는 것이 무척 중요합니다. 이런 관념 속에는 기독교적인 것이 들어 있지 않습니다. 기독교는 이런 덕성들을 정죄하지 않지만, 그렇다고 그것들이 기독교의 메시지는 아닙니다. 제가 여기서 강조하는 요점은 바로 이것입니다. 곧 그것이 기독교의 메시지로 제시되었을 때 사람들이 혼란에 빠졌다는 것입니다. 또 복음 자체가 단순히 치유를 의미하는 것으로 보는 분파도 생겼다는 것입니다.

그러나 우리는 여기서 세 번째 사실로 나아가야 합니다. 우리 주변에는 기독교의 메시지가 세상 사람들에게 기독교의 원리들을 실천하라고 호소하는 것이라고 생각하는 사람들이 있습니다. 이것이 이른바 평화주의 입장입니다. 그들은 이렇게 말합니다. "당신들은 늘 개인의 구원과 교리 등에 대해 설교합니다. 그런데 왜 전쟁에 대해서는 말하지 않습니까?" 그러면 우리는 우리가 어떻게 하기를 바라는지 그들에게 되묻습니다. 이에 그들은 다음과 같이 대답합니다. "당신들이 해야 할 일은 사람들에게 산상 설교를 실천하라고 말하는 것입니다. 왜 당신들은 '오른편 빰을 치거든 왼편도 돌려 대라'고, '서로 사랑하라'고 말하지 않습니까? 그렇게 하면 전쟁이 끝날 텐데 말입니다. 당신들은 해결책을 가지고 있지 않습니까? 그것은 그리스도의 가르침에 포함된 원리들을 사람들이 실천하도록 독려하는 것입니다." 이에 대한 답변은 무엇일까요? 에베소서 2:1-3에 나오는 바울의 가르침이 그 답변입니다. 여러분은 산상 설교를 "허물과 죄로 죽은" 자들에게 설교할 수 있겠지만 결국은 지쳐 기진맥진할 것입니다. 여러분은 결코 사람들을 이해시킬 수 없으며, 그들도 이해하지 못할 것입니다. 사람들은 산상 설교를 절대로 실천할 수 없을 것입니다. 실천하기를 바라지도 않을 것입니다. 그들은 마음으로 하나님의 원수이자 외인이기 때문입니다.골 1:21 참조 "정욕"의 지배를 받기 때문입니다. "육체와 마음의 원하는 것"을 행하기 때문입니다.엡 2:3 그렇습니다. 사람들은 정욕의 지배와 통제를 받고 있습니다. 그런데 어떻게 그런 사람들이 산상 설교를 실천할 수 있겠습니까?

바울은 죄 가운데 있는 인간에게 유일한 소망이 하나 있다고 말합니다. "그러나 하나님은." 사람들은 거듭나야 합니다. 사람들은 새 본성이 주어지기 전에는, 산상 설교를 실천하는 것은 고사하고 이해할 수조차 없습니다. 따라서 산상 설교를 마치 자기 자신의 힘으로 일어나 그리스도를 따르고 기독교의 가르침의 원리들을 실천하도록 호소하는 것인 양 말하는 것은 기독교의 메시지를 변질시키는 것에 불과합니다. 그것은 애국심과 제국주의를 설교하는 것만큼이나 복음을 변질시키는 것입니다. 그것은 당연히 비기독교적인 관점입니다. 그것은 위험한 이단적인 사상, 곧 인간이 죄 가운데 있기 때문에 이런 가르침을 이행할 수 없다는 사실을 깨닫지 못했던 고대 펠라기우스 이단의 사상입니다. 아직 그리스도인이 아닌 사람들에게서 기독교적인 행위를 기대하는 것은 위험한 이단입니다. 그러므로 우리의 가르침이 얼마나 중요한지, 그리고 기독교의 메시지를 현대 세계에 올바로 적용하는 것에 대해 명확한 개념을 갖는 것이 얼마나 본질적인지 이제 잘 알 것입니다. 그것이 우리가 국제회의, 정치, 국제 관계 또는 산업 분쟁에 대해 토론하거나 평화주의를 고취하고 물리적 전쟁을 반대하는 설교를 하는 데 시간을 들이지 않는 이유입니다. 그렇게 하는 것은 선전에는 도움이 될지 모르지만 단순히 시간 낭비에 불과합니다. 우리에게 필요한 것은 이 근본적인 원리에 따라 시작하는 것입니다. 곧 죄 가운데 있고, 죽음 가운데 있고, 절망 가운데 있고, 완전한 무력함 가운데 있는 인간에 대한 교리에서 시작하는 것입니다.

이 부정적 원리를 요약해서 말하자면, 기독교 신앙 또는 기독교 복음은 현재의 세상이 하나님의 진노와 정죄 아래에 있으며, 이 상태로 죽는 자는 모두 파멸을 당할 것이라고 선언하는 것을 제외하고는 세상에 전할 메시지를 갖고 있지 않다는 것입니다. 믿지 않는 세상에 대해 기독교 신앙이 주는 유일한 메시지는 심판, 회개의 촉구 그리고 회개하고 그리스도께로 돌아선다면 구원을 받게 될 것이라는 확신입니다. 그러므로 교회와 기독교 신앙은 그것 외에 세상에 줄 수 있는 다른 메시지를 갖고 있지 않습니다.

그러나 성경은 하나님이 믿지 않는 세상에 대해 행하시는 일이 있다고 명백하고 분명하게 가르칩니다. 그것은 하나님이 세상에서 죄와 악의 권세를 통제하신다는 것입니다. 하나님은 다음과 같은 방법으로 이 일을 행하십니다. 제가 여러분에게 이미 상기시켰던 것처럼, 하나님은 세상 사람들을 민족으로 구분하셨습니다. 뿐만 아니라 국가와 정부도 존재하도록 정하셨습니다. 로마서 13:1에서 바울은 "모든 권세는 다 하나님께서 정하신 바라"라고 말합니다. 왕이나 황제나 공화국의 대통령을 막론하고 "권세는 하나님이 정하신 것"입니다. 관리들을 정하고 그들에게 권력의 칼을 쥐어 주신 분은 하나님이십니다. 그 이유는 무엇입니까? 악이 드러나는 것을 경계와 통제 안에 두기 위해서입니다. 하나님이 그렇게 하지 않으셨다면, 본성상 아담에게서 물려받은 죄로 인해 우리 안에서 역사하는 정욕이 아무 제한과 통제 없이 드러나는 것이 허용되었다면, 세상은 지옥이 되었을 것이고 오래전에 파멸로 치달아 벌써 멸망했을 것입니다. 그러나 하나님은 악을 제한하셨습니다. 악에 경계를 두셨습니다. 악을 억제하시고 통제하셨습니다. 사도 바울은 로마서 1:18 이하에서 하나님은 때때로 자신의 목적과 의도를 위해 그 제한을 부분적으로 철회하기도 하신다고 말함으로써 이를 증명합니다. 바울은 하나님이 "그들을 그 상실한 마음대로 내버려 두"셨다고 말합니다.28절 우리가 죄와 악의 끔찍한 두려움을 볼 수 있도록 하나님이 이들에 대해 두신 제한을 느슨하게 하시는 것처럼 보이는 때와 시기가 있습니다. 우리는 분명 지금 이런 시기에 살고 있습니다. 그러나 그것은 하나님이 죄 가운데 있는 인간에게 직접 행하시는 것이라고 성경은 말합니다. 하나님은 인간의 추하고 악하고 부패한 본성이 드러나는 것을 통제하십니다. 이것은 일반적인 메시지입니다.

그렇다면 특별한 메시지는 무엇일까요? 이 특별한 메시지는 바울이 본문에서 가장 큰 관심을 두고 강조합니다. 그것은 우리가 이처럼 악한 세상에서 구원받을 수 있다는 것입니다. 이 세상에 확실히 임하게 될 정죄를 피할 수 있다는 것입니다. 이것이 바울이 선포한 메시지입니다. 그것은 개인들에게 주는 메시지입니다. 그것은 우리가 단순히 기독교의 가르침을 이행하기만 하면 세상이 올바른 상태가 될 것이라고 말하지 않습니다. 사람들에게 자신을 개혁하고 이것저것을 하라고 호소하지도 않습니다. 절대로 아닙니다. 그것은 하나님의 아들이자 우리의 주와 구주 되시는 그리스도 예수 안에서 하나님이 행하신 일의 결과로 우리, 곧 죄악 되고 정죄받은 세상의 주축으로 살아온 우리가 이 세상에서 구원받을 수 있다고 말합니다. 바울은 갈라디아 교회 교인들에게 그리스도는 "이 악한 세대에서 우리를 건지시려고 우리 죄를 대속하기 위하여 자기 몸을 주셨"다갈 1:4고 말합니다. 세상은 그 운명이 이미 정해져 있습니다. 멸망과 형벌을 받도록 되어 있습니다. 마귀와 마귀의 모든 세력은 파멸에 이를 것이고, 그의 권세에 속해 있는 모든 자 역시 동일한 형벌에 처해질 것입니다. 그러나 복음 메시지는 사람들에게 이 세상에 속해서는 안 된다고 말합니다. 그들은 이 세상 곧 "흑암의 나라"에서 벗어날 수 있습니다. 사탄의 권세에서 벗어나 하나님께 나아갈 수 있습니다. 이것이 우리 모두를 향해 주어진 복음 메시지입니다. 세상은 있는 그대로 존재하겠지만 여러분은 이 세상에서 구원받을 수 있고, 이 세상에서 벗어날 수 있습니다. 그뿐만이 아닙니다. 우리는 이 세상에 속해 있지 않은 나라에 편입되어 그 나라의 시민이 될 수 있습니다. 에베소서 2장을 살펴보면서 우리는 바울이 자신의 말을 정교하게 다듬어 표현하고 있다는 것을 발견할 것입니다. 바울은 이 요점을 다음과 같이 정리합니다. "놀라운 일은 너희 이방인이 그리스도 안에 있다는 것과 그리스도의 피로 말미암아 성도들과 동일한 시민이 되었다는 것이다. 너희는 하나님의 나라, 그리스도의 나라, 빛의 나라, 하늘나라 곧 이 세상에 속하지 않는 나라, 진동할 수 없는 나라, 흔들리지 않는 나라의 시민이 되었다." 이것이 바로 우리가 들어가는 나라입니다.

이 메시지는 인간이 지금까지 들을 수 있는 가장 떨리는 소식입니다. 우리는 모두 우리의 조국인 이 나라(영국)의 국민이고, 따라서 이 나라에서 일어나는 일에 모두 관련됩니다. 만일 이 나라가 전쟁을 하게 된다면 우리도 이 전쟁에 연관될 것입니다. 우리는 지난 전쟁에서 단순히 그리스도인이라는 이유로 다른 사람들과는 달리 폭탄을 피할 수 있었던 것이 아니었습니다. 우리 역시 폭탄의 위협을 받았습니다. 우리는 이 세상의 시민이고, 이 세상의 운명에 참여하기 마련입니다. 그러나 감사하게도 여기에 또 다른 사실이 있습니다. 이 세상의 시민으로 남아 있지만 우리는 다른 나라의 시민이 되었습니다. 그리스도로 말미암아 그 나라에 들어가는 문이 열렸습니다. 이 나라는 영적인 나라로, 이 세상에 속한 나라가 아닌 하늘에서 하나님과 영원히 함께하는 나라입니다. 이것이 이 메시지의 가르침입니다. "그러나 하나님은……."

이 교리는 다음과 같은 실천을 통해 드러납니다. 만일 제가 이 메시지를 믿는다면 저는 이제부터 이 세상의 어떤 것에도 소망이나 애정을 두지 않을 것입니다. 물론 자연인은 이 세상에 소망과 애정을 두겠지요. 자연인은 자신의 소망을 이 세상과 이 세상의 정신, 이 세상의 관점, 이 세상의 정치인들, 이 세상의 사고방식, 이 세상의 쾌락, 이 세상의 기쁨에 둡니다. 그는 이 세상을 위해 삽니다. 그의 모든 소망과 애정은 여기 이곳에 있습니다. 그러나 그리스도인은 그렇게 하지 않습니다. 이 세상이 파멸할 운명에 처해 있으며 하나님의 진노 아래에 있다는 것을 알았던 그리스도인은 "장차 올 진노"를 피했습니다. 그리스도인은 복음을 믿었고, 이 다른 나라에 들어갔습니다. 그의 소망과 애정은 여기 이곳이 아니라 하늘 저곳에 있습니다. 성경의 용어를 빌리자면, 그리스도인은 자신이 이 세상에서 "거류민과 나그네"일 뿐이라는 사실을 알고 있는 사람입니다. 그는 이 세상에서 단순한 동거인입니다. 더 이상 이 세상을 위해 살지 않습니다. 이 세상을 스쳐 지나가고, 이 세상 너머를 봅니다. 그리스도인은 이 세상에서 단지 여행자 곧 나그네라는 것과, (야고보가 지적한 것처럼) 자신의 생명이 "안개"약 4:14 곧 호흡에 불과하다는 것을 깨달은 사람입니다. 따라서 그리스도인은 이 세상을 영원한 곳으로 간주하지 않습니다. 자신의 계획을 고수하여 "나는 이것저것을 해야 한다"고 말하지 않습니다. 절대로 그렇지 않습니다! 오히려 "만약 주님의 뜻이라면……"이라고 말합니다. 그는 자신의 계획을 모두 하나님의 손에 맡깁니다. 그는 자신의 인생이 얼마나 일시적인 것인지 압니다. 그리스도인은 더 이상 이 세상에 자신의 믿음이나 애정을 두지 않습니다.

그러나 더 놀라운 것은 그리스도인이 이 세상에서 일어나는 어떤 일에도 결코 놀라지 않는다는 것입니다. 그것이 앞에서 제가 이 복음만큼 세상의 상황에 적합한 것은 아무것도 없다고 말한 이유입니다. 그리스도인은 세상에서 일어나는 일에 결코 놀라지 않습니다. 그는 모든 일에 준비되어 있고, 또 어떤 일에도 준비되어 있습니다. 그래서 전쟁이 일어나도 전혀 놀라지 않습니다. 물론 그리스도인이 아닌 사람, 특히 이상주의자는 크게 놀라겠지요. 그들은 제1차 세계대전이 끝날 때 국제연맹이 전쟁을 영원히 종식시킬 것이라고 믿었습니다. 1925년 로카르노 조약Locarno Pact으로 전쟁이 결국은 종식될 것이라고 믿었던 사람들이 많았습니다. 그들은 매우 행복했습니다. 그들은 1914-1918년에 있었던 전쟁과 같은 또 다른 전쟁은 결코 일어나지 않을 것이라고 확신했습니다. 그런데 1939년에 전쟁이 일어나자 그들은 그것을 설명할 방도를 찾지 못했습니다. 그러나 참된 그리스도인은 인간이 정욕의 지배를 받는 피조물이고 이 정욕이 항상 다툼을 일으킨다는 사실을 알고 있었습니다. 따라서 로카르노 조약이나 다른 어떤 것으로도 전쟁을 차단하거나 종식시킬 수 없다는 사실을 잘 알고 있었습니다. 참된 그리스도인은 전쟁이 언제든 일어날 수 있음을 알고 있었고, 그래서 전쟁이 일어나더라도 놀라지 않았습니다. "그는 흉한 소문을 두려워하지" 않았고, "여호와를 의뢰하고 그의 마음을 굳게 정"했습니다.시 112:7

인간이 죄 가운데 있다는 성경 교리를 믿는 우리는 세상에서 어떤 일이 일어나더라도 결코 놀라서는 안 됩니다. 여러분은 온갖 살인과 절도와 폭력과 강도, 온갖 거짓말과 미움, 온갖 육욕과 성욕에 놀라고 있습니까?

신문에서 보는 사건들로 놀라고 있습니까? 여러분이 그리스도인이라면 그렇게 놀라서는 안 됩니다. 그럴 것이라고 예상해야 합니다. 당연히 죄 가운데 있는 인간은 그와 같이 행동하기 마련이니까요. 인간은 스스로 도울 수 없습니다. 인간은 허물과 죄 가운데 살고 행합니다. 인간은 개인적으로 그렇게 행합니다. 집단적으로도 그렇게 행합니다. 그러므로 산업 분쟁과 불화가 일어나고, 전쟁도 일어날 것입니다. 어떤 사람은 "오, 끔직한 염세주의네요!"라고 말할 것입니다. 그러나 저는 "아닙니다. 진짜 현실주의입니다!"라고 대답할 것입니다. 현실에 직면하십시오. 현실에 대비하십시오. 이와 같은 세상에서 더 좋은 것이 나올 것이라고 조금도 기대하지 마십시오. 세상은 타락하고 죄악 되고 불경건하고 악한 곳입니다. 인간이 죄 가운데 존재하는 한 세상은 그런 곳이 될 수밖에 없습니다. 소돔과 고모라 시대와 노아 홍수 시대가 그랬던 것처럼, 오늘날도 마찬가지입니다!

감사하게도 제 설교는 아직 끝나지 않았습니다. 할 말이 더 있습니다. 그것은 그리스도인은 자신이 이런 세상에서 살고 있음을 알지만 세상에 대해 어떠한 환상도 품지 않는다는 것입니다. 또한 이 세상에서 자신에게 어떤 일이 일어나든 감당할 수 있을 뿐만 아니라 모든 것을 "넉넉히 이길" 수 있는 능력에 연결되어 있다는 사실을 안다는 것입니다. 그리스도인은 수동적으로 그것을 감당하는 사람이 아닙니다. 그것을 견디기 위해 기개를 떨치는 사람도 아닙니다. 그것은 스토아 사상입니다. 이교 사상입니다. 그리스도 안에 있는 신자들은 바울이 "믿는 우리에게 베푸신 능력의 지극히 크심"[엡 1:19]이라고 말한 것을 알기에 강건케 되어 능히 견딜 수 있습니다. 그는 결코 기죽지 않습니다. 그는 패배하지 않습니다. 그는 환난 중에도 즐거워합니다. 세상에서 최악의 상황을 만나고 지옥을 경험한다고 해도 얼마든지 견딥니다. "세상을 이기는 승리는 이것이니 우리의 믿음이니라."요일 5:4 따라서 불가능한 일이 닥친다 해도 그리스도인은 극복할 자원을 가지고 있습니다. 여전히 위로와 안위를 가지고 있으며, 다른 이들이 전혀 모르는 힘을 소유하고 있습니다.

마지막으로, 그리스도인은 이 세상과 세상 사람들이 무슨 일을 행한다 해도 자신은 하나님의 손에서 안전하다는 것을 절대적으로 확신합니다. 그는 "우리가 담대히 말하되 주는 나를 돕는 이시니 내가 무서워하지 아니하겠노라. 사람이 내게 어찌하리요"히 13:6라고 말합니다. 그는 악의를 가진 인간이 자신을 모욕하고 핍박하고 약탈하고 심지어 자신의 몸을 해치기도 할 수 있다는 것을 압니다. 그러나 동시에 어떤 것도 자신을 "우리 주 그리스도 예수 안에 있는 하나님의 사랑에서 끊을 수 없으리라"롬 8:39는 것도 압니다. 그는 이 세상에서 어떤 일이 일어나든 간에 자신은 하나님의 자녀로서 영광의 상속자라는 사실을 압니다. 또 현재 이처럼 악한 세상도 온전히 구속받을 날이 오고 있으며, "의가 있는 곳인 새 하늘과 새 땅"벧후 3:13이 임할 것이라는 것도 압니다. 그는 미래에 있을 영광의 날을 고대합니다. 그때 자신의 몸이 새롭게 되고 영화롭게 되며, 더 이상 연약함과 질병과 노쇠와 부패에 예속되지 않게 되어 부활하신 그리스도의 몸과 같이 영화롭게 될 것임을 압니다. 그는 그때가 되면 이처럼 영화롭게 된 몸으로 이 땅, 곧 하나님의 불로 말미암아 악과 죄와 비천함이 완전히 타 버릴 이 땅 위를 걷게 될 것임을 압니다. 그는 어린양이신 하나님의 아들이 빛과 해, 밝음과 영광이 되시는 완전한 세상에서 살 것입니다. 그것도 영원무궁토록 세상을 즐기며 살 것입니다. 그것이 기독교의 메시지, 기독교 신앙이 이 비참하고 고달프고 불행하고 혼란스럽고 좌절된 현대 세계에 말하는 것입니다. 그것이 오직 하나님의 말씀을 통해서만 배울 수 있는 본질적인 교리들의 결론입니다. 세상은 여전할 것입니다. "그러나 하나님은……."

9

부흥의 목적

1959, 1980 | 『부흥』

이스라엘 자손들에게 말하여 이르되 후일에 너희의 자손들이 그들의 아버지에게 묻기를 이 돌들은 무슨 뜻이니이까 하거든 너희는 너희의 자손들에게 알게 하여 이르기를 이스라엘이 마른 땅을 밟고 이 요단을 건넜음이라. 너희의 하나님 여호와께서 요단 물을 너희 앞에서 마르게 하사 너희를 건너게 하신 것이 너희의 하나님 여호와께서 우리 앞에 홍해를 말리시고 우리를 건너게 하심과 같았나니 이는 땅의 모든 백성에게 여호와의 손이 강하신 것을 알게 하며 너희가 너희의 하나님 여호와를 항상 경외하게 하려 하심이라 하라.

여호수아 4:21-24

로이드 존스는 한평생 부흥—하나님의 영이 크게 부어짐으로써 평소와 달리 많은 사람들이 기독교 신앙으로 돌아오고, 많은 그리스도인들의 삶이 새로워지고 변혁되는—에 대한 소식을 듣기를 좋아했습니다. 그의 이런 모습은 역사에 대한 평생의 관심과 맥을 같이했습니다. 과거의 대부흥에 대한 기사를 읽거나 당대에 일어난 영적으로 의미심장한 사건들(동아프리카나 아우터 헤브리디스 제도에서 발생한 것과 같은)의 증인을 만나 이야기를 듣는 것보다 그를 흥분시키는 일은 없었다고 말할 수 있습니다.

그의 묘지가 남웨일스로 정해진 것도 그의 부흥에 대한 갈망 때문이었습니다. 그는 자신의 가족 묘지에 장사되기 보다는 아내의 가족 묘지가 있던 뉴캐슬 엠린Newcastle Emlyn에 장사되기 원했습니다. 이것은 단순히 그가 아내 베단을 변함없이 사랑했다는 증거가 아니었습니다. 그가 그곳을 소중히 여긴 것은 한 번이 아니라 두 번이나, 곧 1859년과 1904-1905년에 부흥의 역사가 일어났던 예배당이 그곳에 있었기 때문입니다. 또 그곳에는 아내의 친할아버지인 에번 필립스Evan Phillips가 안장되어 있었습니다. 에번 필립스는 이 두 번의 부흥에 깊이 관여했던 인물이었습니다. 첫 번째 부흥이 일어났을 때에는 젊은 설교자로, 두 번째 부흥이 일어났을 때에는 원로 정치가로 각각 참여했습니다. 베단은 오빠 유안과 함께 1904-1905년에 웨일스에서 많은 사람에게 성령이 특별히 부어진 사건을 직접 목격했습니다.

이안 머레이가 웨스트민스터 채플을 찾은 한 인도 언론인의 말을 빌려 지적한 것처럼, 로이드 존스가 항상 중대한 역사적 부흥 사건들을 복음과 하나님의 현존에 대한 강력한 의식과 연관시켰다는 느낌을 주는 것은 무척 흥미롭습니다. 이 점은 그가 웨스트민스터 채플에서 주기적으로 전한 설교에 골고루 스며 있었습니다.

역사에 대한 그의 사랑은 열렬하고 오래되었습니다. 하지만 1959년 곧 영국과 미국에서 부흥이 일어난 지 100년이 되는 해에 부흥에 대해 설교했을 때, 그는 이 설교 시리즈의 기반을 역사적 교훈이 아니라 성경과 성경 강해에 두기로 결정했습니다. 당시 그는 성경이 부흥에 대해 말하는 것을 전하기 위해 그때까지 24회에 걸쳐 전한 에베소서 강해설교를 중단할 정도로, 부흥에 대한 교훈을 매우 중요하게 여겼습니다.

그가 이 설교를 위해 여호수아서에서 뽑아낸 본문은 이스라엘 백성들이 주변의 절망적인 상황을 보면서 어디로 가야할지 바야흐로 중대한 결정을 내려야 하는 실정을 담고 있습니다. 이는 그가 강조하고자 했던 역사적 요점을 충분히 예증하고 있습니다.

그가 보기에 당시 교회는 인간적인 방법을 너무 편안해하고 행복해했습니다. 교회는 사람들을 교회 안으로 확실하게 끌어들일 수 있는 제도를 갖추고 있었습니다. 출교당한 자들이 언제든 다시 돌아오도록 설득할 수 있는 구조를 마련했습니다. 교회 지도자들은 젊은이들의 비위를 맞춰 줌으로써 그들을 회심시키기 원했습니다. 이렇듯 교회는 영적 성과를 내기 위해 세속적인 방식을 사용했습니다.

그러나 교회 지도자들에게 필요한 것은 그들 자신에 대해 절망하는 것과, 하나님만을 전적으로 의존하는 것과, 인간적인 노력이 얼마나 헛된지 깊이 자각하는 것과, 하나님이 과거에 자기 백성을 구원하신 것을 회고하는 것과, 오직 하나님만이 다시 그렇게 하실 수 있었다는 사실을 기억하는 것이었습니다. 이스라엘 백성들은 하나님이 여호수아에게 쌓으라고 명령하신 돌들을 보면서 그분이 자기들을 구원하신 분임을 지속적으로 상기할 수 있었습니다. 이에 로이드 존스는 하나님이 자기 백성의 삶 속에서 행하신 강력한 역사를 우리에게 보여주는 것, 이것이 성경이 오늘날 존재하는 이유라고 설명했습니다.

우리는 이전에 이런 말을 얼마나 자주 들었습니까? 요즘은 매디슨가家 광고기법과 마케팅 전략이 사람들을 교회로 끌어들이기 위한 설득의 기술로 사용되고 있습니다. 그렇지만 세상에 새것은 없습니다! 역사는 인간적인 방법으로 교회를 채우기 위한 시도는 잠깐은 지속될지 모르지만 반드시 실패한다는 것을 반복해서 증명합니다. 오직 복음에 대한 설교와 성령의 주권적 사역만이 참된 부흥을 이끌고, 그리스도인의 성장과 진정한 내면의 변화를 지속합니다.

이 설교는 그가 1980년에 한 번 더 전한 것입니다. 의미심장하게도 이 설교는 "이 돌들은 무슨 뜻이니이까?"라는 여호수아서 본문에서 인용한 말과 함께 그의 마지막 설교가 되었습니다.

그것은 정말 적당한 결말이었습니다!

여러분도 기억하겠지만, 우리가 여호수아서의 이야기를 계속해서 살펴보고 있는 것은 하나님이 행하신 큰일들을 상기시키는 기념물과 상징물을 세우는 일이 왜 중요한지 이 이야기가 완벽하게 보여주기 때문입니다. 우리는 하나님이 행하시는 원리가 절대 불변한다는 사실을 알았습니다.

우리는 역사적인 사실, 의미 있고 기적적인 사실들을 고찰하라는 요청을 받습니다. 그러므로 이제 부흥이라는 이 위대한 주제의 또 다른 측면으로 나아갈 필요가 있습니다. 부흥의 목표와 목적은 무엇일까요? 기적적인 일이 일어납니다. 그런데 그 일은 왜, 대체 왜 일어나는 것일까요? 두려운 마음으로 묻겠습니다. 하나님은 왜 때때로 이런 일을 행하시는 것일까요? 제가 이 질문을 던지는 것은 100년 전에 일어난 일이 그와 비슷한 여러 사건들 중 하나에 불과하다는 사실을 우리가 계속 상기해 왔기 때문입니다. 오랜 교회 역사를 읽어 보면 이렇게 성령이 찾아오시고 부어지시는 경우가 때때로 있습니다. 교회 역사상 이보다 더 명백한 사실은 없습니다. 실로 그 자체가 곧 교회 역사처럼 보일 정도입니다. 오순절 날 성령의 큰 부으심이 있었습니다. 그 찾아오심은 한동안 지속되다가 점점 스러져 마침내 소멸되었습니다. 교회는 무력한 상태에 돌입했고, 이제 끝이 왔다고 생각하는 이들이 있을 만큼 심각한 상태에 빠졌습니다. 그러다가 하나님이 갑자기 성령을 부어 주시자 다시 한번 정점으로 올라갔습니다. 그런 상태가 한동안 지속되다가 또 점차 사라졌습니다. 이처럼 교회의 역사는 올라갔다 내려갔다 하는 일종의 그래프를 이루고 있습니다. 이런 일이 수 세기에 걸쳐 계속되어 왔습니다.

자, 우리가 이 시점에서 관심을 기울여야 할 질문은 이것입니다. 왜 하나님은 이따금씩 이런 일을 행하시는 것일까요? 그 대답이 지금 우리가 살펴보고 있는 이 본문에 아주 완벽하게 나와 있습니다. 첫 번째 이유는 24절에 나옵니다. "이는 땅의 모든 백성에게 여호와의 손이 강하신 것을 알게 하며." 이것이 우리에게 제시된 첫 번째 이유입니다. 하나님은 이따금씩 이런 일을 행하십니다. 교회에 부흥과 축복을 보냄으로써 교회 밖에 있는 자들에게 무언가를 보여주십니다. 땅의 모든 백성들이 주목할 만한 일을 행하십니다. 우리가 이 문제를 계속해서 고찰하는 주된 이유가 여기 있음을 늘 기억해야 합니다. 제가 부흥이라는 주제 전체에 여러분의 주의를 환기시키는 주된 이유, 모든 이들에게 부흥을 위해 기도하며 부흥을 기다리고 사모할 것을 촉구하는 주된 이유가 여기 있습니다. 즉, 하나님의 영광 때문에 부흥을 구해야 한다는 것입니다. 아시다시피 하나님과 그의 영광을 대표하는 나라는 이스라엘밖에 없었습니다. 다른 모든 나라들은 이방국가로서 다양한 신들을 섬겼으며 이스라엘의 하나님은 믿지도, 예배하지도 않았습니다. 하나님은 이스라엘을 택하셨습니다. 자신을 위해 한 나라를 택하심으로써 그들을 통해, 그들을 도구 삼아 자신의 영광을 나타내시고, 세상 모든 나라에 그 영광을 증거하게 하셨습니다. 이것이 이스라엘 자손의 진정한 역할이었습니다. 다른 나라들은 이스라엘을 지켜보면서 늘 조롱하며 비웃을 준비를 하고 있었습니다. 그들은 이스라엘이 패할 때마다, 무력해 보이거나 어려움에 빠질 때마다 이렇게 말했습니다. "저들의 하나님은 어디 있는 거야? 저들이 그토록 떠들고 자랑하던 하나님은 대체 어디 있는 거냐고? 그 능력은 다 어디로 가 버렸지?"

하나님이 기적적인 행동을 보여주시는 첫 번째 이유는 이 모든 백성들과 나라들로 하여금 "여호와의 손이 강하신 것을" 알게 하시기 위해서입니다. 하나님은 스스로 명예를 회복하시며, 자신의 영광과 능력을 주장하십니다. 그는 이런 일을 행하심으로써 교회 밖에 있는 사람들, 교회를 조롱하고 놀리는 사람들에게 그들을 제지하고 사로잡으며 경악할 만한 무언가를 보여주십니다. 자, 이 점을 결코 잊지 맙시다. 이것이 우리가 부흥에 관심을 갖는 주된 이유입니다. 체험 그 자체를 위해 부흥을 추구해서는 안 됩니다. 부흥의 때에 수반될 수 있는 체험에 대해 지난번에 말씀드렸지만, 일차적으로 그런 체험 자체를 위해 부흥을 추구해서는 안 됩니다. 그런 사람들이 있습니다. 어떤 종류의 체험이든 체험을 약속하는 집회에 항상 달려가는 사람들, 이 집회 저 집회 돌아다니는 사람들, 항상 자기 생각만 하면서 체험을 하고 싶어 안달하며 체험에 목말라하는 사람들이 있습니다. 그러나 본문은 그렇게 말하고 있지 않습니다. 부흥의 일차적인 목적은 하나님의 영광과 능력, 그분의 이름, 그분의 명예를 드러내려는 데 있습니다. 이 점을 무엇보다 확실히 짚고 넘어갑시다.

개인의 문제나 교회의 문제를 해결하는 데 도움이 될 방법이라면 무엇에든지 덥석 달려들 태세를 갖춘 이들이 있습니다. 몇 년 전까지만 해도 교회의 주요 교단들은 전도에 전혀 관심이 없었습니다. 그들은 전도를 무시했고 조소했으며 도외시했습니다. 그런데 오늘날에는 모든 교단들이 전도에 대해 많은 논의를 벌이고 있습니다. 교회가 점점 비어 가는 현실이 보이는 탓입니다. 사람들은 출석률이나 더 나아가 재정 문제를 해결하는 데 도움이 될 만한 방법이라면 무엇이든 붙잡으려 합니다. 부흥에 관심을 갖는 것도 그 때문인 것이 틀림없습니다. 그러나 그것은 무서운 일입니다. 그렇습니다. 우리가 이런 일들에 관심을 갖는 최우선적인 이유, 지배적인 이유는 하나님의 영광에 있어야 합니다. 친애하는 여러분, 사람들이 하나님의 이름을 망령되이 일컫고 더럽히는 모습을 볼 때 절로 탄식이 나옵니까? 하나님을 부인하는 시대, 하나님의 능하신 일과 행위를 기록해 놓은 성경을 공석에서든 사석에서든 조롱할 정도로 교만해진 이 시대에 우리가 살고 있다는 사실로 인해 절로 탄식이 나옵니까?

우리는 이런 시대에 살고 있습니다. 우리가 부흥을 위해 기도해야 할 주된 이유는 하나님 이름의 명예가 회복되고 그의 영광이 나타나는 것을 간절히 보고자 하는 데 있습니다. 우리는 열국과 모든 백성들의 주목을 끌 만한 일이 일어남으로써 그들이 멈추어 서서 다시 생각하게 되기를 간절히 바라야 합니다. 이것이 우선입니다. 여러분은 성경에서 이런 소원을 계속 만나게 됩니다. 이것을 시편의 단 한 가지 주요 주제로 내세울 수는 없습니다. 그러나 많은 점에서 볼 때 여러 가지 주요 주제들 중 하나로 꼽을 수 있습니다. 시편을 읽어 보십시오. 성령의 찾아오심을 위해 기도하는 이들을 만나게 될 것입니다. 그 모든 이들이 성령의 찾아오심을 구하는 이유는 조롱하는 이방인들을 잠잠케 하기 위해서입니다. 시편 기자는 그들을 잠잠케 할 만한 일을 행해 달라고 하나님께 부르짖습니다. 이것이 시편 기자들이 항상 추구했던 목적입니다. 그들은 하나님이 이런 식으로 무언가를 행하시고 말씀해 주시기를, 모든 사람에게 "너희는 가만히 있어 내가 하나님 됨을 알지어다"라고 명해 주시기를 바랐습니다.시 46:10 시편 46편의 큰 주제가 이것입니다. 시편 기자가 이 말씀의 대상으로 삼고 있는 것은 열방과 그 군주들입니다. 그들은 하나님을 반대하며 하나님이 대체 어디 있느냐고 묻습니다. 그에 대해 시편 기자는 이렇게 대답합니다. "들으라. 전쟁을 쉬게 하시는 하나님이 여기 계시다. 그는 일어나 자신을 변호하는 분이시다." 하나님은 그들에게 자신을 드러내시면서 "가만히" 있으라고, 포기하고 굴복하라고, 그의 "하나님 됨"을 인정하라고 말씀하십니다.

자, 이것은 오늘 본문이 우리에게 상기시키는 점이기도 합니다. 하나님은 이 기념물을 세우는 일차적인 이유, 즉 하나님이 이처럼 영광을 나타내심으로써 이스라엘 밖에 있는 백성들을 잠잠케 하신다는 사실을 백성들에게 말해 주라고 친히 여호수아에게 명하셨습니다. 부흥은 항상 이런 결과를 가져왔습니다. 교회 밖에 있는 사람들, 기독교에 적대적인 사람들의 이목을 끌었던 것입니다. 부흥은 참으로 진기한 현상이었기에 그럴 수밖에 없었습니다. 우리가 이미 인정했듯이 부흥은 기적적인 일입니다. 사람들을 놀라게 만드는 일이며, 필히 멈추어서 바라보고 생각하게 만드는 일입니다. 물론 좋지 않은 이유나 단순한 호기심 때문에 멈추어 생각하게 될 수도 있습니다. 동기야 어떻든 상관없습니다. 일단 멈추어서 생각하게 만든다는 사실이 중요합니다. 물론 우리는 그 고전적인 예를 사도행전 2장에서 찾아볼 수 있습니다. 이 본문에는 오순절 날 일어났던 사건이 기록되어 있습니다. 성령이 부어지자 예루살렘 사람들과 그곳에 모인 나그네들이 다 이목을 집중하며 "이 어찌 된 일이냐?"고 물었습니다. 그것은 진기한 현상이었습니다. 무언가 사건이 벌어졌습니다. 사람들은 거기에 주목하지 않을 수가 없었습니다. 그래서 여러분도 기억하고 있듯이 베드로가 일어나 그 사건에 대해 설명했습니다. 부흥이 임하면 항상 이런 일이 일어납니다. 이런 결과를 가져오는 일이라면 부흥이라고 불러도 손색이 없다는 것이 저의 주장입니다. 부흥 외에 다른 일들은 우리가 거의 다 시도해 보았지만 아무 성과가 없었습니다. 대중은 잠시 흥미를 보이는 듯했으나 거기에서 더 나아가지 않았습니다. 그렇습니다. 사람의 일로는 이런 결과를 가져올 수 없습니다. 이런 일을 하실 수 있는 분은 하나님 한 분뿐입니다. 노골적으로, 분명하게 말씀드리겠습니다. 우리에게 필요한 것은 흥밋거리가 아니라 사람들을 놀라게 만들 하나님의 행동입니다. 이것이 차이점입니다. 인간은 묘기를 부릴 수 있습니다. 인간은 묘기 부리는 데 아주 재간이 있습니다. 인간은 무언가 새롭고 신선한 것을 생각해 낼 수 있으며, 또 그것을 널리 광고합니다. 그러나 사람들은 언제든지 그것이 인간이 하는 일임을 알아채고 "대단한 묘기로군"이라고 말합니다. 자, 이런 묘기로는 사람들을 우리가 바라는 자리까지 끌고 갈 수가 없습니다. 그러나 하나님이 일어나 행동하시면 사람들이 주목하지 않을 수 없는 일이 일어납니다. 사람들은 그 일을 이해하지 못합니다. 심리학자들도 설명하지 못합니다. 인간의 묘기는 어렵지 않게 설명할 수 있지만 이 일은 설명할 수가 없습니다. 이것이 인간이 어떤 일을 조직하는 것과 하나님이 그 능력의 오른손을 나타내시고 그 손의 능하심을 드러내시는 것의 차이입니다.

이 시대에 긴급히 필요한 것은 바로 이 같은 하나님의 일인 것이 확실합니다. 우리는 이 나라 대다수의 사람들이 어떤 상황에 처해 있는지 알고 있습니다. 교회 출석률은 전체 인구의 5퍼센트에 지나지 않습니다. 우리는 설교하고 금식하고 땀 흘리고 기도하면서 우리가 할 수 있는 모든 일을 다 하고 있습니다. 그러나 그런 노력도 전부 허사로 돌아가는 듯 보입니다. 지금 우리에게 필요한 일은 하나님의 능력이 강하게 나타나고 전능자의 행하심이 나타나서 사람들이 주목하여 보고 듣지 않을 수 없게 되는 것입니다. 과거 모든 부흥의 역사는 부흥이 늘 이런 결과를 가져왔으며, 거기에 전혀 예외가 없었음을 아주 분명하게 보여줍니다. 제가 부흥에 여러분의 주의를 환기시키는 이유가 여기 있습니다. 부흥을 위해 기도하라고 촉구하는 이유도 여기 있습니다. 하나님이 행동하시면 인간의 조직으로 50년간 이룰 수 있는 일보다 더 많은 일이 한순간에 이루어집니다. 그러므로 이 엄청난 가능성을 깨닫고, 비뚤어지고 왜곡된 이 세대 사람들, 심지어 하나님의 거룩한 이름을 모독하며 그분의 존재까지 부인하는 사람들 가운데 그 능력을 알리시며 영광을 나타내 달라고 하나님께 탄원합시다. 하나님을 위해, 그 이름의 영광을 위해 성령을 보내 달라고 중보하며 간구합시다.

이처럼 부흥을 구하는 첫 번째 큰 이유는 "땅의 모든 백성에게 여호와의 손이 강하신 것을 알게" 하려는 것입니다. 두 번째 이유는 "너희가 너희의 하나님 여호와를 항상 경외하게" 하려는 것입니다. 지금껏 강조해 왔듯이 부흥은 세상뿐 아니라 교회에도 아주 중요한 일입니다. "너희가" 알게 하기 위해, "너희가 너희의 하나님 여호와를 항상 경외하게" 하기 위해 부흥은 필요합니다. 그렇다면 부흥은 교회에 어떤 유익을 끼칠까요? 본문이 아주 명백히 가르치고 있는 몇 가지 유익을 열거해 보겠습니다.

첫째로, 부흥은 교회로 하여금 하나님의 능력의 임재를 비상하게 인식하게 해줍니다. "너희[이스라엘 자손들]의 하나님 여호와를 항상 경외하게 하려 하심이라." 자, 앞 장 10절에는 이 점을 훨씬 더 뚜렷하고 강력하게 표현합니다. "또 말하되 살아 계신 하나님이 너희 가운데에 [계신]……줄을 이것으로서 너희가 알리라." 바로 이것입니다. 여호수아는 살아 계신 하나님이 그들 가운데 계신 줄을 알게 하기 위해 이런 일이 일어날 것이라고 말했습니다. 이스라엘 자손들의 이야기를 읽어 보면 그들이 이 점을 상기할 필요가 있었다는 것을 아주 분명하게 알 수 있습니다. 그들은 하나님의 백성이었음에도 불구하고, 하나님이 자신들을 위해 그토록 많은 일을 해주셨음에도 불구하고, 애굽에서 끌어내시고 홍해를 건너게 해주셨음에도 불구하고, 광야에서 하늘의 떡인 만나를 먹여 주리지 않게 하시며 그 발이 부르트지 않도록 인도해 주셨음에도 불구하고 계속해서 두려워하고 불평했습니다. 다른 나라와 다른 백성과 그들이 섬기는 신들을 쳐다보며 주저하고 의심했습니다. 그들은 하나님과 자신들의 관계를 전혀 모르는 백성들처럼 행동했습니다. 그래서 하나님이 요단 강에서 이런 일을 행하심으로써 살아 계신 하나님이 그들 가운데 계심을 알리고자 하셨던 것입니다.

자, 오늘날 교회에 가장 필요한 일도 이것입니다. 한편으로 볼 때 지금 교회의 주된 문제, 매일의 생활과 삶을 영위하고 있는 우리 각 사람의 주된 문제는 살아 계신 하나님이 우리 가운데 계심을 모른다는 것입니다. 교회가 무엇입니까? 하나님이 거하시는 기관이요 몸입니다. 하나님은 교회 안에 거하실 것을 약속하셨습니다. "내가 너희 가운데 있겠다. 너희 가운데 거하겠다. 너희 사이에서 행하겠다"고 말씀하셨습니다. 그는 이스라엘 자손에게도 그렇게 말씀하셨습니다(예를 들어 출애굽기 29:45-46을 보십시오). 교회는 그 약속을 정확히 이어받고 있습니다. 교회는 인간이 만든 조직이나 기관이 아닙니다. 사도 바울이 에베소서 2장 말미에서 설명하고 있듯이 교회는 하나님이 거하시는 큰 건물이요 거처입니다.

이것은 신약 서신서 여러 군데에서 찾아볼 수 있는 주장입니다. 그런데 오늘날 교회는 이 점을 깨닫지 못하고 있는 것 같습니다. 사람들은 교회를 단순한 하나의 기관, 여러 기관들 중 한 기관, 인간이 만든 기관으로 생각하기를 고집합니다. 그러나 교회는 그런 곳이 아닙니다. 교회는 하나님이 거하시는 몸입니다. 부흥의 때에 하나님은 바로 이 사실을 우리에게 일깨우십니다. 부흥이 임하여 하나님이 행동하시면, 그 자리에 있는 모든 이들이 그가 계신 것을 알게 됩니다. 물론 우리는 그가 계신 것을 믿는 사람들입니다. 믿음으로 그 사실을 받아들이는 사람들입니다. 맞습니다. 그럼에도 우리는 그것을 알아야만 합니다. 깨달아야만 합니다. 그가 가까이 계심을 인식해야만 합니다. 이것이 부흥이 우리에게 끼치는 유익입니다. 하나님은 말씀하십니다. "내가 이 일을 하면 내가 너희 가운데 있으며 너희 한가운데서 행하고 있음을 모두가 깨달을 것이다. 나, 살아 있는 하나님이 너희 중에 내려와 있다. 너희 가운데 임재해 있다. 너희는 내 백성이다. 내가 너희 안에 거하고 있으며 너희 안에서 행하고 있다." 바로 이것을 오늘날 교회는 깨달아야 합니다.

물론 교회는 깨닫지 못하고 있습니다. 이것을 항상 잊고 지냅니다. 저는 이 유익을 첫 번째로 꼽았지만, 이것 말고도 꼭 기억해야 할 유익이 또 있습니다. 하나님은 그가 우리 가운데 계시다는 사실을 일깨우시는 동시에 교회가 나타내야 할 능력은 오직 하나님의 능력이라는 사실, 교회의 할 일은 오직 그의 능력을 나타내는 것뿐이라는 사실도 일깨우십니다. 복음이 무엇입니까? 자, 여러분은 사도 바울의 답변을 기억할 것입니다. "이 복음은 모든 믿는 자에게 구원을 주시는 하나님의 능력이 됨이라."롬 1:16 우리는 얼마나 쉽게 이 사실을 잊어버리는지요. 얼마나 쉽게 복음을 하나의 체계나 사상의 집합체 내지는 단순한 일개 진리로 전락시켜 전하는지요. 아, 그런 일은 능력이 없어도 할 수 있습니다. 사도 바울은 "경건의 모양은 있으나 경건의 능력은 부인하"는 자가 있다고 말합니다.딤후 3:5 기독교는 일차적으로 생명입니다. 능력입니다. 에너지의 표출입니다. 살아 계신 하나님이 우리 가운데 계시다는 것을 깨달을 때, 이 엄청난 능력도 점점 더 깨달아 가게 됩니다.

이 깨달음은 하나님과 바른 관계를 맺으며 항상 그의 능력을 의지하는 것이야말로 유일하게 중요한 일이라는 또 다른 깨달음으로 우리를 이끌어 갑니다. 여러분은 사도가 고린도 교회에 편지를 쓰면서 바로 이

점—그들에게 갔을 때 사람의 지혜로 전하지 않았다는 점, "지혜의 말로 하지" 않았다는 점—을 강하게 주장했음을 기억할 것입니다.고전 2:1-4 사도는 사람의 지혜를 가지고 복음을 전할 수 있었습니다. 그는 아주 유능하고 학식이 높고 몹시 박식한 사람이었기 때문입니다. 그러나 그는 자신이 찾아간 곳이 학문의 중심지이며—고린도에는 대학이 있었습니다—그리스인들이 어떤 사고방식을 가지고 있는지 알았으면서도 전혀 그런 쪽으로 접근하지 않았습니다. 그는 후에 자신이 그리스도를 위해 어리석은 자가 되었으며 그 때문에 많은 고린도인들이 자신을 멸시했다고 말합니다. 그런데도 자신은 그런 식으로 고린도인들에게 나아가지 않았다는 것입니다. 그러면 어떤 식으로 나아갔습니까? 오, 그는 말합니다. "다만 성령의 나타나심과 능력으로 하여 너희 믿음이 사람의 지혜에 있지 아니하고 다만 하나님의 능력에 있게 하려 하였노라."고전 2:4-5

우리 모두 이 점을 기억할 필요가 있습니다. 모든 설교자들을 위해 한 가지 고백을 하겠습니다. 저 자신을 포함하여 모든 설교자들이 부닥치는 중대한 시험은 설교 원고를 다 썼다고 해서 만족해 버리는 것입니다. 여러분은 주일을 위해 두 편의 원고를 작성합니다. 자, 거기까지는 좋습니다. 여러분은 원고를 보면서 말할 수 있으며 메시지를 전달할 수 있습니다. 그러나 그 원고가 곧 설교는 아닙니다! 원고는 완전한 무용지물이 될 수 있습니다. 오, 재미도 있고 어느 정도 지적인 자극과 유익도 있는 원고를 준비할 수 있습니다. 그렇다고 그것이 곧 설교인 것은 아닙니다. 설교는 성령의 나타남과 능력입니다. 설교자는 설교 준비를 마쳤다 해도, 또 그 내용이 아주 완벽하다고 해도 성령의 능력이 그 원고와 자신 위에 임하지 않는 한 아무 쓸데없는 휴지조각이 될 수 있음을 알아야 합니다. 설교자는 성령의 능력을 위해 기도해야 합니다.

그러나 설교자만 기도해서는 안 됩니다. 듣는 자들도 기도해야 합니다. 예배드리러 가기 전에 하나님의 성령이 설교자에게 임하여 그와 그의 메시지를 사용해 주시기를 기도하는 사람들이 얼마나 있습니까? 설교자뿐 아니라 청중도 그것을 위해 기도해야 합니다. 그렇지 않으면 설교자와 메시지 자체를 바라보게 됩니다. 그러면 안 됩니다. 모두 함께 하나님을 바라보아야 합니다. 자신들이 하나님만이 주실 수 있는 능력에 전적으로 의존하고 있는 존재임을 알아야 합니다. 부흥이 있는 곳에는 언제나 하나님의 능력이 나타납니다. 사람들에게 굳이 기도하라고 말하지 않아도 알아서 기도합니다. 더 많은 능력이 나타나는 것을 보고 싶기 때문입니다. 부흥은 기도하도록 격려합니다. 부흥의 이야기들을 읽고 하나님이 행하신 일들을 돌아보는 것이 유익한 이유가 여기 있습니다. 우리는 그런 이야기들을 읽으면서 살아 계신 하나님이 우리 가운데 계심을 깨닫게 됩니다. 우리는 이런 능력이 나타나게 해달라고 기도해야 합니다.

소극적인 차원에서 말하자면, 이것은 현재 교회의 저주가 되고 있는 온갖 형태의 자기 의존에서 벗어난다는 뜻입니다. 오늘날 교회의 상태를 설명하기란 어렵지 않습니다. 아주 쉽습니다. 오늘날 교회가 왜 이 모양이 됐는지 말씀드리겠습니다. 그것은 교회가 다음과 같은 형태의 자기 의존에 빠져 버렸기 때문입니다.

첫째는 학문과 학식에 의존하는 것입니다. 이런 현상은 19세기 중반에 시작되었습니다. 사람들은 "아, 우리는 좀 더 많은 교육을 받고 있고 좀 더 많이 진보했습니다. 그러니 지난 시대에 윗필드와 웨슬리 같은 사람들이 했던 일들은 더 이상 원치 않는 게 당연하지요. 우리는 학식 있는 설교를 원합니다"라고 말하기 시작했습니다. 그래서 실제로 학식 있는 설교들이 등장했습니다. 형식과 문체, 용어 선택이 큰 관심사로 떠올랐습니다. 설교집들이 출간되었습니다. 설교자는 원고를 쓸 때 확실히 그것을 전달할 예배보다 출판을 염두에 두게 되었습니다. 모든 것이 학구적이고 학문적이며 철학적이 되었고, 대단한 설교문들이 배출되었습니다. 이것이 오늘날 교회의 상태를 설명해 주는 첫 번째 주된 이유이자 원인입니다. 즉, 인간의 학식과 지식과 지혜를 의존하는 태도가 문제인 것입니다.

둘째는 당연히 조직에 의존하는 것입니다. 지난 100년간 교회는 오랜 역사상 유례가 없는 방식으로 그 조직과 기관들을 확장해 왔습니다. 이 한 세기만큼 교회가 산하 부서들을 많이 거느렸던 적은 없었습니다. 모든 것이 조직화되고 있습니다. 연령별 모임을 비롯하여 그 밖에 온갖 모임들이 생겨났습니다. 어떤 취미를 가지고 있든 그 취미생활을 어떻게 해야 하는지, 아이들과 젊은이들은 어떻게 다루어야 하는지 등 이런저런 조언을 담은 문건들을 보내 주는 본부들이 생겨났습니다. 이처럼 모든 것이 완벽한 조직을 갖추고 있음에도 교회의 상태가 어떤지 한번 보십시오. 그런데도 사람들은 조직에 의존하고 있습니다.

또 다른 이들은 활동에 의존합니다. 그저 바쁘게 움직이기만 하면 굉장한 일들이 벌어질 것처럼 생각합니다. 물론 조직을 만들고 활동을 벌이면 신문에는 나올 수 있습니다. 신문사에는 늘 기삿거리가 필요하기 때문입니다. 사람들은 "굉장한 일들이 벌어지고 있다. 한번 보라"라고 말합니다. 그러나 실제 상황은 어떻습니까? 교회의 모습을 보면 알 수 있습니다. 그렇습니다. 친애하는 여러분, 우리는 우리가 부산하고 바쁘게 움직이는 것과 하나님의 능하신 손이 나타나는 것 사이의 차이점을 다시 한 번 배울 필요가 있습니다.

하나님이 행동하시면, 그래서 사람들이 살아 계신 하나님이 자신들 가운데 계심을 알게 되면 자연히 겸손해지고 낮아지게 됩니다. 그들은 더 이상 계산하지 않습니다. 인간이 한 일이 아닌 하나님이 행하신 일들이 보도되고, 하나님이 행하심으로써 사람들에게 나타난 결과들이 보도됩니다. 부흥은 언제나 사람들을 겸손하고 낮아지게 하고, 바닥에 엎어지게 합니다. 스스로 아무것도 할 수 없는 존재로 느끼게 하고, 경외감과 경건한 두려움으로 가득 차게 합니다. 오, 우리에게는 이런 모습을 찾아보기가 얼마나 어려운지요. 인간이 얼마나 앞으로 불쑥 튀어나와 있는지 모릅니다. 그러나 부흥이 임하면 하나님의 능력이 확연하게 나타나기 때문에 인간은 뒤로 물러나 바닥까지 낮아지며 하나님께만 영광을 돌리게 됩니다.

그다음으로 말하고 싶은 요점은 논리적으로 당연히 뒤따라오는 내용입니다. 즉, 이 모든 일이 일어날 때 사람에 대한 온갖 형태의 두려움이 사라진다는 것입니다. 여호수아 3:10은 이렇게 말하고 있습니다. "또 말하되 살아 계신 하나님이 너희 가운데에 계시사 가나안 족속과 헷 족속과 히위 족속과 브리스 족속과 기르가스 족속과 아모리 족속과 여부스 족속을 너희 앞에서 반드시 쫓아내실 줄을 이것으로서 너희가 알리라."

이스라엘 자손은 막 약속의 땅에 들어가려는 시점에서 이 모든 족속에 대한 이야기를 들었습니다. 미리 보낸 정탐꾼들이 돌아와서 "너희도 알겠지만 그 땅에는 거인들이 살고 있다. 그들을 보니 우리는 마치 메뚜기처럼 약해 보이더라" 하고 말했습니다. 그래서 그들은 떨었고, 약속의 땅에 들어가서 맞서야 할 이 큰 세력들을 두려워했습니다. 그런데 그 두려움에 대한 해답이 여기 나오고 있습니다. "살아 계신 하나님이 너희 가운데 계심을 아는데, 헷 족속이 다 무엇이고 기르가스 족속과 여부스 족속이 다 무엇이냐? 그들이 전부 합쳐 덤빈들 또 무슨 상관이란 말이냐? 그들은 아무것도 아니다." 살아 계신 하나님이 우리 가운데 계심을 깨달을 때 사람에 대한 두려움은 즉시 사라지게 됩니다. 지금 교회에 필요한 것이 있다면 바로 이것입니다. 교회는 너무나 두려워합니다. 조직화된 죄를 두려워합니다. 그래서 다음과 같은 논리를 내세웁니다. "현재 세상을 볼 때 우리는 무언가 조처를 취해야만 한다. 세상은 젊은이들을 끌어당기며 행복하고 유쾌한 토요일 밤 시간을 제공하고 있다. 그들을 즐겁게 해주면서 노래나 이런저런 것들을 가르쳐 주고 있다. 그러니 우리도 똑같이 해야 한다. 팝 그룹이든 뭐든 토요일 밤 예배에 데리고 오라. 알다시피 젊은이들은 그런 것을 좋아한다." 세상은 그런 일들을 하고 있으며 젊은이들도 "그런 게 좋다"고 말합니다. 교회는 젊은이들을 잃을까 봐 두려운 나머지 자신들도 똑같이 해야 할 것처럼 느낍니다. 오, 이 얼마나 큰 비극이며 하나님의 길에서 벗어나는 일입니까?

교회는 오랫동안 젊은이들을 두려워했습니다. 그래서 그들을 끌어당기고자 이런저런 기관들을 확장했습니다. 또한 교회는 현대 세계의 유혹을 두려워합니다. 사람들은 말합니다. "우리가 뭘 할 수 있겠는가? 지금 우리는 텔레비전과 경쟁하고 있다. 200년 전에는 텔레비전이 없었다. 라디오도 없었고 영화도 없었다. 거기에 우리의 문제가 있다. 우리는 이에 대해 무언가 조처를 취해야만 한다." 그들은 이런 조직체와 세력들을 두려워합니다. 또한 세상의 학식과 지식 앞에 주눅 들어 있습니다. 그들은 말합니다. "여러 라디오와 텔레비전 프로그램에서 전문가들이 하는 말을 들어 보라. 사람들은 이런 수준 높은 이야기들을 듣고 있다. 그리스도인이 된다는 것은 과연 지적으로 인정받을 만한 일인가? 당신은 진심으로 기적에 대해 계속해서 이야기할 수 있는가? 홍해와 요단 강을 가른 일에 대해 말할 수 있는가? 사람들은 그 모든 이야기를 믿으려 들지 않을 게 뻔하다!" 그래서 복음을 손질하고 수정합니다. 학식과 지식과 과학이 두려워서 그렇게 하는 것입니다. 이것이 교회가 지난 100년간 해온 일이며, 오늘날 이 모양이 되어 버린 이유입니다. 또한 사람들은 공산주의가 확산되고 있다고 말하면서, 공산주의가 다양한 방법들을 사용해서 성공했다면 우리도 그런 방법들을 활용해야 한다고 말합니다. 우리도 좀 더 효과적인 문건을 만들어야 한다는 것입니다. 좋습니다. 계속 그런 시도들을 해보십시오. 그런 방법들에 의존하는 것은 곧 실패를 예약하는 것입니다.

우리는 이런 세력들을 두려워할 필요가 전혀 없습니다. 이런 세력들은 과거에도 늘 있었습니다. 이것은 새삼스러운 일이 아닙니다. 교회는 항상 세상과 육신과 마귀에 맞서 싸워야 했습니다. 초기에는 로마 제국과 싸워야 했고, 유대인들의 악의와 싸워야 했습니다. 이처럼 교회를 제거하려 드는 원수들은 늘 있었습니다. 그래서 교회가 흔들리고 두려움에 빠진 적도 많았습니다. 그러나 부흥이 임하면 두려움은 사라집니다. 살아 계신 하나님이 자신들 가운데 계시면서 "가나안 족속과 헷 족속과 히위 족속과 브리스 족속과 기르가스 족속과 아모리 족속과 여부스 족속을 너희 앞에서 반드시 쫓아내실 줄을" 깨닫기 때문입니다. 아시다시피 여호수아는 그들의 이름을 하나하나 거명합니다. 저도 지금까지 그 세력들을 하나하나 짚어 보고자 했습니다. 살아 계신 하나님이 우리 가운데 계시는데 그 모든 세력들을 두려워할 필요가 뭐가 있습니까? 오, 그의 능력을 살짝이라도 접할 수 있다면. 오, 이것이 해답이라는 사실과, 그의 능력을 접하면 모든 원수와 반대자들에 대한 두려움이 아침 이슬처럼 사라져 버린다는 사실을 교회가 깨닫는다면. "그를 두려워하라, 성도들아, 그러면 다른 것은 하나도 두렵지 않으리." 어떤 찬송 시인은 이렇게 썼습니다. 얼마나 맞는 말인지요! 부흥은 우리에게 이런 유익을 끼칩니다.

요컨대 부흥은 우리로 하여금 하나님을 바라보게 해줍니다. 계속해서 하나님을 바라보며 의지하게 해줍니다. 우리에게 가장 필요한 일, 유일하게 필요한 일은 하나님, 살아 계신 하나님을 아는 것이며 그 힘의 강력함을 아는 것입니다. 다른 것은 하나도 필요 없습니다. 살아 계신 하나님의 능력이 있고 그 하나님이 우리 가운데 계시다는 사실만 안다면 다른 것은 하나도 중요치 않습니다. 그러니 그를 기다립시다. 그를 바라봅시다. 홍해 앞에서 모세가 부르짖었던 것처럼, 원망하고 불평하는 백성들을 보며 어찌 할 바를 몰랐을 때 부르짖었던 것처럼 우리도 하나님께 부르짖읍시다. 하나님은 모세에게 이렇게 대답하셨습니다. "너는 어찌하여 내게 부르짖느냐. 이스라엘 자손에게 명령하여 앞으로 나아가게 하고."출 14:15 그래서 그들은 앞으로 나아갔습니다.

> 그가 주신 모든 힘으로
> 그의 큰 능력 안에 서라.
> 싸울 무장을 갖추기 위해
> 하나님의 갑주를 입으라.
>
> —찰스 웨슬리

여러분, 우리에게 필요한 것이 바로 이것입니다. 제가 부흥을 위해 기도

하라고 촉구하는 이유가 여기 있습니다. 그를 바라보아야 합니다. 하나님이 이런 일을 행하시는 것은 우리를 격려하시기 위해서입니다. 그가 우리 가운데 계심을 알리시기 위해서입니다. 우리는 100년 전의 부흥을 생각하면서 하나님께로 돌아가야 합니다. 여러분, 다른 것은 잊으십시오. 전부 잊으십시오. 우리에게 필요한 일은 살아 계신 하나님이 우리 가운데 계심을 아는 것입니다. 다른 것은 전부 묵살하십시오. 사소한 차이 때문에 시간을 낭비할 필요가 없습니다. 우리 모두에게 필요한 일은 살아 계신 하나님의 능력의 손길을 아는 것입니다. 그러니 그 손길을 알게 될 때까지 계속해서 기다립시다.

물론 하나님은 우리를 원수들에게서, 안팎의 원수들에게서 구원하기 위해서도 이 일을 행하십니다. 그렇습니다. 하나님은 자기 백성들을 애굽과 광야에서 끌어내 축복의 땅 가나안으로 이끌기 위해 이 모든 일을 행하셨습니다. 여러분, 그가 이 일을 행하시는 것은 우리를 축복의 땅, 젖과 꿀이 흐르는 가나안 땅으로 이끄시기 위해서입니다. 이것이 교회에 의미하는 바가 무엇일까요? 부흥이 일어나면 반드시 하나님의 풍성한 은혜를 즐거워하고 찬양하며 감사하게 된다는 것입니다. 부흥의 큰 특징은 결국 찬양하고 경배하며 예배하고 한껏 즐거워하게 만드는 것입니다. 영원토록 순전히 즐거워하게 만드는 것입니다.

결론적으로 저는 또 다른 사실로 여러분의 관심을 돌리고 싶습니다. 우리는 부흥의 때에 일어나는 중대한 사실에 대해 고찰해 왔습니다. 그 사실의 본질과 기적적인 성격, 하나님의 전능한 능력에 대해 고찰해 왔습니다. 우리는 "하나님은 왜 이 일을 행하시는가?"라는 질문을 던졌습니다. 이제 제가 던지고 싶은 마지막 질문은 "하나님은 언제 이 일을 행하시는가?"입니다. 여러분도 그 답을 궁금히 여기기를 바랍니다. 확신하건대 부흥을 기대하고 갈망하는 사람들이라면 마땅히 "오, 하나님이 언제 이 일을 행해 주실까? 많은 이들이 수년간 기도했는데도 아무 일도 일어나는 것 같지 않구나. 대체 언제가 되어야 부흥을 보내 주실까?"라고 물을 것입니다. 자, 그 답이 여기 여호수아의 이야기에 나오고 있습니다. 이것은 교회사가 확증해 주는 답이기도 합니다.

제가 볼 때 부흥의 시기를 결정짓는 주된 요인이 두 가지 있는 것 같습니다. 첫째는 이것입니다. 하나님은 항상 큰 시험과 좌절의 시기에 뒤이어 이 일을 행하시는 듯합니다. 우리가 살펴본 대로 본문은 두 가지 사건, 즉 홍해를 건넌 사건과 요단 강을 건넌 사건을 상기시키고 있습니다. 하나님이 언제 이런 놀라운 일을 행하십니까? 오, 한동안 애굽에 머문 이후에, 애굽에서 감독들에게 매질을 당하며 부족한 짚으로 벽돌을 만드는 속박과 구속과 학대의 기간을 보낸 후에 행하십니다. 속박의 기간, 무미건조한 기간, 학대와 박해와 시련의 기간이 지난 후에 행하시는 것입니다. 하나님은 애굽 시절 이후에 이 일을 행하십니다. 광야 시절 이후에 행하십니다. 지금 이스라엘 자손들은 요단 강을 눈앞에 두고 있습니다. 그렇습니다. 그들은 집 없는 광야 생활, 짐승들이 울부짖는 메마른 광야 생활, 폭풍과 시련과 시험과 실험의 연속이었던 40년간의 광야 생활을 이제 막 마쳤습니다. 그들은 광야에서 이 모든 일을 겪었습니다. 그 이야기를 읽어 보십시오. 얼마나 애처로운지 모릅니다. 그렇습니다. 그들은 광야를 경험했습니다.

그런데 그에 더하여 또 다른 재앙이 닥쳤습니다. 그들 중 많은 이들에게는 마치 세상 전부가 끝난 것처럼 보이는 일이었습니다. 그들의 위대한 지도자 모세가 죽었습니다. 산 위에 올라가더니 다시는 돌아오지 않았습니다. 그는 자신들이 노예로 비탄에 빠져 살고 있었을 때 처음으로 하나님의 메시지를 가지고 찾아와 전해 준 사람이었습니다. 또 자신들을 인도하여 수많은 고비를 넘게 해준 사람이었습니다. 그런데 이제는 그가 떠나고 없는 것입니다. 지금부터는 여호수아라는 사람이 그들을 이끈다고 합니다. 여호수아가 대체 누구입니까? 어떤 사람입니까? 아시다시피 상황은 극히 절망적으로 보였습니다. 광야에서 40년이나 살았는데 이제 지도자까지 잃고 만 것입니다.

아, 이로 인해 하나님께 감사드리십시오. 바로 이런 경험 후에 하나님은 부흥을 보내 주십니다. 애굽을 거친 후에, 광야를 경험한 후에 보내 주시는 것입니다. 하나님은 기독교회가 오랜 세월 광야에 있었던 것을 알고 계십니다. 1830년이나 1840년 이전의 교회 역사를 읽어 보면 거의 매 10년마다 규칙적으로 많은 나라에서 부흥이 일어났음을 알게 됩니다. 그런데 그 후로는 그렇지 못했습니다. 1859년 이후 딱 한 번 주요한 부흥이 일어났을 뿐입니다. 오, 우리는 파괴적인 고등비평이 활개 치며, 강단과 회중석을 비롯한 모든 곳에서 악이 자행되는 메마른 시기를 거쳐 왔습니다. 사람들은 살아 계신 하나님과 속죄와 화해에 대한 믿음을 저버리고 인간의 지혜와 철학과 학식으로 돌아섰습니다. 우리는 오랜 교회 역사상 가장 황폐한 시기를 거쳤습니다. 먼 나라로 떠난 탕자처럼 쥐엄열매만 먹으며 돼지들과 함께 들판에서 지냈습니다. 그렇습니다. 우리는 속박당하고 있고 두려워하고 있으며 박해와 조롱을 겪고 있습니다. 그런 상태가 계속되어 왔습니다. 우리는 아직도 광야에 있습니다. 마치 광야에서 벗어난 것처럼 암시하는 그 어떤 말도 믿지 마십시오. 우리는 아직 벗어나지 못했습니다. 그러나 하나님께 감사드리십시오. 하나님은 언제나 이런 시기가 지난 후에 행동하시고 능한 일을 행하시며 그 능력을 나타내십니다.

이 이야기에 나타나는 두 번째 요인 또한 아주 중요합니다. 단지 애굽과 광야를 지났다고 해서 하나님이 행동하시는 것은 아닙니다. 정말 중요한 순간, 위기의 순간은 홍해에 맞닥뜨렸을 때, 실제로 요단 강가에 서게 되었을 때 찾아옵니다. 바로 그런 순간에 하나님은 능한 일을 행하십니다. 아시다시피 우리는 40년 동안 광야를 지나왔을 수 있습니다. 그러나 단지 광야를 지나왔다고 해서 바로 능한 일이 일어나는 것은 아닙니다. 그렇습니다. 단지 광야만 지나온 것이 아니라 실제로 결정적인 상황에 부닥쳤을 때 능한 일은 일어납니다. 현대적인 용어로 말하자면 하나님은 우리가 이런 결정적인 상황에 맞닥뜨릴 때, 아무 소망도 없고 힘도 없는 상태에서 이런 상황에 맞닥뜨릴 때마다 이처럼 능한 일을 행하시는 것 같습니다. 홍해의 장면을 기억하십니까? 이스라엘 자손들은 앞으로 나아가라는 명령을 받았습니다. 그러나 대체 어디로 나아가라는 것입니까? 자, 그들이 이끌려 간 곳은 비하히롯과 바알스본이라는 두 산 사이였습니다. 뒤에는 바로와 군사들과 병거, 곧 애굽 군대가 쫓아오고 있었습니다. 이스라엘 자손들은 방어 수단 하나 없이 무방비 상태로 적군에 노출되어 있었습니다. 이쪽도 산이요 저쪽도 산이었습니다. 뒤에는 적군이 있었고 앞에는 홍해가 있었습니다. 아무 소망 없는, 철저하게 절망적인 상황 속에서 백성들은 원망과 불평을 터뜨리며 대체 왜 이런 일이 일어나는 것이냐고 모세에게 따지고 들었습니다. 모세는 하나님 앞에 엎드리는 것밖에 할 수 있는 일이 없었습니다. 그때 하나님이 응답하셨고 홍해가 갈라졌습니다.

요단 강에서도 정확히 같은 일이 일어났습니다. 성경은 1년 중 요단 강이 크게 범람하는 시기가 몇 달 있는데 이때가 바로 그런 시기였다는 흥미로운 세부사항을 알려주고 있습니다. 그들은 강을 건널 수가 없었습니다. 강물이 그들 앞에서 범람하고 있었습니다. 어떻게 그 물결을 헤치고 건너갈 수 있겠습니까? 바로 그때, 하나님이 일어나 능력의 오른손을 드셨고 그 영광을 나타내셨습니다. 도전의 형식으로 말씀드려 보겠습니다. 지금까지 일어난 모든 부흥의 역사와 이야기들을 읽어 보십시오. 하나님이 부흥을 보내시기 위해 사용하셨던 개인이나 무리, 소수의 무리들은 언제나 극한 좌절과 궁극적인 절망의 상태가 어떤 것인지 알고 있었다는 사실을 어김없이 발견할 것입니다. 한 사람 한 사람이 전부 알고 있었습니다. 윗필드와 웨슬리의 일기를 읽어 보십시오. 그 모든 이들의 일생을 읽어 보십시오. 그들은 언제나 자신들이 극도로 무력하며 절대적으로 무력한 존재임을 깨닫는 자리로 나아갔습니다. 자신들이 궁극적으로 무능한 존재임을 알았습니다. 앞에는 홍해가 있고 뒤에는 적군이 있습니다. 양쪽에는 산이 버티고 서 있습니다. 꼼짝없이 갇혀서 굴복해야만 할 상황입니다. 이것이 항상 필요한 전제조건입니다. 하나님은 항상 이런 순간에 행동하십니다.

고백하건대 오늘날 저를 괴롭히고 절망시키는 점이 바로 이 점입니다. 교회는 여전히 너무 건재하며, 너무 자신만만하고, 또 다른 운동들을 조직해서 더 열심히 활동하면 된다는 확신에 차 있습니다. 교회는 아직 홍해에 이르지 못했습니다. 비하히롯과 바알스본 사이에 이르지 못했습니다. 그런 경험이 무엇인지 모르고 있습니다. 그것을 모르는 한, 신앙의 부흥과 성령의 부으심을 기대할 근거는 많지 않습니다. 아시다시피 우리가 이미 겪어서 알고 있는 상황보다 훨씬 더 나쁜 상황이 닥칠 것입니다. 여러분은 지금 상황도 충분히 나쁘다고 생각할지 모르지만 그렇지 않습니다. 하나님이 우리를 불쌍히 여기시기를 원합니다. 불쌍히 여기셔서 비하히롯과 바알스본과 믹달에 이르게 하시고 적군과 홍해 사이에 끼어 극심한 좌절을 겪게 해주시기를, 범람하는 요단 강 앞에서 완전히 불가능한 상황에 부닥쳐 궁극적인 절망을 경험하게 해주시기를 원합니다. 우리를 그런 깨달음의 자리로 인도해 주시기를 원합니다. 그의 영광과 거룩함을 보여주시기를 원합니다. 심히 무력하고 소망 없는 우리의 모습을 보여주시기를 원합니다. 우리가 이 모든 것을 보고 사람들에게서 돌이켜 살아 계신 하나님만 바라보게 되기를 원합니다. 그러면 분명코 하나님이 우리의 기도를 들어 그 영광과 능력을 나타내 주실 것입니다.

10

성령은 친히 증언하신다

1955-1968 | 『로마서 강해: 하나님의 자녀』

성령이 친히 우리의 영과 더불어 우리가 하나님의 자녀인 것을 증언하시나니. 로마서 8:16

로이드 존스는 1955년부터 그가 은퇴한 시점인 1968년까지 그 유명한 로마서 강해설교 시리즈를 전했습니다. 그는 이 설교 시리즈에서 몇 가지 사실이 논란에 휩싸일 여지가 있다는 것을 깨달았습니다. 『로마서 강해: 하나님의 자녀』*Romans: The Sons of God* 서문에서 그는 이 사실을 지적합니다. 세월이 흐르면서 그의 몇 가지 견해는 치열한 논쟁을 불러일으켰습니다. 그중에서도 특히 교회 분리 문제와 성령 세례 및 은사 교리가 더 심각했습니다.

이 책 서론에서 언급한 것처럼, 우리는 1981년에 그가 죽고 30년 이상이 지난 지금도 격렬한 불꽃을 일으키는 이 두 핵심 논쟁은 피하기로 결정했습니다. 이 책은 이 주제들에 대해 모든 교파 그리스도인들의 마음을 불편하게 하지 않기로 정했습니다. 그러나 다른 관점에서 보면, 성령의 사역에 대한 그의 견해를 제외하는 것은 이상한 일이 되고 말 것입니다. 왜냐하면 성령의 사역은 웨스트민스터 채플에서 마지막으로 사역하던 시기에 그의 설교를 크게 지배하고 있었던 주제였기 때문입니다.

그래서 우리는 모두에게 도움을 주기 위한 목적으로 1960년대 초 금요일 저녁 모임에서 그가 전한 한 편의 설교를 선정하기로 결정했습니다. 이 설교는 로이드 존스 자신이 생전에 직접 편집한 것으로, 1974년에 배너 오브 트루스The Banner of Truth 출판사에 의해 출간되었습니다(미국에서는 다음 해인 1975년에 존더

반Zondervan 출판사에 의해 출간되었습니다). 이 설교를 현재 상태 그대로 그가 직접 배너 오브 트루스 출판사에 넘겼다는 것은 논란의 여지가 없습니다.

이처럼 치열한 논란을 불러일으킨 분야로 직접 들어가 이 책의 주요 목표를 흩뜨리는 것은 그다지 좋지 않을 것입니다. 대신, 몇 가지 질문을 제시하고 이어서 중요한 요점—성경과 교리에 대한 그의 전체적인 접근법을 고려할 때 종종 간과되는—으로 나아가는 것이 좋을 것입니다.

여기서 고려해야 할 세 가지 질문이 있습니다.

첫째, 그는 성령 세례가 회심과 분리된 사역이라는 견해를 옹호하는가?

둘째, 그는 성령 세례가 성경의 용어임을 증명하는가?

셋째, 그는 신자의 삶 속에서 특정한 사건을 동반하거나 동반하지 않는 영적 은사들에 대해 어떻게 말하는가?

독자가 스스로 판단해 보기 바랍니다!

그러나 우리는 그의 주장에 대한 논쟁에 직접 가담하기보다는 그와 성경 교리 그리고 그가 믿은 것과 그것을 믿은 이유와 같은 더 포괄적인 문제에 주목해야 합니다. 개신교인으로서 우리는 모두 위대한 종교개혁의 슬로건인 "오직 성경으로"*Sola Scriptura*의 가르침을 믿습니다. 로이드 존스도 그것을 열렬히 믿었고, 자신의 모든 삶과 사역에 그대로 적용했습니다. 이 설교에서 그가 한 성경 본문을 다른 성경 본문으로 어떻게 확증하는지 주목해 보십시오. 그것은 언제나 종교개혁의 방법입니다! 그는 또한 교회 역사에 나타나 있는 그리스도인들의 증언도 제시합니다. 하지만 이 증언은 교리 해석의 일차적인 원천이 아니라 성경이 가르치는 것에 대한 증거입니다.

물론 어떤 이는 자신들도 똑같이 한다고 주장할 것입니다! 그러나 우리가 실제로 그렇게 합니까? 우리가 사실은 로마 가톨릭처럼 전통의 영향을 받고 있는 건 아닌지 모르겠습니다. 우리는 그것을 부정하겠지만 사실인 경우가 많습니다. 우리는 "개혁파", "칼빈주의자", "침례교인"이고, 인간이 만든 온갖 조직에 속해 있습니다.

우리는 교황을 두고 있지는 않습니다. 하지만 우리가 따르는 역사적 인물들이 있습니다. 우리는 그들의 빛에 따라 성경을 해석하곤 합니다. 우리의 책장은 이런 영웅들이 쓴 주석으로 가득 채워져 있고, 이 책들은 우리의 생각을 이끄는 지침이 됩니다. 우리는 당대의 영웅들도 두고 있습니다. 이 유능한 설교자들은 설교로 우리의 마음을 사로잡고, 우리는 그들이 전하는 말에 열광합니다.

그러므로 우리는 여기서 "오직 성경으로"를 다시 생각해 보아야 합니다. 우리의 믿음을 결정하는 것이 진정 성경입니까? 아니면 우리의 교파적 전통 혹은 우리가 선호하는 설교자의 설교입니까? 로이드 존스에게는 그것이 "오직 성경"이었습니다. 그것은 우리 모두에게도 해당되어야 합니다.

우리가 이 중대한 진술을 적극적으로 강해하려면, 두 가지 중요한 사항을 고려해야 합니다. 첫째로, 성경을 해석할 때 반드시 준수해야 하는 규칙, 즉 성경은 성경으로 해석해야 한다는 규칙을 지켜야 합니다. 우리는 항상 평행 구절을 주목해야 합니다. 그것이 주석과 강해의 건전하고 기본적인 원리입니다. 만약 어떤 성경 구절의 의미가 명확하지 않다면, 우리는 평행 구절을 찾아보아야 합니다. 한 가지 예로, 우리는 요한복음 7:37-39에서 이런 진술을 봅니다. "명절 끝날 곧 큰 날에 예수께서 서서 외쳐 이르시되 누구든지 목마르거든 내게로 와서 마시라. 나를 믿는 자는 성경에 이름과 같이 그 배[내장]에서 생수의 강이 흘러나오리라 하시니 이는 그를 믿는 자들이 받을 성령을 가리켜 말씀하신 것이라(예수께서 아직 영광을 받지 않으셨으므로 성령이 아직 그들에게 계시지 아니하시더라)." 우리는 지금 성령의 사역을 언급하는 로마서 8:16을 다루고 있습니다. 그런데 이 본문의 의미를 정확히 파악하기 위해 우리는 방금 제시한 요한복음 7장의 말씀으로 돌아가야 합니다. 요한복음 7장에서 우리는 성령의 오심과 성령이 신자들에게 미칠 효력에 대한 예언을 보게 됩니다. 신자들은 완전한 만족을 얻을 것입니다. 그뿐만이 아닙니다. 그들은 다른 수많은 사람들에게 축복의 도구가 될 것입니다.

또 하나의 중요한 평행 구절은 우리가 이미 살펴본 로마서 5:5의 말씀입니다. 거기서 바울은 이렇게 말했습니다. "소망이 우리를 부끄럽게 하지 아니함은 우리에게 주신 성령으로 말미암아 하나님의 사랑이 우리 마음에 부은바 됨이니." 우리는 이 구절을 다룰 때 "부은바 됨이니"를 크게 강조했습니다. 그것은 단순히 하나님에 대한 사랑이 자기 안에 있음을 확신하려고 애쓰는 사람을 묘사한 것이 아닙니다. 그것은 하나님에 대한 우리의 사랑을 의미하는 것이 아니고, 우리에 대한 하나님의 사랑을 의미합니다. 다시 말해, 하나님의 사랑에 대한 의식이 흘러넘치는 것을 묘사한 것입니다. "부은바 됨이니"라는 말은 풍부함, 충분함을 함축하고 있습니다.

오순절 사건에 대한 기사에서도 동일한 강조점이 나타납니다.[행 2장] 제자들은 주님이 죽으신 후에, 심지어 부활하셔서 그들에게 나타나신 후에도 여전히 두려워하고 염려하고 불안에 떨었습니다. 위로를 주고 상당한 지식을 제공하는 사건들이 있었습니다. 하지만 오순절에 일어난 것과 같은 획기적인 변화가 그들에게 아직은 일어나지 않았습니다. 그러나 오순절 사건 이후로 제자들은 완전히 달라졌습니다. 그들은 "성령으로(혹은 성령으로 말미암아) 세례를 받았습니다." 동일한 일이 사도행전 4장에서도 반복됩니다. 거기서 우리는 제자들이 함께 모여 있는 곳이 진동하고 "사도들이 큰 권능으로 주 예수의 부활을 증언하니 무리가 큰 은혜를 받"았다[33절]는 말씀을 듣습니다. 또 다른 예가 사도행전 8장에서 발견됩니다. 이 본문에서는 베드로와 요한이 예루살렘에서 사마리아로 내려와 사마리아 사람들을 위해 기도하고 안수하자 그들이 성령을 받는 역사가 기록되어 있습니다. 또 10장을 보면 고넬료와 그의 가정에도 이런 역사가 일어난 것을 발견합니다. 마지막으로 에베소에서 사도 바울이 안수했던 "제자들"의 경우도 그러합니다. 이때 그들은 성령으로 충만했고, 성령의 세례를 받았습니다.[행 19장]

저는 이 모든 역사가 우리가 로마서 8:16에서 다루고 있는 것의 실례라고 생각합니다. 요한계시록 2:17에 나타난 것도 살펴보십시오. "귀 있는 자는 성령이 교회들에게 하시는 말씀을 들을지어다. 이기는 그에게는 내가 감추었던 만나를 주고 또 흰 돌을 줄 터인데 그 돌 위에 새 이름을 기록한 것이 있나니 받는 자밖에는 그 이름을 알 사람이 없느니라." 저는 이 구절이 로마서 8:16에서 바울이 진술한 것을 말만 바꾸어 표현했다고 생각합니다. 요한계시록 2:28에서도 같은 관념이 발견됩니다. "내가 또 그에게 새벽별을 주리라." 우리는 여기서 요한이 사용하고 있는 상징의 정확한 의미에 관심을 둘 필요는 없습니다. 여기서 제가 말하고 싶은 것은 하나님께 순종하고 그분을 기쁘시게 한 사람들에게는 "감추어진 만나", "흰 돌", "새벽별"로 표상된 하나님의 선하신 기쁨의 증거가 주어질 것이라는 것입니다. 계속해서 우리는 빌라델비아 교회에 주시는 메시지에서 비슷한 관념을 또 발견합니다. "이기는 자는 내 하나님 성전에 기둥이 되게 하리니 그가 결코 다시 나가지 아니하리라. 내가 하나님의 이름과 하나님의 성 곧 하늘에서 내 하나님께로부터 내려오는 새 예루살렘의 이름과 나의 새 이름을 그이 위에 기록하리라."계 3:12 이 약속 역시 동일한 범주에 속해 있습니다. 이 약속은 신자들 곧 교회의 지체들에게 주어집니다. 신자들에게는 추가로 주어지는 특별한 것 곧 "내 하나님의 이름", "하나님께로부터 내려오는 새 예루살렘의 이름", "나의 새 이름"이 주어질 것입니다. 신자들은 자신들이 하나님과 주 예수 그리스도에게 속해 있다는 것과 자기들의 영원한 운명이 안전하다는 것, 그리고 하나님 앞에 자신들이 서 있는 위치와 그분과의 관계에 대해 매우 특별한 보증과 인이 주어질 것이라는 사실을 크게 확신할 수 있습니다.

이 본문들은 로마서 8:16을 이해하는 데 도움을 줍니다. 이런 본문들은 이 외에도 또 있습니다. 신약성경을 편견 없이 읽는 자는 누구든 초기 그리스도인들이 현재의 대다수 그리스도인들과는 현저하게 다른 특출한 영적 경험과 통찰력과 깨달음을 가지고 있었다는 것을 분명히 확인하지 않습니까? 예를 들어, 베드로가 베드로전서에서 일반 교인들에게 쓴 편지를 보십시오. "예수를 너희가 보지 못하였으나 사랑하는도다. 이제도 보지 못하나 믿고 말할 수 없는 영광스러운 즐거움으로 기뻐하니."벧전 1:8 이 말씀은 기독교 교회의 일반 교인들에게 쓴 것입니다. 이것은 초대교회 교인들의 삶의 특징을 보여줍니다. 이런 배경은 우리가 로마서 8:16을 이해하는 데 큰 도움을 줍니다. "성령이 친히 우리의 영과 더불어 우리가 하나님의 자녀인 것을 증언하시나니."

둘째로, 이 본문을 강해할 때 우리는 기독교 교회의 역사가 던져 주는 빛에 따라 강해해야 합니다. 기독교 교회의 역사 역시 성경의 진술을 해석하는 데 매우 유용한 도구가 됩니다. 만일 우리가 모든 성경을 우리 자신의 경험과 지식의 수준으로 끌어내린다면, 종종 성경의 가장 큰 영광을 박탈하는 일이 벌어질 것입니다. 그러나 교회의 긴 역사를 살펴보고 개인이나 교회, 때로는 나라 전체에서 일어나는 어떤 일들을 주목하게 되면, 이 본문을 고찰하는 데 소중한 통찰력을 얻게 될 것입니다. 다시 말해, 어떤 성경 구절의 의미에 대해 의구심이 든다면, 그 의미를 여러분의 경험 속에서 사실인 것으로 축소하거나 그것으로 제한하지 말라는 것입니다. 성도들의 삶에 대해 읽어 보십시오. 하나님의 교회를 드높인 일부 특별한 사람들의 이야기를 읽어 보고 그들이 무엇을 말해 주는지 귀를 기울이십시오. 저는 지금 제가 말하는 바를 예증하기 위해 다양한 사례를 인용할 수 있습니다. 어떤 이들은 지체 없이 "그 순간에 성령이 친히 내 영과 더불어 내가 하나님의 자녀인 것을 증언하셨다"고 고백하도록 이끈 경험을 가지고 있었습니다.

그러나 개인들의 경험 외에도 우리에게는 대부흥의 경이로운 역사가 있습니다. 부흥과 부흥의 역사는 이 점에서 매우 중요합니다. 우리는 부흥이 있기 전에 수년간 교회에 다녔던 사람들에 대해 읽습니다. 그들은 이미 주 예수 그리스도를 믿었습니다. 구원의 확신이 어느 정도 있었습니다. 그렇지만 부흥이 임했을 때 곧 하나님의 영이 그들에게 부어졌을 때 그들에게 획기적인 일이 일어났습니다. 그래서 그때까지 자신들이 전혀 그리스도인이 아니었던 것처럼 생각할 정도였습니다. 그들은 갑자기 하나님과의 관계에 대해 이전에는 결코 없었던 절대적인 확신과 보증을 가지게 되었습니다. 제가 보기에 이것이 바로 우리가 살펴보고 있는 본문에서 말하는 사실입니다. 따라서 성령의 이 특별한 사역을 직접 제시하는 성경 본문 외에도 부흥의 때—하나님의 영이 비범한 방식으로 풍성하게 부어져 다수의 사람들이 갑자기 이런 확신과 명확한 지식과 깨달음을 얻게 되는—에 성도들의 삶과 전체 교회 역사에서 이것이 놀랍게 확증되는 것을 봅니다.

성경 해석의 두 가지 기준을 살펴본 결과 우리는 어떤 결론에 도달하게 됩니까? 첫 번째 결론은 이 일은 분명 성령이 직접 행하신 일이라는 것입니다. 바울은 이것을 다음과 같이 표현합니다. "성령이 친히……증언하시나니." 바울은 왜 단순하게 "성령이……증언하시나니"라고 말하거나 "성령이 우리의 영과 더불어……증언하시나니"라고 말하지 않았을까요? 바울은 의도적으로 "성령이 친히……증언하시나니"라고 말했습니다. 그는 여기서 마치 우리가 범해 온 오류에서 우리를 보호하기 위해 그렇게 하는 듯합니다. 또한 자신의 관심이 우리 안에서 행하시는 성령의 사역이 아닌, 우리에게 증언하시고 우리의 영과 함께 증언하시는 성령 자신의 인격에 있다는 것을 분명히 하기 위해 그렇게 하는 듯합니다. 여기서 성령의 사역에 대한 관심과 성령의 인격에 대한 관심은 전혀 별개입니다. 우리는 14절에서 성령의 사역이 무엇인지 이미 확인했습니다. 그것은 바로 증언입니다. 더 획기적인 것은, 성령이 우리 마음에 들어오실 때 우리가 우리의 영 안에 양자의 영을 갖게 된다는 것입니다. 우리는 15절에서 이를 확인했습니다. 그것은 성령의 사역의 한 부분입니다. 그러나 16절에서 바울은 자신이 이런 성령의 사역이 아닌 성령 자신이 직접 행하시는 것 자체를 다루고 있다는 점을 강조합니다.

성령 자신의 증언과 증거는 우리 자신의 영의 증언을 확증하는 역할을 합니다. 우리의 영은 "아빠, 아버지"라고 부르짖으며 우리가 하나님의 자녀라는 것을 증언합니다. 우리는 우리 안에 자녀의 영 곧 자식으로서의 영을 가지고 있습니다. 저의 영은 제게 제가 하나님의 자녀라고 말합니다. 저는 자녀가 자기 아버지에 대해 느끼는 감정을 하나님에 대해 느낍니다. 그러나 여기서는 성령 자신이 저의 영의 증언과 함께 직접 자신의 증언과 증거를 제공하십니다. 이 사실의 독특한 점은 이것이 성령 자신의 직접적이고 즉각적인 증언이라는 것입니다.

저는 이것이 "성령 세례" 또는 (여러분이 그렇게 부르기를 좋아한다면) "성령의 세례"의 한 부분이라고 생각합니다. 그래서 저는 요한복음 7:37-39와 사도행전 2장 등을 언급한 것입니다. 이제 더 나아가 저는 바울이 묘사하는 것은 "성령 세례"의 가장 본질적인 국면이라고 말하고 싶습니다. 우리는 15절을 다룰 때 "양자의 영"은 성령 세례의 한 부분이라고 말했습니다. 그러나 제가 방금 지적한 것처럼, 그것은 사실 성령 세례의 예비적인 부분입니다. 우리는 양자의 영이 없이는 성령 세례를 받을 수 없습니다. 그러나 성령 세례에 대한 경험이 없어도 양자의 영을 가질 수 있습니다. 그것이 제가 성령 세례의 본질 곧 성령 세례의 가장 활력적이고 본질적인 요소는 우리가 하나님의 자녀라는 사실에 대해 이처럼 특수한 확신을 가지는 것이라고 말하는 이유입니다.

저는 또한 이것이 성령의 "인치심"과 같은 것이라고 말하고 싶습니다. 신약성경에서 성령의 "인치심"은 세 번 언급됩니다. 한 번은 고린도후서 1:22에서 나타납니다. 거기서 우리는 다음과 같은 말씀을 봅니다. "그가 또한 우리에게 인치시고 보증으로 우리 마음에 성령을 주셨느니라." 다음으로 에베소서 1:13에서 나타납니다. 그 본문은 이렇습니다. "그 안에서 너희도 진리의 말씀 곧 너희의 구원의 복음을 듣고 그 안에서 또한 믿어 약속의 성령으로 인치심을 받았으니." 마지막으로 에베소서 4:30에 나옵니다. "하나님의 성령을 근심하게 하지 말라. 그 안에서 너희가 구원의 날까지 인치심을 받았느니라." 이상의 진술들은 로마서 8:16의 해석과 직접 관련이 있습니다. 저는 이 진술들이 동일한 사실을 가리킨다고 생각합니다. 다시 말해 성령 자신이 우리에게 이 약속들을 인치시고, 그렇게 함으로써 우리의 영과 더불어 우리가 하나님의 자녀인 것을 증언하신다는 것입니다.

인치심과 보증은 분명히 차이가 있습니다. 이 차이는 우리가 로마서 8:16을 이해하는 데 도움을 줍니다. 인치심과 보증은 모두 우리의 기업과 관련이 있지만, 각기 다른 방식으로 관련되어 있습니다. 성령의 인치심은 우리가 하나님의 자녀이며, 따라서 하나님의 상속자라는 것을 우리에게 확신시킵니다. 반면에 성령의 보증은 기업의 1회분 곧 나중에 온전히 받게 될 기업의 첫 번째 계약금입니다. 예를 들어 봅시다. 만약 여러분이 집을 사려 하는데 돈이 충분치 않다면, 집을 파는 사람에게 돈을 다 주지 못하고 일부만 주면서 이렇게 말할 것입니다. "잔금을 다 치르겠다는 보증으로 이 돈을 드립니다. 이 돈은 계약금입니다." 말하자면 여러분은 집을 파는 주인에게 보증금을 지급하는 것입니다. 그것은 또한 수확물의 첫 소산 혹은 첫 열매, 앞으로 주어질 전체 몫의 일부로 볼 수 있습니다. 인치심과 보증은 모두 자녀로서의 자격, 특히 상속권과 관련되어 있습니다. 여기서 보증은 "그 얻으신 것을 속량"할 때까지 우리에게 주어지는 것입니다.[엡 1:14] 그리고 인치심은 자녀로서의 자격에 대해 내게 확신을 주는 것과 직접 관련되어 있습니다. 따라서 저는 로마서 8:16은 성령의 인치심 교리를 진술하는 또 하나의 방법이라고 주장하고 싶습니다. 17절은 계속해서 기업에 대하여 말합니다.

이처럼 성령이 친히 행하시는 활동의 특징은 무엇입니까? 첫 번째 특징은 성령이 우리의 지성과 마음과 영에 직접 역사하심으로써 우리가 하나님의 자녀라는 사실을 절대적으로 확신하게 하신다는 것입니다. 이것은 정말 엄청난 실재입니다. 그것은 진리에 대한 우리의 이해를 단순히 높여 주는 것이 아닙니다. 우리가 성화의 길로 인도받고 있다는 사실을 희한하게 깨닫게 하는 것도 아닙니다. 성령이 우리의 성화를 촉진하시는 것도 아닙니다. 우리는 이 사실을 이미 14절에서 다루었습니다. 성령이 친히 행하시는 이 특별한 활동을 성화와 혼동해서는 안 됩니다. 유감스럽게도 이것이 웨슬리가 범한 오류였고, 이후로 이 오류는 계속되었습니다. 이 활동은 성화가 아닙니다. 우리의 성화를 돕고 촉진하지만 성화 자체는 아닙니다. 이 활동은 성령이 우리가 하나님의 자녀라는 것을 비범한 방식으로 우리에게 알려 주시는 것입니다. 성령은 우리가 이전에는 몰랐던 방식으로 하나님이 우리를 사랑하신다는 사실을 깨닫게 하십니다. 이 활동은 로마서 5:5에서 "하나님의 사랑이 우리 마음에 부은바 됨이니"라고 말한 것과 같습니다. 그것이 인치심이 의미하는 것입니다. 우리는 그것을 성화와 혼동해서는 안 됩니다. 이 활동을 알고 있는 사람은 성화되는 데 있어 가장 큰 자극을 받기는 하지만, 그렇다고 이것이 성화 자체는 아닙니다. 성령의 이 활동을 통해 우리는 성화되기 위해 더 큰 노력을 하게 됩니다.

그러나 다시 말하지만 성령이 우리의 영과 더불어 증언하시는 이 증언은 "양자의 영"과 다를 뿐 아니라 "양자의 영"에 더해지는 역사로 이를 넘어서는 활동입니다. 그것이 이 문제의 실제 핵심입니다. 그것 때문에 우리는 "양자의 영"을 완전히 넘어서는 영역 속에 들어가게 됩니다. 인간적인 사랑의 영역에서 한 예를 들어 보겠습니다. 여러분이 사랑하는 누군가에게 사랑한다고 고백하는 것은 좋은 일입니다. 그러나 여러분이 그에게서 사랑한다는 말을 듣는 것은 훨씬 더 감격스러울 것입니다. 그것은 모든 연인이 가장 바라고 열망하는 일입니다. 바로 이 차이가 오늘 본문에도 나타납니다. 로마서 8:15에서 우리는 하나님께 우리가 하나님을 사랑한다고 말합니다. 우리는 "아빠 아버지라고 부르짖는 양자의 영"을 가지고 있습니다. 이것은 자녀가 아버지를 부르는 사랑의 외침입니다. 아, 그런데 로마서 8:16에서는 하나님이 성령을 통해 자신이 우리를 사랑하시며, 그것도 가장 확실한 방법으로 사랑한다고 말씀하십니다. 이것은 개인적이고 은밀합니다. 우리가 요한계시록에서 인용했던 본문들은 그것을 받는 자밖에는 아무도 알지 못한다는 사실을 강조했습니다. 그것은 "감추어진 만나"입니다. 그것은 "새 이름이 기록되어 있고 받는 자밖에는 그 이름을 알 사람이 없는 흰 돌"입니다. "내가 또 그에게 새벽별을 주리라"라는 말씀도 동일합니다. 그것은 주어지는 자들에게만 은밀하게 알려집니다.

주 사랑 받은 사람만
그 사랑 알도다.[4]

—클레르보의 버나드Bernard of Clairvaux

4. 「구주를 생각만 해도」, 새찬송가 85장.

더 나아가 그것은 가장 큰 확신입니다. 그것을 넘어서는 확신은 없습니다. 그것은 구원에 대한 확신과 확실함의 절정 곧 정상입니다! 저는 (부정문의 형태로) 그것은 추론의 결과가 아니라고 말함으로써 저의 주장을 강조하고 싶습니다. 성경을 추론함으로써 얻게 되는 확신이 있습니다. 이런 확신은 대부분의 그리스도인들이 가지고 있는 것으로 보입니다. 많은 그리스도인이 이런 확신을 유일한 확신의 형태로 믿고 있습니다. 그들은 이렇게 말합니다. "당신은 자신의 구원에 대해 걱정합니까? 그럴 필요가 없습니다. 당신은 성경이 하나님의 말씀이라는 것을 믿습니까?" 이에 여러분은 이렇게 대답합니다. "예, 믿습니다." "좋습니다. 그러면 성경이 뭐라고 말합니까?" "'믿는 자는 심판을 받지 아니하는 것이요'요 3:18 라고 말합니다." "당신은 그것을 믿습니까?" "예, 믿습니다." "그렇다면 심판을 받지 않을 것입니다. 말씀이 그렇게 말하기 때문입니다. 따라서 당신은 이 말씀을 그대로 취하기만 하면 됩니다." 그런 다음 그들은 여러분에게 믿으면 인정받고 용서받는다고 말하는—"심판을 받지 않고", "사망에서 생명으로 옮겼다"고 말하는—다수의 본문들을 제시합니다. 그리고 이렇게 덧붙입니다. "여기 성경은 당신에게 분명히 믿으라고 말하고 있습니다. 당신이 믿는다면 충분한 확신을 가질 수 있습니다." 저는 이 방법을 비판할 마음은 없습니다. 구원의 확신에 관한 한 그것은 옳습니다. 만일 우리가 하나님의 말씀을 믿지 않는다면 우리는 하나님을 거짓말쟁이로 만드는 것입니다. 하나님의 말씀이 우리에게 어떤 사실을 분명하게 말할 때 우리는 마귀와 그의 고소를 들어서는 안 됩니다. 성경의 명백하고 명시적인 진술을 추론함으로써 구원의 확신을 갖는 것은 올바른 일입니다. 그러나 이런 확신은 단지 처음에 주어지는 것으로, 최고의 확신은 아닙니다.

이 확신에 대해 하나님께 감사합시다. 이 확신은 종종 사탄이 공격할 때에 여러분의 영혼을 지켜 줄 것입니다. 그러나 거기서 끝나서는 안 됩니다. 그것은 단지 시작에 불과합니다.

두 번째로, 우리가 로마서 8:16에서 발견하는 것은 성경에서 주어지는 다양한 시금석을 우리의 삶과 경험에 적용하여 우리 자신에 대해 추론해 낸 것이 아니라는 것입니다. 14절을 공부할 때 우리는 이런 시금석 열 가지를 살펴보았습니다. 이것들은 요한일서에 매우 분명하게 요약되어 있습니다. "우리는 형제를 사랑함으로 사망에서 옮겨 생명으로 들어간 줄을 알거니와."요일 3:14 저는 여러분이 다른 어떤 모임보다 기독교인들의 모임을 좋아한다면 여러분은 그리스도인이 틀림없다고 말하고 싶습니다. 이것은 시금석 가운데 하나입니다. 다음번에 마귀가 여러분이 그리스도인이 아니라고 말하면 그에게 이렇게 질문하십시오. "내가 이 일들을 좋아하는 것이 어떻게 된 것인지 설명해 보라. 왜 나는 세상 어디서나 찾을 수 있는 최고의 교제보다 기독교인들의 교제를 더 좋아하는가? 왜 나는 그리스도인 형제들을 사랑하는가? 왜 나는 하나님의 계명들을 지킬 마음을 가지고 있는가? 왜 나는 거룩하게 되기를 바라는가? 이 모든 것은 어디서 오는가?" 여러분은 여러분의 삶과 경험에 적용한 성경의 진술들에서 여러분이 하나님의 자녀라는 사실을 추론해 냅니다. 이 확신은 첫 번째 단계를 지나 한 단계 더 나아가는 것입니다. 이 확신은 첫 번째 확신보다는 좋습니다. 첫 번째 확신은 단순히 하나님의 말씀을 무조건 믿는 것이었습니다. 그러나 이제 여러분은 여러분의 삶을 검토했습니다. 그래서 이것들을 단순히 이론이나 지식으로 아는 것이 아님을 확신합니다. 진정으로 이에 따라 살고 있음을 확신하게 됩니다. 그것이 확신의 두 번째 단계입니다.

그렇지만 세 번째 단계의 확신이 있습니다. 우리는 이 단계를 로마서 8:15에서 발견합니다. 저는 바울이 자신의 논증을 어떻게 정립하는지 보여주기 위해 이 사실을 한 번 더 상기시키고자 합니다. 위의 추론들을 이끌어 낸 다음, 저는 이제 저의 영 안에서 저로 하여금 "아빠, 아버지"라고 부르짖게 하는 것을 발견합니다. 이것은 훨씬 더 좋은 것입니다. 처음 두 단계보다 더 높은 단계입니다. 그러나 로마서 8:16에서 우리가 발견하는 단계는 이보다도 훨씬 더 높고, 완전히 독보적인 지위를 가지고 있습니다. 그것은 전적으로 성령 자신의 활동입니다. 그것을 위해 제가 할 일은 아무것도 없습니다. 그것은 그저 주어지는 것이니까요. 그것은 오로지 성령이 내게 하시는 일입니다. 토머스 굿윈Thomas Goodwin이 아버지와 어린 자녀의 관계에서 보여주는 모습은 이것을 온전히 증명합니다. 아버지가 아들을 들어 올려 입맞춤합니다. 이것은 로마서 8:16을 그대로 설명합니다. 이 입맞춤으로 관계가 바뀌는 것은 아닙니다. 이 입맞춤으로 그가 아들이 되는 것도 아닙니다. 그는 이미 자기 안에 아버지의 아들이라는 확신을 갖고 있었습니다. 그러나 그 아이가 아버지 품에 안겨 아버지의 사랑이 자기 위에 부어지는 것을 경험하는 순간, 그는 이전과는 다른 확신을 가지게 됩니다. 그것은 특별한 확신입니다. 그는 아무것도 한 게 없었습니다. 그저 그런 일이 자기에게 일어났을 뿐입니다. 그 일은 전부 아버지의 행동입니다. 과연 그렇습니다! 그 일을 행하시는 분은 성령 자신입니다. 우리는 여기서 추론하지 않습니다. 그것은 삼단논법이나 논증의 결과가 아닙니다. 그것은 성령이 친히 내게 행하시는 일입니다.

이것이 무엇입니까? 제가 말한 것처럼, 이것은 하나님의 자녀라는 사실에 대해 우리가 가질 수 있는 최고의 그리고 최대의 확신과 확실함입니다. 물론 그것으로 전체 구원 계획에 대한 이해 역시 더 깊어집니다. 진리의 빛이 우리를 비춥니다. 저는 제가 인용한 개인적인 경험들에서 이미 그것을 언급했고, 나중에 더 깊이 살펴볼 것입니다. 부흥이 임했을 때 그리스도인들은 종종 이렇게 말합니다. "나는 오랫동안 성경과 성경에 관한 책들을 읽어 왔다. 나는 내가 이해한다고 생각했다. 그러나 한순간에 모든 것을 명확하고 확연하게 깨달았다. 이것은 육체를 입고 사는 어떤 사람에게도 가능할 것 같지 않다." 이런 일도 일어납니다. 하지만 이런 일이 이 경험의 본질은 아닙니다. 그것은 하나님이 여러분에게 자신의 사랑에 대해 말씀하시는 것에 있습니다. "하나님의 사랑이 우리 마음에 부은바 됨이니."롬 5:5 하나님은 여러분이 하나님의 자녀임을 확신하게 하십니다. 여러분이 살아 있다는 사실보다 훨씬 더 확실하게 말입니다. 따라서 그것은 자연스럽게 여러분이 하나님을 사랑하도록 이끕니다. "우리가 사랑함은 그가 먼저 우리를 사랑하셨음이라."요일 4:19 여러분은 여러분을 향한 하나님의 사랑을 알면 알수록 그분에 대한 여러분의 사랑도 그만큼 더 커질 것입니다. 그리고 이런저런 결과가 뒤따릅니다.

또한 그것은 범사에 하나님을 기쁘시게 하고, 그분의 계명을 지키며, 어떤 일로도 그분의 마음을 상하게 하지 않으며, 그분의 법을 존중하겠다는 큰 열망을 갖도록 여러분을 이끌 것입니다. 그것은 또 오순절 이후 사도들에게서 분명히 확인되는바 하나님에 대해 증언하겠다는 열망과 그렇게 할 수 있는 능력과 힘으로 여러분을 이끌 것입니다. "우리는 보고 들은 것을 말하지 아니할 수 없다."행 4:20 사도들은 지극히 담대한 마음과 큰 능력으로 말했고, 그들의 말을 들은 청중은 감동을 받고 크게 확신했습니다. 사도들은 자신들의 위치에 대해 절대적으로 확신하기 전에는 복음을 증거할 수 없었습니다. 이것이 오순절에 일어난 일입니다. 그것이 우리가 성령 세례를 받을 때 항상 일어나는 일입니다. 우리는 우리에 대한 하나님의 사랑 곧 우리가 하나님의 자녀라는 것과 하나님이 우리를 영원한 사랑으로 사랑하신다는 것을 절대적으로 확신하게 됩니다.

더 나아가 이 경험에는 다양한 은사들이 동반될 수 있습니다. 이것이 오순절에 일어난 일입니다. 그러나 저는 "그런 일이 일어날 수 있다"고 말하겠습니다. 왜냐하면 이런 일에는 다양성이 존재하기 때문입니다. 매번 똑같이 일어나는 것은 아닙니다. 이런 이유로 방언을 말하지 못하면 성령 세례를 받은 것이 아니라고 말하는 것은 완전히 비성경적입니다. 고린도전서 12:30에서 바울은 "다 방언을 말하는 자이겠느냐"라고 묻습니다. 이에 대한 대답은 분명히 부정적입니다. 모든 사람이 이적 등을 행하지 못하는 것도 똑같습니다. 이후의 기독교 교회의 역사도 마찬가지입니다. 하나님의 영이 부어지고 수많은 사람들이 성령으로 세례를 받은 대부흥의 시기를 주목해 보면, 일반적으로 이적을 행한 것에 대한 언급도 없고 방언을 말했다는 암시도 나타나 있지 않습니다. 이것은 성령 세례를 경험한 개인들의 경우에도 해당됩니다. 그들은 다양한 은사를 동반할 수도 있고 그렇지 않을 수도 있습니다. 따라서 은사는 가변적인 요소입니다. 불변적이며 절대적인 요소는 하나님의 독보적인 사랑에 대해 확신하는 것이며, 자신들이 하나님의 자녀라는 사실을 추호도 의심하지 않는 것입니다. 하나님은 친히 우리에게 그것을 말씀하십니다. "성령이 친히 우리의 영과 더불어 우리가 하나님의 자녀인 것을 증언하시나니."

이제 마지막 질문으로 나아갑시다. "이 경험은 어떻게 주어집니까? 우리에게 어떻게 임하는 것입니까?" 로마서 8:16에서 분명하게 제시하는 것은 성령의 절대 주권입니다. 그것은 성령의 활동입니다. 그러므로 성령은 자신의 뜻대로 다양하게 그 일을 행하실 수 있습니다. 따라서 우리가 반드시 이것저것을 해야 한다고 말하거나 어떤 일이 반드시 우리에게 일어나야 한다고 말하는 것은 당연히 잘못된 것입니다. 성령은 다양한 방식으로 개개의 그리스도인들을 다루십니다. 거짓 경험—심리적이거나 기계적인 경험—은 되풀이될 수 있습니다. 그러나 성령의 역사는 복제될 수 없습니다. 성령은 주님이시고, 자신의 주권적인 뜻에 따라 은사를 베푸십니다. 따라서 성령은 구원에 대한 이 확실한 지식을 다양한 방식으로 개개의 그리스도인들에게 주십니다. 그러므로 위의 질문에 대한 첫 번째 답변은 우리가 그 방법을 모른다는 것입니다. 그것은 예고될 수 없습니다. 어떤 방식으로 조종할 수도 없고, 원하는 대로 받을 수도 없습니다. 아무도 우리에게 이 복이 주어질 거라고 약속할 수 없습니다. 어떤 사람들은 자기들이 성령의 은사를 줄 수 있다고 주장하지만 절대로 그럴 수 없습니다. 은사를 주시는 분은 오직 성령 자신이십니다. 언제 어떻게 주어질지 우리는 모릅니다.

위의 질문에 대한 또 하나의 부정적인 답변은 이 축복이 일반적으로 들을 수 있는 음성을 통해 오는 것이 아니라는 것입니다. 성경에는 이런 암시가 전혀 없습니다. 사람들이나 교회의 이후 역사를 보아도 마찬가지입니다. 따라서 누군가가 어떤 음성을 들었다고 주장할 때 우리는 그것을 의심할 권리가 있습니다. 그것은 성령이 일반적으로 역사하시는 방식이 아닙니다. 그러나 들을 수 있는 음성을 통해서는 아니지만 그 확신은 들을 수 있는 음성만큼이나 매우 명확하고 틀림이 없습니다. 많은 사람이

"그것은 실제로 내 귀로 들은 것과 같았다"고 증언합니다. 그것은 성령이 속사람 곧 내면의 귀에 말씀하시는 것입니다. 그렇지만 감사하게도 들을 수 있는 음성보다 훨씬 더 명확합니다. 왜냐하면 그것은 우리 인격의 가장 높은 차원에서 일어나는 일이기 때문입니다.

그렇다면 그것이 어떻게 일어납니까? 때로는 그리스도인이 홀로 조용히 성경을 읽고 있을 때, 어쩌면 이전에 여러 번 읽었던 성경 본문을 접할 때 일어납니다. 갑자기 본문이 성경책 속에서 튀어나와 특별한 방식으로 직접 자기에게 말하는 것 같습니다. 이것이 그에게 어떤 일반적인 지식을 제공하는 것은 아닙니다. 하지만 이 인격적인 메시지가 부각되어 그를 감동시키고 만족시켜 그의 지성과 마음과 의지에 새겨집니다. 우리가 하나님의 자녀라는 사실이 오직 그를 위해 기록된 것처럼 보입니다. 성경 본문이나 구절을 통해 역사하는 것이 그 일이 일어나는 가장 통상적인 방식입니다. 때로는 이 경험이 성경을 읽고 있지 않을 때에도 일어납니다. 갑자기 이전에 읽었던 성경 본문이 마음속에 떠오릅니다. 그는 그 본문을 생각하고 있지 않았습니다. 다른 어떤 것을 생각하고 있었습니다. 그런데 갑자기 그의 내면에 그 말씀이 부각됩니다. 그는 하나님이 자신을 사랑하신다는 것과 자신은 하나님의 자녀라는 사실을 굳게 확신하게 됩니다. 성령은 말씀을 취하여 그것을 그에게 제시하시고 그의 마음에 새기십니다. 그것은 예배, 특히 설교 시간에 일어날 수 있습니다. 설교자는 대다수 사람들에게는 아무 의미가 없는 말을 전합니다. 그러나 비참하고 불안하며 의심에 빠져 있고 마귀의 공격을 받고 있는 한 영혼에게, 설교자의 말은 하나님이 말씀하시는 음성이 됩니다. 하나님은 설교자를 통해 그가 하나님의 자녀라는 것과 하나님이 그를 특별히 사랑하신다는 것을 알려 주십니다. 그러면 그 영혼은 자기에게 일어난 이 일을 결코 잊지 않습니다.

그러나 제가 여기에 덧붙이고 싶은 말은 이 확신은 반드시 성경을 통해서만 오는 것은 아니라는 것입니다. 말씀이 전혀 없는데도 많은 사람에게 이 일이 일어났습니다. 그것은 성경과 상관없이 하나님의 영이 친히 사람의 영 안에 주시는 내적 의식이 될 수 있습니다. 저는 이것을 강조하는 데 큰 관심을 둡니다. 그 이유는 이것을 논박하는 사람들이 더러 있기 때문입니다. 일부 청교도가 그랬습니다. 그들은 당시에 기승을 부린 퀘이커 교도를 두려워하여 하나님의 말씀이 없으면 그리스도인의 확신에 대한 이런 경험을 절대로 가질 수 없다고 주장하는 데까지 이르렀습니다. 제가 보기에 그것은 확실히 잘못된 견해입니다. 물론 퀘이커 교도의 가르침은 의심할 여지없이 잘못된 것이 많습니다. 그들 중 어떤 이는 하나님의 말씀은 전혀 중요하지 않고, "내면의 빛"과 직접적이고 즉각적인 성령의 역사만이 중요하다고 말했습니다. 이것은 분명히 비성경적인 견해입니다. 왜냐하면 성경은 성령을 통해 주어졌기 때문입니다. 그러나 우리 역시 하나님은 말씀이 없으면 직접 그리고 즉각 우리를 다루실 수 없다고 말하는 극단으로 나아가서는 안 됩니다. 왜냐하면 하나님은 종종 말씀 없이 그런 역사를 행하시니 말입니다. 바울의 편지의 수신자인 로마 그리스도인들의 경우를 생각해 봅시다. 그들은 신약성경을 갖고 있지 않았습니다. 당시 신약성경은 아직 기록되지 않은 상태에 있었습니다. 우리가 갖고 있는 형태의 신약성경이 그때는 전혀 없었습니다. 그들은 설교와 권면에 의존했습니다. 그렇다면 하나님의 말씀을 통하지 않으면 그런 일이 절대로 일어나지 않는다면, 어떻게 성령이 그들의 영과 더불어 증언하신다는 것을 알 수 있었겠습니까? 우리는 성령에 대해 많은 말을 하는 사람들 편을 들까봐 두려워 "성령을 소멸하는" 죄를 범하지 않도록 조심해야 합니다. 성령의 증언은 통상적으로 하나님의 말씀을 통해 주어지지만 말씀이 없어도 주어질 수 있습니다.

여기서 찰스 스펄전이 이 문제에 관해 전한 설교를 인용하고자 합니다. 스펄전은 1861년 4월 28일에 "내 영혼에게 나는 네 구원이라 이르소서"시 35:3라는 말씀을 본문으로 "충분한 확신"에 대해 설교했습니다. 이 설교에서 그는 다음과 같이 말했습니다.

> 하나님은 말씀이 없어도, 그리고 사역자들이 없어도 우리의 마음에 말씀하시는 방법을 가지고 계십니다. 하나님의 영은 이슬비가 연한 풀잎 위에 앉는 것처럼, 비처럼 내리고 이슬처럼 떨어질 수 있습니다. 우리는 어떻게 그러는지 알지 못하지만 때때로 깊고 감미로운 고요가 있습니다. 그때 우리의 양심은 이렇게 말합니다. "나는 그리스도의 피로 씻음을 받았다." 그리고 하나님의 영은 이렇게 말씀합니다. "그렇다. 그것은 사실이다! 진정 사실이다!" 이럴 때 우리는 기쁨을 주체할 수 없어 표현하지 않고는 못 견딜 정도로 행복해합니다. 천사의 날개를 빌려 천국을 날아다닐 수 있다면, 그곳 진주 문을 통과할 때 일어나는 변화를 거의 알아채지 못할 것입니다. 왜냐하면 우리는 이미 이 땅에서 천국을 경험했기 때문입니다. 이제 위에 있는 천국과 아래에 있는 천국은 차이가 거의 없습니다. 오, 저는 우리 교회가 "나는 네 구원이라"고 말씀하시는 성령의 음성을 들은 사람들로 이루어지기를 소망합니다. 얼마나 행복한 찬송일까요! 얼마나 행복한 기도일까요! 여러분은 가난한 단칸방 집으로 돌아갈 것입니다. 여러분은 가구 하나 없는 집에서 빵 한 조

각밖에 없는 식탁으로 돌아갈 것입니다. 그래도 여러분은 행복한 사람입니다! 참으로 행복한 사람입니다! 그리스도에 대한 확신이 없이 살진 소를 먹는 것보다 채소를 먹는 여러분의 저녁 식사가 더 좋습니다. 예수님을 믿지 않는 부자의 가난함보다 여러분의 부요한 가난함이 더 좋습니다. 믿음으로 복을 받지 못하고 하나님에 대한 사랑으로 거룩하게 되지 않은 채 세상이 주는 온갖 즐거움을 누리는 것보다 확신을 가지고 거룩하게 되어 온갖 고통을 견뎌 내는 것이 더 좋습니다. 저는 이제 이렇게 말할 수 있습니다.

주의 얼굴을 내게 보여주소서.
그러면 내가 무엇을 더 바라리오.

과연 그렇습니다. 성령은 말씀과 상관없이, 말씀 없이도, 그리고 설교자와 상관없이, 설교자 없이도 이 일을 하실 수 있습니다. 성령은 "나는 네 구원이라", "진실로! 진실로! 너는 그리스도의 피로 씻김을 받았다"라고 직접 말씀하실 수 있습니다.[5]

저도 스펄전의 말을 반복하지 않을 수 없습니다. 오, 모든 그리스도인이 이것을 알고, 이런 말을 할 수 있게 되기를 바랍니다! 그것은 모든 그리스도인을 위한 것이고, 모든 그리스도인에게 가능한 것이니까요.

5. C. H. Spurgeon, *The New Park Street Pulpit*, vol. 7 (1861), p. 294.

11

하나뿐인 희망

1963 | 『하나님 나라』

불의한 자가 하나님의 나라를 유업으로 받지 못할 줄을 알지 못하느냐. 미혹을 받지 말라. 음행하는 자나 우상숭배하는 자나 간음하는 자나 탐색하는 자나 남색하는 자나 도적이나 탐욕을 부리는 자나 술 취하는 자나 모욕하는 자나 속여 빼앗는 자들은 하나님의 나라를 유업으로 받지 못하리라. 너희 중에 이와 같은 자들이 있더니 주 예수 그리스도의 이름과 우리 하나님의 성령 안에서 씻음과 거룩함과 의롭다 하심을 받았느니라.

고린도전서 6:9-11

로이드 존스는 하나님의 진리는 영원히 적합하고, 성경적 강해는 모든 시대 모든 사람에게 적실하다고 늘 주장했습니다. 그래서 그는 주제 설교를 거의 하지 않았습니다. 또 설교를 신문 머리기사에 맞춰 전하지도 않았습니다.

지금까지 살펴보았듯이, 그의 설교는 영속적으로 동시대적입니다. 그래서 1963년과 마찬가지로 2013년에도 그대로 적용할 수 있습니다. 그러나 이번 설교와 다음 설교가 우리에게 보여주는 것처럼, 그가 시대적 사건들을 전혀 언급하지 않고 설교했다는 것은 부당한 비판입니다. 생전에 그는 자신의 설교를 출판하기 위해 손질했고, 그때 원본 설교에 들어있던 사건들에 대한 언급을 삭제했습니다. 그의 설교 편집자들도 이와 동일한 원칙을 따랐습니다.

그러나 이 두 편의 설교에서는 예외로 했습니다. 이것이 그 첫 번째 설교입니다. 1963년에 영국에서 엄청난 성적·정치적 스캔들이 있었습니다. 이 사건은 이 스캔들의 주모자의 이름을 따 존 프로퓨모John Profumo 사건으로 불렸습니다. 프로퓨모는 그 당시 영국의 국방장관이었습니다. 그는 주로 런던을 중심으로 활동하던 매우 음란하고 퇴폐적인 한 사교 집단의 일원이었으며, 매우 부유하고 잘사는 유명한 미국 가문의 영국인 일가인 애스터가家 사람이었습니다. 그와 간통한 많은 여성 중 하나는 크리스틴 킬러라는 이름을 가진 쇼걸이었습니다. 그녀는 런던에서 소련 스파이인 러시아 무관과도 동침했습니다.

1920년대에 런던의 젊은 의사인 로이드 존스는 궁정 의사인 호더 경의 수석 어시스턴트였습니다. 그는 우리가 지금 '광란의 20년대'(사람들에게 활기와 자신감이 흘러넘쳤던 1920-1929년 시기를 말한다 - 옮긴이)로 부르는 시기에 런던 사회의 방탕과 타락상을 잘 알고 있었습니다. 그러나 유명 인사들의 온갖 기괴한 짓은 은폐되고 언론에 결코 드러나지 않았습니다. 그 한 가지 이유는 신문사 사주들이 바로 그 부정한 짓을 저지른 당사자였기 때문입니다. 그는 그들 중 한 사람을 진찰했던 의사였기 때문에 이것을 잘 알고 있었습니다.

이런 탓에 그는 프로퓨모 스캔들에 전혀 충격받지 않았습니다. 이 사건의 실제 중요성은 이때 언론이 사건의 전말을 생생히 드러냈다는 것과 관련 정치인들이 그들의 퇴폐성과 부도덕함에 대해 해명을 요구받았다는 데 있었습니다. 그러나 로이드 존스와 같이 철저한 성경적 세계관을 가진 사람에게 이 스캔들은 인간에 대한 성경의 설명이 정확히 옳았음을 보여주었습니다. 즉 인간은 정말 악한 존재라는 사실 말입니다.

이런 행태는 바울의 편지의 수신자였던 고린도 교회 교인들이 보여준 행동과 정확히 일치했습니다. "너희 중에 이와 같은 자들이 있더니."고전 6:11 음행은 결코 새로운 것이 아닙니다. 우리는 지금과 이전 세기에 로마 시대의 총체적 불경함의 재판再版을 보고 있다고 주장할 수 있습니다. 우리를 보호해 온 기독교 문명의 상징은 점차 과거의 유물이 되고 있고, 기독교 이전 시대 로마 사회의 총체적인 비도덕이 다시 한 번 규범이 되고 있습니다.

그러나 1963년 이후에 전해진 『십자가』*The Cross* 설교 시리즈와 마찬가지로, 이 설교 시리즈도 주로 비기독교인 청중을 대상으로 했습니다. 그들은 엘리트 계층의 죄악에서 모든 사람이 속속들이 썩었다는 것을 볼 수 있었습니다. 이 사건을 겪은 그 해 청중에게는 성경이 말한 것보다 더 적합한 것은 없었습니다.

항상 그랬던 것처럼 해답은 하나밖에 없습니다. 그것은 구주이자 주님이신 예수 그리스도의 메시지입니다. 단순한 도덕은 반드시 실패하게 되어 있습니다. 이 설교가 탁월하게 보여주는 것처럼, 오직 예수 그리스도 안에서 영적으로 거듭나는 것만이 죄를 씻겨 낼 수 있습니다.

성경은 오래된 책이므로 더 이상 아무것도 말해 줄 것이 없으며, 시대에 뒤진 책이므로 현재의 삶과는 무관하다고 말하는 사람들이 있습니다. 그러나 성경에 대한 비판 가운데 이보다 더 우스꽝스러운 비판은 없습니다. 왜냐하면 성경을 제대로 안다면, 인류의 긴 역사 어느 시점에서든 성경만큼 항상 현재적이고 항상 새로우며 그 시대를 정확히 언급하는 것이 없음을 알게 될 것이기 때문입니다. 고린도전서 6장에 나오는 세 구절을 주목하십시오. 이 단락은 바로 지금 기록된 것처럼 바로 이 순간에 필요한 말씀을 담고 있습니다.

성경이 얼마나 현재적인지를 강조하기 위해 한 걸음 더 나가 보겠습니다. 주일 저녁마다 이곳에 모이는 분들은, 우리가 지난 4월 마지막 주일 저녁부터 하나님 나라에 관한 성경의 가르침을 살펴보고 있다는 것을 아실 것입니다. 그리고 주일 저녁예배에 꾸준히 참석하신 분들은 제가 연속 설교를 해오고 있다는 것도 아실 것입니다. 제게는 계획과 목적이 있었습니다. 저는 이 연속 설교를 지난 4월 마지막 주일 전 주간에 계획했고, 앞으로 4주를 더 설교할 계획입니다. 저의 계획에 따라, 오늘 밤에는 방금 읽어 드린 말씀을 중심으로 설교하겠습니다. 저는 이것이 우연이라고 생각하지 않습니다. 하나님의 말씀은 언제나 현재적일 뿐 아니라 항상 하나님의 성령의 인도를 받습니다.

여러분이 어떤 문학이나 연설이나 그 외 무엇에서든, 지금 이 순간의 세계에 대해 우리가 살펴볼 이 본문만큼 직접적으로 언급하는 진술을 찾을 수 있다면 제게 알려 주십시오. 기꺼이 귀를 기울이겠습니다. 그러나 제가 알기로, 여러분은 그런 진술을 찾을 수 없을 것입니다. 하지만 성경은 언제나 '그 말씀'The Word입니다. 성경은 언제나 결론적인 말씀입니다. 왜 그렇습니까? 성경은 성경이 말하는 그대로이기 때문입니다. 성경은 하나님의 말씀입니다. 성경은 인간의 책이 아니며, 인간의 이론이나 사상을 담아 놓은 책도 아닙니다. 성경은 하나같이 하나님의 성령으로 "감동되었고" "인도되었다"고 고백하는 다양한 사람들이 쓴 책입니다. 이들은 자신의 의견을 기록한 것이 아니라, 하나님이 자신에게 쓰라고 말씀하신 것을 기록했습니다. 그러므로 성경은 인간과 이 세상에서의 인간의 삶에 관한 하나님의 계시입니다.

교회의 일은 성경을 가르치고, 하나님의 말씀인 성경의 메시지를 설명하고 해설하는 것입니다. 성경을 우리에게 주신 목적은 우리에게 특정한 것들을 가르치기 위해서입니다. 바울은 본문에서 "알지 못하느냐?"라고 묻습니다. 바울은 고린도의 그리스도인들이 특정한 것들을 알기를 기대합니다. 왜냐하면 바울 자신이 고린도에 있으면서 그들을 가르쳤고, 아볼로도 그렇게 했기 때문입니다. 그 결과 고린도의 그리스도인들은 정보를 얻었고 가르침을 받았습니다. 이제 성경이 이 일을 합니다. 성경은 이 세상과 다음 세상에서 우리 삶에 절대적으로 중요한 것이 있다는 것을 가르쳐 줍니다.

달리 말하면, 성경에 따르면 우리가 이 세상에서 겪는 모든 문제는 한 가지 근본적인 원인 때문입니다. 우리가 기본적이며 근본적인 진리를 모르기 때문입니다. 우리는 진리를 분명하고 확실하게 배워야 합니다. 하나님이 우리에게 성경을 주신 것도 바로 이 목적을 이루기 위해서입니다. 하나님의 아들 예수 그리스도께서 세상에 오신 것도 바로 이러한 이유 때문입니다. 그분은 이렇게 말씀하십니다. "[내가] 이를 위하여 세상에 왔나니 곧 진리에 대하여 증언하려 함이로라."요 18:37 또한 그분은 "나는 세상의 빛이니"라고 말씀하십니다.요 8:12 이 말씀을 하실 때 사실은 이렇게 말씀하고 계신 것입니다. "나는 세상이 필요로 하는 지식이다. 나는 사람들을 계몽할 수 있는 유일한 자일 뿐 아니라, 사람들의 눈을 열고 그들을 어둠에서 지식으로 옮길 수 있는 유일한 자다." 그분은 가르치러 오셨습니다. 하나님에 대해, 인간에 대해, 구원의 길에 대해 가르치러 오셨습니다.

그러므로 성경은 우리에게 지식을 줍니다. 성경이 우리에게 지식을 주는 방법은 아주 놀랍습니다. 우리가 오늘 밤에 살펴보고 있는 말씀에 완벽한 예가 있습니다. 사람들은 성경을 동화라고 생각하지만 성경은 동화가 아닙니다. 사람들은 성경이 '뜬구름'이며, 비현실적이라고 말합니다. 성경이 비현실적입니까? 성경은 제가 알기로 세상에서 유일하게 절대적으로 현실적인 책입니다. 성경은 우리 자신에 관한 분명하고 거짓 없는 진리를 말하는 책입니다. 로마서 1장을 보십시오. 인생에 관한 묘사가 너무 놀랍지 않습니까? 성경은 우리에게 그 무엇도 숨기지 않습니다. 우리가 지금 살펴보는 단락도 마찬가지입니다.

바꾸어 말하면, 성경은 우리에게 멋진 동화를 들려주거나 좋은 정서를 심어 주거나 우리 모두가 천국에 가서 행복하게 살 것이라고 말하지 않습니다. 성경은 여러분의 얼굴을 똑바로 쳐다봅니다. 여러분의 깊은 곳을 헤아리며 여러분 자신에 관한 거짓 없는 진리를 들려줍니다. 성경은 여러분의 모든 것을 드러냅니다.

더 나아가 성경은 두 가지 중요한 질문을 다룹니다. 성경은 "이것이 생명이다!"라고 말합니다. 신문은 폭로를 자랑합니다. 신문은 거짓 없는 진실을 취재하고 보도한다고 주장합니다. 그러나 물론 신문은 그렇게 하지 않습니다. 신문은 때때로 사실들을 파헤치기도 합니다. 그러나 정말 여러분 자신에 관한 진리를 알고 싶다면 신문을 찾지 마십시오. 신문은 언제나 우리를 칭찬하며, 언제나 우리에게 아첨합니다. 이렇게 하지 않으면 신문은 팔리지 않습니다. 신문은 삶의 근본적인 문제에 대해 거짓말을 합니다. 삶의 근본적인 문제를 모릅니다. 이 혼란 상태에 대한 부분적인 원인이 여기 있습니다. 신문은 인간과 사회, 국가에 대한 진리를 계시하지 않습니다. 세상에서 성경만이 인간과 사회, 국가에 대한 진리를 계시합니다. 성경만이 정직하고 진실한 책입니다. 다시 한 번 강조하지만, 성경이 하나님의 말씀이기 때문입니다.

성경은 거짓 없이 아주 거친 방법으로 우리 앞에 사실을 제시한 다음 두 가지 문제를 다룹니다. 첫째, 성경은 왜 세상이 지금과 같은지 말합니다. 이것이 우리가 가장 먼저 알고 싶은 것 아닙니까? 우리 주변의 부도덕에 관해 말하는 것으로는 충분치 않습니다. 문제는 왜 세상이 지금과 같으냐는 것입니다. 성경은 세상이 지금과 같은 원인을 제시하고 설명합니다. 둘째, 감사하게도 성경은 세상이 올바로 될 수 있는 유일한 길을 말해 줍니다. 이것이 창세기에서 요한계시록에 이르기까지 모든 성경의 메시지입니다. 이것은 우리가 지금 살펴보는 본문에서 가장 특별한 형태로 요약되어 나타나는 메시지이기도 합니다.

우리는 무엇을 배워야 합니까? 사도 바울은 "알지 못하느냐?"라고 묻습니다. 우리가 가장 먼저 알아야 할 사실은, 속는 것이 아주 위험하다는 것입니다. "불의한 자가 하나님의 나라를 유업으로 받지 못할 줄을 알지 못하느냐? 미혹을 받지 말라." 성경은 어디서든 속지(미혹받지) 말라고 경고합니다. 성경은 인간이 알지 못하는 이유가 인간이 속기 때문이라고 말합니다. 인류의 이야기 전체가 잘못된 방향으로 전개된 것은 인간이 마귀에게 속았기 때문입니다.

창세기 3장에 이 이야기가 나옵니다. 하나님이 세상을 창조하셨습니다. 하나님은 세상을 완벽하게 창조하셨습니다. 하나님은 인간을 완벽하게 창조하시고 낙원에 두셨습니다. 인간은 행복하게 살았어야 했습니다. 하나님과의 교제를 누렸어야 했으며, 불멸의 선물을 받았어야 했습니다. 그러나 인류의 이야기는 이렇게 전개되지 않습니다. 인류의 이야기는 불행과 질투와 시기와 살인과 전쟁의 이야기입니다. 성경에 묘사된 인류의 이야기는 우리가 세속의 역사에서 흔히 볼 수 있는 공포의 이야기입니다.

그렇다면 왜 인류의 역사가 이렇게 되었습니까? 성경은 한 가지 대답밖에 없다고 말합니다. 마귀가 들어왔기 때문입니다. 마귀는 "들짐승 중에 가장 간교"했으며,[창 3:1] 자신의 간교함과 속임수로 아담과 하와를 속였습니다. 이것은 성경의 여러 곳에서 나타나는 핵심입니다. 바울은 고린도후서 11:2-3에서 이렇게 말합니다. "내가 하나님의 열심으로 너희를 위하여 열심을 내노니 내가 너희를 정결한 처녀로 한 남편인 그리스도께 드리려고 중매함이로다. 그러나 나는 뱀이 그 간계로 하와를 미혹한 것같이 너희 마음이 그리스도를 향하는 진실함과 깨끗함에서 떠나 부패할까 두려워하노라."

히브리서 기자도 바울과 똑같이 이렇게 경고합니다. "오직 오늘이라 일컫는 동안에 매일 피차 권면하여 너희 중에 누구든지 죄의 유혹으로 완고하게 되지 않도록 하라."히 3:13 이것이 언제나 전반적인 문제의 원인입니다. 인류의 역사가 시작에서부터 지금과 같았던 이유는, 인간이 마귀와 죄의 속임수에 넘어갔기 때문입니다.

이것이 사도 바울 시대의 문제였고 주님 시대의 문제였습니다. 그래서 주님은 복음을 들은 사람들도 "재물의 유혹"에 넘어갈 위험이 있다고 가르치셨습니다.마 13:22 이들은 "가시떨기에 뿌려진 씨앗"입니다. 사람들은 재물의 유혹에 빠져 삶의 참 의미를 알지 못하고 있습니다. 주님은 세상의 마지막 때도 이와 같을 것이라고 예언하십니다. "노아의 때에 된 것과 같이 인자의 때에도 그러하리라.……또 롯의 때와 같으리니……인자가 나타나는 날에도 이러하리라."눅 17:26-30 지금도 그렇습니다. 속임수가 인류의 가장 핵심적이고 본질적인 문제입니다. 바울은 "미혹을 받지 말라"고 말합니다. "잘못된 인도를 받거나 어리석게 당하지 말라"고 말합니다. 이것은 우리 세대가 들어야 할 경고이기도 합니다.

현시대의 인류가 속기 쉬운 위험한 요소들이 있습니다. 그 가운데 몇 가지를 제시하겠습니다. 첫째는 우리가 이미 살펴보았듯이, 성경은 2천 년도 더 된 책이기 때문에 우리에게 말해 줄 것이 없다는 주장입니다. 우리는 그때 이후로 너무나 많은 것을 배웠고 우리의 지식은 너무나 많이 진보했습니다. 그런데 어떻게 성경처럼 오래된 책이 아직까지 우리에게 말해 줄 것이 있겠습니까? 마귀의 강력한 공격 가운데 하나는 사람들이 성경을 읽지 못하게 하는 것입니다. 사람들은 성경에 귀를 기울이지 않을 것입니다. 사람들은 성경을 무시합니다. 그래서 자신들을 도와줄 수 있는 메시지를 잃어버립니다.

사람들은 우리가 "다르기" 때문에 성경이 오늘 우리에게 말해 줄 것이 없다고 말합니다. 그렇다면 지금 우리는 어떻게 다릅니까? 2천 년 전 사람들은 "음행하는 자나 우상숭배하는 자나 간음하는 자나 탐색하는 자나 남색하는 자나 도적이나 탐욕을 부리는 자나 술 취하는 자나 모욕하는 자나 속여 빼앗는 자들"이었습니다. 그렇다면 우리는 더 이상 이런 사람들이 아닙니까? 더 이상 이 부분을 강조할 필요가 없습니까? 현재의 위기는 우리 가운데 이러한 사람들이 있기 때문입니다. 그러므로 성경은 오늘날의 사람들에게 말하고 있습니다. 오늘날의 사람들도 예전 어느 때의 사람들과 전혀 다르지 않습니다. "미혹을 받지 말라." 성경은 지금 여러분에게 말하고 있습니다! 성경은 바울 시대만큼이나 지금도 현재적인 책입니다.

속임수의 두 번째 형태는 도덕사상이 변한다고 말하는 것입니다. 사람들은 이렇게 말합니다. "우리의 생각은 아버지 세대의 생각과 달라. 우리의 생각은 백 년 전 사람들의 생각과 다르고, 성경시대 사람들의 생각과도 달라. 우리에겐 지식이 있어. 옛날 사람들이 죄라고 여겼던 것을 우리는 생물학적으로나 의학적으로나 심리학적으로 설명할 수 있어. 물론, 옛날 사람들은 매우 무지해서 이것저것을 정죄했지만……새로운 이해력을 가진 우리는 더 이상 그렇게 생각하지 않아."

바꾸어 말하면, 사람들은 도덕이 상대적이며, 변하지 않는 원칙이나 진리란 없다고 말합니다. 한 세대에 옳은 것이 다음 세대에는 옳지 않을 수 있으며, 한 세대에는 옳지 않은 것이 다음 세대에는 옳을 수 있습니다. 예를 들면, 세상은 음행이 항상 나쁜 것은 아니라고 말합니다. 음행이 때때로는 옳고 좋은 것이라고 말합니다. 간음도 항상 잘못된 것은 아니며 때로는 옳은 것일 수 있다고 말합니다. 동성애도 더 이상 잘못된 것이 아니라고 말합니다. 동성애가 어떤 사람들에게는 절대적으로 옳은 것일 수 있다고 말합니다. 거짓말을 하는 것도 항상 잘못된 것은 아니라고 말합니다. 여러분이 가족에게 사랑을 보여주고 가족을 위험에서 보호하고 지키기를 원한다면 거짓말이 어떤 상황에서는 옳을 수 있다는 것입니다. 모든 것이 상대적입니다. 도덕과 의와 진리에 대한 변하지 않는 기준이 없습니다. 이것이 현대의 가르침입니다.

그러나 성경에 따르면, 이러한 가르침은 순전히 속임수일 뿐입니다. 지식이 여러분에게 도덕적 잣대와 원칙을 바꿀 권한을 주지 않습니다. 절대 그렇지 않습니다. 심리학도 이 문제에 답하지 못합니다. 여러분은 어느 심리학파에 속합니까? 심리학자들은 서로의 주장을 무색하게 하며, 어떤 의미에서 주장들이 서로 용광로 속에서 뒤섞이고 있습니다. 그 어떤 과학 지식도 도덕적 잣대에 영향을 미치지 못합니다. 인간이 자신을 기쁘게 하며, 자신을 변명하며, 자신의 악을 덮기 위해 자신의 법을 만들어 낼 뿐입니다. 여러분이 지금과 같은 혼란 속에 있는 것도 이 때문입니다.

속임수의 세 번째 형태는, 여러 면에서 제가 지금까지 언급한 것 중에 가장 심각합니다. 저는 이것이 우리가 겪는 문제의 원인이라고 생각합니다. 다시 말해, 도덕적 기준이 지금처럼 개탄할 정도로 느슨해진 데는 한 가지 큰 원인이 있습니다. 그것은 우리가 신앙 없이도 도덕적일 수 있다고 배워 왔다는 점입니다. 사람들은 이것을 이렇게 해석합니다. "성경의 도덕적 가르침은 매우 훌륭해. 하지만 성경의 신학이나 교리는 받아들일 수 없어."

이것을 매우 분명하게 표현하고 존중했던 사람이 있습니다. 저는 그가 도덕적인 면에서 훌륭한 사람이었다는 것을 의심하지 않습니다. 그러나 저는 기독교의 기초뿐 아니라 그가 그렇게도 관심을 갖는 도덕의 기초 부분에서도 그에게서 충격을 받았습니다. 저는 지금 뛰어난 변호사였던 고 버킷 경Lord Birkett을 말하고 있습니다. 그가 텔레비전 인터뷰를 했을 때 사회자가 버킷 경이 한때 감리교 목사였던 사실을 지적했습니다. 감리교 목사였던 그는 왜 마음이 바뀌었을까요? 그는 이렇게 말했습니다. "아시다시피, 사람은 계속해서 배우고 발견하며……변합니다. 저는 더 이상 기독교의 교리를 믿지 않습니다. 저는 물론 윤리를 믿습니다. 저는 더 이상 기독교의 교리는 믿지 않습니다. 그러나 예수님의 윤리는 세상이 아는 최고의 윤리입니다."

버킷 경의 가르침은, 우리가 교리 없이 윤리만 붙들 수 있다는 것입니다. 신앙 없이 도덕만 가질 수 있다는 것입니다. 이것이 우리를 현재의 도덕적 늪으로 몰아넣은 치명적인 가르침입니다. 사람들은 기독교의 전체적인 기본을 흘려버리면서도 기독교가 가르치는 "좋은 것들"을 붙잡을 수 있다고 맹신합니다. 현대의 상황은 신학 없이는 도덕이 있을 수 없다는 것을, 교리를 제거하면 도덕도 곧 잃게 되리라는 것을(우리가 한 나라로서 잃은 것처럼) 아주 고통스럽고 뼈저리게 가르쳐 줍니다.

속임수의 네 번째 형태는, 죽음이 끝이며 그 너머에는 아무것도 없다고 말하는 것입니다. 이것은 오늘날 일반적인 믿음입니다. 사람들은 죽으면 모든 것이 끝이라고 믿습니다. 생명은 끝나고 시신은 무덤에 장사되면, 그것으로 끝이라고 말합니다. 하지만 사람들이 무슨 근거로 이렇게 말합니까? 사람들은 "나는 더 이상 죽음 이후의 삶을 믿지 않아!"라고 말하지만 자신의 말을 증명하지 못합니다. 따라서 이런 말은 그저 말과 이론에 불과합니다. 그러나 사람들은 이것을 믿습니다. 이것을 믿기 때문에 더 이상 하나님을 예배하지 않습니다. 그러나 이것은 순전히 속임수일 뿐입니다. "미혹을 받지 말라!"

속임수의 마지막 형태는, 하나님이 있다면 하나님은 전적으로 사랑이라고 말하는 것입니다. 하나님은 전적으로 사랑이시므로 도덕적 기준도 없고, 심판도 없고, 형벌도 없고, 지옥도 없다는 것입니다. 물론, 이러한 주장은 어리석기 짝이 없습니다. 왜냐하면 하나님은 의로운 재판장이시며, 마지막 때에 온 세상을 심판하실 것이기 때문입니다. 어떤 사람들은 영원히 지옥 형벌을 받을 것입니다. 사람들은 이렇게 말합니다. "하나님은 사랑이시기 때문에 그렇게 될 수 없어! 그건 사실이 아니야!" 그러나 사람들은 자기 말을 뒷받침하는 증거를 찾지 못합니다. 다시 말하지만, 이것은 순전히 속임수이며 사람들은 마귀에게 속고 있습니다.

현대적인 속임수의 모든 형태들에 대한 대답이 본문에 나와 있습니다. 사실은 이렇습니다. "불의한 자가 하나님의 나라를 유업으로 받지 못할 줄을 알지 못하느냐? 미혹을 받지 말라." 바꾸어 말하면, 이 모든 것에 대한 대답은 하나님이 계시다는 것입니다. 하나님이 우리의 창조자라는 것입니다. 중요한 것은 우리의 생각이나 우리가 생각하는 그분의 말씀이 아니라, 그분이 실제로 하시는 말씀이라는 것입니다. 하나님은 계신 그대로이십니다. 우리가 생각으로 그려 내는 그런 분이 아닙니다. 우리는 하나님의 모습을 그려 낼 수 없습니다. 우리는 철학으로 하나님을 만들어 낼 수 없습니다. 그런데도 우리는 이렇게 하려고 애씁니다. 교회의 고위 성직자들이 이렇게 합니다. 저는 이들도 현재의 도덕적 붕괴에 책임이 있다고 생각합니다. 주교들은 복음의 본질을 부정하면서 현재 일어나는 일들을 비난하지만, 저는 이런 비난에 관심이 없습니다.

우리는 신앙과 도덕을 분리할 수 없습니다. 성경은 하나님이 만물 위에 계신다고 분명히 말합니다. 하나님이 우리를 지으셨지 우리가 우리를 지은 것이 아닙니다. 그러므로 우리는 모두 그분의 손에 있습니다. 우리는 "도덕적 기준 같은 것은 없으며 도덕이라는 것도 항상 바뀐다!"라고 말합니다. 우리는 "괜찮아, 하나님은 사랑이시니까 모든 게 괜찮을 거야!"라고 말합니다. 그러나 성경은 "불의한 자가 하나님의 나라를 유업으로 받지 못할 줄을 알지 못하느냐? 미혹을 받지 말라"고 말합니다. 이것이 하나님의 말씀입니다. 이것이 중요하며, 우리의 무지에 대해서는 변명의 여지가 없습니다. 하나님은 이것을 역사가 시작될 때부터 우리에게 계시하셨습니다.

우리는 하나님이 우리에게 무엇을 기대하시고 무엇을 요구하시는지 몰라 헤맬 필요가 없습니다. 하나님은 이것을 너무나 분명하게 알려 주셨습니다. 하나님은 이미 에덴동산에서 아담과 하와에게 이것을 분명하게 알려 주셨습니다. 하나님은 이렇게 말씀하셨습니다. "너희가 내 계명을 지키면 내가 너희에게 복을 주고, 너희가 내 계명을 지키지 않으면 내가 너희를 쫓아내리라." 그런데 이들은 쫓겨났으며 그 후로 다시 돌아가지 못했습니다. 영원한 의의 법이 있습니다. 하나님의 법은 절대적인 법입니다. 이 법은 우리 모두의 양심에 있습니다. 하나님은 그분의 법을 모든 인간의 마음에 새기셨을 뿐 아니라 십계명에서처럼 외적으로 반포하셨습니다.

그러나 하나님은 그분이 우리에게 요구하시는 도덕적 기준이 있다는 사실을 분명히 하실 뿐 아니라 심판이 있다는 사실도 똑같이 분명히 하십니다 "불의한 자가 하나님의 나라를 유업으로 받지 못할 줄을 알지 못하느냐?"

이것을 다른 방법으로 이야기해 보면, 이 세상 모든 사람들이 둘 중 한 곳에 있다는 것입니다. 세상 모든 사람은 하나님의 나라 안에 있거나 하나님의 나라 밖에 있습니다. 그러므로 문제는 이것입니다. 여러분은 하나님 나라를 유업으로 받았습니까? 우리 모두는 하나님 앞에 설 것이며, 우리 자신이 하나님의 나라 안에 있는지 밖에 있는지 알게 될 것입니다. 이것이 심판입니다. 성경의 메시지는 이것이 온 세상에서 가장 중요하다고 말합니다.

하나님의 나라 안에 있느냐, 아니면 밖에 있느냐는 너무나 중요합니다. 왜냐하면 이것이 우리의 영원한 상태를 결정하기 때문입니다. 사도 바울이 본문에 나오는 사람들을 그처럼 걱정한 것도 바로 이 때문입니다. 사도 바울은 이렇게 말합니다. "마귀에게 속아 이렇게 말하지 않도록 하십시오. '나는 하나님의 나라 안에 있어! 그러니까 술 취하고 간음하며 내가 좋아하는 건 뭐든지 해도 괜찮아! 하나님이 나를 용서하시잖아!'" 바울은 이렇게 말합니다. "여러분이 계속해서 이렇게 한다면 여러분은 하나님의 나라 밖에 있는 것이며, 따라서 지옥에 갈 것입니다." 이런 사람들은 심판을 받을 것입니다.

현대 세계는 이것을 더 이상 믿지 않습니다. 우리나라가 지금처럼 된 것도 이 때문입니다. 모든 사람에게 각자의 신이 있습니다. 모든 사람이 자기 생각에 옳은 대로 행동합니다. 그렇게 하지 않을 이유가 어디 있겠습니까? 사람들은 자신의 행동을 변명하고 용서합니다. 사람들은 바리새인들처럼 한 사람을 비난하지만, 사실은 자신도 생각으로는 똑같은 죄를 짓습니다. "그들의 눈앞에 하나님을 두려워함이 없"습니다.롬 3:18 이것은 하나님에 대한 오만하기 이를 데 없는 거역 행위이자, 온 세상을 의로 심판하실 하나님에 대한 대적 행위이기도 합니다. 중요한 것은 우리 모두가 심판을 받아 천국이나 지옥 중 한 곳으로 간다는 사실입니다. 우리는 영원히 복을 누리며 살거나 영원히 비참하게 살 것입니다.

모두가 나라의 상황을 걱정합니다. 그러나 사람들이 영혼의 상태와 영원한 운명에 대해 말하는 것을 들어 본 적이 있습니까? 이것은 중요합니다. 우리 모두에게 중요합니다. 성경이 우리에게 가장 먼저 가르치는 것 가운데 하나가, 속는 것은 너무나 무섭고 위험하다는 것입니다.

그러나 성경이 우리에게 두 번째로 가르치는 것은, 하나님이 보시기에 인간에게 중요한 것은 의義뿐이라는 것입니다. "불의한 자가 하나님의 나라를 유업으로 받지 못할 줄을 알지 못하느냐?" 능력이 있거나 똑똑한 사람이 하나님 나라를 유업으로 받는 것이 아닙니다. 오늘날에는 똑똑한 사람들이 인기가 있고 부러움의 대상이지 않습니까? 사람들은 이렇게 말합니다. "저 남자는 똑똑해. 저 여자는 머리가 좋아." 그러나 성경은 능력이나 지식이나 교양이나 세련미를 갖춘 "도시 사람들", 예술에 관심이 있는 사람들이 하나님 나라를 유업으로 받는다고 말하지 않습니다. 사람들은 즐거움, 쾌락, 돈, 부 같은 것이 중요하다고 말하지 않습니까? 우리에게 돈이 넘쳐납니다. "이렇게 좋았던 적이 없습니다!" 그런데 나라가 지금처럼 나빴던 적도 없습니다!

성경은 하나님이 보시기에 중요한 것은 오직 하나뿐이라고 말합니다. 바로 의입니다! 여러분이 원한다면, 성품이라고 해도 좋습니다. 내가 똑똑한지 아니면 능력이 모자라는지를 말하는 것이 아닙니다. 내가 많이 배웠는지 아니면 무식한지를 말하는 것이 아닙니다. 내 계좌에 돈이 많은지 아니면 적은지를 말하는 것이 아닙니다. 오히려 나의 지금 모습, 나의 성품, 하나님과 얼굴을 맞대고 있는 내 영혼을 말하는 것입니다. 중요한 것은 의입니다! 한 나라든 한 개인이든 간에, 하나님에게 중요한 것은 의뿐입니다. "공의는 나라를 영화롭게" 합니다.잠 14:34 사람들이 자신들의 위대한 공적과 과거의 영광을 노래한다 하더라도 "묵시가 없으면 백성이 방자히 행"합니다.잠 29:18 사람들은 스포츠와 쾌락과 돈과 성공과 똑똑함을 위해 살지만 "묵시가 없으면 백성이 방자히 행"합니다. 로마와 그 외의 나라들이 이 때문에 무너졌습니다.

그러므로 하나님이 보시기에 중요한 것은 의뿐입니다. 하나님은 에덴동산에서, 십계명에서 이 사실을 계시하셨습니다. 하나님의 백성은 언제나 이 사실을 깨달았습니다. 시편 기자는 이렇게 말합니다. "여호와의 산에 오를 자가 누구며 그의 거룩한 곳에 설 자가 누구인가. 곧 손이 깨끗하며 마음이 청결하며 뜻을 허탄한 데에 두지 아니하며 거짓 맹세하지 아니하는 자로다."시 24:3-4 똑똑한 사람들이, 머리 좋은 사람들이, 분명하게 말할 줄 아는 사람들이, 세련된 사람들이, 현대적인 사람들이 아닙니다. 절대로 아닙니다! 손이 깨끗한 사람들입니다! 마음이 청결한 사람들입니다! 이것이 하나님이 원하시는 것입니다.

다윗은 이것을 알았습니다. 그는 다른 곳에서 이렇게 말했습니다. "보소서 주께서는 중심이 진실함을 원하시오니."시 51:6 그렇습니다. 주님은 이렇게 말씀하십니다. "너희 의가 서기관과 바리새인보다 더 낫지 못하면 결코 천국에 들어가지 못하리라."마 5:20 그분은 다시 이렇게 말씀하십니다. "너희는 사람 앞에서 스스로 옳다 하는 자들이나 너희 마음을 하나님께서 아시나니 사람 중에 높임을 받는 그것은 하나님 앞에 미움을 받는 것이니라."눅 16:15 여러분은 성공 가도를 달리고 있습니다. 장관이 되었으며 사람들에게 칭찬을 받습니다. 그러나 "사람 중에 높임을 받는 그것은 하나님 앞에 미움을 받는 것"입니다. 중요한 것은 의입니다.

인간은 하나님이 살게 하신 대로 살아야 했습니다. 하나님의 영광을 위해 살며 그분의 계명을 지키며 살아야 했습니다. 바르게 살아야 했으며, 청결하고 깨끗하며 정직하고 숭고해야 했습니다. 인간은 하나님과 얼굴을 마주하고 그분과 교제를 누리도록 되어 있었습니다. 이것이 의입니다.

그러나 성경은 이렇게 말합니다. "의인은 없나니 하나도 없으며."롬 3:10 우리는 모두 본질상 불의하다고 말합니다. 계층, 교육, 돈, 그 외에 모든 것에 따라 모든 사람들이 나눠지지만, 모두가 한결같이 불의합니다. 불의는 다양한 형태를 띱니다. 우리는 특정한 죄의 세세한 부분을 모두 범하지는 않았지만 그래도 모두 죄인입니다. 오늘 밤 이 땅에는 본문에 나오는 죄를 짓는 사람들이 많습니다. 그러나 여러분이 이런 죄를 짓지 않는다고 해서 여러분이 의롭다는 뜻은 아닙니다. 의롭다는 것은 마음을 다하고 성품을 다하고 뜻을 다하고 힘을 다하여 여러분의 하나님을 사랑한다는 뜻이며, 이웃을 자신처럼 사랑한다는 뜻입니다. 이런 의미에서 여러분은 의롭습니까? 여러분은 하나님의 영광과 찬양이 되기 위해 살고 있습니까? 이것이 의입니다. 그러나 그 누구도 의롭지 못합니다. 사도 바울은 이렇게 말합니다. "모든 사람이 죄를 범하였으매 하나님의 영광에 이르지 못하더니."롬 3:23

그 원인이 무엇입니까? 성경은 그 원인을 말합니다. 이것은 아주 중요한 메시지입니다. 이 세상에 태어난 모든 사람은 불의합니다. 왜냐하면 인간이 하나님을 떠났기 때문입니다. 아담은 마귀에게 귀를 기울이기 전까지 의로웠습니다. 그러나 그는 타락했고 불의해졌습니다. 인간은 하나님께 등을 돌렸기 때문에 지금도 불의합니다. 인간은 하나님을 거역하는 자이며, 마귀의 노예가 되었고 정욕의 노예가 되었습니다. 인간은 타락하고 추하고 비참한 노예가 되었습니다. 그러므로 성경이 우리에게 가르치는 두 번째 중요한 사실은, 하나님 앞에서 중요한 것은 의뿐이라는 것입니다. 이 사실에 대해서는 앞에서 이미 살펴보았습니다. 하나님 앞에 설 때, 우리는 자신이 죄인이며 불의한 자라는 것을 알게 됩니다.

그러나 감사하게도 복음은 여기서 끝나지 않습니다. 복음이 우리 모두에게 말하는 것이 있습니다. 우리는 이것을 알아야 합니다. 본문을 다시 한 번 봅시다. "불의한 자가 하나님의 나라를 유업으로 받지 못할 줄을 알지 못하느냐? 미혹을 받지 말라. 음행하는 자나 우상숭배하는 자나 간음하는 자나 탐색하는 자나 남색하는 자나 도적이나 탐욕을 부리는 자나 술 취하는 자나 모욕하는 자나 속여 빼앗는 자들은 하나님의 나라를 유업으로 받지 못하리라. 너희 중에 이와 같은 자들이 있더니." 이것이 복음의 본질적인 메시지입니다. "주 예수 그리스도의 이름과 우리 하나님의 성령 안에서 씻음과 거룩함과 의롭다 하심을 받았느니라."

그렇다면 복음은 우리가 지금 한 나라로서 처한 통탄할 상황에 대해 뭐라고 말합니까? 복음의 메시지는 단지 우리나라만 아니라 모든 나라에 적용됩니다. 복음은 단순히 죄와 죄인을 고발하는 메시지가 아닙니다. 이것은 굳이 그리스도인이 되지 않더라도 할 수 있는 일입니다. 오늘 밤에도 도덕적인 사람들이 이 시대를 통탄하고 있습니다. 이들은 그리스도인은 아니지만 도덕적인 사람들입니다. 이들은 지금 이 시대를 고발하고 있습니다.

교회의 메시지는 단지 권면이나 호소의 메시지도 아닙니다. 저는 언젠가 교회의 고위 성직자가 우리는 "마구간을 깨끗이 청소해야 합니다"라고 말하는 것을 읽은 적이 있습니다. 모든 지도자들이 "지금의 도덕적 퇴보" 등에 대해 나름의 견해를 표현합니다. 그러나 이들의 행태는 바리새주의에 불과합니다! 주님은 요한복음 8장 첫 부분에 나오는 사건에서 이 문제를 단번에 다루셨습니다. 사람들은 간음하다 현장에서 잡힌 여자를 예수님 앞에 끌고 왔습니다. 사람들은 예수님이 이 여자에게 어떤 판결을 내리는지 알고 싶었습니다. 그러나 예수님은 사람들에게 대꾸하시지 않고 바닥에 뭔가를 쓰기 시작하셨습니다. 그러나 사람들이 예수님을 재촉하자 예수님은 사람들에게 말씀하셨습니다. "너희 중에 죄 없는 자가 먼저 돌로 치라."[7절] 그러자 사람들이 슬금슬금 뒷걸음질 치기 시작했고 마침내 여자와 주님만 남았습니다.

여러분이 무슨 일을 하고 있는지 주의 깊게 살피십시오. 한 사람에게 손가락질하고 그를 비난하며 정죄하는 것은 매우 간단합니다. 그렇다면 여러분 자신은 어떻습니까? 여러분의 마음은 깨끗합니까? 여러분의 손은 깨끗합니까? 주의하십시오! 자신을 살피십시오! 희생양을 만들기란 매우 쉽습니다. 저는 잘못된 행동을 변호하는 것이 아닙니다. 죄는 변호받을 수 없습니다. 그러나 저는 복음이 단지 죄를 고발하거나 도덕적인 호소를 하는 데 그치지 않는다는 점을 강조하고 싶습니다. 우리는 앞으로 죄를 고발하고 도덕에 호소하는 것을 많이 들을 것입니다. 우리는 나라가 하나가 되어야 한다는 강한 호소를 들을 것이며, 자신이 그리스도인이라는 사실을 다시 내세울 것입니다. 그러나 이것은 무가치한 일입니다. 이것은 속임수일 뿐입니다.

복음은 단지 더 많은 도덕 교육이나 다른 형태의 교육에 대한 호소가 아닙니다. 많은 사람들이 교육이야말로 모든 문제의 해답이라고 생각합니다. 최근에 한 정치 지도자가 이렇게 말했습니다. "한 나라의 힘은 교육에 달렸습니다. 교육은 미래의 창고를 여는 열쇠입니다." 교육은 좋은 것입니다. 하지만 교육만으로는 부족합니다. 최고의 교육을 받은 사람들도 악한 일을 도모하고 너무나 개탄스러운 수준으로 추락할 수 있습니다.

복음의 메시지는 단지 사람들에게 그리스도를 믿고 "주여, 주여!" 하면 모든 것이 잘될 것이라고 말하지도 않습니다. 바울은 바로 이 점을 고린도의 그리스도인들에게 경고하고 있습니다. 바울이 고린도전서 5장에서 언급하듯이, 고린도 교회 교인들 가운데는 추하고 끔찍한 죄를 지은 사람들이 있었습니다. 이들은 자신들이 그리스도를 믿기 때문에 괜찮다고 생각했습니다. 오늘날에도 이런 사람들이 많으며, 교회에도 아주 많습니다. 이들은 "나는 그리스도를 위해 결단했고 나를 그분께 드렸어!"라고 말합니다. 그러면서 이것으로 모든 것이 해결되었고 자신이 원하는 대로 살아도 괜찮다고 생각합니다. 그러나 이것은 반율법주의입니다. 다시 말해, 죄 가운데 살고 부정직하게 살고 부주의하게 살면서 "주여, 주여!" 하고 외치는 것입니다. 이렇게 사는 삶은 소용이 없습니다. "불의한 자가 하나님의 나라를 유업으로 받지 못"합니다. 단지 믿는다고 말하는 것으로는 부족합니다. 이것은 기독교가 아닙니다.

그러나 우리 주변에 이런 모습이 많지 않을까 두렵습니다. 우리는 일종의 도덕적 정화가 이루어지는 것을 보게 될 것입니다. 사람들이 예배에 참석할 것입니다. 우리는 언론을 통해 장관들이 예배에 참석하며 사람들이 종교에 관심을 보이고 있다는 보도를 접할 것입니다. 그러나 마음에 변화가 없다면, 이것은 또다시 거짓말이며 속임수입니다. 하나님의 집에 오는 것 자체가 좋고 훌륭한 일이지만 그것으로는 부족합니다.

그렇다면 복음의 메시지는 무엇입니까? 감사하게도 본문에 그 메시지가 있습니다. 복음은 구원의 메시지입니다. 우리는 죄인들을 고발하는 것이 아니라 그들을 구원합니다. 우리는 바리새인들처럼 죄인들을 손가락질하지 않습니다. 우리는 그들에게 다가가 이렇게 말합니다. "당신은 여기서 구원받을 수 있으며, 씻음받을 수 있으며, 깨끗해지고 새로워질 수 있으며, 주 예수의 이름으로 의롭게 될 수 있습니다." 복음은 희망의 메시지이며 구원의 메시지입니다. 그러나 우리는 신약성경의 메시지, 오래되고 오래된 복음, 분명하고 거짓 없는 말씀이 있다는 사실을 분명히 해야 합니다! 복음은 가장 악한 자에게도 희망을 줍니다. 왜냐하면 복음은 단지 사람들에게 서로 협력하라고 호소하는 데 그치지 않고 하나님이 그들을 붙잡아 주실 것이라고 말하기 때문입니다. "복음은 모든 믿는 자에게 구원을 주시는 하나님의 능력이 됨이라."롬 1:16 복음은 타락과 죄와 악의 깊은 수렁에 빠진 사람들에게 다가와 그들이 바뀔 수 있고, 구원받을 수 있으며, 새롭게 될 수 있다고 말하는 메시지입니다. 본문이 말하는 죄의 목록을 보십시오. 바울은 "너희 중에 이와 같은 자들이 있더니"라고 말합니다. "그러나 여러분은 더 이상 이런 사람이 아닙니다. 왜 아닙니까? 여러분은 씻음을 받았기 때문이며, 거룩하게 되었기 때문이며, 주 예수의 이름과 우리 하나님의 능력으로 의롭게 되었기 때문입니다."

저는 복음을 전하는 특권을 누리고 있습니다. 우리에게서 죄의 더러움을 씻어 낼 수 있는 복음, 우리에게서 죄의 얼룩을 씻어 내고 우리를 정결하게 할 수 있는 복음, 우리를 죄의 책임에서 자유하게 하고 우리에게 의의 옷을 주어 거룩한 하나님 앞에 서게 할 수 있는 복음을 전하는 특권입니다. 복음은 용서만 전하는 것이 아니라 새롭게 됨과 거듭남을 전합니다. 복음은 실패의 잿더미에서 새로운 사람들이 일어나 하나님 앞에 성도로 설 수 있다는 사실을 전합니다.

이런 일이 어떻게 일어납니까? 바울은 이 질문에 "주 예수 그리스도의 이름과 우리 하나님의 성령 안에서"라고 대답합니다. 기독교의 메시지는 하나님의 아들 주 예수 그리스도께서 우리를 구원하려고 천국을 떠나 이 땅에 오셨다는 것입니다. 그분은 단순히 우리를 가르치고 권면하며 우리의 죄를 꾸짖고 "이렇게 살아야 한다, 나를 따르라"라고 말씀하러 오신 것이 아닙니다. 그분은 우리가 그분을 따를 수 없다는 것을 아셨습니다. 우리는 정욕과 더러운 욕심으로 가득합니다. 우리는 모두 무엇인가의 노예입니다. 여러분을 넘어뜨리는 것이 있지 않습니까? 이러한 것들을 살펴보니 여러분은 부끄럽지 않습니까? 여러분이 계속해서 범하는 죄가 무엇입니까? 왜 여러분은 그 죄를 끊지 못합니까? 여러분은 그 죄의 노예이기 때문입니다. 그것이 간음은 아닐지 모르지만, 질투나 시기나 악의나 앙심이나 증오나 무절제한 야망이나 이 세상 것들에 대한 자랑일 수 있습니다. 오직 하나님의 능력만이 우리를 구원할 수 있습니다.

그러므로 주님은 우리를 하나님과 화해시키러 오셨습니다. 우리는 하나님 앞에 죄인입니다. 그런데 우리가 어떻게 그분과 교제하며 복을 받을 수 있겠습니까? 나는 내 과거를 취소할 수 없으며, 율법대로 살 수 없습니다. 그렇다면 내가 할 수 있는 것이 무엇입니까? 그리스도께서 오셔서 내가 할 수 없는 것을 대신해서 해주셨습니다. 그분이 인간이 되셨으며, 스스로 율법 아래 서셨으며, 율법을 지키셨으며, 나무 위에서 나의 죄를 친히 담당하셨으며, 나를 위해 채찍에 맞으셨습니다. 그분 안에서 하나님은 나를 용서하시고 그분의 의를 내게 입히십니다. "주 예수 그리스도의 이름과 우리 하나님의 성령 안에서 씻음과 거룩함과 의롭다 하심을 받았느니라."

간음자들, 음행자들, 거짓말쟁이들, 살인자들, 심지어 가장 악한 형태의 배교자들까지도, 주 예수 그리스도를 믿을 때 해방되고 씻음을 받으며 의롭게 되고 거룩해집니다! 하나님의 그리스도께서 이들을 구원하러, 이들을 수렁에서 건져 내어 반석 위에 세우시고 이들의 걸음을 견고하게 하러 오셨습니다. 저는 저와 같이 불쌍한 죄인을 비난하려고 이 자리에 선 것이 아닙니다! 제가 이 자리에 선 것은, 저와 같은 죄인에게 (그 사람이 제 말을 들을 수 있고 그가 듣도록 하나님이 허락하신다면) 그가 구원받을 수 있고, 용서받을 수 있고, 새롭게 될 수 있고, 예수 그리스도 안에서 새로운 삶을 시작할 수 있다는 말을 전하기 위해서입니다.

이것이 기독교의 메시지입니다! 기독교의 메시지는 바리새주의가 아니며, 종교적 품위와 허식과 연기도 아닙니다. 기독교의 메시지는 완전히 새로운 사람, 마음에 의가 있고 그리스도의 의가 그 위에 임하며 하나님의 영광을 위해 사는 사람, 즉 거듭난 사람입니다. 사람이 거듭날 수 있는 것은, 하나님의 아들 주 예수 그리스도께서 천국에서 오셔서 십자가에서 죽으셨기 때문입니다. 이것이 복음입니다! 하나님께 감사드립시다! 우리는 단지 손가락질하고 정죄하는 데 그치지 않습니다. 우리는 정죄하되, 치유하기 위해 정죄합니다. 우리는 일으켜 세우기 위해 쓰러뜨립니다. 우리가 사람들에게 그들의 죄와 무기력과 절망과 화를 보여주는 것은 그들이 우리 주 예수 그리스도를 통해, 하나님의 성령으로 구원에 이르게 하는 하나님의 능력에 복종하도록 하기 위해서입니다.

그렇다면 여러분은 어떻습니까? 여러분은 의롭습니까? 여러분은 하나님의 영원한 심판대 앞에 설 준비가 되었습니까? 여러분은 의롭고 거룩한 삶을 살고 있습니까? 여러분은 깨끗합니까? 여러분은 손과 마음이 깨끗합니까? 여러분의 지성과 상상력은 깨끗합니까? 다른 사람들은 다 잊어버리고 여러분 자신에게서 시작하십시오. 여러분도 씻음받고 거룩하게 되어야 한다는 것을 깨달으십시오. 여러분은 윌리엄 쿠퍼William Cowper처럼 고백할 수 있습니까?

> 저 도적 회개하고서 보혈에 씻었네.
> 저 도적 같은 이 몸도 죄 씻기 원하네.[6]

여러분은 이렇게 고백합니까? 여러분은 이 메시지를 들었으며, 이렇게 고백할 준비가 되었습니까?

> 내 주의 보혈은 정하고 정하다.
> 내 죄를 정케 하신 주 날 오라 하신다.[7]
>
> —루이스 하트사우Lewis Hartsough

6. 「샘물과 같은 보혈은」, 새찬송가 258장.

7. 「내 주의 보혈은」, 새찬송가 254장.

8. 새찬송가 254장.

여러분 자신이 씻음을 받아야 한다는 것을 깨닫지 못했다면, 여러분은 다른 사람을 손가락질할 위치에 있지 못합니다. 여러분이 오직 예수 그리스도의 보혈만이 여러분의 죄의 책임과 권세에서 자유하게 할 수 있음을 깨닫지 못했다면 여러분은 그리스도인이 아닙니다. 스스로 의롭다고 하는 비참한 바리새인입니다. 여러분 자신의 더러움과 부패를 깨닫고 주님께 돌아와 고백하십시오.

내가 주께로 지금 가오니
십자가의 보혈로 날 씻어 주소서.[8]

여러분은 씻음받고 깨끗해질 때 타락한 사람들에게 동정심을 느낄 것입니다. 여러분은 이들을 손가락질하고 자신은 의롭다고 말하지 않을 것입니다. 여러분은 이들을 불쌍히 여기고, 이들을 위해 기도하며, 이들이 구원받을 수 있도록 이들에게 복음의 메시지를 전하고 싶을 것입니다. 왜 이들이 이처럼 추한 삶을 삽니까? 더 나은 삶을 알지 못하기 때문입니다. 복음을 모르기 때문입니다. 이들은 사탄에게 속고 있으며, 교회 자체가 자주 전하는 현대의 가르침에 속고 있기 때문입니다.

이 세상에서 도덕적인 실패자들을 도울 수 있는 사람들은, 이 순간 우리 사회에 있어야 할 사람들은, 자신의 더러움과 극한 절망을 깨닫고 주님께로 돌아서서 이렇게 고백한 사람들뿐입니다.

만세 반석 열리니 내가 들어갑니다.
창에 허리 상하여 물과 피를 흘린 것

내게 효험 되어서 정결하게 하소서.[9]

—오거스터스 탑레이디 Augustus Toplady

주님이 이들을 씻으시고 깨끗하게 하셨습니다. 그래서 이들은 다른 사람들에게 그들도 똑같이 할 수밖에 없다고 말할 수 있습니다. 그들도 하나님의 아들만이 주실 수 있는 도덕적·영적 씻음을 알게 될 것이며, 하나님의 성령만이 가능하게 하시는 새로운 걸음과 새로운 삶을 알게 될 것이라고 말할 수 있습니다. "주 예수 그리스도의 이름과 우리 하나님의 성령 안에서 씻음과 거룩함과 의롭다 하심을 받았느니라."

감사하게도 우리가 처한 상황에도 불구하고 오늘 밤에 소망이 있습니다! 이것이 유일한 소망입니다. 예수 그리스도, 십자가에 못 박히신 분의 복음이 유일한 소망입니다. 여러분은 그분을 압니까? 그분을 의지합니까? 그분을 통해 씻음을 받아 깨끗하고 새롭게 되었습니까?

9. 「만세 반석 열리니」, 새찬송가 494장.

12

그는 우리의 화평이신지라

1963 | 『십자가』

그러나 내게는 우리 주 예수 그리스도의 십자가 외에 결코 자랑할 것이 없으니 그리스도로 말미암아 세상이 나를 대하여 십자가에 못 박히고 내가 또한 세상을 대하여 그러하니라. 갈라디아서 6:14

베단 로이드 존스는 남편이 진정한 복음 전도자였다고 늘 말했습니다. 이제 여러분이 읽을 이 설교만큼 그가 참된 복음 전도자였다는 사실을 극적으로 증명하는 설교는 아마 없을 것입니다. 왜냐하면 이 설교는 그가 1963년 11월에 존 F. 케네디John F. Kennedy 대통령이 댈러스에서 죽은 그 주의 주일 저녁에 전한 설교이기 때문입니다.

존 F. 케네디 대통령의 암살은 누구도 잊지 못할 하나의 상징적인 사건입니다. 현재 50대 중반을 넘긴 사람들은 그의 충격적이고 예기치 못한 비극적인 사망 소식을 들었을 때 자신이 무엇을 하고 있었는지 정확히 기억할 수 있습니다. 이는 18세 이상의 사람이라면 누구나 2001년 9월 11일(미국에서 테러 사건이 일어난 날–옮긴이)에 자기들이 어디에 있었고 어떻게 반응했는지 기억할 수 있는 것과 같습니다. C. S. 루이스Lewis와 올더스 헉슬리Aldous Huxley가 세상을 떠난 날이기도 한 1963년 11월 22일은 세계의 이목을 집중시킨 역사상 매우 특별한 날로 2001년 9월 11일과 맞닿아 있습니다.

프로퓨모 스캔들이 일어났을 때 전한 설교 「하나뿐인 희망」(이 책 11장에 수록됨)에서 이 스캔들에 대한 언급을 제외하지 않은 것처럼, 『십자가』에서 뽑은 이 설교 역시 케네디 암살 사건에 대한 언급을 제외하지 않고 그대로 남겨 두었습니다.

성경은 시편 146:3에서 "귀인들을 의지하지 말라"고 말하는데, 이 말씀은 얼마나 참된 말씀일까요! 당시에 젊고 역동적인 케네디를 미국뿐만 아니라 전 세계의 수많은 사람들이 자신들의 희망과 갈망과 열망을 구현한 인물로서 얼마나 의지했는지 모릅니다.

하지만 지금 그 꿈은 산산조각이 났습니다.

그러나 케네디만 젊어서 갑작스럽게 죽은 유일한 사람이 아니었습니다. 로이드 존스는 예수님도 고난을 받고 젊은 나이에 잔혹하게 죽임을 당했지만 죽은 자 가운데서 다시 살아나 우리의 주와 구주가 되셨다는 사실을 보여줍니다.

케네디에게 희망을 두었다는 것만 잘못된 것이 아니었습니다. 그 희망에 동반된 전체 세계관도 잘못되었습니다. 로이드 존스가 지적한 것처럼, 20세기 전체 역사는 한 개인의 죽음이—그것이 아무리 비극적이었다고 해도—헛된 것 정도가 아니라 이런 신념이 얼마나 헛된 것인가를 증명했습니다.

우리를 하나님과 화목하게 하려고 십자가에 달려 형벌을 대신 받으신 예수님만이 참된 해답을 제공하실 수 있었습니다. 그가 계속 증명했던 것처럼, 이 세상의 문제는 정치적이거나 경제적이거나 사회적인 문제가 아니라 영적 문제입니다.

로이드 존스가 이 설교의 본문으로 선택한 말씀은 다음과 같습니다. "그러나 내게는 우리 주 예수 그리스도의 십자가 외에 결코 자랑할 것이 없으니……." 그는 복음이 없으면 세상은 소망이 없으며, 복음 메시지의 중심에는 예수 그리스도의 십자가가 있다고 주장했습니다. 그가 깨달은 것처럼, 유일한 소망은 항상 정치가 아니라 복음 전도에 있었습니다.

우리는 지금 19세기에 자유주의 신학자들이 그랬던 것처럼 복음 전도자들이 똑같은 잘못을 되풀이하는 시대에 살고 있습니다. 정치적인 성과가 나라의 형세를 바꿀 수 있고, 모든 것은 대통령 선거에서 승리하는 자에게 달려 있으며, 성경적인 기독교 신앙을 고백하지 않는 정치인이라고 해도 미국을 구원할 수 있다는 것이 바로 그 잘못된 관점입니다.

이 설교는 이런 관점이 얼마나 순진하고 헛된 것인지를 보여줍니다. 1960년대에 자유주의자들은 귀인들을 의지했습니다. 지금은 복음주의자들이 종종 그러합니다. 그러나 성경의 답변은 변함이 없습니다. 그것은 우리가 십자가에 못 박히시고 부활하신 예수 그리스도를 자랑해야 한다는 것입니다.

> 시대의 난파 위에 우뚝 솟아 있는
> 그리스도의 십자가를 자랑하리라.
>
> —존 보링John Bowring

그리스도인은 이와 같은 세상 속에서 이와 같은 노래를 부를 수 있는 것을 하나님께 감사해야 합니다. 이제 우리 주와 구주이신 예수 그리스도의 복음을 믿기만 하면 우리가 그렇게 노래 부를 수 있는 몇 가지 이유를 더 찾아보도록 하겠습니다. 갈라디아서 6:14로 다시 돌아갑시다. "그러나 내게는 우리 주 예수 그리스도의 십자가 외에 결코 자랑할 것이 없으니 그리스도로 말미암아 세상이 나를 대하여 십자가에 못 박히고 내가 또한 세상을 대하여 그러하니라." 복음이 없으면 세상은 소망이 없습니다. 우리가 확인한 것처럼 이 십자가의 메시지가 복음의 본질입니다.

따라서 방금 인용한 찬송시의 저자는 자신이 십자가에서 찾아낸 모든 것을 우리에게 말해 줍니다. 십자가는 그의 기분이나 상태나 형편과는 상관없이, 고통스럽거나 즐겁거나 그에게 어떤 일이 일어나든 상관없이 모든 것을 거룩하게 했습니다. 십자가는 항상 말합니다. 이것이 바울의 입장입니다. 바울이 십자가를 자랑하는 것은 자신에게 어떤 일이 일어나든간에 십자가는 항상 자신과 함께하고 모든 것을 자신의 유익으로 바꾸는 메시지이기 때문입니다. 그래서 바울은 십자가를 자신의 자랑거리로 삼습니다.

우리는 바울이 이 본문과 자신의 다른 서신들에서 십자가에 대해 말한 여러 사실들을 검토해 왔습니다. 하지만 아직 끝나지 않았습니다. 바울은 "내게는 우리 주 예수 그리스도의 십자가 외에 결코 자랑할 것이 없다"고 말합니다. 십자가는 끝이 없습니다. 십자가는 정말 엄청난 것입니다. 따라서 저는 이제 바울이 주 예수 그리스도의 십자가를 자랑하는 또 하나의 이유를 제시하고자 합니다. 그것은 우리 주 예수 그리스도의 십자가만이 사람들 안에 참된 연합과 진정한 화평을 낳을 수 있다는 것입니다. 저는 여러분이 이것을 주목하기를 바랍니다. 저는 지금이 이 사실을 살펴보기에 매우 적절한 때라고 생각합니다. 모든 사람이 지금 세상에서 연합을 이루는 방법에 온통 관심을 집중하고 있기 때문입니다. 고 케네디 대통령의 암살은 매우 날카롭게 그 점을 지적하고 있습니다.

저는 지금 케네디 대통령에 대해 설교하려는 것이 아닙니다. 그러나 그 끔찍한 사건, 그 두려운 사건으로 인해 우리 모두가 마땅히 무엇을 생각해야 하는지 깨닫지 못한다면 그것이야말로 정말 미련한 짓입니다. 케네디 대통령은 어떻게든 사람들을 하나로 통합하려고 고군분투한 사람이었습니다. 사람들은 그가 미국에서 통합 문제를 해결하려고 애썼기 때문에 암살을 당했다고 말합니다. 그는 흑인과 백인을 어떻게 하나로 묶을 것인지, 어떻게 인종 차별을 종식시키고 통합을 창출할지 고민했습니다. 그것이 그가 맞서 싸운 문제 중 하나였습니다. 케네디 대통령은 이 문제에 대한 관심 때문에 텍사스에 간 것이었습니다. 거기서 철의 장막을 사이에 두고 세계의 국가들이 두 집단으로 나누어져 있는 문제를 다루었습니다. 그는 인간 본성과 인류의 이 두 파벌을 하나로 만들기 위해 싸우고 투쟁했습니다. 그는 바로 이 문제, 진정 이 문제를 위해 자신의 생애와 활동을 바친 사람이었습니다. 저는 여러 가지 면에서 케네디 대통령이 이 일 때문에 암살을 당했다는 것이 사실임을 의심하지 않습니다. 그래서 우리가 이 문제에 대해 관심을 가지는 것입니다. 우리는 긴장과 분열과 투쟁과 전쟁의 위험으로 가득 찬 세상에서 살고 있습니다. 우리는 절망적으로 분열되어 있는 세상, 불행과 고통으로 가득 찬 세상에서 살고 있습니다.

성경은 언제나 세상이 악한 곳이라고 말합니다. 성경 외에는 어디서도 그런 말을 하지 않습니다. 신문도 그렇게 말하지 않습니다. 신문은 케네디 대통령의 암살과 같은 사건을 특별히 예외적인 사건으로 간주합니다. 사건이 매우 극적으로 일어났기 때문에 예외적이라는 것이지요. 그러나 세상은 이런 일로 가득합니다. 우리가 살고 있는 세상은 그런 곳입니다. 세상은 예기치 못한 사건으로 충격을 받은 것처럼 보입니다. 그렇지만 결코 예기치 못한 사건이 아닙니다. 생소한 사건도 아닙니다. 성경이 가리키는 것처럼 이 세상은 "악한 세대"입니다. 저는 이 특정 사실을 조금이라도 과장하는 것이 아닙니다. 저는 사람이라면 누구나 이 끔찍한 범죄를 저지를 수 있다고 생각합니다. 또 이런 범죄는 단지 투쟁, 전쟁, 반목, 비난, 미움의 한 표출에 불과하다고 생각합니다. 다만 이런 범죄는 내면에 있는 악한 마음이 추하게 드러난 것에 지나지 않습니다. 이런 범죄는 슬프게도 오늘날 이 세상에서 우리에게 큰 고통을 안겨 주는 또 하나의 원인입니다. 그리고 그것이 제가 이 문제에 주의를 집중하는 이유입니다.

그러므로 저는 세상의 상황뿐만 아니라 우리의 개인적인 삶의 관점에서도 이 문제를 살펴보기 원합니다. 오늘날 우리가 범하는 가장 큰 한 가지 오류는 개인과 집단, 개인과 국가 사이를 아주 날카롭게 구분하는 것입니다. 하지만 국가는 개인들이 모인 집단 외에 다른 것이 아닙니다. 국가는 개인을 확대한 것에 불과합니다. 세상은 일종의 대우주이고, 그 안에서 인간은 소우주를 구성하고 있습니다. 세상의 국가들에 해당되는 것은 개인들에게도 그대로 해당됩니다. 모든 국가 안에는 집단과 파벌이 존재합니다. 파벌과 집단과 반목과 긴장은 작은 단체 안에도 존재합니다. 심지어는 가족 내에도 분열과 다툼과 불화와 오해가 존재합니다. 그러나 우리는 그것을 더 깊이 적용할 수 있습니다. 우리 중 얼마나 많은 사람이 온전한 안식을 알고 있을까요? 얼마나 많은 사람이 진정한 평안과 평온을 알고 있을까요? 여러분 속에서도 계속 싸움이 벌어지고 있지 않습니까? 여러분에게는 다툼과 긴장이 없습니까? 갈등이 없습니까? 우리는 당연히 있다고 말할 수밖에 없습니다. 우리 모두가 그런 존재로 태어나기 때문입니다. 우리는 안팎으로, 삶의 모든 영역과 분야에서 갈등을 겪는 피조물로 태어납니다. 제가 여기서 증명하고 싶은 것은 온 세상에서 이런 전쟁과 긴장과 다툼을 해결할 수 있는 것은 단 하나밖에 없다는 것입니다. 그것은 우리 주와 구주이신 예수 그리스도의 십자가입니다.

바울이 쓴 에베소서 2장을 읽어본다면, 여러분은 그가 말하고자 한 것이 무엇인지 알아차릴 것입니다. 바울이 십자가를 자랑한 것은 놀라운 일이 아니었습니다. 왜냐하면 주 예수 그리스도의 십자가는 그가 그때까지 가장 놀랍고 가장 경이롭다고 여겼던 일을 행했기 때문입니다. 그것은 곧 기독교 교회를 탄생시킨 것이었습니다. 왜 교회의 탄생이 그토록 놀라운 일입니까? 기독교 교회 안에 유대인과 이방인이 함께 참여했기 때문입니다. 그것이야말로 바울을 깜짝 놀라게 만든 일이었습니다. 여러분은 고대 세계가 유대인과 나머지 사람 곧 이방인으로 나누어져 있었다는 것을 기억할 것입니다. 유대인은 이방인을 멸시했고, 이방인을 개로 취급했습니다. 이방인 역시 유대인에 대해 그들 나름의 관점을 가지고 있었습니다. 그래서 둘 사이에 하나가 되는 것은 전혀 불가능한 현실로 보였습니다. 바울이 에베소서 2장에서 말하는 것처럼, 유대인과 이방인 사이에는 "중간에 막힌 담"이 있었습니다.

여러분도 알다시피, 사람들을 서로 분리시키기 위해 이 세상에 세워진 첫 번째 장벽은 베를린 장벽이 아니었습니다. 세상에는 항상 '철의 장막'이 있었습니다. 말만 바뀌었을 뿐 사실은 언제나 그대로였습니다. 한편에는 유대인, 다른 한편에는 이방인으로 갈라져 있는 "중간에 막힌 담"은 항상 있었습니다. 둘 사이에 신랄한 미움과 악의가 얼마나 컸는지 거의 상상할 수조차 없습니다. 사도 바울은 회심하기 전에 세상에 알려진 가장 잔인한 유대인 중 하나였습니다. 그는 자신이 유대인인 것을 자랑하고 과시했으며, 이방인을 멸시했습니다. 그러나 그가 발견한 기이한 일은 기독교 교회 안에 유대인과 이방인이 함께 있다는 것이었습니다. 그가 말한 것처럼 "중간에 막힌 담이 허물어진" 것입니다. 바울은 에베소서에서 이 사실을 반복합니다. 그는 이렇게 말합니다. "모든 일을 그의 뜻의 결정대로 일하시는 이의 계획을 따라 우리가 예정을 입어 그 안에서 기업이 되었으니……그 안에서 너희도……또한 믿어." 엡 1:11, 13 여기서 "우리"는 유대인을 가리키고, “너희”는 “그 안에서 진리의 말씀을 들은” 이방인을 가리킵니다.

따라서 저는 여러분에게 바울이 말한 것을 다음과 같이 상기시키고자 합니다. “그러므로 생각하라. 너희는 그때에 육체로는 이방인이요 손으로 육체에 행한 할례를 받은 무리라 칭하는 자들로부터 할례를 받지 않은 무리라 칭함을 받는 자들이라. 그때에 너희는 그리스도 밖에 있었고 이스라엘 나라 밖의 사람이라. 약속의 언약들에 대하여는 외인이요 세상에서 소망이 없고 하나님도 없는 자이더니 이제는 전에 멀리 있던 너희가 그리스도 예수 안에서 그리스도의 피로 가까워졌느니라. 그는 우리의 화평이신지라. 둘로 하나를 만드사 원수 된 것 곧 중간에 막힌 담을 자기 육체로 허시고 법조문으로 된 계명의 율법을 폐하셨으니 이는 이 둘로 자기 안에서 한 새 사람을 지어 화평하게 하시고.” 엡 2:11-15

바울에게는 유대인과 이방인이 하나가 된 것이 자신이 상상할 수 있는 가장 경이롭고 놀라운 일이었습니다. 불가능한 일이 일어난 것이니까요. 유대인과 이방인이 하나가 되었습니다. 기독교 교회 안에 같은 하나님을 경배하고 같은 구주를 자랑하는 한 새 사람이 있게 되었습니다.

이것이 바울이 그리스도의 십자가를 자랑하게 된 주된 이유 중 하나입니다. 여기서 제가 여러분에게 설명하고자 하는 것이 바로 이것입니다. 이 사실을 다음과 같이 설명해 봅시다. 이 세상 삶의 특징인 분열과 불화의 원인이 무엇입니까? 그것이 현재 제기되고 있는 중대한 문제가 아닙니까? 저는 지금 정치에 대해 말하는 것이 아닙니다. 케네디 대통령에게 조의를 표하려는 것도 아닙니다. 그것은 제가 부르심받은 일이 아닙니다. 제가 하도록 부르심받은 것은 전혀 다른 종류의 일입니다. 기독교 설교자는 원인을 다루어야 합니다. 감사하게도 성경에 비추어 우리는 정치인이 할 수 없는 방식으로 그 일을 할 수 있습니다. 왜냐하면 (하나님의 영광을 위해 이것을 말하는데) 여기에 유일한 설명이 있기 때문입니다.

그렇다면 분열의 원인은 무엇입니까? 오늘날 이 세상에서 겪는 불행의 원인은 무엇입니까? 세상은 왜 그 모양입니까? 우리는 왜 이런 끔찍한 전쟁들을 겪어야 합니까? 국가들은 왜 또 다른 전쟁을 준비하고 있습니까? 비극과 분란과 불화가 왜 일어납니까? 이 모든 질문에는 오직 한 가지 답변이 있습니다. 그것은 거듭나지 않은 자연적인 인간 본성의 교만 때문이라는 것입니다. 다른 어떤 것도 아닌 교만이 문제입니다. 이제 이 교만이 어떻게 나타나는지 여러분에게 보이도록 하겠습니다. 성경은 교만에 대한 가르침으로 충만합니다. 성경은 첫 부분에서 형이 동생을 어떻게 죽였는지 이야기합니다. 가인이 아벨을 죽였습니다. 그가 왜 동생을 죽였을까요? 질투 때문에 동생을 죽인 것입니다. 질투는 교만의 자식입니다. 교만은 태초부터 있었고 이후로도 계속 있습니다. 이 오래된 책은 그런 종류의 기사로 가득 차 있습니다. 구약성경에서 발견하는 끔찍한 일들, 예컨대 다윗의 범죄와 같은 이야기들 때문에 어린아이에게 구약성경을 읽혀서는 안 된다고 말하는 미련한 사람들이 있습니다. 하지만 그것이 바로 구약성경의 요점입니다. 성경은 정직한 책으로, 여러분에게 진실을 말해주는 매우 현실적인 책입니다. 성경은 인간 본성의 실상을 그대로 보여주고 하나도 감추지 않습니다. 교만은 온갖 다양한 방식으로 자신의 정체를 드러냅니다. 선지자 예레미야의 말을 생각해 봅시다. 예레미야는 이에 대한 중대한 진술을 제공합니다. 그는 고통의 원인이 무엇인지 파악하도록 하나님께 명확한 통찰력을 부여받았습니다. 그는 그것을 다음과 같이 표현합니다. "여호와께서 이와 같이 말씀하시되 지혜로운 자는 그의 지혜를 자랑하지 말라. 용사는 그의 용맹을 자랑하지 말라. 부자는 그의 부함을 자랑하지 말라. 자랑하는 자는 이것으로 자랑할지니 곧 명철하여 나를 아는 것과 나 여호와는 사랑과 정의와 공의를 땅에 행하는 자인 줄 깨닫는 것이라. 나는 이 일을 기뻐하노라 여호와의 말씀이니라." 렘 9:23-24

신약에서도 여러분은 똑같은 말씀을 발견합니다. 사도 바울은 고린도 교회 교인들에게 편지를 쓸 당시에 세상이 유대인과 이방인으로 갈라져 있었을 뿐 아니라 헬라인과 야만인, 지혜 있는 자와 어리석은 자 등으로 어떻게 갈라져 있었는지를 여실히 보여줍니다. 세상은 언제나 이와 같았습니다. 여러분은 또 에베소서 2장에서도 이 사실을 발견할 것입니다. 나아가 빌립보서 3장에서도 바울이 똑같은 사실을 진술하고 있음을 보게 될 것입니다. 바울이 제공하는 자서전 같은 이 글을 읽어 보십시오. 그는 이렇게 말합니다. "하나님의 성령으로 봉사하며 그리스도 예수로 자랑하고 육체를 신뢰하지 아니하는 우리가 곧 할례파라. 그러나 나도 육체를 신뢰할 만하며 만일 누구든지 다른 이가 육체를 신뢰할 것이 있는 줄로 생각하면 나는 더욱 그러하리니 나는 팔일 만에 할례를 받고 이스라엘 족속이요 베냐민 지파요 히브리인 중의 히브리인이요 율법으로는 바리새인이요 열심으로는 교회를 박해하고 율법의 의로는 흠이 없는 자라." 빌 3:3-6 그때 바울은 이 모든 것을 자랑했습니다.

그런데 이 본문들은 성경에서 우리가 발견하는 극히 일부의 본문일 뿐입니다. 세상에서 벌어지는 온갖 다툼과 불행과 긴장의 본질적인 원인, 아니 궁극적으로 개인의 삶이나 국가와 국가 안에 있는 집단의 온갖 비극의 본질적인 원인은 교만이라는 것을 보여주는 본문들은 훨씬 더 많습니다. 교만이 어떻게 역사합니까? 저는 여러분에게 그 유감스러운 목록을 보여주고 싶습니다. 그 목록을 보여주는 데 시간을 쓰지 않는다고 해도, 저는 우리가 실패했다고, 그것도 완전히 실패했다고 말하지 않을 수 없습니다. 사람들이 자랑하는 것은 무엇이고, 이런 자랑으로 말미암아 분열을 일으키는 것은 또 무엇입니까?

우리가 들은 것처럼 사람들은 자기들의 혈통과 종족을 자랑합니다. 여러분도 기억하다시피 키플링Kipling은 "법 없는 약소 종족들"에 대해 말했습니다. 혈통에 대한 교만, 종족에 대한 교만, 민족에 대한 교만, 피부색—흑인과 백인—에 대한 교만, 이것이 오늘날 세상에서 나타나는 긴장입니다. 이것은 고통의 한 부분입니다. 이것이 세상에서 일어나는 비극의 유일한 원인은 아니겠지만 사람들은 이런 일들 때문에 서로 분열되어 있습니다. 인간은 피부색으로는 흑인과 백인으로 나뉘어져 있지만 하나님은 영혼만 보십니다. 영혼이라는 요소는 백인에게도 있고 흑인에게도 있다는 것을 기억하십시오. 여러분은 민족이나 종족이나 혈통이나 이와 같은 모든 것, 즉 바울이 에베소서 2장과 빌립보서 3장에서 열거하고 있는 모든 문제들에서 이런 고통을 느낄 것입니다. 바울도 사도가 되기 전에, 아니 그리스도인이 되기 전에 이런 것들을 좋아했습니다. 그는 이런 것들과 자신이 "히브리인 중의 히브리인"이라는 사실을 자랑했습니다. 그리고 그렇지 못한 사람은 누구든 업신여겼습니다. 바울은 특별한 지파인 베냐민 지파에서 태어났고, 이 모든 것을 자랑하는 마음이 가득했습니다.

다툼의 또 하나의 원인은 "힘" 곧 권력에 대한 교만입니다. 오늘날 이 세상에 '가진 자'와 '가지지 못한 자' 사이에 얼마나 큰 긴장이 존재할까요? 가진 자는 자기가 갖고 있는 것을 계속 유지하기를 원합니다. 갖지 못한 자는 갖기를 원합니다. 양쪽 모두 자신들의 목표를 향해 동등한 열정으로 각축을 벌입니다. 그로 말미암아 어떤 것을 원하는 사람들과 그것을 고수하기 원하는 사람들 사이에 다툼과 긴장이 벌어집니다. 그런데 이것은 국가에도 그대로 해당됩니다. 오래전에도 권력은 전쟁의 원인이었지만 특히 이번 세기에는 가장 빈번한 원인 중 하나였습니다. 탐욕 곧 소유하고 권력을 차지하고 위대하게 되고 훌륭하게 되려는 욕망도 마찬가지입니다. 부와 부의 힘, 그것이 그토록 빈번한 산업 분쟁의 원인입니다. 고용자와 피고용자도 마찬가지입니다. 피고용자는 지금까지 고용자의 소유였던 것을 더 많이 차지하기 원합니다. 그리하여 양편은 첨예하게 대립합니다. 이로 말미암아 긴장과 다툼이 벌어지고 분열이 일어나며, 결국은 싸움이 벌어집니다. 그것은 모두 교만의 결과입니다. 권력이라는 것이 참으로 대단합니다. 국가도 권력에 취해 있습니다. 개인들도 똑같습니다. 일단 권력을 얻으면 그것을 놓치지 않으려고 합니다. "왕관을 쓴 머리는 편하지 않기 마련입니다." 이것이 권력과 지배에 대한 탐욕입니다. 인간 역사 전체는 이런 일들로 점철되어 있습니다. 권력에 대한 교만이 그렇게 만들었습니다.

그리고 지식에 대한 교만도 똑같은 역할을 합니다. 우리는 고대 세계에서 헬라인과 야만인, 지혜 있는 자와 어리석은 자가 어떻게 나누어졌는지 확인했습니다. 헬라인은 강력한 군사력을 가졌을 뿐만 아니라 매우 지성적인 사람들이기도 했습니다. 그들은 유능한 철학자들 곧 세상에 알려져 있는 가장 위대한 철학자들을 계속 배출했습니다. 그들은 그것을 자랑했습니다. 세상의 다른 모든 민족을 보면서 이렇게 말했습니다. "그들이 무엇을 알겠는가? 그들이 무엇을 깨닫겠는가? 그들이 어떠한 철학이라도 가질 수 있겠는가? 그들 중 더러는 싸움에 능하고, 더러는 사업에 능하며, 더러는 항해에 능할 것이다. 그러나 그들은 깨닫지는 못한다." 그래서 헬라인은 온 세상을 헬라인과 야만인, 지혜 있는 자와 어리석은 자로 구분했습니다.

여기서도 경쟁과 긴장, 압박과 압력이 있습니다. 그것은 오늘날도 마찬가지입니다. 이런 교묘한 분열과 차별이 삶 전체에 스며들어 있습니다. 저는 바로 이런 일이 심지어 가정에서도 심각한 고통의 원인이 된 것을 많이 보았습니다. 한 식구가 다른 식구보다 좀 더 똑똑해서 교육을 더 많이 받습니다. 그는 대학에 가고 다른 식구는 가지 못합니다. 저는 그것 때문에 마음의 고통과 비통한 아픔을 겪는 이들을 보았습니다. 지식을 소유한 사람들은 악의적인 교만이 자리 잡을 빌미를 가지게 됩니다. 그렇지 못한 사람들은 질투와 시기로 어느 정도 눈이 멉니다. 그들은 이렇게 말합니다. "그가 누군데? 보잘것없는 지식 가지고 그렇게 잘났다고 뻐기는가?" 여러분도 이 모든 사실을 익히 알고 있을 것입니다. 그것은 현재 이 나라의 당국자들을 애타게 하는 여러 가지 사회 문제 중 하나입니다.

이것들은 죄인인 인간 안에 있는 교만이 대대로 그 정체를 드러내 온 세 가지 주된 방식입니다. 그러나 오늘날 세상은 이런 상황을 해결할 수 있는 방법을 전혀 모릅니다. 이 사실은 크게 강조되어야 합니다. 그렇지 않습니까? 저는 그렇게 봅니다. 지금 이 순간 세상이 처한 상태가 세상이 이에 대한 해결책을 갖고 있지 못하다는 것을 방증합니다. 세상은 평화를 제공할 수 없습니다. 세상이 할 수 있는 것은 전쟁을 종식하는 것, 아니 당분간만이라도 멈추는 것이 전부입니다. 세상은 기껏해야 적대 행위를 잠시 중단하는 것 외에 다른 어떤 것도 하지 못합니다. 세상은 휴전 상태 외에 다른 것을 만들어 낼 수 없습니다. 우리는 그저 실제로 싸우는 일을 잠시 중단할 뿐입니다.

그러나 여러분도 알다시피 세상이 모색하는 이런 해결책 이면에는 오류가 깔려 있습니다. 그것은 단순히 싸우지 않는 상태는 평화가 아니라는 것을 깨닫지 못하고 있다는 것입니다. 평화는 소극적 개념이 아니라 적극적 개념입니다. 평화는 사랑, 동정, 이해, 참된 연합을 의미합니다. 하지만 세상은 이런 평화에 대해서는 전혀 모릅니다. 이런 평화를 일으킬 수도 없습니다. 이것이 제게는 가장 결정적이고 중요한 사실입니다. 왜냐하면 이것은 세상이 부득불 실패할 수밖에 없다는 것을 보여주기 때문입니다. 세상은 미련합니다. 적대 행위의 일시적인 중단을 적극적인 평화로 간주하니 말입니다. 이에 대한 예를 들어 보겠습니다. 제1차 세계대전 당시에 국가들은 전쟁할 때 독가스를 사용했습니다. 그러나 제2차 세계대전 때에는 독가스를 사용하지 않은 것을 여러분은 알고 있었습니까? 우리 중 어떤 이들은 1938년에 머스터드 가스(이페리트) 등이 사용되었을 때 어떻게 대처해야 하는지 교육받은 것을 기억할 것입니다. 그러나 그 가스는 사용되지 않았습니다. 왜 그랬을까요? 세상이 발전해서 그랬을까요? 드디어 인간의 마음속에 서로를 향한 사랑이 움트기 시작했기 때문일까요? 아닙니다. 오직 한 가지 답변이 있었습니다. 양편 모두 머스터드 가스를 소유하고 있었는데, 어느 한 편이 이 가스를 사용한다면 다른 한 편도 똑같이 사용하여 보복할 것을 알고 있었기 때문입니다. 따라서 어느 편도 사용하지 못했습니다. 그것은 평화가 아니었습니다. 단지 서로에게 해를 끼치게 될 일을 하지 않고 피한 것에 불과했습니다. 진보된 것도, 발전된 것도 아닙니다. 1945년에 제2차 세계대전이 끝난 이후 우리가 "평화"라고 일컫는 것이 세상 국가들이 이전보다 더 지성적이 되었다거나, 이전보다 더 사랑하게 되었다거나, 이전보다 더 가까워졌다는 것을 의미하지는 않습니다. 양편 모두가 원자폭탄을 소유하고 있었기에 이런 상태가 조성된 것은 아닐까요? 쿠바의 미사일 위기(1962년 10월에 소련이 쿠바에 핵미사일을 배치하는 것을 둘러싸고 미국과 소련이 전쟁으로 치달을 뻔했던 사건-옮긴이)를 해결한 것이 바로 원자폭탄 아니었습니까? 어느 한 편이 원자폭탄을 사용한다면 다른 한 편도 보복으로 원자폭탄을 사용하여 양편 모두 고통을 겪을 것임을 알고 서로 사용하지 않았던 것입니다.

그것은 평화가 아닙니다. 그것은 두려움입니다. 그것은 우리가 가리키는 평화의 의미가 아닙니다. 평화는 소극적인 개념이 아니라 적극적인 개념이라고 저는 말했습니다. 평화는 새로운 태도와 새로운 이해를 의미합니다. 평화는 사랑을 의미합니다. 그러나 세상은—가장 좋은 상태에 있다하더라도—평화를 만들어 낼 수 없습니다. 다르게 말해 봅시다. 이 나라에는 "죽음보다 공산주의가 더 낫다"고 말하는 사람들이 더러 있습니다. 그들은 이 나라의 일방적인 군비축소에 찬동하면서, 어떤 것도 전쟁보다는 낫다고 말합니다. 그들은 그렇게 할 준비가 되어 있습니다. 그러나 그것 역시 해결책이 아님을 깨닫게 될 것입니다. 왜냐하면 그렇게 할 경우 세상의 한 집단이 다른 집단에 의해 지배당하는 일이 벌어질 것이기 때문입니다. 그것은 평화가 아닙니다. 한 집단이 겨누는 총구가 다른 집단 사람들을 잠잠케 할 수 있습니다. 이 둘 간에 싸움은 일어나지 않겠지요. 하지만 그것은 평화가 아닙니다. 약자는 강자에게 지배를 받기 마련입니다. 만약 여러분이 일방적인 군비축소를 지지한다면 그런 일이 반드시 벌어지게 될 것입니다. 여러분은 공산주의자의 지배를 받게 될 것입니다. 반대로 공산주의자가 패한다면 다른 자가 공산주의자를 지배할 것입니다. 그것은 평화가 아닙니다. 그것은 지배입니다. 그것은 인간 본성 안에 있는 영광스러운 모든 것을 죽이고 얻은 평화입니다. 그것은 노예 신분입니다. 노예 제도가 있는 곳에는 전쟁도 없습니다. 파업도 일어나지 않습니다. 그러나 그것은 평화가 아닙니다. 그것은 완전히 소극적인 개념일 따름입니다.

이뿐만 아니라 세상에서 이루어지는 온갖 노력들을 생각해 보십시오. 그것들을 살펴보고 검토해 보십시오. 그러면 그 배후에 미움과 증오의 영이 도사리고 있다는 것을 알게 될 것입니다. 그러므로 현실적이 됩시다. 현실을 직시합시다. 고 케네디 대통령은 자기 나라의 많은 국민들, 곧 암살 행위를 저지른 사람뿐만 아니라 정책 때문에 그를 증오한 (선하고 존경받는 사람들을 비롯해 다른 많은) 사람들에게 미움과 비난을 받았습니다. 양편 모두에게 적대감과 미움이 있습니다.

따라서 여러분은 세상이 아무리 좋은 상태에 있더라도 어떤 평화도 일으키지 못한다는 것을 알게 될 것입니다. 정직하고 솔직하게 말하건대, 저는 지금까지 제가 만나 본 평화주의자들 중에 매우 신랄한 사람들이 있었습니다. 제가 알고 있던 몇몇 평화주의자들에게서만큼 사람의 마음속에 이처럼 지독한 미움이 도사리고 있는 것을 본 적이 없었습니다. 그들은 사이좋게 지내거나 함께 일하는 것이 불가능한 사람들이었습니다. 그들은 군국주의에 대한 미움의 영에 사로잡혀 있었습니다. 그러나 그것은 평화가 아닙니다. 여러분의 마음속에 신랄함이 있다면 여러분 안에 평화가 없는 것입니다. 세상은 평화를 일으킬 수 없습니다. 중간에 막힌 담을 허물 수 없습니다. 세상은 그럴싸한 평화의 모양은 일으킬 수 있습니다. 적대 행위를 중단시킬 수도 있습니다. 하지만 그것은 그렇게 하는 것이 지혜롭고 정치적으로 유리하기 때문입니다. 세상은 항상 적대 행위의 실체를 보여줄 기회를 기다리고 있습니다. 다만 우리는 다른 사람보다 먼저 적대감을 보여주기 위해 어떤 일을 고안해 내야 합니다. 여러분은 국가의 말을 믿을 수 있습니까? 국가의 엄숙한 서약과 맹세를 믿을 수 있습니까? 세상 역사는 평화에 대한 어떤 주장도 거짓말이라는 것을 보여줍니다.

만일 이번 세기에 평화라고 할 만한 일이 일어난 적이 없다면, 인간이 교육을 통해서 평화롭게 살고 친구와 원수들을 사랑하는 것을 배울 수 없다는 것이 논란의 여지없이 증명된 것입니다. 그럼에도 불구하고 평화가 가능하다는 강력한 주장이 있었습니다. 웰스H. G. Wells가 이 이론의 독보적인 주창자였습니다. 웰스와 그와 뜻을 같이하는 일부 사람들은 인간을 교육하면 전쟁을 사라지게 할 수 있다고 가르쳤습니다. 그들은 싸우는 사람은 무식한 자들이고, 무식할수록 더 많이 싸운다고 말했습니다. 사람들을 다투게 만드는 원인이 무지라는 것입니다. 사람들을 교육하십시오. 그들에게 전쟁의 어리석음을 보여주십시오. 전쟁의 극악함과 사악함을 보여주십시오. 전쟁에서 나오는 것은 손해와 고통, 상처와 쓰라림 외에 다른 것은 없다는 것을 보여주십시오. 사람들에게 그렇게 해보십시오. 그러면 그들은 모든 무기를 불태울 것입니다. 서로 포옹하고 감싸 줄 것입니다. 절대로 또 다른 전쟁은 벌이지 않을 것입니다. 정말 가련한 사람입니다! 웰스는 지난 전쟁을 보고 그런 확신을 가졌습니다. 그래서 자신의 마지막 저서인 『벼랑 끝에 선 지성』*Mind at the End of Its Tether*이라는 책을 썼습니다. 지성이 벼랑 끝에 몰렸다는 것입니다. 하지만 모든 세기 가운데 가장 교육 수준이 높은 20세기는 가장 많은 피를 흘렸습니다. 20세기만큼 전쟁과 긴장과 다툼과 분쟁으로 얼룩진 세기는 결코 없었습니다. 인간은 평화를 만들어 낼 수 없습니다. 서로 대립하는 자들을 하나로 만들 수 없습니다. 왜냐하면 제가 여러분에게 지금까지 증명하려고 애쓴 것처럼, 문제는 인간의 마음에 있기 때문입니다. 인간의 지성이 아니라 마음에 문제의 원인이 있기 때문입니다. 문제는 인간의 정욕, 욕심, 욕망, 교만입니다. 인간의 교만이 인간의 이성보다 더 큰 것입니다. 자신의 교만을 만족시키고 충족시키기 위해 인간은 마음속으로는 잘못이라고 생각하는 일을 저지릅니다. 교만은 세상에서 가장 큰 힘입니다. 인간에게 알려져 있는 어떤 것도 교만 문제를 처리할 수 없습니다. 이것이 바로 제가 그리스도의 십자가를 다시 천명하는 이유입니다. 십자가만이 평화와 연합을 가져오고 사람들을 하나로 묶으며 진정한 평화에 대한 소망을 부여할 수 있는 유일한 것입니다. 이것이 바울이 예수 그리스도의 십자가를 자랑했던 이유입니다.

그러면 십자가가 어떻게 그렇게 합니까? 그것은 너무 단순합니다. 복음이 단순한 것은 항상 문제의 뿌리로 곧바로 들어가기 때문입니다. 그리하여 다양한 방법들을 시도하느라 시간을 허비하지 않습니다. 복음은 평화의 길이 오직 하나밖에 없다는 것을 알고, 그 길로 곧장 나아갑니다. 십자가가 행하는 첫 번째 일은 우리에게 우리 자신의 실상을 보여주는 것입니다. 우리는 항상 우리 자신을 옹호합니다. 그렇지 않습니까? 우리는 내 실수가 아니라 그의 실수라고 말합니다. 우리는 "그가 자기 잘못을 깨달아야 할 텐데……" 하고 되뇝니다. 또 남편과 아내가 서로 갈라서는 장면을 봅시다. 남편의 말을 들어보십시오. "이 여자는 어쩔 수 없어!" 그러면 여자는 이렇게 말합니다. "저 남자와 함께 살 수 없어. 어쩔 수 없는 사람이야!" 문제는 항상 다른 사람에게 있습니다. 그렇지 않습니까? 우리는 결코 잘못이 없지요. 우리가 이해받을 수만 있다면야 얼마나 좋겠습니까? 문제는 우리를 이해하지 못하는 사람들에게 있습니다. 우리는 모두 평화를 사랑하는 사람들입니다. 우리 중 어떤 사람과 다투기를 바라는 자는 없습니다. 우리는 질투하거나 시기하지 않습니다. 싸우는 것을 좋아하지 않습니다. 문제는 항상 다른 사람에게, 바로 그 사람에게 있습니다. 우리는 으레 이렇게 생각합니다. 그런데 성도 여러분, 여러분은 복음이 무엇을 행하는지, 십자가가 무엇을 행하는지 알고 있습니까? 복음은 여러분에게 여러분 자신을 보여줍니다. 그리고 십자가 외에 그렇게 할 수 있는 것은 아무것도 없습니다. 그리스도의 십자가 외에 인간이나 국가를 겸손하게 만들 수 있는 것은 아무것도 없습니다. 저는 여러분에게 다른 모든 것은 부득불 실패할 수밖에 없다는 것을 증명하고자 했습니다. 그러나 십자가는 우리 자신에 대해 간단명료한 진리를 말해 줍니다. 그것을 다음과 같이 생각해 봅시다. 하나님의 아들이 왜 이 세상에 오셨을까요? 어찌하여 영광의 보좌를 떠나셨을까요? 어째서 어린 아기로 태어나셨을까요? 인간 본성을 취하신 이유는 무엇이었을까요? 여기에는 딱 한 가지 답변이 있습니다. 인간이 자기 자신을 스스로 구원할 수 없기 때문에 예수님이 오셨다는 것입니다. 예수님은 이렇게 말씀하셨습니다. "인자가 온 것은 잃어버린 자를 찾아 구원하려 함이니라."눅 19:10 제가 십자가를 바라보고 예수님이 거기서 죽으시는 모습을 볼 때, 그분이 제게 하시는 말씀은 바로 이것입니다. "너는 자랑할 것이 아무것도 없다." 십자가는 제게 이렇게 말합니다. "너는 완전한 실패자이다. 네가 실패자이기 때문에 주님이 가르치고 설교하실 뿐만 아니라 십자가에서 죽으시기 위해 하늘에서 내려오셔야 했다." 다른 어떤 것도 우리를 구원할 수 없습니다. 저는 예수님의 가르침을 준수할 수 없습니다. 내가 정한 법칙마저 지킬 수 없습니다. 다른 사람들을 기쁘게 할 수 없는 내가 어떻게 주님이 산상 설교에서 가르치신 것에 순종할 수 있겠습니까? 그것은 불가능합니다. 우리는 그리스도를 온전히 본받는 것은 고사하고 일상적인 생활의 규율도, 세상의 법칙도 지킬 수 없습니다. 예수님은 이렇게 우리를 철저하게 정죄하십니다.

이 사람 곧 사도 바울을 보십시오. 다소의 사울이었던 그를 보십시오. 사울은 교만하고 자랑했습니다. "나는 팔일 만에 할례를 받고 이스라엘 족속이요 베냐민 지파요 히브리인 중의 히브리인이요 율법으로는 바리새인이요 열심으로는 교회를 박해하고 율법의 의로는 흠이 없는 자라."빌 3:5-6 사울은 온전한 것, 절대적으로 도덕적이며 종교적인 것, 공부를 많이 한 것, 지도급 바리새인인 것을 자랑했습니다. 그런 그가 그리스도를 만났습니다. 복되신 그리스도의 얼굴을 한 번 보았을 뿐인데 겸손하게 땅에 엎드렸습니다. 그리스도께서 성령을 통해 그가 그토록 잘 알고 있다고 생각했던 율법에 빛을 비추셨습니다. 그리하여 그는 자신이 율법을 지키지 못했다는 것을 즉시 깨달았습니다. 바울은 율법에 나오는 짧은 한 단어 "탐내다"라는 말을 제대로 이해하지 못했습니다. "탐내지 말라." 이 규정을 결코 깨닫지 못했습니다. 한평생 율법을 연구했고, 율법 지식을 평가하는 모든 시험에서 항상 1등을 차지한 율법 전문가가 결코 그것을 깨닫지 못했습니다. 바울은 이렇게 말합니다. "율법으로 말미암지 않고는 내가 죄를 알지 못하였으니 곧 율법이 탐내지 말라 하지 아니하였더라면 내가 탐심을 알지 못하였으리라."롬 7:7 그러나 그것을 깨달은 순간 바울은 졸업했습니다. "전에 율법을 깨닫지 못했을 때에는 내가 살았더니." 바울은 자신이 완전하다고 생각했습니다. 자신이 하나님 앞에서 충분하다고 생각했습니다. "계명이 이르매 죄는 살아나고 나는 죽었도다."9절 자신이 완전하다고 생각했던 사람이 다음과 같이 부르짖는 것을 봅니다. "오호라, 나는 곤고한 사람이로다. 이 사망의 몸에서 누가 나를 건져 내랴."24절 바울은 완전히 혼란에 빠져 다음과 같이 부르짖습니다. "내가 원하는바 선은 행하지 아니하고 도리어 원하지 아니하는바 악을 행하는도다. 만일 내가 원하지 아니하는 그것을 하면 이를 행하는 자는 내가 아니요 내 속에 거하는 죄니라. 그러므로 내가 한 법을 깨달았노니 곧 선을 행하기 원하는 나에게 악이 함께 있는 것이로다. 내 속사람으로는 하나님의 법을 즐거워하되 내 지체 속에서 한 다른 법이 내 마음의 법과 싸워 내 지체 속에 있는 죄의 법으로 나를 사로잡는 것을 보는도다. 오호라, 나는 곤고한 사람이로다. 이 사망의 몸에서 누가 나를 건져 내랴."19-24절 그것이 그리스도의 십자가가 바울에게 보여준 것입니다. 십자가는 그가 말과 생각과 행실에 있어 완전히, 철저히, 절대적으로 실패했다는 것을 보여주었습니다. 그는 자랑할 것이 아무것도 없었습니다. 그는 비참하고 가증한 실패자였습니다. 십자가는 그의 콧대를 꺾고 박살을 냈습니다. 여러분도 그와 같이 여러분 자신을 보게 되면, 다른 사람들에 대해 무어라 말하는 것을 잊게 될 것입니다.

그러나 십자가가 우리에게 보여주는 것은 더 있습니다. 십자가는 우리에게 다른 사람들에 대한 진리도 가르쳐 줍니다. 십자가는 두 사람을 한 새 사람으로 만듭니다. 십자가는 먼저 우리 각 사람을 다룹니다. 이것이 십자가가 정말 놀라운 이유입니다. 나 자신이 먼저 낮아져야 합니다. 내가 낮아질 때까지, 즉 "내가 옳다. 문제는 다른 사람이야"라는 말을 멈출 때까지 십자가는 아무 소용이 없습니다. 내가 낮아질 때 비로소 십자가는 나를 도와 다른 사람도 보게 만듭니다. 십자가는 다른 사람들도 영혼이라는 사실을 보여줍니다. 즉, 그들의 피부색도, 재산의 크기도, 교육 수준도 문제가 아니라고 말합니다. 그들이 힘이 있든지 약하든지 그것은 문제가 아닙니다. 그들도 모두 영혼이기 때문입니다. 그들도 본래 나와 같이 하나님의 형상으로 지음받았습니다. 인간 본성의 모든 존엄성을 가지고 하나님 앞에 서 있습니다. 그런데 그들이 왜 그렇게 행동한다고요? 이것이 질문입니다. 저도 낮아지지 않았다면 이 질문을 넘어가지 못했을 것입니다. 이전에 저는 "그것은 그들이 잘못했기 때문이야. 내가 옳고 그들이 잘못이지"라고 말했습니다. 그러나 이제는 제가 잘못했다는 것, 그것도 전적으로 잘못했다는 것을 압니다. 그러면 그들은 어떻습니까? 아, 지금 저는 새로운 방식으로 그들을 보게 되었습니다. 그들은 제가 이전에 그랬던 것처럼 마귀의 희생자입니다. 마귀가 그들을 통제하고 있습니다. 이 사실을 깨달았을 때 저는 그들에게 연민을 느끼게 되었습니다. 이처럼 십자가가 행하는 일은 우리 자신이 정확히 어떤 존재인지 보도록 하는 것입니다. 또 그 일이 일어나는 순간에 우리와 다른 사람들 사이에 아무런 차이가 없다는 것을 깨닫게 하는 것입니다.

지난 전쟁(제2차 세계대전) 기간에 이곳 런던에서 놀라운 일이 벌어졌습니다. 그 일은 여공작과 몹스 부인Mrs. Mops이 방공호 안에서 다정하게 이야기를 나누었던 것인데, 여러분도 기억할 것입니다. 죽음을 눈앞에 두고 있을 때에는 자신이 누구인지 그리 중요하지 않습니다. 그렇지 않습니까? 혈통도 문제가 아닙니다. 곧 죽을지도 모르는 상황에서 그런 것은 아무 소용이 없기 때문입니다. 또 어떤 차이점이 있더라도 잊어버리기 마련입니다. 십자가는 바로 그런 일을 합니다. 십자가는 우리가 모두 똑같다는 것을 보여줍니다. 우리는 죄인이라는 점에서 하나입니다. 실패자라는 점에서 하나입니다. 비참한 존재라는 점에서 하나입니다. 의지할 데 없고 절망적인 존재라는 점에서 하나입니다. 여러분도 이방인과 똑같은 실패자인데, 자신이 유대인이라고 자랑할 이유가 어디 있습니까? 여러분이 율법을 지킬 수 없는데, 율법을 갖고 있다고 자랑할 근거가 어디 있습니까? 여러분이 어떻게 살아야 할지 모르는데, 명석한 두뇌를 갖고 있다는 것이 무슨 자랑거리가 되겠습니까? 여러분의 마음과 영혼이 비참한 상태에 있고 질투와 시기와 악의와 원한으로 사무쳐 있는데, 돈과 부를 아무리 많이 갖고 있다고 한들 무슨 자랑거리가 되겠습니까? 무엇인들 소용이 있겠습니까? 무엇인들 가치가 있겠습니까? 모든 것이 무슨 도움이 되겠습니까? 이렇듯 십자가는 우리를 겸손하게 합니다.

세상에 속한 욕심을
헛된 줄 알고 버리네.[10]

우리를 모두 똑같은 자리로 낮추는 것은 그리스도의 십자가입니다. 모든 사람이 죄를 범했고, 하나님의 영광에 이르지 못했습니다. 여러분이 그리스도의 십자가를 바라볼 때 국가(그리고 국가 내 집단)와 개인 간의 차이도

10.「주 달려 죽은 십자가」, 새찬송가 149장.

없어집니다. 우리는 모두 비참하고 의지할 데 없는 절망적인 죄인입니다. 우리가 자랑할 수 있는 것은 하나도 없습니다. 바울이 빌립보서 3:7-9에서 말한 것과 같습니다. "그러나 무엇이든지 내게 유익하던 것을 내가 그리스도를 위하여 다 해로 여길뿐더러 또한 모든 것을 해로 여김은 내 주 그리스도 예수를 아는 지식이 가장 고상하기 때문이라. 내가 그를 위하여 모든 것을 잃어버리고 배설물로 여김은 그리스도를 얻고 그 안에서 발견되려 함이니 내가 가진 의는 율법에서 난 것이 아니요 오직 그리스도를 믿음으로 말미암은 것이니 곧 믿음으로 하나님께로부터 난 의라."

여러분이 십자가의 메시지를 진정으로 깨닫게 된다면, 자신을 비참한 실패자, 절망적인 죄인으로 밑바닥에서 뒹굴고 있는 자로 보게 될 것입니다. 여러분은 아무것도 할 수 없습니다. 여러분의 이웃도 마찬가지입니다. 모두가 완전한 무력함과 절망에 빠져 있습니다. 그러나 감사하게도 거기서 끝나지 않습니다. 여러분은 단 한 분뿐이신 구주, 곧 "세상 죄를 지고 가는 하나님의 어린양"이신 구주의 얼굴을 바라봅니다. 그분은 서양 세계의 구주만 되시는 것이 아니라 철의 장막 저편에 있는 이들의 구주이기도 하십니다. 그것이 제가 공산주의나 다른 어떤 것에 대해 공격하는 설교를 하지 않는 이유입니다. 저는 공격하는 설교를 하라고 부르심받지 않았습니다. 구주를 선포하라고 부르심을 받았습니다. 그분은 자본주의자들을 구원하실 뿐만 아니라 공산주의자들도 구원하실 수 있습니다. 그분은 백인뿐만 아니라 흑인도 구원하실 수 있습니다. 그분은 영혼들을 구원하러 오셨습니다. 그분은 온 세상의 구주이십니다. "다른 이로써는 구원을 받을 수 없나니 천하 사람 중에 구원을 받을 만한 다른 이름을 우리에게 주신 일이 없음이라."행 4:12 온 세상, 온 우주를 품을 수 있는 유일하신 분이 여기 있습니다. 의지할 데 없는 모든 사람이 그분을 바라볼 수 있습니다. 그것 때문에 십자가가 그토록 놀라운 것입니다. 구원하시는 분은 그분입니다. 구원하시는 분은 우리가 아니고 그분입니다. 우리를 구원하는 것은 그분을 향한 우리의 믿음도 아닙니다. 우리를 구원하시는 분은 그분 자체입니다. 그분은 십자가로 나아가 하나님의 어린양으로서 자신을 복종시키셨습니다. 이에 하나님 아버지는 우리의 죄를 그분에게 담당시키셨습니다. 그분은 우리를 위해 채찍을 맞고 형벌을 감당하셨습니다. 그것이 우리를 구원하는 것입니다. 그분이 모든 것을 행하십니다.

누구를 막론하고 자랑할 것은 아무것도 없습니다. "너희는 그 은혜에 의하여 믿음으로 말미암아 구원을 받았으니 이것은 너희에게서 난 것이 아니요 하나님의 선물이라. 행위에서 난 것이 아니니 이는 누구든지 자랑하지 못하게 함이라."엡 2:8-9 우리는 모두 극빈자입니다. 하지만 "그는 우리의 화평"이시므로, 우리는 모두 똑같은 선물을 받습니다. 어느 누구를 막론하고 자랑할 것이 없습니다. 아무것도 한 것이 없고, 또 할 수도 없기 때문입니다. 예수님 홀로 다 하셨습니다. 그래서 바울은 다음과 같이 말합니다. "그런즉 자랑할 데가 어디냐. 있을 수가 없느니라."롬 3:27 "자랑하는 자는 주 안에서 자랑하라."고전 1:31 "네가 받았은즉 어찌하여 받지 아니한 것같이 자랑하느냐."고전 4:7 여러분도 알다시피, 십자가는 모든 면에서 우리를 하나로 만듭니다. 우리는 죄 가운데서 하나입니다. 죄인이라는 점에서 하나입니다. 실패자라는 점에서 하나입니다. 의지할 데 없고 절망적인 존재라는 점에서 하나입니다. 우리는 함께 유일하신 구주를 믿습니다. 그래서 똑같이 용서를 받습니다. 똑같이 하나님의 자녀입니다. 은혜로 말미암아 동일한 영적 생명을 공유합니다. 동일한 영광의 소망을 소유합니다. 우리는 모두 동일한 구주의 얼굴을 감탄과 찬송과 즐거움과 영광을 가지고 바라봅니다.

이것이 여러분이 이 세상에서 화평을 얻을 수 있는 유일한 길입니다. 이것이 유대인과 이방인 사이에 있는 "중간에 막힌 담"이 허물어진 이유입니다. 여러분이 율법에 대해 그토록 많은 말을 하더라도 그것을 지킬 수 없다면, 유대인이라는 것이 무슨 소용이 있겠습니까? 아무 소용이 없습니다. 아무런 차이가 없습니다. "모든 사람이 죄를 범하였으매 하나님의 영광에 이르지 못하더니."롬 3:23 오늘날 이 세상의 소망이 여기에 있습니다. 다른 곳에는 결코 소망이 없습니다. 사람들과 국가들이 오만과 자만에 사로잡혀 있는 한, 원한과 악의와 미움과 싸움과 쓴맛과 두려움 외에 아무 열매도 없을 것입니다. 그러나 누구를 막론하고 예수 그리스도 안에 있는 진리와 그분이 십자가에 못 박히신 것을 보는 순간, 그와 같은 것은 모두 사라지고 배설물이 됩니다.

세상에 속한 욕심을
헛된 줄 알고 버리네.

우리는 모두 매우 어리석은 자들입니다. 여러분은 자랑할 것이 무엇이 있습니까? 여러분은 누구입니까? 여러분은 어떻게 살고 있습니까? 여러분은 자신이 매우 지성적이라고 말할 것입니다. 그렇다면 저는 여러분에게 어떻게 살고 있는지 묻고 싶습니다. 여러분이 하는 일을 모든 사람이 안다면 어떻게 되겠습니까? 여러분이 생각하는 것이나 상상하는 것을 모든 사람이 안다면 어떻게 되겠습니까? 여러분은 어디에 서 있습니까? 자기

만족에 빠진 여러분은 앞으로 나와 반대 심문을 받을 준비가 되어 있습니까? 자신이 어떻게 사는지, 얼마나 많은 질투와 시기와 탐욕으로 얼룩진 생각을 하는지, 또 마음으로 어떻게 살인을 저지르는지 정직하게 인정할 준비가 되어 있습니까? 여러분은 그 잔인한 암살범이 댈러스에서 행한 일을 저지르지 않았을지도 모릅니다. 하지만 마음으로는 그런 일을 저질렀습니다. 여러분은 사람들을 죽였습니다. 여러분은 신랄한 미움을 갖고 사람들을 미워합니다. 이것은 가증한 일로, 분열을 일으키고 막힌 담을 세우는 것입니다. 그러나 그런 사실을 우리에게 알려 주는 것은 십자가뿐입니다. 사람들과 국가들을 겸손하게 만드는 것은 우리 주 예수 그리스도의 십자가로 말미암아 드러난 진실을 보는 것 외에는 아무것도 없습니다.

여러분이 그것을 보는 순간 땅에 바짝 엎드릴 것입니다. 교만할 것도, 자랑할 것도 없게 될 것입니다. 질투와 시기를 버리게 될 것입니다. 여러분은 다른 모든 죄인과 똑같습니다. 그러나 감사하게도 십자가가 여러분에게 출구를 보여주고, 여러분을 들어 올릴 것입니다. 그리고 십자가는 여러분과 함께 다른 사람들도 들어 올릴 것입니다. 그리고 화평을 가져올 것입니다. 둘을 한 새 사람으로 만들어 화평하게 할 것입니다. 여러분은 각자의 간청과 찬송과 감사를 가지고 함께 하나님께 나아가게 될 것입니다. 모든 분열은 사라질 것입니다. 여러분은 동일한 메시지를 믿는 모든 사람과 하나가 되어 그리스도를 즐거워하게 될 것입니다. 그리스도께서 보혈을 흘려 취득하신 이 새 생명을 함께 누리게 될 것입니다.

저는 여러 가지 면에서 존 F. 케네디 암살 사건이 세계 민족들을 하나로 묶는 계기가 될 것이라고 믿고 싶습니다. 그렇지만 그렇게 되지 않을 것임을 잘 압니다. 절대로 그렇게 될 수 없습니다. 오히려 더 심한 다툼과 신랄한 미움이 생길 것입니다. 그러나 여기에 한 죽음이 있습니다. 화목으로 이끌 수 있는 죽음이 있습니다. 그 죽음으로 사람들이 하나님과 화목하게 됩니다. 또한 그 죽음으로 사람들이 서로 화목하게 됩니다. 그러므로 국가에 대해 생각하는 것을 멈추십시오. 먼저 여러분 자신을 살피십시오. 여러분 자신 안에 과거의 교만이 그대로 있습니까? 그것이 여러분을 지배하고 있습니까? 저는 그리스도의 십자가에 비추어 우리 자신을 볼 수 있기를, 우리의 온갖 추악한 교만이 사라지기를, 우리 자신이 처한 전적으로 무력하고 절망적인 상태를 볼 수 있기를 기도합니다. 또 우리가 구원받고 건짐받아 하나님과 화목할 수 있기를, 우리의 동료들과 화목할 수 있기를, 우리를 그토록 사랑하사 자원하여 자신의 생명을 주신 분을 바라볼 수 있기를 기도합니다. 우리에게는 우리 주 예수 그리스도의 십자가 죽음 외에 자랑할 것이 아무것도 없습니다.

13

네가 어디 있느냐

1948 |『창세기에 나타난 복음』

여호와 하나님이 아담을 부르시며 그에게 이르시되 네가 어디 있느냐. 창세기 3:9

신약성경을 보면 목사-교사의 은사가 복음 전도자의 은사와 별개로 제시됩니다. 오늘날 기독교 세계에서도 매우 자주 이 두 직분은 서로 분리됩니다. 전문적인 복음 전도자가 따로 있고, 교회를 섬기는 데 전적으로 종사하는 사역자가 따로 있습니다.

성경이 이 분리를 정당화하기는 하지만, 항상 분리해야 할 필요는 없을 것입니다. 로이드 존스의 생애와 경력을 본다면, 우리는 그가 이 두 은사를 동시에 충만하게 가지고 있었다는 것을 확인할 수 있습니다. 이번에 소개할 설교는 그의 목소리를 가장 쉽게 들을 수 있는 대표적인 설교 중 하나입니다. 그는 청중의 비위를 맞추는 설교를 하지 않았습니다. 이 설교를 전했던 그 자리에 비신자가 있었다면 매우 불편한 심기를 가졌을 것입니다.

이 책 서론에서 언급한 것처럼, 로이드 존스는 웨스트민스터 채플에서 설교할 때 저녁예배에서는 특별히 비신자를 주 대상으로 삼아 설교했습니다. 여기서 잠시 생각해 볼 만한 흥미로운 사실이 있습니다. 그것은 그가 청중의 관심을 끌고 비신자의 주의를 집중시키는 데 그 당시로서는 필요하다고 여겨진 일들을 하지 않았음에도 불구하고, 오후 6시 30분 저녁예배가 종종 만원이 되었다는 것입니다. 성가대도, 연극도, 간증도 없었고, 그때나 이후로나 필요하다고 여겨진 어떤 장치도 사실상 없었습니다. 여러분이 지금 읽고 있는 설교 곧 직설적인 성경 강해가 전부였습니다.

게다가 그는 구약성경에서 본문을 선택했습니다. 이것이 보여주는 사실은 복음 전도를 위해 본문을 성경 어느 부분에서나 취할 수 있다는 것입니다. 왜냐하면 아담을 향한 하나님의 부르심은 태초 이후로 바뀌지 않고 그대로 이어지고 있기 때문입니다.

그뿐만이 아닙니다. 그는 찰스 피니Charles Finney와 그의 계승자들이 주장한 '온전한 결단'에 기반을 둔 신학을 단호하게 거부했습니다. 그는 책자를 읽거나 어떤 과정을 이수하라고 권하는 것으로 설교가 끝나는 것이 아님을 알았습니다. 수많은 사람들이 가정에서, 대학 강의실에서, 다른 여러 곳에서 그리스도인이 되었기 때문에 이런 방법에 잘못은 없습니다. 그러나 그는 자신의 설교가 온전한 메시지가 되도록 설교했습니다. 그리하여 청자들이 설교에 반응을 보인 것이 분명합니다.

바울의 구원 교리에 확고했던 로이드 존스는 사람들이 복음을 다시는 듣지 못할 경우에 순간적인 선택을 해야 했던 것도 결코 두려워하지 않았습니다. 죄를 깨닫게 하시는 성령의 능력을 절대적으로 확신했기 때문입니다. 그는 복음을 설교할 때 청자들이 자신의 죄인 된 처지를 보고, 즉각 예수 그리스도로 말미암은 구원이 자신의 유일한 소망임을 깨달을 것이라고 믿었습니다. 그는 감정 조작이나 인간적 기법은 크게 잘못되고 완전히 비성경적이라고 믿었기 때문에 사람들이 회중석에 가만히 앉아 있다고 해서 회심하지 못할 것이라고는 보지 않았습니다.

우리는 율법주의적이 되어 그의 관행을 액면 그대로 따를 필요는 없습니다. 지금은 오전예배가 비신자 친구들을 이끌기에 더 좋은 시간이 될 수 있겠지요? 아니면 그들이 주중 저녁 모임에 나오는 것을 더 좋아할 수도 있지 않겠습니까? 그러나 그가 자신의 복음 전도 설교에 적용한 방법과 확고한 성경적 원리는 20세기 중반 당시와 마찬가지로 21세기에도 똑같이 적용될 수 있는 기초입니다. 많은 아르미니우스주의자들이 믿는 것과는 반대로, 그가 열정적으로 고수한 은혜 교리는 그의 복음 전도와 복음 전도에 대한 성경적 기초를 더욱 확고하게 만드는 역할을 했습니다. 이 설교를 통해 우리가 확인하는 것처럼, 인간은 태초 이후로 조금도 바뀌지 않았습니다. 하나님의 구원 메시지도 바뀌지 않았고, 그분의 구원 방식도 결코 바뀌지 않았습니다. 여러분이 이제 읽을 설교는 그것이 왜 그런지 그 이유를 보여줄 것입니다.

9절 말씀의 의미를 이해하려면 큰 맥락을 다시 살펴보아야 합니다. 창세기 3장은 성경 전체에서 가장 중요한 장에 속한다는 사실을 다시 상기시키고 싶습니다. 세상 역사뿐 아니라 구원의 주요 윤곽이 전부 나와 있다는 점에서 그렇습니다. 3장에는 그 모든 내용이 집약되어 있습니다.

"성경이 아주 흥미로운 옛날 책인 것은 맞지만 현대 세계와는 아무 관계가 없다"라는 딱하고도 우스운 입장—순전한 무지에 근거한 입장—을 취하는 사람들이 많습니다. 그러나 설교의 본질적인 핵심은 현대의 삶을 다루는 데 있습니다. 이것이 성경의 진정한 관심사입니다. 성경은 삶을 다루고 영혼을 다루는 책이기 때문에 시대에 구애받지 않습니다. 하나님이 주신 이 성경은 자기 자신과 다른 사람을 보는 눈을 열어 주며, 우리가 안고 있는 문제의 원인을 밝혀 줍니다. 또한 우리 주와 구주 되신 예수 그리스도 안에서 값없이 주시는 이 방법 외에 다른 방법으로 문제를 해결하려는 모든 시도는 순전한 힘의 낭비임을 보여줍니다.

성경 역사를 모르면 온 세상과 각 사람이 이 지경이 된 이유를 알 수가 없습니다. 다른 방법으로는 도무지 설명할 길이 없습니다. 물론 다른 대답들이 많이 나와 있고 그 내용도 익히 알려져 있기는 합니다. 그러나 그것들을 살피다 보면 결국 성경의 대답으로 돌아올 수밖에 없다는 것, 그 중 다수를 시도해서 이미 실패했기에—그런 시도는 실패한다고, 틀림없이 실패하게 되어 있다고 성경은 처음부터 이야기합니다—결국 성경의 대답으로 돌아올 수밖에 없다는 것이 우리의 입장입니다. 성경은 경험으로 입증되는 메시지입니다. 수세기에 걸쳐 이미 입증된 메시지입니다. 성경의 주장은, 이 책이 과거에 진리였던 것처럼 오늘날도 진리이며 천 년, 2천 년, 3천 년 전 인간의 곤경에 관여했던 것처럼 오늘날도 관여한다는 것입니다.

이것이 성경의 전체적인 입장입니다. 저는 3장이 실제 역사를 기록하고 있을 뿐 아니라 각 사람의 실제 행동을 온전히 설명해 준다는 점을 애써 강조했습니다. 성경의 두드러진 특징이 바로 이것입니다. 그래서 성경에 역사 기록이 그렇게 많은 것입니다. 우리 각 사람은 태초의 행동을 반복하고 되풀이합니다. 전도서 기자가 "해 아래에는 새것이 없"다고 한 이유가 여기 있습니다.[전 1:9] 인간의 모습은 새로울 것이 전혀 없습니다.

오늘날 우리가 옛 사람들과 완전히 다르다고 생각하는 분들은 현재 런던과 그 밖의 지역에서 사람들이 하고 있는 짓을 죽 적어 보시기 바랍니다. 전부 구약 시대 사람들이 했던 짓임을 발견할 것입니다. 형태는 좀 달라도 결국은 다 같은 것입니다. 다를 바가 전혀 없습니다. 옛날에 했던 짓을 지금도 그대로 하고 있습니다. 그렇게 똑똑한 머리로 눈부신 발명품들을 내놓고 발전을 이루어 내도 참신한 죄는 만들 수가 없나 봅니다. 이 점에 대해 생각해 본 적이 있습니까? 지금 짓고 있는 죄는 다 옛날 사람들이 생각해 낸 죄들이요 행동으로 옮긴 죄들입니다. 성경에 따르면—지금까지의 세상 역사와 우리 자신의 경험이 이 가르침을 입증하고 있습니다—인간의 본질은 전혀 변하지 않았습니다. 창세기 3장에 나오는 모습이 오늘날 세상 사람들에게 그대로 나타나고 있습니다.

우리는 모든 문제의 진정한 원인은 하나라는 것, 즉 하나님에 대한 잘못된 태도에서 모든 문제가 뻗어 나왔다는 것을 살펴보았습니다. 특별히 그 잘못된 태도의 연원을 추적하고 분석하는 일에 시간을 들였습니다. 무엇보다 먼저 지적인 측면에서 살펴보았고, 다음 단계로 이 잘못된 태도가 몰고 온 몇 가지 결과—떨칠 수 없는 상실감과 결핍감, 죄책감과 수치심, 삶과 죽음에 대한 두려움—를 생각해 보았으며, 마지막으로 우리가 어떻게 하나님을 철저히 오해하여 그가 찾아오시는데도 피해서 도망쳐 버리는지 살펴보았습니다. 이처럼 자신을 고쳐 줄 유일한 치료책을 거부하는 것이야말로 인간의 궁극적인 비극이 아닐 수 없습니다.

성경의 이야기가 계속되니, 우리도 계속 살펴보도록 합시다. 우리는 인간이 어떤 짓을 하다가 타락했는지, 그 결과 어떤 모습이 되었는지 보았습니다. 혹시 여기에서 이야기가 끝나리라고 생각한 분들이 있을지도 모르겠습니다. 그러나 여기에서 끝나지 않습니다. 이야기는 계속되며, 계속되어야만 합니다. 그 계속되는 이야기가 성경 메시지의 중심을 차지하고 있습니다.

이처럼 이야기가 끝나지 않고 계속되는 이유가 무엇일까요? 자, 이 기록에 따르면, 세상은 하나님의 것—우리가 그 사실을 좋아하든 좋아하지 않든 상관없이—이기 때문입니다. 여러분은 하나님이 자신의 세상, 자신의 땅, 자신의 소유지에 오시는 것을 막을 수가 없습니다. 물론 우리는 그것이 싫습니다. 하나님에 대한 현대인들의 반감, 본능적인 반감의 전적인 본질이 여기 있습니다. 우리는 하나님을 치워 버렸다고 생각하고, 그와 관계가 끊어졌다고 생각합니다. 그렇게 하나님 없이 살며, 계속 그렇게 살기로 결심합니다. 그러나 창세기 3:8을 기억해야 합니다. "그들이 그날 바람이 불 때 동산에 거니시는 여호와 하나님의 소리를 듣고 아담과 그의 아내가 여호와 하나님의 낯을 피하여 동산 나무 사이에 숨은지라." 아담과 하와는 마치 이렇게 말하는 것 같습니다. "저기 나무 뒤에 숨으면 모르고 지나가실 거야. 그 후에 나가면 별 탈 없겠지. 하나님 소리가 나면 또 숨으면 돼."

그러나 나무 앞도 나무 뒤도 하나님의 것입니다. 동산 전체가 하나님의 것입니다. 우주 전체가 하나님의 것입니다. 그렇기 때문에 이야기는 계속되어야만 합니다. 이것이 우리가 알고 배워야 할 첫 번째 원리입니다. 우리는 독립된 피조물이 아니며, 세상도 우리 것이 아닙니다. 우리는 세상에 명령할 수 없으며 세상에서 일어나는 일들을 결정할 수도 없습니다. 이것이 본문이 가르치는 첫 번째 큰 교훈입니다. 세상은 철두철미 하나님의 것입니다. 하나님이 세상을 만드셨습니다. 하나님이 세상의 주인입니다. 세상의 소유주입니다. 그가 세상을 다스리십니다. 통제하십니다. 인도하십니다. 개입하십니다. 찾아오십니다. 뚫고 들어오십니다. 세상은 언제나 그의 것입니다. 아담과 하와는 하나님과 관계를 끝냈다고 생각했지만 하나님은 동산으로 그들을 찾아오셨다는 것이 본문의 교훈입니다.

여기에서 상기할 수 있듯이, 하나님은 계속 말씀하십니다. 이 점이 중요합니다. 본문이 처음부터 끝까지 보여주는 것이 바로 이 점입니다. 하나님은 자기 형상대로 인간을 만드시고 그에게 말씀하셨습니다. 인간은 그 말씀을 들었으며 그 말씀에 응답했습니다. 그때 세상은 완벽했습니다. 낙원이었습니다. 인간은 창조된 의도대로 살았습니다. 하나님은 말씀하셨고 인간은 들었습니다. 인간이 경험할 수 있는 최고의 경험이 바로 하나님의 말씀을 듣는 것입니다. 그런데 어느 순간부터 인간은 듣지 않기로 했습니다. 더 이상 듣고 싶어 하지 않았습니다. 더 이상 말씀을 믿지 않았습니다. 그는 관계가 끝났다고 생각했습니다. 그런데도 하나님은 계속 말씀하셨습니다.

아담과 하와가 나무 뒤에 숨어 있을 때 하나님은 아담을 부르시며 "네가 어디 있느냐" 하고 물으셨습니다.[창 3:9] 그 소리를 들은 두 사람은 외면할 수가 없었고, 숨은 데서 나오지 않을 수가 없었습니다.

"네가 어디 있느냐?"

하나님은 말씀하셨습니다. 오, 그렇습니다. 하나님은 말씀하십니다! 이것이 성경의 중대한 메시지입니다. 하나님은 여러 가지 방법으로 우리를 부르십니다. 양심을 통해 말씀하시고, 역사를 통해 말씀하시며, 사건을 통해 말씀하십니다. 이것을 모르면 역사를 이해할 수가 없습니다. 그 예는 수도 없이 많습니다. 이런 것을 제대로 설명해 주는 책은 하나님의 책밖에 없는 것이 분명합니다. 그뿐 아니라 하나님은 세상 역사 속에서도 무수히 많은 방법으로 말씀하십니다. 그런데 죄 때문에 귀가 멀어 듣지 못하는 것입니다.

하나님이 나무 뒤에 숨은 아담과 하와에게 말씀하셨을 때처럼 항상 귀에 들리는 소리로 말씀하시는 것은 아닙니다. 욥기에는 사람이 둔해졌을 때 가끔 꿈이나 밤의 환상으로 말씀하신다는 말이 나옵니다.[욥 4:13, 7:14] 하나님은 사건을 통해, 질병을 통해, 죽음을 통해 말씀하십니다. 그중에서도 최고의 말씀은 바로 이 책, 우리에게 주신 이 "말씀"입니다. 또한 하나님은 무엇보다 아들을 통해 말씀하십니다. "옛적에 선지자들을 통하여 여러 부분과 여러 모양으로 우리 조상들에게 말씀하신 하나님이 이 모든 날 마지막에는 아들을 통하여 우리에게 말씀하셨으니."히 1:1-2

이번에는 하나님이 말씀하시는 방식을 집중적으로 살펴봅시다. 제가 볼 때 창세기 3:9부터 나오는 이야기가 바로 그것입니다.

제가 주목하는 첫 번째 요점은 하나님이 인격적으로 말씀하신다는 것입니다. "여호와 하나님이 아담을 부르시며 그에게 이르시되 네가 어디 있느냐." "네가 어디 있느냐?" 이것은 인격적인 호출이었습니다. 우리가 처음부터 붙잡아야 할 진리가 이것입니다. 그러나 이 진리만큼 더디 깨닫는 진리가 없음을 우리는 경험으로 알고 있습니다. 지금 무슨 일이 벌어지고 있는지 알겠습니까? 창세기 3:9 이전에도 여러 가지 대화가 오갔던 것을 우리는 압니다. 그들은 하나님에 대해 이야기했습니다. "하나님이 참으로……하시더냐"라는 마귀의 질문에 하와는 "하나님의 말씀에……하셨느니라"라고 대답했습니다. 이를테면 하나님에 대한 이야기를 주고받으면서 각자 의견을 밝힌 것입니다. 그런데 9절에서 갑자기 상황이 바뀝니다. 하나님이 나무 뒤에 숨어 있는 아담과 하와를 호출하시는 것입니다. 서로의 입장이 바뀌어 버립니다. 그리스도인이 되고자 할 때 가장 먼저 겪는 일이 바로 이것입니다. 하나님이 자기를 호출하신다는 사실을 깨닫는 것입니다. 다시 말해서 아담은 자신이 조사하는 입장에 있는 것이 아니라 오히려 조사당하는 입장에 있음을 깨달았습니다.

"아담아, 네가 어디 있느냐?"

여호와 하나님이 내려와 그를 보셨습니다. 그를 찾으셨습니다. 그의 형편과 처지를 조사하셨습니다. 조금 전까지만 해도 아담은 동산을 거닐고 있었습니다. 마귀의 제안을 들으면서 자기가 우월한 위치에 있다고 생각했습니다. 관찰자의 자리에서 자기 의견을 밝혔습니다. 그런데 이제 거꾸로 호출당하는 자리, 심문받고 조사받는 자리에 서게 된 것입니다.

제 의도는 아주 분명합니다. 종교나 기독교에 대해 토론할 때마다 발견하는 사실은 사람들이 조사자의 입장에서 말한다는 것입니다. 그들은 그 대단한 머리로 성경의 질문을 살펴보려 듭니다. 하나님을 조사하려 듭니다. 그만큼 자신들에게 능력이 있다는 것입니다. 하나님? 그들이 보기에는 하나님도 이를테면 책상 위에 올려놓고 해부하고 분석해야 할 일종의 견본에 불과합니다. 이처럼 현대인은 우주를 조사하고, 종교를 조사하며, 하나님을 조사합니다. 자기가 보좌에 앉아 있습니다. 자기가 재판석에 앉아 있습니다. 오, 그렇습니다. 인간은 이미 불교와 유교와 힌두교를 살펴보았습니다. 그러니 이제 기독교도 살펴보겠다는 것입니다. "어디 보자, 그리스도는 어떤가……."

제가 지금 과장하고 있습니까? 실제로 우리가 다 해온 일 아닙니까? 인간은 자신이 조사자의 입장에 있는 듯 착각합니다. 그러다가 문득 자신이 오히려 검토의 대상이라는 사실, 자신의 실상이 부지중에 드러나고 있었다는 사실을 깨닫게 됩니다. 말을 많이 하면 할수록 자신의 실상도 그만큼 더 많이 드러나 검토당합니다.

한 가지 질문을 드리겠습니다. 여러분, 여러분은 자신이 지금 시험대에 올라 있다는 사실을 압니까? 여러분은 시험의 주체가 아니라 대상입니다. 한 위대한 인물의 말을 빌려 요약해 볼까요? 월터 스코트 경Sir Walter Scott은 그의 소설을 별 볼 일 없다고 평가했던 한 사람에 대해 언급하면서,

그의 말은 저자인 스코트에 대해서는 거의 아무것도 알려 주지 못한 반면 그 말을 한 본인에 대해서는 엄청나게 많은 사실을 알려 주었다고 꼬집었습니다! 참으로 정확한 지적입니다. 하나님을 조사하려는 사람들에 대해서도 똑같은 지적을 할 수 있습니다. 우리는 스스로 조사자의 입장에 있는 것처럼 생각하기를 좋아합니다. 그런데 오히려 누군가 자신을 지켜보고 있고 호출하고 있으며 말하고 있다는 사실, 오히려 자신이 말을 들어야 할 입장에 있다는 사실을 깨우치는 사건이 일어납니다.

여러분, 여러분은 이 단계에 와 있습니까? 우리는 세상의 나그네로 일하는 사람들일 뿐, 관중석에 앉아 남의 경기를 구경하는 사람들이 아니라는 것을 알고 있습니까? 이것이 바로 여러분의 문제라는 것을 알고 있습니까? 삶의 매 순간마다 여러분에 대해 판정이 내려지고 있으며, 여기에서 어떻게 하느냐에 따라 이 세상뿐 아니라 영원한 세상에서 일어날 일이 결정된다는 것을 알고 있습니까?

약간 달리 설명해 보겠습니다. 아담은 자신이 호출 대상일 뿐 아니라 연구 대상임을 깨달았습니다. 자신의 철학적인 입장과 생각과 사상만 조사 대상이 아니라 자기 자신이 조사 대상이었습니다. 우리도 마찬가지입니다. 기독교는 '어떤 의견을 가지고 있느냐'의 문제가 아닙니다. 앞서 지적했듯이, 하나님은 우리 의견을 묻기 위해 그렇게 여러 가지 방법으로 말씀하신 것이 아닙니다. 하나님의 관심은 우리 의견에 있지 않습니다. 우리 자신에게 있습니다. "지금 어디 있느냐? 내가 왔다. 아담아, 네가 어디 있느냐?" 하나님은 우리를 부르십니다.

그런데 우리는 얼마나 영리하게 피해 버립니까! 의견을 밝히거나 논쟁을 하라고 하면 마다치 않습니다. 우리는 기독교를 토론거리로 생각합니다. 그렇게 토론할 때 가장 먼저 다루는 문제가 무엇입니까? 아마도 하나님의 존재 여부일 것입니다. 그 문제를 다룬 후에 하는 말은 이것입니다. "물론 기적의 문제도 다루어야겠지요. 과연 기적이 가능할까요? 기적이 일어날 수 있을까요?" 이렇게 기적을 논하는 데 또 하룻저녁을 할애합니다. 기독교를 논한다고 할 때 하는 일이 다 이런 것 아닙니까? 우리는 이런 것을 기독교라고 생각합니다.

그다음으로 다루는 것은 나사렛 예수의 문제, '예수는 한 인격에 두 본성을 지닌 신인'이라는 기독교의 주장입니다. 이 문제를 논하는 데 또 하룻저녁을 할애합니다. 이 문제를 한번 철저히 다루어 보자는 것입니다. 이런 일이 정말 가능하냐는 것입니다. 이런 일을 상상할 수가 있느냐는 것입니다.

그다음에 다루는 문제는 예수의 갈보리 십자가 죽음과 '속죄' 교리—한 사람이 다른 이들을 위해 죽는 일, 그들을 대신하는 일 등—입니다. 이 문제를 다루어 보자는 것입니다. 과연 이것을 도덕적인 행동으로 볼 수 있느냐는 것입니다. 상상할 수 있는 일이냐는 것입니다. 일어날 수 있는 일이냐는 것입니다. 밤새 이 문제를 놓고 논쟁을 벌입니다.

그러면서 계속 자신들은 기독교를 논하고 있다고 생각합니다. 물론 우리가 아는 의미에서는 그 말이 맞습니다. 그러나 우리가 모르는 의미가 있습니다. 여러분, 허구한 날 이런 토론만 하다가는 무덤까지만 가는 것이 아니라 지옥까지도 갈 수 있습니다. 기독교가 일차적으로 논하는 대상은 사상이 아닙니다. 여러분 자신입니다. "아담아, 어디 있느냐? 나는 너를 찾고 있다. 나는 너 개인에게 관심이 있다."

그리스도인이 되려 할 때 가장 먼저 알아야 할 점이 바로 이것입니다.

전에는 한 번도 자신을 직시한 적이 없습니다. 늘 자신을 방어했고, 자신을 숨기려고 위장했습니다. 바로 이것이 여러 문제를 다루는 온갖 논쟁과 토론의 이면에 담긴 의미입니다. "저기 다가오고 있는 건 좀 인격적이어서 대하기가 힘들겠어. 그래, 나무 뒤로 숨어 버리자"라는 것입니다. 그래서 철학과 사상과 비교종교학과 난해한 질문이라는 나무 뒤로 숨는 것입니다. 거기 숨어서 모든 인격적인 접촉을 차단하는 것입니다. 그러나 하나님은 그 장애물을 헤치고 찾아오십니다.

여러분, 기독교는 지금 이 순간 한 인격으로 이 자리에 와 있는 여러분을 다룹니다. 여러분과 여러분의 삶, 여러분이 하는 일과 여러분이 가는 곳을 다룹니다. 아직도 기독교가 인격적으로 다가오지 않습니까?

다른 질문을 던져 볼까요? 여러분은 이렇게 인격성을 강조하는 것이 화가 납니까? 빅토리아 시대 수상이었던 멜버른 경Lord Melbourne은 "종교가 인격적인 것이 되기 시작하면 상황이 난감해진다"라는 말로 많은 현대인들의 생각을 대변했습니다.

"아담아, 네가 어디 있느냐?"

이것이 인격적인 문제임을 알겠습니까? 인격적으로 결단해야 할 문제임을 알겠습니까? 여러분이 인격적으로 하나님을 대면해야 함을 알겠습니까? 하나님이 여러분 앞에 계십니다. 하나님이 여러분을 호출하십니다. 여러분에게 말씀하십니다. 바로 여러분에게! 그의 일차적인 관심은 여러분의 사상이 아닌 여러분 자신에게 있습니다. 지금 세상을 통과하고 있는 여러분, 단 한 번의 기회를 부여받은 여러분에게 있습니다.

다음 단계는 무엇일까요? 자, 다음 단계는 우리의 실상과 처지를 똑바로 보여주시는 것입니다. 하나님은 "아담아, 네가 어디 있느냐? 정확하게 어느 자리에 있느냐? 거기서 뭘 하고 있느냐?" 하고 물으십니다. 다시 말해서 복음과 설교의 전적인 사명은 사람들이 현재 있는 자리, 사람들이 원래 있어야 할 자리를 똑바로 보여주는 것입니다. 아담은 하나님이 이 낙원, 이 동산에 오실 때마다 기쁘게 맞이했습니다. 그가 오시기를 고대했고, 그가 오시면 기쁨으로 활짝 웃으며 달려가 맞이했습니다. 그런데 이제 처음으로 나무 뒤에 숨어 버린 것입니다. 하나님은 말씀하셨습니다. "네가 어디 있느냐? 전에는 이러지 않았잖느냐? 대체 거기서 뭘 하고 있느냐? 어서 나오너라. 거기 숨지 마라. 네가 있을 자리는 거기가 아니라 여기다."

지금 하나님이 우리 각 사람에게 하시는 말씀도 이것입니다. "네가 어디 있느냐? 세상의 삶 속에서 어떤 자리에 있느냐?" 구체적으로 세분하여 묻겠습니다. 지적인 측면에서 여러분은 어디 있습니까? 생각의 측면에서 어디 있습니까? 여러분은 현실을 제대로 직시하고 있습니까? 더 간단하고 노골적이고 분명하게 물어볼까요? 여러분은 오래전부터 기독교를 거부했을 수 있습니다. 자, 그렇다면 제가 묻고 싶은 것은 한 가지입니다. 여러분은 성경을 처음부터 끝까지 읽어 본 적이 있습니까? 제가 발견한 사실은, 기독교를 제대로 알지도 못하면서 쉽게 일축해 버리는 경향이 있다는 것입니다. 한 번도 제대로 알아보려는 수고를 하지 않습니다. 편견에 사로잡혀 그냥 일축해 버립니다. 성경을 전혀 읽지 않습니다. 신약성경조차 읽지 않습니다. 교회의 역사도 알지 못합니다. 그러면서 거절해 버리는 것입니다.

이것은 지적으로 부정직한 태도라고 말하고 싶습니다. 거듭 묻겠습니다. 정신적인 측면에서, 인생관과 사고의 전 과정이라는 측면에서 지금 여러분은 어디 있습니까? 이 모든 요소들을 고려하고 있습니까? 삶을 생각하면서 행동하며 움직이고 있습니까? 양심의 소리에 귀를 기울이고 있습니까? 여러분은 죽음을 정면으로 쳐다본 적이 있습니까? 죽음 이후를 생각해 본 적이 있습니까? 세상에서 가장 훌륭하고 위대한 인물들의 증언을 살펴본 적이 있습니까? 부흥의 역사를 읽어 본 적이 있습니까? 지적인 측면에서 지금 여러분은 어디 있습니까? 이 모든 요소들을 제대로 고려하고 있습니까?

이것이 바로 하나님의 말씀이 도전하는 바입니다. 하나님은 우리가 지적인 나무들 뒤에 숨어 있는 것을 잘 아십니다. 그 예는 이미 많이 들었습니다. 그렇게 나무 뒤에 숨어 있으면 현실을 제대로 볼 수가 없습니다. 넓은 데로 나와 진실을 똑바로 보라고 성경은 권고합니다.

"아, 기독교는 눈물이나 짜는 종교인 줄 알았는데"라고 말하는 이들이 있을지도 모릅니다. 따져 보지도 않고 일축해 버리니까 그런 말을 하는 것입니다. 기독교는 합리적입니다. 무엇을 주장할 때에는 반드시 근거를 제시합니다. 논거를 제시합니다. 기독교는 하나님의 진리를 온전히 계시하며 다가옵니다. 이 점을 상세히 논하는 책들이 많이 있습니다. 예컨대 C. S. 루이스의 지력知力에 이의를 제기할 사람이 있겠습니까? 『예기치 못한 기쁨』*Surprised by Joy*에는 이 영역에서 그가 직접 겪은 이야기가 나옵니다. 루이스 외에도 수없이 많은 예가 있습니다. 여러분, 기독교가 지적으로 부족하다고 말하는 것은 부정직한 태도입니다. 나무 뒤에 숨는 태도입니다. 넓은 데로 나와 상황을 똑바로 직시하고 시험해 보기를 거부하는 태도입니다. 이처럼 성경은 지적인 측면에서 우리가 어디 있는지 묻습니다.

마찬가지로, 아니 어쩌면 더 집요하게 성경이 우리에게 다가와 던지는 질문은 도덕적인 측면에서 우리가 어디 있느냐 하는 것입니다. 오, 도덕적인 의미에서 자기 모습을 직시하기보다는 철학과 이론을 논하는 편이 훨씬 더 쉽지 않습니까! 정숙이라는 측면에서 우리가 서 있는 자리는 어디입니까? 순결이라는 측면에서 우리가 서 있는 자리는 어디입니까? 정직이라는 측면에서 우리가 서 있는 자리는 어디입니까? 영적인 성결이라는 측면에서 우리가 서 있는 자리는 어디입니까? 삶과 생활 전반에서 우리가 서 있는 자리는 어디입니까? 이것이야말로 우리가 가장 먼저 생각해야 할 질문인 것이 분명합니다. 기적을 이해하기에 앞서 자기 자신부터 이해해야 합니다.

뻔히 알면서도 계속 잘못을 저지르는 이유가 무엇입니까? 그런 잘못을 즐기는 이유가 무엇입니까? 후회할 줄 알면서도 계속 그렇게 하는 이유가 무엇입니까? 왜 그런 짓을 하는 것입니까? 이것이 우리의 문제입니다. 인간이 당면한 본질적인 문제입니다. 추상적인 개념들에 대해 이런저런 대단한 의견들을 내놓는 일이 중요한 게 아니라 자기 자신을 아는 일이 중요한 것입니다.

"아담아, 네가 어디 있느냐?"

도덕적으로 지금 여러분은 어디 있습니까? 처음에 도덕적인 신망을 얻었습니까? 그런데 지금의 거래관계는 어떻습니까? 지금 여러분의 장부를 공개하면 어떨 것 같습니까? 여러분의 삶과 이력을 영상으로 보면 어떨 것 같습니까? 성경의 관심은 바로 여기 있습니다. 성경은 이에 대해 이야기하는 책입니다. 인격적이고 직접적인 책, 우리의 삶을 다루는 책입니다.

최고의 예를 들어 보겠습니다. 요한복음 4장에서 주님과 사마리아 여자가 만나는 장면을 보기 바랍니다. 주님이 지쳐서 우물가에 앉아 계시는 데 사마리아 여자가 물을 길러 왔습니다. 두 사람은 곧바로 대화를 시작했습니다. 유대인과 사마리아인에 대해 이야기했고, 우물과 우물의 깊이, 우물을 판 야곱에 대해 이야기했습니다. 여자는 즐겁게 대화를 나누었고 아주 영리하게 논쟁을 이끌어 갔습니다. 하나님과 예배에 대해서도 이야기를 나누었습니다.

그런데 주님이 불쑥 말씀하셨습니다. "가서 네 남편을 불러 오라." 여자는 정직하게 털어놓지 않을 수 없었습니다. "나는 남편이 없나이다." 그러자 주님이 여자를 보시며 말씀하셨습니다. "네가 남편이 없다 하는 말이 옳도다. 너에게 남편 다섯이 있었고 지금 있는 자도 네 남편이 아니니 네 말이 참되도다."요 4:16-18

이것이 주 예수 그리스도께서 사용하시는 방식입니다. 그는 이 말씀으로 무수한 질문에 대한 논쟁과 토론에 종지부를 찍으시고, 여자 자신에게 초점을 돌리셨습니다. 여자는 하나님과 예배에 대해 이야기했지만, 사실은 음란한 삶을 살고 있었습니다. 주님은 그 현실을 직시하게 하셨습니다. 요컨대 "나무 뒤에서 그만 나오너라. 여기 넓은 데로 나오너라. 나는 너에 대해 전부 알고 있다"라는 것입니다.

"아담아, 네가 어디 있느냐?"

이것은 하나님이 우리 모두에게 던지시는 질문입니다. 사랑하는 여러분, 여러분 자신과 여러분의 삶을 똑바로 보십시오. 자신이 뭘 하고 있는지, 어떤 사람인지, 어떤 생각을 좋아하고 어떤 상상을 즐기는지, 어떤 일을 하는지, 부끄러워하면서도 놓지 못하고 품고 있는 것이 무엇인지, 자신이 뻔히 알고 있는 그것이 무엇인지 보십시오. 여러분은 이런 것을 공개적으로 고백하고 싶어 하지 않습니다. 그런데 하나님은 바로 그 이야기를 하자고 하십니다. 이것이 기독교입니다. “아담아, 숨은 데서 그만 나오너라.” 기독교의 관심이 무엇인지 분명하게 보이지 않습니까?

한 가지 예만 더 들어 봅시다. 구약성경에 나오는 유명한 다윗의 이야기를 보십시오. 그는 어느 날 유혹을 받았고 정욕에 사로잡혔습니다. 그래서 간음을 저질렀으며 그 사실을 은폐하기 위해 살인까지 저질렀습니다. 그러면서도 전혀 가책을 느끼지 않았습니다. 하나님은 그 일을 기뻐하지 않으셨습니다. 그래서 종 나단을 보내서 말씀하셨습니다.

나단은 “오, 왕이시여, 이런 일이 있었습니다” 하면서 한 가지 수수께끼를 냈습니다. 자기 양이 많은데도 하나밖에 없는 남의 양을 빼앗은 사람의 이야기를 한 것입니다. 그 이야기를 들은 다윗은 분기가 충천하여 그런 사람은 반드시 벌해야 한다고 했습니다. 아무리 큰 벌을 주어도 부족하다고 했습니다.

그때 나단이 말을 멈추고 다윗을 쳐다보며 말했습니다. “당신이 그 사람이라.” 그의 요지는 이것입니다. “다윗이여, 저는 지금 당신 이야기를 하고 있는 겁니다. 당신은 제가 불공평한 사례를 제시하며 일반적인 도덕의 문제를 꺼냈다고 생각했겠지요. 그러나 왕이시여, 저는 지금 바로 당신 이야기를 하고 있습니다.”삼하 12:1-7 참조

“아담아, 네가 어디 있느냐?”

조사를 받아야 할 대상은 여러분 자신과 여러분의 삶입니다. 여러분의 도덕적인 행동과 인격 전체입니다.

제가 강조할 다음 요점은 이것입니다. 하나님은 우리를 찾아와 인격적으로 말씀하시면서 우리가 저지른 일의 참된 본질과 성격을 깨우쳐 주십니다. 그는 말씀하십니다. “누가 너의 벗었음을 네게 알렸느냐. 내가 네게

먹지 말라 명한 그 나무 열매를 네가 먹었느냐."창 3:11 하나님은 아담과 하와가 저지른 짓의 정확한 본질을 보여주셨습니다. 단순히 열매를 따 먹은 것이 문제가 아니었습니다. 하나님의 명령을 어기고 그 거룩한 법을 위반하여 반역을 저지른 것이 문제였습니다. 하나님은 바로 이 점을 깨우치셨습니다.

복음이 하는 일이 이것입니다. 죄를 명명백백히 밝히는 것입니다. 어떻게 밝힙니까? 자, 죄의 참된 본질을 가르침으로 밝힙니다. 방금 다룬 다윗의 사례를 다시 봅시다. 다윗은 진실을 알고 회개한 후 시편 51편을 썼습니다. 자신이 지은 죄를 고백하며 "내가 주께만 범죄하여 주의 목전에 악을 행하였"다고 말했습니다.4절 그가 지은 죄의 무서운 점, 그 죄를 죄 되게 만든 점은 단순히 간음에 있었던 것이 아니라—물론 그것도 충분히 악한 일이었지만—하나님을 거스른 데 있었습니다. 그는 하나님의 법을 어겼습니다. 하나님께 반역했습니다. 우리가 보지 못하는 죄의 실체가 이것입니다. 우리는 죄와 허물의 범주는 기꺼이 인정하지만, 단순히 도덕규범이나 법을 위반한 정도로만 생각합니다. 그러나 사랑하는 여러분, 죄에는 그 이상의 의미가 있습니다.

여러분과 저는 하나님의 형상대로 지음받은 존재입니다. 그에 합당하게 살도록 지음받은 존재입니다. 따라서 하나님과 교통하고 그를 즐거워하며 살아야 합니다. 의롭고 거룩하며 참되고 바르게 살아야 합니다. 죄가 무엇입니까? 이러한 창조의 의도를 저버리는 것입니다. 문제는 우리가 죄를 특정 행동으로만 국한한다는 데 있습니다. 그러나 정작 죄의 무서운 점은 하나님의 피조 세계를 어지럽힌다는 것입니다. 죄는 하나님의 소유를 훔치는 것입니다. 하나님의 얼굴에 침을 뱉는 것입니다. 하나님의 영광에 합당치 않게 사는 것은 전부 심각한 죄입니다. 하나님은 아담에게 이 진실을 보여주셨습니다. 하와에게도 보여주셨습니다. 죄의 정죄 아래 있는 인간은 누구나 이 진실을 보아야 합니다.

마지막으로 드릴 질문은 이것입니다. 여러분은 지금 어디 있습니까? 여러분은 하나님을 알고 있습니까? 하나님을 사랑하고 있습니까? 하나님을 즐거워하고 있습니까? 하나님을 기쁘시게 하며 그의 영광과 존귀를 위해 사는 일에 가장 큰 관심을 쏟고 있습니까? 하나님은 이 목적을 위해 살지 않는 사람은 전부 더러운 죄인임을 깨우쳐 주십니다. 각인시켜 주십니다. 여러분은 하나님이 의도한 자리에서 이탈했습니다. 다른 데로 숨어 버렸습니다. 정로에서 벗어났습니다. 가서는 안 될 자리로 가 버렸습니다. 하나님의 법을 어겼으며 창조의 의도를 저버렸습니다. 하나님은 그 진실을 보여주십니다.

현대 세계가 정말 모르는 것이 이것 아닙니까? 많은 이들이 체면은 믿으면서 하나님은 믿지 않습니다. 그들은 무서운 죄인, 런던 빈민굴에 사는 사람들 못지않게 무서운 죄인입니다. 죄는 다름 아닌 하나님을 거스르는 것입니다. 탕자는 아버지에게 말했습니다. "내가 하늘과 아버지께 죄를 지었사오니."눅 15:21 이것이 죄의 본질이자 우리 모두의 실상입니다.

이 점은 마지막 요점으로 연결됩니다. 하나님은 이처럼 우리를 찾아와 인격적인 이야기를 하실 뿐 아니라 심판을 알리심으로 회개케 하십니다. 하나님이 태초에 동산에서 하신 말씀을 기억할 것입니다. 하나님은 아담과 하와를 찾아와 숨어 있던 자리에서 불러내시고 그들의 실상과 죄를 보여주신 후에 심판을 선언하셨습니다.

여러분, 심판 이야기가 마음에 들지 않는다면 유감입니다. 육에 속한 사람으로 심판을 좋아할 자는 아무도 없습니다. 그러나 좋아하든 좋아하지 않든 이것은 명백한 사실입니다. 하나님은 태초에 친히 심판하셨습니다. 숨어 있던 인간을 찾아내셨습니다. 하나님을 피할 수 있는 사람은 아무도 없습니다. 물론 다시는 교회에 다니지 않겠다고 말할 수 있습니다. 하지만, 그렇다고 하나님의 세상에서 걸어 나가거나 하나님의 목전에서 떠날 수 있는 것은 아닙니다. 덤불로 도망쳐 몸을 숨기고 못 보시리라 생각할지도 모릅니다. 그러나 하나님은 늘 그러셨듯이 그 숨은 자리에서 여러분을 불러내실 것입니다. 그의 심판은 지금도 각 개인과 세상 역사에 나타나고 있습니다.

어떻게 나타납니까? 자, 하나님의 심판에는 현재의 심판과 미래의 심판이 있습니다. 현재의 심판은 죄의 결과로 즉시 나타나는 심판입니다. 그것이 무엇일까요? 하나님은 창세기 3장에서 뱀과 여자, 뱀의 후손과 여자의 후손이 영원히 싸울 것을 선언하셨습니다. 정말 그렇지 않습니까? 우리가 바로 이 싸움의 현장에 있지 않습니까? 이런 싸움을 경험하고 있지 않습니까? 신문과 광고판과 유흥업소와 길거리에서 우리를 꾀는 유혹—우리 속에 있는 가장 훌륭하고 고상하며 올바른 것에서 떠나도록 우리를 끌어당기며 꾀는 악—을 생각해 보십시오. 이렇게 뱀의 후손과 여자의 후손이 벌이는 싸움이 우리 삶과 생활의 모든 문제를 빚어 냅니다. 태어나는 바로 그 순간부터 싸움이 시작됩니다. 도덕을 사이에 놓고 전투가 벌어집니다. 순결을 사이에 놓고 전투가 벌어집니다. 정숙을 사이에 놓고 전투가 벌어집니다. 정직을 사이에 놓고 전투가 벌어집니다. 맹렬한 전투가 벌어집니다! 세상의 흐름은 우리를 주저앉힙니다. 그 흐름에 맞서 싸우며 그 흐름을 거스르기가 얼마나 힘든지 모릅니다. 이것이 하나님의 심판이 나타나고 있는 한 가지 증거입니다.

그러나 우리는 죄에 눈이 가려 이것이 죄에 대한 심판임을 알지 못합니다. 인간은 마귀의 말을 듣고 금지된 열매를 따 먹으면 율법을 지킬 필요 없이 편하게 살 줄 알았습니다. 신이 되어 완전한 자유를 누리며 살 줄 알았습니다. 그런데 오히려 족쇄와 굴레에 매여 몸부림치는 신세가 되었습니다. 뱀의 후손도, 여자의 후손도 지옥 같은 세상의 삶과 하나님의 계획 사이에 벌어지는 이 끝없는 싸움에서 벗어날 수 없게 되었습니다. 우리는 모두 이것을 경험하고 있습니다.

그뿐 아니라 수고와 고통도 겪고 있습니다. "수고하고 자식을 낳"게 되었고, 아픔과 고통 속에 자식을 낳게 되었습니다.[창 3:16] 이것은 실제 역사입니다. 실제 사실입니다. 여러분, 이 또한 하나님의 심판입니다. 죄와 반역에 선고된 심판의 일부입니다. 한 가정에 아이가 태어나는 것보다 더 큰 기쁨이 있습니까? 그러나 그 아이가 태어나기까지 얼마나 긴장하고 몸부림치며 고통하고 수고해야 하는지 생각해 보십시오. 이것은 다 죄가 몰고 온 결과입니다. 하나님에 대한 잘못된 태도가 몰고 온 결과입니다. 하나님께 대한 반역이 몰고 온 결과입니다. 인간이 법 집행을 자초했습니다. 그래서 이런 고통과 수고와 불행과 질병과 아픔과 문제들이 생겨난 것입니다.

그뿐 아니라 생존을 위한 투쟁—생계를 위한 노역, 매일의 밥벌이, 고된 일, 가시덤불과 엉겅퀴, 경쟁과 충돌—도 피할 수 없게 되었습니다. 가시덤불과 엉겅퀴가 그토록 무성히 자라나는 이유가 무엇입니까? 땅에서 밀이나 옥수수를 수확하기가 그토록 어려운 이유가 무엇입니까? 장애물들과 끝없이 싸워야 하는 이유가 무엇입니까? 이렇게 땀 흘리지 않으면 아무것도 얻을 수가 없습니다. 이 또한 죄에 대한 심판입니다. 인간은 타락 이후 내내 이 문제를 해결하고 극복하기 위해 애를 썼지만 성공하지 못했습니다. 계속 낙원으로 돌아가려 했지만 돌아가지 못했습니다. 하나님은 아담과 하와를 쫓아내신 후 두루 도는 불칼과 그룹을 세워 동산 입구를 지키게 하셨습니다. 인간은 문명을 통해 그 입구를 뚫어 보려 했습니다. 그러나 불칼에 가로막혔습니다. 어떤 의미에서 문명의 역사는 이 같은 도로徒勞의 역사요 실패의 역사라고 할 수 있습니다.

기독교를 믿지 않는 위대한 역사가들도 역사 순환론을 이야기합니다. 계속 전진하는 것 같고 낙원에 거의 도달한 것 같은데, 다시 방향이 바뀌면서 원점으로 돌아와 버립니다. 문명은 이처럼 원을 그리며 계속 순환할 뿐, 앞으로 나아가지 못합니다. 종착점에 도달하지 못합니다. 최종 목표에 이르지 못합니다. 그저 헛바퀴만 돌 뿐입니다. 제자리에서 돌고 또 돌 뿐입니다. 일어나서 성공하는가 싶으면 실패해서 넘어집니다. 왕조도, 제국도, 개인도 쇠락합니다. 예외가 없습니다. 이것은 전부 불칼과 그룹이 에덴동산 동쪽을 지키기 때문에 일어나는 일입니다. 인간은 아무리 노력해도 돌아가지 못합니다. 돌아가려야 돌아갈 수가 없습니다. 그것은 인간에게 허락되지 않은 일입니다. 인간은 죄의 심판을 받아 추방당했습니다. 그러나 이 모든 것은 현재의 심판에 불과합니다. 이것을 넘어서는 또 다른 심판이 있습니다.

"흙으로 돌아갈 것이니라."창 3:19 죽음, 육신의 죽음이 죄에 대한 심판으로 찾아왔습니다. 알프레드 테니슨Alfred Tennyson은 말합니다.

> 인간은 자신이 죽지 않는 존재로 지어졌다고 생각한다.[11]

인간이 이렇게 생각하는 것은 원래 모습에 대한 기억이 일부 남아 있기 때문입니다. 그러나 이제는 필멸의 씨앗을 가지고 태어납니다. 태어나는 순간부터 이미 죽어가기 시작합니다. 방금 전에 한 어린아이가 태어났다고 합시다. 어찌 되었든 한 사람이 이제 막 삶을 시작한 것입니다. 그러나 동시에 한 사람이 죽어가기 시작했다고 말할 수 있습니다. 첫 숨은 마지막 숨으로 이어지는 수많은 숨의 시작일 뿐입니다. 이것은 병적인 말이 아닙니다. 사실이 그렇습니다. 우리는 죽기 위해 태어납니다. 죽음이라는 피할 수 없는 종말이 다가옵니다. 그렇게 죽은 후에는 하나님을 대면해야 합니다.

사랑하는 여러분, 이 모든 사실을 직시해야 합니다. 그렇지 않으면 동산에 들어갈 수가 없습니다. 기독교는 눈물이나 짜는 종교가 아닙니다. 기발한 치료책도 아닙니다. 낙관적인 철학도 아닙니다. "어서 오세요. 밝고 힘차고 행복하게 첫걸음을 내디딥시다. 아무 문제 없습니다"라고 장담하는 영적인 시각도 아닙니다. 만약 기독교를 이런 것으로 생각했다면 완전히 잘못 생각한 것입니다. 하나님은 이것이 얼마나 잘못된 생각인지 보여주십니다.

여러분이 어느 자리에 있는지 알고 있습니까? 여러분은 지금 어디 있습니까? 세상에서 몇 년이나 살았습니까? 앞으로 몇 년 더 살 것 같습니까? 그렇게 살면서 한 일이 무엇입니까? 이룬 일이 무엇입니까? 자신의 이력을 돌아볼 때 어떻습니까? 자랑스럽습니까? 무슨 성취가 있습니까? 내밀한 삶을 들여다보면 어떻습니까? 정신과 생각과 상상과 마음의 역사

11. 알프레드 테니슨, 『A. H. H를 기념하여』(*In Memoriam A. H. H.*)

를 살펴보면 어떻습니까?

"아담아, 네가 어디 있느냐?"

남성들이여, 모든 영역에서 여러분은 어디 있습니까? 여성들이여, 여러분은 어디 있습니까? 숨은 데서 나와 현실을 직시하십시오. 반드시 그래야 합니다. 여러분은 하나님의 세계에서 살고 있는 하나님의 피조물입니다. 피하고 싶어도 피할 수가 없습니다. 도망치고 싶어도 도망칠 수가 없습니다. 하나님을 만나야 합니다. 살아 있을 때 그분의 말씀을 듣지 않으면 죽은 후에 들어야 합니다. 하나님이 영원한 세상에서 큰 심판의 보좌에 앉아 여러분의 이름을 부르실 때, 그 앞에 나아가 자신의 죄에 대한 선고를 들어야 합니다.

그러나 이것이 전부는 아닙니다. 물론 지금까지 제가 한 말을 믿지 않는 사람은 이제부터 할 말도 듣지 않을 것입니다. 오직 절박한 사람만 그리스도께 나아옵니다. 스스로 의사가 필요한 병자임을 아는 사람만 나아옵니다. 감사하게도 우리에게는 치료해 줄 의사가 한 분 계십니다.

지금까지 저는 여러분에게 심판을 이야기했습니다. 그런데 하나님이 하신 말씀이 더 있습니다. 뱀의 후손과 여자의 후손은 전투를 벌일 것입니다. 그러나 결국은 여자의 후손이 뱀의 머리를 부수어 버릴 것입니다.[창 3:15] 하나님이 숨은 데서 나오라고 부르시는 것은 단지 정죄하기 위해서만이 아니라, 그 정죄를 믿고 인정할 때 다시 낙원으로 돌아갈 길이 있음을 알려 주시기 위해서입니다. 하나님은 독생자를 여자의 후손으로 보내 주겠다고 하셨습니다. 그 독생자는 그룹과 불칼을 제치고 낙원으로 들어갈 길을 열어 주실 것입니다. 하나님의 아들 나사렛 예수는 자신을 믿고 바라는 자들이 받아야 할 죄의 심판을 대신 받으셨습니다. 그러므로 그를 믿는 자는 당당히 동산 입구를 지나 기쁨의 나라로 들어갈 수 있습니다. 그와 함께 들어가며 다음과 같이 말할 수 있습니다.

> 오늘 자비로 우리를 불러 죄 씻으라 하시나이다.
> 우리 허물 크고 이제껏 살아온 삶 형편없어도,
> 자비를 외면한 지 오래되었어도,
> 오, 그리스도여, 오늘 주의 피로 씻어 희게 하실 수 있나이다.

이 복음을 주신 하나님께 감사드리십시오.

> 모든 것이 우리를 대적하는 듯
> 절망으로 몰고 갈 때에도
> 한 문은 열려 있음을 아나이다.
> 한 귀는 우리 기도 듣고 계심을 아나이다.
>
> —오즈월드 앨런Oswald Allen

여러분에게 말씀하시는 하나님의 소리를 들었다면, 큰소리로 자비를 구하십시오. 결코 내치지 않으실 것입니다. "내게 오는 자는 내가 결코 내쫓지 아니하리라." 요 6:37 부끄럽고 비참하고 불행한 실패의 자리, 지금 숨어 있는 그 자리에서 나와 부르짖으십시오. 그가 구해 주실 것입니다.

14

하나님의 얼굴을 찾으라

1967 |『하나님의 얼굴을 찾으라』

내가 여호와께 바라는 한 가지 일 그것을 구하리니 곧 내가 내 평생에 여호와의 집에 살면서 여호와의 아름다움을 바라보며 그의 성전에서 사모하는 그것이라.……너희는 내 얼굴을 찾으라 하실 때에 내가 마음으로 주께 말하되 여호와여 내가 주의 얼굴을 찾으리이다 하였나이다. 시편 27:4, 8

강해설교는 얼마나 실제적일까요?

오늘날 사람들이 믿고 있는 중요한 신화가 하나 있습니다. 그것은 성경을 설교하는 것은 이론적이고 추상적이어서 평범한 사람들의 일상적인 실제 생활에 아무 소용이 없다는 것입니다.

로이드 존스는 시편에 대해 여러 차례 설교했습니다. 이 설교들은 나중에 『하나님의 얼굴을 찾으라』*Seeking the Face of God*라는 제목의 책으로 출판되었습니다.

「하나님의 얼굴을 찾으라」라는 제목의 이 설교는 앞에서 요약한 관점 즉 성경적인 설교는 실제적이지 못하다는 관점이 너무 단순하며 사실상 아무 의미가 없다는 것을 보여줍니다! 그는 이 설교에서 수천 년 전 다윗과 여러 저자들이 쓴 시편들만큼 삶에 실제적이고 유용한 것은 없다는 것을 예증합니다. 새로운 천 년이 시작되었어도 다윗 왕의 영감받은 시편은 그때와 마찬가지로 오늘날에도 결정적으로 중요합니다.

로이드 존스는 청교도의 열광적인 지지자였습니다. 청교도의 삶과 사고의 특징 중 하나는 그들이 매우 실천적이었다는 것입니다. "실험적" 또는 "경험적"이라는 말이 당시의 대표적인 특징이었습니다. 청교도는 일상적인 삶을 살았던 사람들이었습니다. 만약 우리가 여기서 16세기 영국 내전에서 살아남은 사람들을 청교도라고 생각한다면, 그들은 상상할 수 있는 가장 치열한 싸움을 치른 후에 찰스 2세의 박해를 혹독하게 겪은 자들이었습니다(존 번연처럼 말입니다).

다시 말하면 교리는 매우 실제적입니다. 그 이유는—로이드 존스가 시편 27편 설교를 통해 보여주는 것처럼—교리적인 설명이 인간이 아닌 하나님과 그분이 누구신지에 대한 진리에서 시작하기 때문입니다. 오늘날의 치료 중심 문화와 이 문화를 적나라하게 모방하는 그리스도인들은 항상 인간과 인간의 절실한 필요에서 시작합니다. 시편에서 다윗이 보여준 요점과 이후 청교도가 보여준 요점은 그들이 모두 성경이 행하는 것을 행했으며 하나님에게서 먼저 설명을 시작했다는 것입니다. 이것은 우리에게 어떤 일이 일어나든 관계없이 우리의 삶에 도움을 줍니다. 구약성경에서 확인할 수 있듯이 다윗은 상상할 수 없는 정신적 상처를 겪었습니다. 그가 쓴 시편들을 보면, 다윗은 인생이 얼마나 두려운 것인지에 대해 놀랍고도 가슴 시원하게 정직합니다. 하나님의 백성들은 자기에게 고난이 일어나지 않을 거라고, 자기는 고난과 상관없을 거라고 가정하지 않습니다. 로이드 존스가 이 설교에서 탁월하게 이끌어 내는 핵심 사실이 있는데, 그것은 하나님의 백성들이 인생의 문제뿐만 아니라 모든 것에 대해 인간 중심적 관점이 아닌 하나님 중심적 관점을 가지고 있다는 것입니다. 이것이 우리의 전체 세계관을 좌우합니다. 이 세계관의 핵심에는 교리와 성경이 있습니다. 따라서 성경 강해는 현실과 동떨어져 있거나 혹은 학문적인 것이 아니라 매우 실제적이고 현실적입니다. 이 설교는 우리에게 이 사실을 증명합니다!

시편 27편은 우리가 항상 기억하지 않으면 안 될 시편입니다. 이 시편은 하나의 노래이므로 전체 내용이 하나로 간주되어야 합니다. 왜냐하면 시편 기자는 일반적으로 각 시편에서 한 가지 중요한 메시지를 제공하기 때문입니다. 이 사실은 특히 이 시편에 해당됩니다. 하지만 우리는 한 구절에서, 특히 4절에서 이 메시지를 확인할 수 있습니다. "내가 여호와께 바라는 한 가지 일 그것을 구하리니 곧 내가 내 평생에 여호와의 집에 살면서 여호와의 아름다움을 바라보며 그의 성전에서 사모하는 그것이라."

대부분의 시편이 그렇듯, 시편 기자는 여기서 하나님을 찬양하기를 열망합니다. 그래서 우리에게 자신의 경험을 제시합니다. 시편 기자는 또한 다른 사람들을 돕기를 갈망합니다. 여기서 그가 자신의 개인적인 경험을 고백하는 주된 목적은 자기 자신이 아닌 모든 것을 주시고 또 유일하게 찬양받기에 합당하신 여호와께 주의를 집중시키기 위해서입니다. 우리는 그의 경험을 주목할 때 다양한 교훈을 배울 수 있습니다. 그는 여기서 우리에게 삶과 인생의 투쟁에 대처하는 법을 가르치고 있습니다.

이것이 시편이라는 책이 가지는 중대한 가치입니다. 시편은 매우 실제적인데, 그것은 이 책이 경험적이고 실험적이기 때문입니다. 시편은 이 외에도 다음과 같은 가치가 있습니다. 즉, 시편 기자는 인생에 대해 이론적인 글을 쓴 사람이 아닙니다. 그는 자신을 시험하고 연단한 어떤 경험을 통과함으로써 성공과 승리의 길을 다시 찾아낸 사람입니다. 따라서 그는 그것을 축하하고 다른 사람들에게 알려 주기를 바랍니다. 시편의 또 하나의 중대한 가치는 언제나 매우 정직하다는 것입니다. 시편 기자는 자신을 실제 모습보다 더 나은 존재로 포장하지 않습니다. 말하자면 마음을 열고 자신이 어떤 존재인지를 솔직하게 드러냅니다. 자신의 두려움과 불길한 마음을 그대로 진술합니다. 자신의 연약함을 결코 숨기지 않습니다. 그러기에 우리는 시편 기자가 우리의 상황에 대해 말하는 것처럼 느낍니다.

시편 기자가 이 시편을 어떤 가혹한 경험을 한 직후에 썼는지, 아니면 이런 시련에 실제로 직면해 있는 동안 썼는지 확실히 판단할 수 없습니다. 이 시편은 다윗의 시편으로 보입니다. 그는 끊임없이 고통과 환난을 겪었기 때문에 이 시편에서 최근에 자신이 겪은 어떤 경험을 나누고 있다고 추정할 수 있습니다.

이상의 모든 가치는 우리에게도 분명히 적용됩니다. 그것은 우리 각자가 일상의 삶 속에서 영적 싸움에 연루되어 있기 때문입니다. 그리스도인이 되는 순간 모든 문제는 사라지고 그때부터 어떤 어려움도 없을 것이라고 가정하는 것만큼 잘못된 것도 없습니다. 그것은 정직하지 못한 태도입니다. 그것은 전혀 사실이 아닙니다. 그리스도인은 이 세상에서 안이한 시절을 약속받지 않습니다. 오히려 그 반대가 진실에 더 가깝습니다. 우리는 신약성경의 많은 부분에서 그리스도인인 우리가 주님을 따르기 때문에 예기치 못한 시련을 맞이할 수 있다는 말을 듣습니다.

주님의 생애를 주목해 보십시오. 주님은 이 세상에서 하나님의 아들이셨습니다. 그렇지만 시련을 당하고 시험을 받고 자신을 대적하는 죄인들의 반대를 받아야 했습니다. 주님의 생애는 싸움과 다툼으로 점철되었습니다. 주님이 친히 요한복음 15장에서 지적하신 것처럼, 이것이 주님에게 해당된다면 주님을 따르는 자들에게는 어떠하겠습니까? 우리가 그리스도인이기 때문에 마귀와 그의 모든 세력은 우리를 시험하고 시련에 빠뜨리는 데 특별한 관심을 가지고 있습니다. 만일 죄를 범하도록 만들지 못한다면, 어떻게든 우리를 패배와 불행의 상태로 끌어내려 불안감과 두려움을 잔뜩 갖도록 획책합니다.

따라서 구약성경과 마찬가지로 신약성경도 이 모든 것에 대해 우리를 준비시킵니다. 하나님의 백성들은 이 세상에 사는 동안 큰 시련과 환난과 싸움을 거쳤습니다. 우리는 안일한 삶을 약속받지 않았습니다. 대신, 이 모든 악조건에도 불구하고 "넉넉히" 이길 수 있는 삶을 보장받았습니다.[롬 8:37] 이것이 그리스도인이 서 있는 위치입니다. 성경은 문제를 축소하지 않습니다. 우리에게 아무 문제도 없을 것이라고 말하지도 않습니다. 오히려 문제에 액면 그대로 직면하도록 이끕니다. 저는 종종 성경이 세상에서 가장 정직한 책이라고 주장했습니다. 우리의 문제가 결국 사라질 것이라고 으레 약속하는 자는 정치인, 철학자, 시인들입니다. 이들은 위험한 낙관론자로, 자기들이 완전한 세상을 만들 것이라고 밥 먹듯이 말하는 이상주의자들입니다.

성경은 결단코 그렇게 말하지 않습니다. 정확히 그 반대로 말합니다. 성경은 사람들이 하나님을 거역한 죄인들이므로 세상은 문제와 난관으로 가득 차 있다고 말합니다. "난리와 난리의 소문"[막 13:7]이 있을 것입니다. 성경은 늘 그렇게 말했습니다. 인간이 만들어 낸 조직을 통해 전쟁을 근절할 수 있다고 약속하는 자는 성경을 믿지 않는 자들입니다. 그러나 성경은 현실적입니다. 성경은 원수와 권세자들이 우리를 반대하지만 그럼에도 불구하고 우리를 사랑하시는 이로 말미암아 넉넉히 이길 수 있다고 말합니다.[롬 8:37]

여러분은 이 싸움을 어떻게 치르고 있습니까? 승리를 확신합니까? 승리에 대한 확신이 하나님의 백성으로서 우리가 가져야 할 마땅한 태도입니다. 여러분은 어떻게 인생의 압박과 시련, 고난과 환난에 대처하고 있습니까? 이 시편에서 우리는 이런 문제들에 대처하는 올바른 방법을 확인하게 됩니다. 왜냐하면 시편 기자는 자신의 경험에 비추어 이와 같은 세상에서 우리가 진정으로 승리할 수 있는 유일한 길을 제시하기 때문입니다.

열네 구절로 이루어진 이 시편은 세 부분으로 구분됩니다. 첫 번째 부분인 1-6절에서 시편 기자는 자신의 신뢰 곧 자신의 확신을 피력합니다. 두 번째 부분인 7-12절에서 그는 싸움과 갈등과 고뇌 속에서 간청과 기도를 드립니다. 마지막 세 번째 부분인 13-14절에서 그는 이 전체 문제에 대한 최종적인 결론에 도달합니다. 이상의 사실을 다른 말로 제시해 보겠습니다. 첫 번째 부분에서 시편 기자는 하늘에 있습니다. 두 번째 부분에서 그는 땅의 맨 밑바닥에 있습니다. 세 번째 부분에서 그는 자신의 미래 전체와 우리가 인생에 어떻게 대처해야 하는지에 대한 자신의 판단을 제시합니다.

따라서 우리는 이 시편을 통해 우리가 삶의 전략이라고 부를 수 있는 것 곧 인생의 싸움과 갈등에 대처하는 법을 배우게 됩니다. 여러분도 알다시피, 여러분은 항상 전술이 아니라 전략을 갖고 시작해야 합니다. 그렇게 하지 않으면 곧 패배하고 만다는 것을 발견하게 될 것입니다. 여러분은 자신이 어떤 곳에서는 잠시 승리를 맛본다고 생각할 수 있지만 다른 곳에서는 그 사실을 금방 잊어버립니다. 따라서 여러분은 삶에 대한 중대한 전략을 가지고 시작해야 합니다. 이 시편은 그 전략을 충분히 진술하고 있습니다. 그것은 우리가 항상 하늘 곧 하나님과 함께 시작해야 한다는 것입니다. 그렇게 한 다음 이 땅으로 내려와 하늘에서 하나님과 함께 이미 확인한 것에 비추어 삶과 인생의 문제에 직면해야 합니다. 이것이 중요한 원리입니다. 우리는 이 본질적인 전략을 잊어버리기 때문에 곤경에 빠지게 됩니다. 그러므로 여러분, 문제에서 시작하지 마십시오.

절대로! 절대로 땅에서 시작하지 마십시오. 절대로 사람들에게서 시작하지 마십시오. 항상 하늘에서 시작하십시오. 항상 하나님에게서 시작하십시오. 그것이 이 시편이 말하는 중대한 메시지입니다. 물론 시편 기자는 이 메시지를 다양한 방법으로 제시합니다. 그는 이 메시지를 경험적인 형태로 제시하고, 그래서 그의 메시지는 우리 각자에게 매우 익숙하게 다가옵니다. 그러나 이것이 본질적 원리이기에 만약 우리가 그것을 파악하지 못한다면 계속 살펴보았자 아무 의미가 없습니다. 우리가 항상 시작해야 하는 위치는 우리와 하나님과의 관계입니다. 오늘날 세상에서 일어나는 중대한 문제는 이 관계를 망각한 사실에서 기인합니다. 사람들은 항상 자기 자신, 세상, 자신의 문제에서 시작합니다. 이것은 그리스도인이 아닌 모든 사람들에게 해당합니다. 이것이 그들이 진실로 성공하지 못하는 이유입니다. 그들은 이미 잘못된 방법으로 시작했습니다. 따라서 불가피하게 실패를 낳을 수밖에 없습니다.

우리가 마음속에 전략을 세웠다면, 이제 시편 기자가 제시하는 대로 따라가 봅시다. 그를 주목하십시오. 성령을 통해 진리를 깨닫게 해달라고 하나님께 기도하십시오. 그러면 여러분은 이 보배로운 진리를 깨달아 여러분의 인생 전체와 인생에 대한 관점을 크게 변혁할 수 있을 것입니다. 여러분은 패배자라고 느끼십니까? 인생이 두렵고 무섭게 느껴집니까? 사랑하는 성도 여러분, 여러분이 필요로 하는 그것이 바로 여기에 있습니다. 여러분에게 가치 있는 모든 것을 위해, 여러분의 모든 인생을 위해 주목해 보십시오. 시편 기자는 여러분이 넉넉히 이기는 법을 보여줄 것입니다.

그러므로 우리는 시편 기자의 확신과 함께 시작합니다. "여호와는 나의 빛이요 나의 구원이시니 내가 누구를 두려워하리요. 여호와는 내 생명의 능력이시니 내가 누구를 무서워하리요. 악인들이 내 살을 먹으려고 내게로 왔으나 나의 대적들, 나의 원수들인 그들은 실족하여 넘어졌도다."1-2절 그리고 이어지는 말씀을 주목하십시오. "군대가 나를 대적하여 진 칠지라도 내 마음이 두렵지 아니하며 전쟁이 일어나 나를 치려 할지라도 나는 여전히 태연하리로다."3절 이어서 시편 기자는 5절과 6절에서 계속 이렇게 말합니다. "여호와께서 환난 날에 나를 그의 초막 속에 비밀히 지키시고 그의 장막 은밀한 곳에 나를 숨기시며 높은 바위 위에 두시리로다. 이제 내 머리가 나를 둘러싼 내 원수 위에 들리리니……." 그리고 시편 기자는 이 부분을 다음과 같이 말하는 것으로 끝맺습니다. "내가 그의 장막에서 즐거운 제사를 드리겠고 노래하며 여호와를 찬송하리로다."6절

정말이지 이것은 엄청난 확신입니다. 결국 시편 기자는 이렇게 말하는 것입니다. "나는 결코 두려워하지 않는다. 두려워할 필요도 전혀 없다. 비록 내 모든 원수가 함께 모여 음모를 꾸미고 내게 엄습한다고 할지라도, 그것은 중요하지 않다. 나를 반대하여 싸움이 일어난다고 해도 나는 결코 두려워하지 않을 것이다. 그것이 무엇이든 간에 나를 패배시킬 수 있는 것은 아무것도 없다." 이것은 압도적인 확신입니다. 이것이 처음부터 끝까지 우리가 성경에서 읽게 되는 하나님의 사람들의 전형적인 태도입니다.

만약 신약성경에서 이와 대응을 이루는 진술을 찾기 원한다면, 로마서 8장 마지막 부분을 살펴보십시오. 거기서 바울은 자신이 겪은 시련과 고통과 환난을 열거한 다음, "우리가 종일……도살당할 양같이 여김을 받았"다고 말합니다. 하지만 그는 이렇게 결론을 맺습니다. "내가 확신하노니 사망이나 생명이나 천사들이나 권세자들이나 현재 일이나 장래 일이나 능력이나 높음이나 깊음이나 다른 어떤 피조물이라도 우리를 우리 주

그리스도 예수 안에 있는 하나님의 사랑에서 끊을 수 없으리라." 롬 8:38-39

"나는 알고 있다! 나는 확신한다!" 중대한 기독교적 관점이 여기 있습니다. "아무리 힘들지라도 두려움 없이 확신을 갖고 인생에 직면하라." 여러분은 미지의 미래를 바라볼 때 위축되거나 두려워 떨 하등의 이유가 없습니다. 절대로 없습니다! "어떤 일이 벌어질지라도 나는 확신한다! 나는 믿는다! 나는 의심치 않는다!"

이 사실은 단순한 이론이 아닙니다. 여러분과 저는 인생의 소용돌이 속에서 사는 사람들입니다. 여러분은 이런 확신이 있습니까? 여러분은 이런 태도로 인생에 직면합니까? 여러분은 미래에 직면하여 "어떤 일이 일어나든 나는 알고 있다. 나는 확신한다. 나는 두려울 것이 없다"고 말할 수 있습니까?

그러나 우리는 여기서 다음 질문을 던져야 합니다. "시편 기자의 확신의 원천은 무엇인가? 이 확신은 허풍에 불과한 것으로, 그저 무모한 자랑에 지나지 않는 것 아닌가? 그는 우리가 귀담아들을 수 있는 믿을 만한 사람인가?" 물론 시편 기자는 매우 정직하기 때문에 우리가 믿을 만한 사람입니다. 그는 단순히 근거 없이 진술하는 것이 아닙니다. 우리는 자기들의 능력 밖에 있는 일을 확신하는 사람들을 알고 있습니다. 혹시 우리가 그렇지는 않습니까? 우리는 사도 베드로가 모든 사람이 주를 버릴지라도 자기는 결단코 버리지 않겠다고 장담했으나 몇 시간도 못 되어 잔뜩 겁을 먹고 주님을 부인한 것을 기억합니다. 그러나 시편 기자는 전혀 그렇지 않습니다. 그는 자신의 확신의 기초를 어디에 두고 있을까요? 그의 큰 확신의 원천은 무엇입니까? 시편 기자는 이 원천이 자기 안에 있는 것이 결코 아님을 매우 분명히 천명합니다. 그것이 13절의 놀라운 의미입니다. "내가 산 자들의 땅에서 여호와의 선하심을 보게 될 줄을 확실히 믿지 않았더라면 나는 힘이 빠졌으리라."[12] "힘이 빠졌으리라"는 히브리어 원문에는 없는 말입니다. 하지만 번역자는 이 말을 매우 올바르게 삽입했습니다. 시편 기자는 크게 고조된 감정을 가지고 이렇게 고백하는 것입니다. 그는 자신이 처해 있던 끔찍한 곤경, 자신에게 불리하게 작용하는 힘, 자신의 연약함에 대한 인식을 기억합니다. 그래서 무심코 "여호와의 선하심을 보게 될 줄을 확실히 믿지 않았더라면……"이라고 불쑥 말합니다. 이 말은 곧 이런 뜻입니다. "내가 믿지 않았더라면 나는 완전히 파멸했을 것이다. 절망으로 가득했을 것이다. 힘이 빠졌을 것이다."

여러분도 알다시피 여기에 출발점이 있습니다. 우리는 그것을 망각해서는 안 됩니다. 시편 기자는 단순히 허풍쟁이나 떠버리가 아닙니다. 시편 기자는 확신의 근거를 자기 자신에게 두고 자기는 자신에 대해 확신하기 때문에 어떤 인생도 자기를 가로막지 못할 것이라고 말하는 미련한 사람이 아닙니다. 그는 지난 세기말에 활동한 한 시인처럼 다음과 같이 말하지 않습니다.

> 천국 문이 아무리 좁고
> 명부에 온갖 형벌이 적혀 있다 해도
> 나는 내 운명의 주인이요,
> 나는 내 영혼의 선장이다.[13]
>
> —윌리엄 어니스트 헨리William Ernest Henry

12. 개역개정은 "내가 산 자들의 땅에서 여호와의 선하심을 보게 될 줄 확실히 믿었도다"로 번역했다-옮긴이.

13. 윌리엄 어니스트 헨리, 「정복할 수 없는」(*Invictus*).

이것이 전혀 무의미한 말은 아닙니다. 하지만 자기 확신에 따라 이같이 말하는 사람은 항상 실패합니다. 이 외에도 우리가 실패하게 되는 경우는 다양합니다. 냉소적인 사람이 되면 실패하기 마련입니다. 여러분 자신을 인생과 인생에 수반된 상황에 단순히 맡기게 되면 반드시 실패합니다. 그런데 이와 같은 사람들이 많습니다. 그들은 문제를 해결하지 못합니다. 어려움을 극복하지 못합니다. 노래하고 즐거워하고 기쁨의 영으로 충만하게 되는 것이 무엇인지 모릅니다. 거기에는 참된 승리가 없습니다. 기껏해야 자기 확신에 사로잡힌 자는 단순히 상황을 견디는 것에 불과합니다. 그들은 점잔 빼고 어깨에 힘주고 계속해서 용기의 철학을 자랑하고 다닙니다. 그러나 그것은 우리가 여기서 가지는 확신이 아닙니다. 물론 어떤 사람들은 그것조차 못합니다. 그들은 단순히 인생의 다양한 시험과 시련으로 인해 패배한 실패자에 불과합니다.

그러나 시편 기자는 즐거움과 찬양에 대한 확신의 영으로 가득 차 있습니다. 그것은 그의 확신의 근거가 자신 안에 있지 않기 때문입니다. 따라서 우리가 이 세상에서 항상 배워야 하는 첫 번째 사실 곧 그리스도인으로서 우리가 가지는 첫 번째 중대한 특징이 있습니다. 그것은 우리가 더 이상 자기 확신을 가진 사람이 아니라는 것입니다. 우리는 우리 자신의 실상을 잘 알고 있습니다. 사도 바울과 같이 우리도 다음과 같은 사실을 깨닫습니다. "우리의 씨름은 혈과 육을 상대하는 것이 아니요 통치자들과 권세들과 이 어둠의 세상 주관자들과 하늘에 있는 악의 영들을 상대함이라."엡 6:12 우리는 문제에 직면하게 된다는 사실을 알고 있습니다. 우리 자신의 완전한 연약함과 무력함도 깨닫고 있습니다. "내가 산 자들의 땅에서 여호와의 선하심을 보게 될 줄을 확실히 믿지 않았더라면 나는 힘이 빠졌으리라."

이것이 첫 번째 요점입니다. 부정적이지만 가장 중요한 요점입니다. 만일 여러분이 자신이 인생을 견디는 데 매우 유능하고 자신을 거스르는 이 모든 일을 스스로 처리할 수 있다고 느낀다면, 여러분은 매우 단순한 풋내기요 무식한 사람에 불과합니다. 여러분은 문제들을 진정으로 이해하지 못합니다. 여러분 자신도 이해하지 못합니다. 시편 기자는 자기 자신에게 확신의 근거를 두고 있지 않습니다. 그는 그 원천이 무엇인지를 분명히 합니다. 그것은 곧 "여호와"입니다.

이것이야말로 그리스도인의 대표적인 표지입니다. 우리의 확신은 완전하고도 철저하게 여호와 안에 근거를 두고 있습니다. 시편 기자는 이것을 매우 놀랍게 제시합니다. "여호와는 나의 빛이요 나의 구원이시니." 그는 여호와와 함께 시작합니다. 그리고 어떻게 마무리합니까? "여호와를 기다릴지어다." 시편 기자는 여호와로 시작하고, 여호와로 끝맺습니다. 요컨대 열네 구절로 이루어진 이 시편에서 시편 기자는 여호와라는 이름을 열세 번에 걸쳐 언급합니다. 첫 번째 부분에서 여섯 번, 두 번째 부분에서 네 번, 세 번째 부분에서 세 번 언급합니다.

그러나 그뿐만이 아닙니다. 시편 기자는 첫 번째 부분을 여호와와 함께 시작하고("여호와는 나의 빛이요 나의 구원이시니"), "내가 그의 장막에서 즐거운 제사를 드리겠고 노래하며 여호와를 찬송하리로다"6절 라고 말하며 끝맺습니다. 이어서 두 번째 부분을 "여호와여, 내가 소리 내어 부르짖을 때에 들으시고"7절 라는 말로 시작합니다. 그리고 계속해서 이렇게 말합니다. "여호와여, 내가 주의 얼굴을 찾으리이다."8절 "여호와는 나를 영접하시리이다."10절 "여호와의 선하심을."13절 그리고 마지막 권면에서 다

음과 같이 반복합니다. “너는 여호와를 기다릴지어다.……여호와를 기다릴지어다.”14절

온전한 비결이 여기에 있습니다. 곧 여호와가 비결입니다. 인간 자신이 아닙니다. 신자도 아닙니다. 여호와를 믿는 확신이 비결입니다. 시편 기자는 이 확신의 근거를 어디에 두고 있습니까? 그에게 여호와는 누구입니까? 그는 우리에게 답변을 제공합니다. “여호와는 나의 빛이요.” 우리는 여기서 시편 기자가 의미하는 바를 알기 위해 상상력을 많이 동원할 필요가 없습니다. 빛은 어둠의 반대이고 절망의 반대입니다. 어떤 의미에서 복음 자체는 그런 방식으로 우리에게 주어집니다. “흑암에 앉은 백성이 큰 빛을 보았고.”마 4:16

인생에서 겪는 고난과 환난의 결과로 우리가 어둠 속에 있는 일이 벌어집니다. 우리는 이것을 이해하지 못해 다음과 같이 말합니다. “이런 일이 왜 나에게 일어나는가? 왜 나는 이 모든 일을 겪어야 하는가? 나는 이런저런 일을 행하려고 노력했다. 경건하고 신앙적으로 살려고 애썼다. 하지만 이런 일이 나에게 일어난 것이다.” 우리는 고난과 어둠 속에 있습니다. 그뿐만이 아닙니다. 우리는 무엇을 해야 하는지 모릅니다. 우리는 스스로 해결책을 추구합니다. 이것이 문명에 관한 이야기입니다. 세상은 빛 곧 우리의 모든 문제에 대한 답변을 스스로 추구했습니다. 이것이 어둠을 밝히기 위해 어떤 빛을 발견하려고 하고 출구와 구원의 길을 찾아내려고 애쓰는 철학자와 정치인과 정부의 온갖 노력이 의미하는 바입니다. 그러나 답변은 없습니다.

온 세상은 지금 어둠 속에 있습니다. 오늘날 사람들은 희망이 없습니다. 냉소주의가 우리 시대의 특징입니다. 우리는 이것을 대중오락에서 확

인합니다. "뭐든 무슨 소용이 있겠는가? 아무도 믿지 말라." 사람들은 대중오락이 매우 우습고 재미있다고 생각합니다. 하지만 이것은 인생에 대한 끔찍한 해석입니다. 그것은 비극입니다. 이런 사람들은 어느 누구도, 어떤 것도 더 이상 믿지 않습니다. 이것이 어둠이고, 어둠에 맡겨진 인간의 실상입니다. 문제는 분명 엄청나게 크고 거대하지만 사람들은 문제를 파악할 수조차 없습니다. 따라서 사람들은 결국 완전한 무력함과 절망에 빠져 주저앉아 버립니다. 사람들은 "할 일이 아무것도 없다"고 말합니다.

그러나 "여호와는 나의 빛이십니다." 여호와는 그런 분입니다! 그분이 오늘날 세상을 비추는 유일한 빛입니다. 이스라엘 자손이 소유했던 이 빛을 보십시오. 그들은 어느 누구보다 더 큰 빛을 가지고 있었습니다. 온갖 불평과 불순종에도 불구하고 이스라엘 자손은 여호와 외에 어느 누구도 행하지 못한 일들을 알고 있었습니다. 그것이 그들이 옛 세대에서 가장 위대한 백성으로 나타나는 이유입니다. 그것이 이스라엘 자손의 문명이 헬라와 로마 그리고 다른 모든 제국들의 역사에서 나타나는 이교도의 문명보다 더 순전하고 나았던 이유입니다. 여호와는 모세에게 주신 율법을 통해 이스라엘 자손에게 빛을 비추셨습니다. 그런데 신약으로 오면 갑자기 모든 것이 바뀌어 다음과 같이 말하실 수 있었던 분이 등장합니다. "나는 세상의 빛이니 나를 따르는 자는 어둠에 다니지 아니하고 생명의 빛을 얻으리라."요 8:12 "내가 곧 길이요 진리요 생명이니 나로 말미암지 않고는 아버지께로 올 자가 없느니라."요 14:6

빛과 깨달음, 이것이 우리가 알아야 할 전부입니다. 주님을 통해 주어진 이 계시를 믿는 자들은 세상이 왜 그 모양인지 의아해하지 않습니다. 우리는 진화와 같은 어리석은 사실을 믿지 않습니다. 또 세상은 갈수록 더 좋아질 것이라고 주장하지도 않습니다. 세상이 악화되어 가는 것을 실제로 볼 수 있기 때문입니다. 우리는 모든 것이 헛됨을 눈으로 확인합니다. 그것이 인간이 하나님을 거역했기 때문에 일어났음을 알고 있습니다. 그래서 다른 어떤 것을 기대하지 않습니다. 우리는 상황을 비추는 빛을 가지고 있습니다. 다른 길, 다른 종류의 삶, 다른 출구를 알기 때문에 더 이상 실패하지 않습니다. "여호와는 나의 빛이요." 그리스도인에게는 어떤 문제에 직면하느냐가 중요하지 않습니다. 항상 성경에서 모든 문제에 대한 빛을 발견할 수 있기 때문입니다. 이 빛은 절대로 실패하지 않습니다. "여호와는 나의 빛이요" 그러므로 "나의 구원"이십니다. 여호와는 나의 행복을 보장하시며 내게 피할 길을 보여주시는 분입니다. 바울의 말을 인용하여 다시 말하면, 하나님이 주시는 자원과 능력과 모든 것으로 우리는 "넉넉히 이길" 수 있습니다.

그래서 여호와는 빛이시고 구원이십니다. 여호와는 우리의 해방이십니다. 여호와는 해방자로서, 우리를 이 세상의 속박에서 구원하십니다. 우리는 흑암의 나라에서 하나님의 사랑의 아들의 나라로 옮겨졌습니다. 우리는 다른 나라에 속해 있습니다. 여전히 이 세상에서 살고 있지만 우리의 시민권은 하늘에 있습니다. 이것은 구원을 의미합니다. 전환과 해방과 이동이 있습니다. 우리에게 이 모든 역사가 일어납니다. 우리가 고난을 받지 않는 것은 아닙니다. 하지만 지식과 영으로 고난에서 벗어나 평화와 안식과 안전이 있는 이 자리에 들어갑니다.

그다음 세 번째로, 시편 기자는 "여호와는 내 생명의 능력이시니"라고 외칩니다. 이것 역시 성경 전체를 관통하는 핵심 주제입니다. 물론 시편 기자는 여기서 여호와의 능력을 가리키는 것입니다. 다윗은 원수들을 봅니다. 그는 바보가 아닙니다. 그는 원수들의 힘을 판단할 수 있습니다. 원수들의 대군이 진을 치고 있는 것을 알고 있습니다. "전쟁이 일어나 나를 치려 할지라도." 다윗은 이 모든 상황과 자신의 연약함을 충분히 인식하고 있습니다. 그러나 자기 뒤에 능력 곧 구원병이 있음을 압니다. 그에게는 자기를 이해하시고 무한한 자원과 능력을 소유하신 분이 버티고 있습니다. 하나님이 일어나시면 그의 모든 원수는 산산이 흩어질 것입니다. "여호와는 내 생명의 능력이시니 내가 누구를 무서워하리요." 이것을 오래된 찬송시로 표현하면 다음과 같습니다.

> 보이지 않으나 영원히 곁에 계셔
> 구원하는 데 변함없이 신실하고
> 다스리고 명령하는 데 전능하신
> 주권적 보호자가 내게 계시네.
> 주님이 웃으시면 나의 위로는 충만하고
> 주님의 은혜는 이슬처럼 내리리라.
> 주님은 구원의 담을 치셔서
> 즐거이 영혼을 보호하시네.
>
> —오거스터스 탑레이디

또는 마르틴 루터의 표현을 빌리면 다음과 같습니다.

> 우리 하나님은 여전히 안전한 요새이시니,
> 믿을 만한 방패와 무기가 되시도다.

하나님은 지금 만나는 온갖 악에서
우리를 건지시리라.

여러분도 알다시피, 이것이 시편 기자의 확신의 원천입니다. 시편 기자는 이것이 하나님에 대한 진실임을 알고 있습니다. "하나님은 빛이시라. 그에게는 어둠이 조금도 없으시다."요일 1:5 하나님은 지혜이십니다. 지식이십니다. 또한 완전하십니다. 여기에 하나님의 권능과 능력, 그 팔의 힘을 더해 보십시오. 과연 저항할 수 없는 하나님이십니다!

또한 시편 기자는 하나님의 영광과 위대하심에 두려워 떨지 않을 정도로 그분에 대해 다른 사실들도 알고 있습니다. 그는 하나님이 우리에게 관심을 기울이고 계심을 알고 있습니다. 8절에서 이 사실을 말합니다. "너희는 내 얼굴을 찾으라 하실 때에 내가 마음으로 주께 말하되 여호와여 내가 주의 얼굴을 찾으리이다 하였나이다." 여호와는 매우 뛰어나고 높으신 분이지만, 그래서 우리를 필요로 하시는 분이 아니지만, 우리를 자기 백성으로 삼으셨습니다. 여호와는 우리에게 관심을 가지고 계십니다. 자신에게 나아오도록 우리를 초대하십니다. 우리가 문제 속에 있을 때 그분은 다양한 방법으로 우리를 찾아오셔서 "내 얼굴을 찾으라. 내게로 돌아서라. 그리고 네 짐을 내게 맡겨라"라고 말씀하십니다. 그분은 심지어 우리가 문제에 압도당해 있고 인간적인 편의에 의존하기 시작하며 어떻게 해야 할지 모를 때에도 우리에게 나아오십니다. 우리가 완전히 당황하고 좌절할 때 갑자기 우리 안에 있는 어떤 것이 "왜 하나님께 돌아가지 않는가?"라고 말합니다. 이때 성령을 통해 이렇게 말씀하시는 분은 하나님 자신입니다. 하나님은 우리에게 "내 얼굴을 찾으라. 너도 알다시피 네가 나를 잊고 있구나"라고 재촉하십니다.

그러기에 성경 전체에서 가장 중요한 말 중 하나는 바로 이것입니다. "수고하고 무거운 짐 진 자들아, 다 내게로 오라. 내가 너희를 쉬게 하리라."마 11:28 베드로가 다음과 같이 말하는 것도 마찬가지입니다. "근신하라. 깨어라. 너희 대적 마귀가 우는 사자 같이 두루 다니며 삼킬 자를 찾나니 너희는 믿음을 굳건하게 하여 그를 대적하라."벧전 5:8-9 우리가 어떻게 이렇게 할 수 있습니까? 그는 그 유일한 길을 이렇게 설명합니다. "너희 염려를 다 주께 맡기라."7절 우리는 왜 염려를 다 주께 맡겨야 할까요? 그것은 "그가 너희를 돌보"시기 때문입니다. 주님은 여러분에 대해 모든 것을 알고 계십니다. 그리고 여러분의 행복에 관심을 쏟고 계십니다. 예수 그리스도는 "너희에게는 머리털까지 다 세신 바 되었나니"마 10:30라고 말씀하셨습니다. 주님의 미리 아심과 그분의 역사와는 무관하게 여러분에게 일어나는 일은 하나도 없습니다.

그뿐만이 아닙니다. 하나님 아버지 우편에 앉아 계시는 주님은 이 세상에서 사셨고, 그리하여 세상에 대한 모든 사실을 다 알고 계십니다. 주님은 우리가 겪은 모든 고난을 직접 겪으셨습니다. 죄인들의 반대를 받으셨습니다. 그분은 혈통을 거부하셨습니다. 그리하여 육체의 고통과 고뇌와 연약함을 충분히 이해하십니다. 스스로 죄 있는 육신의 모양으로 오셨기 때문에 육신과 관련된 모든 것을 다 아십니다. 그래서 주님은 각별한 관심과 보살핌을 가지고 "내 얼굴을 찾으라"라고 말씀하십니다. 주님은 자기에게 나아오라고 권면하십니다. 우리를 돕기 위해 준비하고 기다리실 뿐만 아니라 기도를 통해 자기에게 나아오라고 재촉하십니다. 찬송시 작가인 탑레이디는 경험을 통해 이것을 매우 잘 알고 있었습니다. 하나님은 단순히 기도를 들으시는 분이 아니라 기도를 자극하시는 분이기도 한 것을 말입니다.

> 기도를 자극하고 들으시는 분,
> 당신은 목자와 보호자가 되시네.
> 자거나 깨거나 나의 모든 것을
> 당신의 언약적인 보살핌에 맡기리라.
>
> —오거스터스 탑레이디

이것이 시편 기자의 확신의 기초입니다.

따라서 시편 기자는 10절에서 이렇게 말합니다. "내 부모는 나를 버렸으나 여호와는 나를 영접하시리이다." 이것이 참으로 복된 것은 우리가 갈등하고 비틀거리고 넘어지기 때문입니다. 그렇지 않습니까? 우리는 땅에 널브러져 스스로 일어날 수 없고, 다른 어느 누구도 우리를 일으켜 세울 수 없습니다. 그러나 영원하시며 변치 않으시는 하나님은 항상 우리를 영접하실 준비가 되어 있습니다. 그분은 우리를 붙들어 주십니다. 우리의 발을 붙잡아 주시고 우리의 가는 길을 인도하십니다. 항상 강하신 분이므로 우리의 연약함을 붙들어 줄 대비를 하고 계십니다.

같은 구절에서 우리는 우리의 마지막 확신인 하나님의 불변하심을 발견합니다. "내 부모는 나를 버렸으나 여호와는 나를 영접하시리이다." 부모를 주신 것에 감사하십시오. 그러나 부모에게도 문제가 있습니다. 그들은 단지 인간일 뿐입니다. 죄를 범하고, 종종 우리를 돌보지 못할 때도 있습니다. 많은 사람이 그리스도인이 되었다는 이유만으로 부모에게 핍박을 받았습니다. 부모의 사랑은 놀라운 사랑입니다. 하지만 인생의 큰 비극 가운데 하나는 인생이 실패하는 지점들이 있다는 것입니다. 우리는 누구나 변합니다. 우리는 궁극적으로 의지할 대상이 될 수 없습니다. 오직 유일하게 의지할 대상이 계시는데, 그분은 곧 하나님이십니다.

우리가 즐겨 부르는 한 찬송은 이 사실을 이렇게 표현합니다.

어머니가 자신이 낳은 자녀에게
자비로운 사랑을 멈출 수 있는가?
그렇다. 어머니는 자녀를 잊어버릴 수 있어도
나는 너를 반드시 기억하리라.

이어서 하나님은 이렇게 말씀하십니다.

나의 사랑은 변함이 없다.
위로 가장 높은 곳보다 더 높고
아래로 가장 깊은 곳보다 더 깊으며
죽음만큼 자유롭고 신실하고 강하다.

—윌리엄 쿠퍼

여러분도 알다시피, 인간적인 사랑은 비록 우리에게서 떠나지 않는다고 해도 더 이상 나아갈 수 없는 지점이 있습니다. 인생을 살다 보면 영혼의 고뇌와 같이 부모가 도와줄 수 없는 어떤 은밀한 문제가 있기 마련입니다. 그러나 하나님은 얼마든지 도와주실 수 있습니다! 심지어 모든 인간적인 도움이 실패하는 죽음의 고뇌 속에 있을 때에도 여전히 우리와 함께하실 수 있습니다. 시편 기자의 확신의 기초와 원천이 바로 여기에 있습니다. 그는 하나님이 이런 도움을 베푸실 수 있음을 알고 있습니다. 이런 도움은 사실이기에 그는 아무것도 두려워하지 않습니다. 그는 우주 전체에도 맞설 수 있습니다. 그는 하나님과 함께라면 무엇이 자기를 반대하더라도 문제가 아닙니다.

따라서 저는 다시 한 번 여러분에게 묻습니다. 여러분은 이와 같이 인생에 맞섭니까? 여러분은 "넉넉히 이깁니까?" 만약 그렇지 못하다면, 여러분은 다음과 같이 묻고 있습니까? "나는 어떻게 이 확신을 얻을 수 있을까? 어떻게 시편 기자와 같은 위치에 설 수 있을까? 어떻게 해야 이 확신을 얻고, 또 계속 유지하고 지속할 수 있을까?" 시편 기자는 이런 여러분을 내다보고 여러분을 돕기 위해 이 시편을 썼습니다. 여기서 시편 기자의 답변은 다음과 같습니다. 첫 번째 중요한 답변은 여호와를 믿으라는 것입니다. "내가…… 확실히 믿었도다."시 27:13 항상 이것이 시작입니다. 여러분은 믿음이 없이는 아무것도 가질 수 없습니다. 히브리서 저자는 이렇게 말합니다. "하나님께 나아가는 자는 반드시 그가 계신 것과 또한 그가 자기를 찾는 자들에게 상 주시는 이심을 믿어야 할지니라."히 11:6 만약 여러분이 하나님을 믿지 않는다면, 저는 여러분에게 줄 것이 아무것도 없습니다. 믿음이 없다면 저는 여러분에게 똑똑한 자들—자신의 불신앙과 텔레비전 프로그램에 대한 자신의 공허함을 자랑하는—의 완전한 절망과 공포, 최후의 파산밖에 보여줄 것이 없습니다. 하나님을 믿는 믿음이 없으면 아무것도 없습니다. 정말 아무것도 없습니다. 그러므로 겸손하게 이 계시를 받아들이고, 어린아이처럼 이 진리를 믿으십시오.

그러나 그것으로도 충분하지 않습니다. 어떤 사람들은 성경에 계시된 대로 하나님에 대한 진리를 믿지만 문제와 패배에 빠져 있습니다. 왜 그럴까요? 그들은 시편 기자가 우리에게 말하는 다른 일들을 계속 행하지 않았기 때문입니다. 믿음은 출발점, 그야말로 출발점에 불과합니다. 이럴 경우 여러분은 그리스도인일 수 있지만, 두 번째 지점으로 계속 나아가지 않기 때문에 비참하고 불행한 처지가 되는 것입니다. 이 두 번째 지점은 4절에서 다음과 같이 강조됩니다. "내가 여호와께 바라는 한 가지 일 그것을 구하리니 곧 내가 내 평생에 여호와의 집에 살면서 여호와의 아름다움을 바라보며 그의 성전에서 사모하는 그것이라."

여기서 "한 가지 일"은 하나님께 온전히 집중하는 것으로, 본질적인 요소입니다. 여러분은 "나는 언제나 하나님을 믿었습니다. 그것으로 충분하지 않습니까?"라고 말할 것입니다. 사람들은 종종 제게 "나는 항상 하나님을 믿었습니다. 늘 기도했습니다"라고 말합니다. 그럼에도 그들은 괴로움과 문제로 가득 차 있습니다. 그 이유는 그들이 소유한 하나님에 대한 단순한 믿음은 아무 가치가 없기 때문입니다. 야고보서 2:19은 "귀신들도 믿고 떠느니라"라고 말합니다. 하나님이 여러분 인생의 최고의 초점이 되어야 합니다. 그분이 여러분의 욕구와 야망의 유일한 목적이 되어야 합니다.

이것 역시 성경 전체에서 두루 발견되는 주제입니다. 사도 바울은 영적 침체의 절정에서, 이것이 자신의 갈망이며 자신이 바라는 유일한 것이라고 말합니다. "내가 그리스도와 그 부활의 권능과 그 고난에 참여함을 알고자 하여 그의 죽으심을 본받아……오직 한 일 즉 뒤에 있는 것은 잊어버리고……푯대를 향하여……달려가노라."빌 3:10-14 저는 하나님과의 관계를 제외하면 사실상 인생에서 궁극적으로 중요한 일은 아무것도 없다는 사실을 깨닫습니다. "내가 내 평생에 여호와의 집에 살면서……."

여기서 여호와의 집은 물리적인 건물을 가리키는 것이 아닙니다. 이 구절이 여러분이 교회에서 모든 시간을 보내기를 바란다는 것을 의미하지도 않습니다. 그것은 단지 그 일부분에 불과합니다. 여기서 시편 기자가 의미하는 바는 바로 이것입니다. "하나님의 집에 산다는 것은 항상 하나님과 친교를 나누고 교제하며 그분과 접촉하면서 산다는 것이다." 결론적으로 시편 기자는 이렇게 말합니다. "내가 이 세상에서 무엇보다 원하는 것은 하나님과 늘 친밀한 관계를 맺는 것이다. 그래서 어떤 일이 일어나든 내가 그분과 함께하고 그분이 나와 함께하시는 것이다." 이것이 바로 시편 기자가 원하는 한 가지 일입니다. 이것이 그의 인생에서 첫 번째 일이고, 그가 이런 태도를 가질 수 있었던 비결입니다.

그렇다면 시편 기자가 바라는 것은 무엇입니까? 그는 무엇을 숙고하고 있습니까? 여기서 다시 한 번 여러분에게 이 일들의 순서를 제시하겠습니다. 시편 기자의 가장 큰 갈망은 하나님을 경배하고 그분을 공경하는 것입니다. 그래서 그는 거기서 시작합니다. "내가 여호와께 바라는 한 가지 일 그것을 구하리니 곧 내가 내 평생에 여호와의 집에 살면서……." 왜 거기서 시작합니까? 여호와의 아름다움을 바라보기 위해서입니다. 시편 기자는 13절에서 이것을 반복합니다. "여호와의 선하심을 보게 될 줄을 확실히 믿지 않았더라면 나는 힘이 빠졌으리라."

4절에서 "바라보다"로 번역된 말의 훨씬 더 나은 번역은 "응시하다", "묵상하다", "숙고하다"입니다. 말하자면 "여호와의 선하심을 응시한다"는 것입니다. 이것은 하나님의 매력을 보는 것이고, 그분의 선하심을 보는 것이며, 그분의 훌륭하신 성품을 생각하고 숙고하고 묵상하는 것을 의미합니다. 이것이 시편 기자가 다른 모든 것보다 더 간절히 바라는 것입니다.

시편 기자는 기도에 대한 응답과 구원 혹은 이런저런 특정한 복과 함께 시작하지 않습니다. 절대로 아닙니다! 그는 하나님을 알고 그분을 응시하기 원합니다. 이것은 경배입니다! 이것은 예배입니다! 시편 기자는 하나님의 존재에 대해 그리고 우리를 향한 그분의 다루심에 대해 말하고 있습니다. 그의 최고의 소망은 하나님의 영광과 존재를 응시하는 것입니다. 한 시인은 이것을 다음과 같이 표현합니다.

> 나의 하나님, 당신은 얼마나 놀라운지요!
> 당신의 위엄은 얼마나 선명하며,
> 당신의 속죄소는 얼마나 아름다울까요!
> 불타는 빛으로 가득 찬 깊은 곳에서!
>
> 오, 영원하신 주님,
> 당신의 영원한 시간은 얼마나 두려울까요!
> 영들이 엎드려 밤낮으로
> 끊임없이 경배합니다.
>
> 당신을 보게 된다면
> 얼마나 경이롭고, 얼마나 아름다울까요!
> 하나님의 무한한 지혜와 한없는 능력과

영광스러운 순결이여!

—프레더릭 페이버Frederick W. Faber

시편 기자는 하나님의 영광과 그분의 참된 존재 속에 나타나 있는 아름다움을 응시하고 그분의 성품을 숙고하기를 원했습니다. 여러분도 그렇게 합니까? 이것이 여러분의 가장 큰 소망입니까? 이것이 여러분의 최고의 소원입니까? 사랑하는 성도 여러분, 이것이 인생의 참된 비결입니다! 만약 여러분이 시편 기자처럼 "넉넉히 이기기를" 바란다면 여러분도 그와 같이 하는 데 시간을 보내야 합니다. 이것이 여러분의 최고의 소원이 되어야 합니다.

시편 기자는 이어서 하나님이 우리를 다루시는 것에 대해 생각합니다. "산 자들의 땅에서 여호와의 선하심을."시 27:13 어떤 시인은 이것을 다음과 같이 표현합니다.

오, 나의 하나님, 당신의 모든 긍휼을
내 영혼이 일어나 바라볼 때,
그 광경으로 황홀케 되어
경이와 사랑과 찬송으로 넋을 잃나이다.

—조셉 애디슨Joseph Addison

여러분은 이것에 대해 얼마나 알고 있습니까? 여러분의 영혼은 일어나 이 일들을 숙고합니까? 이 황홀한 즐거움을 얼마나 알고 있습니까? 하나님을 응시하는 데 얼마나 시간을 보냅니까? 시편 기자는 예배와 경배에서 시작합니다. 우리는 또한 신약성경에서도 이것을 봅니다. 바울은 이렇게 말합니다. "우리가 다 수건을 벗은 얼굴로 거울을 보는 것 같이 주의 영광을 보매……." 고후 3:18 따라서 여러분도 "위의 것을 생각하고 땅의 것을 생각하지" 마십시오. 골 3:2

이렇게 시작한 다음 시편 기자는 찬양으로 나아갑니다. "즐거운 제사를 드리겠고 노래하며 여호와를 찬송하리로다." 시 27:6 여러분도 알다시피, 이것이 시편 기자의 비결입니다. 여러분은 다음과 같이 기도하지 않습니까? 여러분은 문제 속에 있을 때 하나님께 나아가 이런저런 복을 구합니다. 그러나 여러분은 복을 받지 못합니다. 그렇지요? 그래서 이렇게 말합니다. "내 기도가 응답받지 못한다면 기도할 필요가 있겠습니까?" 물론 그래서는 안 됩니다. 만약 이렇게 한다면 여러분은 아직 기도하는 법을 모르는 것입니다. 절대로 여러분 자신과 여러분의 간청으로 기도를 시작해서는 안 됩니다. 하나님에게서 시작해야 합니다. 하나님의 영광 곧 그분의 인격과 행사의 영광을 응시해야 합니다. 그런 다음 그분을 찬송해야 합니다.

> 여호와를 찬양하라. 하나님의 영광이 나타나신다. 할렐루야!
> 아래 하나님의 궁정에 있는 성도들아, 할렐루야!
> 위에 보좌 둘레에 있는 천사들아, 할렐루야!
> 하나님의 사랑을 보고 함께 나누는 모든 것들아, 할렐루야!
>
> 여호와를 찬양하라. 하나님의 크신 긍휼이 찾아오신다. 할렐루야!
> 하나님의 섭리와 은혜를 찬양하라. 할렐루야!

하나님이 우리를 위해 행하신 모든 일을, 할렐루야!

하나님이 아들을 통해 보내시는 모든 것을, 할렐루야!

—헨리 프랜시스 라이트Henry Francis Lyte

여러분은 하나님을 찬양합니까? 홀로 무릎을 꿇을 때 그저 기계적으로 기도 제목을 나열하는 것으로 그칩니까, 아니면 진정으로 하나님을 찬송합니까? 하나님의 섭리와 은혜를 찾아냅니까? "여러분이 받은 복을 하나씩 이름을 부르며 세어 봅니까?" 그리고 마음이 크게 고조되어 찬양과 감사가 쏟아집니까? 시편 기자는 오직 그렇게 한 후에 비로소 하나님께 자신의 간청을 털어놓습니다. "여호와여, 내가 소리 내어 부르짖을 때에 들으시고 또한 나를 긍휼히 여기사 응답하소서.……주의 얼굴을 내게서 숨기지 마시고 주의 종을 노하여 버리지 마소서. 주는 나의 도움이 되셨나이다. 나의 구원의 하나님이시여, 나를 버리지 마시고 떠나지 마소서.……내 생명을 내 대적에게 맡기지 마소서. 위증자와 악을 토하는 자가 일어나 나를 치려 함이니이다."7, 9, 12절

다시 한 번 묻겠는데, 여러분은 이런 기도의 전략을 깨달았습니까? 이것이 기도하는 방법입니다. 앞에서 확인한 것처럼, 사도 바울은 이렇게 말했습니다. "아무것도 염려하지[걱정하지] 말고 다만 모든 일에[또는 모든 상황 속에서] 기도와 간구로, 너희 구할 것을 감사함으로 하나님께 아뢰라."빌 4:6 그렇습니다. 여러분은 기도를 하나님께 대한 경배와 경이와 경탄으로부터 시작해야 합니다. 하나님과 그분의 모든 영광스러운 속성 곧 하나님께서 보여주신 것, 우리를 위해 행하신 것 그리고 그분의 온갖 경이로운 활동을 응시해야 합니다. 그것들을 낱낱이 찾아내 찬송해야 합니

다. 그렇게 하나님을 알고 난 다음 여러분은 여러분의 간청을 하나님께 드려야 합니다.

그래서 시편 기자는 이 모든 것을 행한 다음 응답을 기다리라고 말합니다. 여러분이 간청을 털어놓는 것으로 모든 기도가 끝나는 것이 아닙니다. "여호와를 기다릴지어다."14절 하나님은 여러분의 기도를 들으셨습니다. 그분은 여러분이 구한 것을 행하실 것입니다. 그러나 자신의 방식대로 행하실 것입니다.

그런 다음 마지막으로 시편 기자는 자신의 필연적인 결론을 제시합니다. "[너희도 알다시피] 내가 산 자들의 땅에서 여호와의 선하심을 보게 될 줄을 믿지 않았더라면[내가 하나님이 이 세상뿐만 아니라 다가올 세상에서 자기 백성에게 복을 베풀 준비를 하시고, 또 복을 베풀기를 기다리고 계시는 것을 알지 못했다면] 나는 힘이 빠졌으리라."

그래서 시편 기자는 자신에게 이렇게 말합니다. "너는 여호와를 기다릴지어다. 강하고 담대하며 여호와를 기다릴지어다." 성도 여러분, 이렇게 시작하십시오. 계속 이렇게 하십시오. 하나님을 응시하십시오. 하나님에 대한 지식을 가지고 그분과 친밀한 인격적 교제를 나눔으로써 여러분의 마음을 황홀하게 하십시오. 여러분의 영혼을 하나님에게까지 이르게 하는 이것을 인생의 중심으로 삼으십시오. 하나님의 얼굴을 찾으십시오. 계속 찾으십시오. 그리고 하나님을 기다리십시오. 우리는 하나님을 찬양하고, 우리 자신을 완전히 그리고 철저히 하나님의 손에 맡겨야 합니다.

만일 그렇게 한다면 여러분은 하나님이 여러분의 빛이요 구원이시며, 여러분의 힘과 능력, 그리고 영원한 피난처가 되신다는 것을 발견할 것입니다.

아버지는 당신만큼 사랑하지 못했고
어머니도 당신만큼 따스하지 못했으며
조상이나 선조들도 당신만큼 하지 못했나이다.
나, 당신의 죄 많은 어린아이에게 말입니다.

사랑으로 보상하시는 예수님의 아버지!
당신의 보좌 앞에 엎드려
당신을 응시하고 또 응시하는 것은
얼마나 황홀한 일일까요!

—프레더릭 페이버

이 행복한 환상 곧 하나님을 기다리는 모든 하나님의 참된 백성이 궁극적으로 도달하게 될 목적은 얼마나 경이롭습니까!

15

그리스도가 죽으신 이유

1968 | 『저항할 수 없는 기독교』

빌립이 달려가서 선지자 이사야의 글 읽는 것을 듣고 말하되 읽는 것을 깨닫느냐. 사도행전 8:30

우리의 인생길을 결정하시는 분은 하나님이십니다. 로이드 존스가 우리에게 상기시켰던 것처럼, 우리는 (빅토리아 시대의 오만한 인문주의자인 한 시인이 즐겨 사용하던 표현인) "우리의 운명의 주인"이 아닙니다.

로이드 존스가 웨스트민스터 채플의 강단에 올라가 이제 여러분이 읽을 이 설교를 전했을 때, 이것이 웨스트민스터 채플의 담임목사로서 전한 마지막 설교가 되고, 한결같았던 30년 목회 사역의 끝이 되리라는 생각을 추호도 하지 못했습니다. 그는 암 진단을 받았고, 생존을 장담할 수 없게 되었습니다. 결국 우리는 하나님이 또 다른 중대한 사역 곧 13년에 걸친 세계적인 사역을 위해 그를 살려 두셨다는 것을 알게 됩니다. 그는 이 시기에도 설교를 계속했을 뿐만 아니라 세계 전역의 수많은 사람들이 읽을 많은 설교들을 편집했습니다.

그러므로 웨스트민스터 채플에서의 마지막 설교가 복음 전도 설교였다는 것은 얼마나 의미심장합니까! 이 설교의 본문은 빌립이 에디오피아 내시—이미 개종했으나 유대교 신앙의 통상적인 틀 밖에 있었던 인물인—와 광야에서 나눈 대화에서 취한 것이었습니다. 따라서 사도행전의 이 기사가 분명히 보여주는 것처럼, 복음은 누구나 들을 수 있는 것입니다.

랭게이토에 있는 그의 묘비를 보면, 그의 이름 밑에 다음과 같은 간단한 말씀이 적혀 있습니다. "내가 너희 중에서 예수 그리스도와 그가 십자가에 못 박히신 것 외에는 아무것도 알지 아니하기로 작정하였음이라."고전 2:2 그리고 이 말씀은 웨스트민스터 채플에서 마지막으로 전한 「그리스도가 죽으신 이유」라는 제목의 설교에서 그가 했던 말입니다. 그가 담임목사로서 마지막으로 했던 말은 이것입니다. "그가 십자가에서 죽으심으로 여러분을 구원해 주시고 하나님과 화목케 해주신다는 것을 여러분도 이제는 깨달아 알게 되었습니까?"

이것이 바로 복음의 핵심입니다. 그러나 오늘날 이 사실에 대해 얼마나 자주 설교합니까? 우리가 21세기 초 서구에서 사는 사람들은 1968년에, 아니 주후 68년에 살았던 사람들과 많이 다르다고 생각하는 이유가 무엇입니까? 인간성과 예수 그리스도 안에 있는 구원의 절박한 필요성은 결코 바뀌지 않았습니다. 하나님은 어느 것 하나 바꾸지 않으셨습니다. 사람들이 자신의 죄와 구원에 대한 필요성을 깨닫도록 역사하시는 성령의 능력도 조금도 변하지 않았습니다.

로이드 존스는 하나님이 누구신지 그리고 그분이 무엇을 이루실 수 있는지에 대해 굳은 확신을 가지고 있었습니다. 그래서 사도들이 첫 세기에 그랬던 것처럼 이 메시지를 담대하고 솔직하게 전할 수 있었습니다. 그러므로 우리도 그가 30년 동안 웨스트민스터 채플 강단에서 설교할 때 굳은 확신을 가졌던 것과 같이, 하나님과 그분의 메시지와 성경에 대해 동일한 확신을 가질 수 있도록 기도합시다.

지금까지는 사람들이 주님의 십자가 죽음에 관심을 갖기 어려운 이유들을 살펴보았습니다. 우리는 사람들이 그 죽음을 직시하지 않기 때문에, 똑바로 보지 않기 때문에, 항상 이상적으로 미화하기 때문에 이해하지 못한다는 것을 알게 되었습니다. 사람들은 사도 바울이 하지 않는다고 말한 바로 그 일을 하고 있습니다. "그리스도께서 나를 보내심은……오직 복음을 전하게 하려 하심이로되 말의 지혜로 하지 아니함은 그리스도의 십자가가 헛되지 않게 하려 함이라."고전 1:17 사람들은 그의 죽음을 아름답고 훌륭한 일로 바꾸고 있습니다. 그러나 실상은 그렇지 않습니다. 십자가는 거치는 것입니다. 우리가 함께 살펴본 이사야의 예언에도 그렇게—무서운 고난으로—나와 있습니다. "전에는 그의 모양이 타인보다 상하였고."사 52:14 십자가는 흉한 것입니다. 추한 것입니다. 우리는 이사야서가 주님의 십자가 죽음을 예언하고 있는 방식에 주목하게 됩니다. 복음서 뒷부분을 읽어보면 그 예언이 그대로 세세하게 성취된 것을 알 수 있습니다. 주님의 번민, 겟세마네 동산의 번민과 십자가의 번민, 그 극심한 고난에 이르기까지 전부 성취되었습니다.

이 모든 것이 즉각적으로 확실하게 보여주는 사실은 십자가를 피상적으로 설명해서는 안 된다는 것입니다. 십자가에는 큰 비밀이 있습니다. 그가 그토록 무서운 고난을 겪으셔야 했던 이유가 무엇입니까? 다시 묻겠습니다. 그가 십자가에서 그렇게 버림을 받고 "나의 하나님, 나의 하나님, 어찌하여 나를 버리셨나이까"라고 부르짖어야 했던 이유가 무엇입니까?막 15:34 그 모습만 보면 순교자들의 수준에조차 미치지 못하는 것 같지 않습니까? 그러나 이것은 그의 고난과 십자가에 담긴 메시지를 일부만 보는 태도입니다. 십자가에는 심오한 무언가, 절박한 무언가, 그런 부르짖음이 나올 수밖에 없게 만드는 무언가가 있습니다.

오늘 저녁, 우리가 다룰 진리가 바로 이것입니다. 지난번에는 십자가 죽음은 반드시 일어나야만 하는 일이었다고 말씀드렸습니다. 다른 방법으로도 인간의 구원이 이루어지고 확보될 수 있었다면 결코 그런 죽음을 허락지 않으셨을 것입니다. 그러므로 우리가 던져야 할 중대한 질문은 이것입니다. 십자가 죽음은 왜 일어나야 했을까요?

인간은 그 답을 모르는 탓에 곤경에 빠져 있습니다. 그 답이 이사야서 53장에 전부 나와 있습니다. 에디오피아 내시는 그 설명을 읽고서도 이해하지 못했습니다. 여러분은 이해하고 있습니까? 하나님의 아들이 그토록 끔찍하게 죽으셔야 했던 이유를 알고 있습니까? 그는 여러분이 말하는 "창백한 갈릴리인"도 아니었고, 탐미주의자도 아니었으며, 예술가도 아니었습니다. 결코 아니었습니다! 그는 평생토록 "간고를 많이 겪었으며 질고를 아는 자"로 사셨습니다. 왜 그랬을까요? 자, 그 답이 여기 이사야서 53장에 나와 있습니다.

다른 식으로 설명해 보겠습니다. 그 답은 사실 십자가 자체에도 들어 있습니다. 그런데 우리의 문제점은 십자가를 바라보며 십자가가 하는 말을 듣는 대신, 우리가 먼저 나서서 십자가에 대해 떠든다는 것입니다. 십자가는 우리에게 말하고 있습니다. 히브리서 기자가 "새 언약의 중보자이신 예수와 및 아벨의 피보다 더 나은 것을 말하는 뿌린 피"에 대해 이야기한 것을 기억하실 것입니다.[히 12:24] 십자가에는 메시지가 있습니다. 귀만 기울이면 그 메시지를 들을 수 있습니다. 그런데 그렇게 하기 위해서는, 십자가를 만인이 감탄하며 본받으려 하는 아름다운 것으로 변질시키면 안 됩니다. 십자가는 오직 하나뿐이라는 사실, 홀로 우뚝 서 있는 것이라는 사실을 알아야만 합니다. 그렇다면 십자가에 담긴 의미는 무엇일까요? 주님이 십자가에서 죽으셔야 했던 이유는 무엇일까요?

주님이 그 모든 고난을 견디시고 겪으셔야 했던 첫 번째 이유는 인간의 원래 상태와 형편에서 찾아볼 수 있습니다. 이것이 십자가를 이해하는 첫걸음입니다. 그는 죄가 없는데도 고난받으셨습니다. 우리 때문에 고난받으신 것입니다. "그가 찔림은 우리의 허물 때문이요 그가 상함은 우리의 죄악 때문이라. 그가 징계를 받으므로 우리는 평화를 누리고."사 53:5 그러므로 저는 이렇게 말하고 싶습니다. 그리스도의 십자가 죽음에 담긴 의미—왜 그 일이 일어나야 했으며 왜 그 특별한 죽음이 구원의 수단이 되는지—를 이해하지 못하는 사람은 자기 자신을 모르는 것이며 자신의 실상도 모르는 것이고 자신의 원래 형편도 모르는 것입니다. 이것이 항상 첫 번째로 나타나는 어려움입니다.

여러분의 진짜 형편을 보여드릴 수 있는 방법은 여러 가지가 있습니다. 이를테면 구약성경에는 아무 관심 없이 신약성경에서부터 출발하는 현대인의 전반적인 경향을 꼽을 수 있습니다. 그렇게 하면 출발하는 순간부터 잘못된 길로 가게 됩니다. 구약성경은 신약성경의 도입부입니다. 구약성경의 조명이 없으면 어떤 의미에서 주님의 삶과 죽음도 이해할 수가 없습니다. 빌립은 틀림없이 이 말을 에디오피아 내시에게 해주었을 것입니다. 요컨대 "중요한 메시지는 오직 한 가지입니다. 하나님은 800년 후에 예루살렘에서 일어날 사건의 예고편을 이 사람에게 보여주셨습니다. 즉, 사건들은 하나님의 위대한 구원 계획의 일부인 것입니다. 그는 인간의 타락 이후 특별한 방법으로 우리를 구원해 줄 큰 구원자를 보내 줄 것을 약속하셨는데, 그 특별한 방법이 바로 이것입니다"라는 말을 해주었을 것입니다. "예수를 가르쳐 복음을 전하니."

그렇습니다. 구약성경은 그가 오셔야만 했던 이유, 특히 고난당하셔야만 했던 이유를 알려 주고 있습니다. 사람들이 이런 면을 좋아하지 않는 것도 그리 놀랄 일은 아닙니다. 사도 바울도 "십자가의 걸림돌"에 대해 이야기했습니다.갈 5:11 십자가는 거치는 것입니다. 메시지를 있는 그대로 제시하면 불쾌히 여기게 됩니다. 그 당시에도 그러했습니다. 주님이 죽으실 때 사람들이 조롱한 이유가 무엇입니까? 아, 그들은 이 메시지에 대해 무언가를 간파했던 것입니다. 바울은 십자가가 "유대인에게는 거리끼는 것이요 이방인에게는 미련한 것"이라고 했습니다.고전 1:23

십자가의 거치는 것이 무엇일까요? 순교자의 죽음은 거치는 것이 아닙니다. 오히려 사람들은 그런 죽음을 칭송하는 경향이 있습니다. 사람들은 순교자들을 따르고 본받으려 합니다. 세상도 박수를 치면서 칭송합니다. 그것은 자기희생이라는 것입니다! 저항하는 대신 순순히 자신을 내놓은 일이라는 것입니다! 사람들은 이런 메시지를 좋아합니다. 그러나 십자가의 메시지는 폄하합니다. 십자가는 항상 거치기 때문입니다. 우리는 다음과 같은 질문에 대답함으로, 십자가가 이처럼 거치는 것이 되는 이유를 찾아볼 수 있습니다. 주님은 왜 이 모든 일을 감수하셔야 했을까요? 그 대답은 성경 메시지에 없어서는 안 될 작은 단어, "죄"라는 한 단어에 들어 있습니다. 그 모든 일은 바로 이 죄 때문에 일어난 것입니다. 죄에 빠진 우리의 상태와 형편 때문에 일어난 것입니다.

여러분을 위해 좀 더 세분해서 설명해 보겠습니다. 인류는 어떤 형편에 처해 있습니까? 하나님의 아들이 세상에 오셔야 했던 이유, 특별히 십자가에서 죽으셔야 했던 이유가 무엇입니까? 그 첫 번째 대답은 사람들이 하나님 앞에 죄를 지었기 때문이라는 것입니다. 이 책에는 태초에 대한 이야기도 있고 율법도 있습니다. 그러나 사람들은 율법을 좋아하지 않습니다. 자신들이 원하는 것은 사랑이며 긍정적인 메시지라고 합니다. 그러나 부정적인 메시지를 먼저 받아들이지 않으면 긍정적인 메시지도 이해할 수 없습니다. 이사야서 53장에 사용되고 있는 단어들을 보십시오. "그가 찔림은 우리의 허물 때문이요 그가 상함은 우리의 죄악 때문이라." 이 두 단어 "허물"과 "죄악"은 없어서는 안 될 단어이며, 성경의 핵심적인 단어입니다. 왜냐하면 이 두 단어야말로 우리의 실상이 어떤 것인지 절감시켜 주기 때문입니다. 이 단어들을 이해하지 못하는 사람은 십자가도 이해할 수 없고, 자기 자신도 이해할 수 없으며, 오늘날과 같은 세상의 상태도 이해할 수 없습니다.

간고! 질고! 이것이야말로 우리가 살고 있는 세상을 설명해 주는 말 아닙니까? 세상에 이런 간고와 질고가 있는 이유가 무엇입니까? 전쟁이 일어나는 이유가 무엇입니까? 단순히 전쟁에 반대하는 것은 지극히 피상적인 대책에 불과하지 않습니까? 우리가 참으로 신경 써야 하는 것은 무엇이 전쟁을 불러오느냐, 무엇이 전쟁을 일으키느냐 하는 점입니다. 특정 대통령이나 수상이나 그 밖에 몇 사람들 때문에 전쟁이 일어났다는 말을 과연 지성인들이 믿으려 들겠습니까? 그런 말로는 전쟁을 설명할 수가 없습니다. 문제는 그보다 훨씬 더 깊은 곳에 있습니다. 원인을 묻는 이 질문은 심오한 질문—죄에 빠진 인간에 대한 질문—입니다. 간고와 질고는 허물과 죄악의 결과물입니다. 여러분과 제가 해야 할 일은 이사야서 53장에 나오는 이런 메시지를 고찰하는 것이지, 단순히 맥 빠지는 반전집회를 여는 것이 아닙니다. 그것은 기독교가 아닙니다. 오히려 기독교를 거의 완전히 부인하는 짓입니다. 그런 것을 기독교로 여기는 자들은 딱한 자들입니다. 핵심을 놓치고 있기 때문입니다. 그들은 예수를 비폭력 저항가나 평화주의자로 묘사하면서, "타인보다 상"한 얼굴이라는 무섭고 두렵고 흉한 면만 제해 버린 것이 아니라 십자가의 온전한 영광까지 제해 버렸습니다. 그래서는 안 됩니다. 그것은 너무나 피상적인 태도입니다.

참된 설명은 이것입니다. 하나님의 율법에 대한 성경의 가르침을 이해하지 못하면 "허물"과 "죄악"이라는 단어의 의미도 이해할 수 없습니다. 하나님이 우리를 만드셨습니다. 자신의 형상대로 창조하여 이 세상에 살게 하셨습니다. 그리고 하나님의 하나님 되심 때문에 일정한 방식으로 살 것을 명하셨습니다. 하나님은 왕이시며 우주의 통치자이십니다. 이 세상은 그의 것입니다. 여러분 마음에 들든 그렇지 않든 세상은 하나님께 속해 있습니다. 그는 우리에게 율법을 주셨고, 그 거룩한 율법을 따르고 순종할 때 세상에서 행복을 누리며 살 수 있음을 분명히 밝히셨습니다. 하나님이 그 법을 우리 모든 사람 속에 두셨기 때문에, 우리는 그 법이 어떤 것인지 알 수 있습니다. 그 법은 곧 양심입니다. 심리학적인 관점에서 양심의 존재를 설명하고 빠져나갈 수 있을지는 몰라도, 양심의 소리까지 잠재울 수는 없습니다. 양심은 분명히 존재합니다. 바울의 말처럼 율법은 마음에 새겨져 있습니다.롬 2:15 참조

그뿐 아니라 하나님은 모세와 이스라엘 자손을 통해 외적이고 객관적인 방식으로도 율법을 진술해 주셨습니다. 여기에서 구약성경이 등장합니다. 하나님은 자신을 증거할 나라를 손수 세우셨습니다. 세상은 타락했고, 현대 세계에서 보는 것과 같은 온갖 종류의 곤경에 빠져 있었습니다. 홍수 이전의 문명에 대한 기록을 읽어 보면 마치 20세기 중반의 이야기를 읽는 듯한 착각이 듭니다. 홍수 이전 세상에서 일어났던 무서운 일들이 오늘날에도 그대로 일어나고 있습니다. 아시다시피 인간은 더 이상 양심의 소리에 귀를 기울이지 않습니다. 창세기 6:5는 "그의 마음으로 생각하는 모든 계획이 항상 악할 뿐"이었다고 말하고 있습니다. 그래서 그들

은 벌을 받았습니다.

그 후에 하나님은 아브라함이라는 한 사람을 취하여 이방 신앙에서 불러내셨고, 한 나라를 이루게 하셨습니다. 무엇 때문이었을까요? 아주 크게 말하자면 인류에게 말씀하시기 위해서였습니다. 하나님은 사람들을 가르치시기 위해 이 나라를 택하셨습니다. 바울이 로마 사람들에게 상기시키고 있듯이 하나님은 그들에게 "하나님의 말씀"을 주셨습니다.롬 3:2 우리는 사도행전 7장에서 이미 이 점을 살펴보았습니다. 기억하시겠지만, 스데반은 산헤드린 앞에서 행한 위대한 변호를 통해 이 점을 상세히 지적했습니다. 사도행전 7장을 읽으면서 기억을 되살려 보시기 바랍니다. 이처럼 하나님이 이들에게 말씀을 주신 것은 율법을 명명백백하게 알리시기 위해서였습니다. 그러므로 양심의 소리에 귀를 틀어막는다 해도 십계명이 버티고 있습니다. 두 돌판에 새겨진 율법—인간과 하나님의 관계, 인간과 동료 인간의 관계를 다루는—이 버티고 있습니다. 십계명은 하나님이 인간에게 의도하신 삶의 방식을 열 가지 항목으로 명시하고 있습니다.

이 율법에서 출발할 때 비로소 십자가의 의미를 이해할 수 있습니다. 율법을 대하는 즉시 인간이 하나님의 심판 아래 있음을 깨닫게 되기 때문입니다. 로마서 3장이 내리고 있는 판결도 이것입니다. "의인은 없나니 하나도 없으며."10절 "이는 모든 입을 막고 온 세상으로 하나님의 심판 아래에 있게 하려 함이라."19절 온 세상으로! 철의 장막 이쪽이나 저쪽이나 다 하나님의 심판 아래 있습니다. 어떤 정당에 속했느냐, 어떤 사회 계급에 속했느냐, 부유하냐 가난하냐는 중요치 않습니다. 세상은 전부 하나님의 심판 아래 있습니다. 표면적인 소속과 차이는 중요치 않습니다.

온 세상이 이처럼 하나님의 심판 아래 있게 된 이유가 무엇일까요? 하나님의 율법을 지키지 않았기 때문입니다. 로마서는 인간의 죄와 죄책에 관한 위대한 해설입니다. 저는 바울이 로마서에서 충분히 다룬 위대한 교리와 똑같은 교리를 빌립도 자기 방식으로 내시에게 전달했을 것이라고 확신합니다. 유대인들은 율법을 가졌다는 이유만으로 하나님과 바른 관계를 맺고 있다고 생각했지만, 바울은 "하나님 앞에서는 율법을 듣는 자가 의인이 아니요 오직 율법을 행하는 자라야 의롭다 하심을 얻으리니"라고 했습니다.롬 2:13 율법을 알아도 지키지 않으면 소용이 없다는 것입니다. 온 세상의 문제점은 하나님의 율법을 지키지 않는 데 있습니다. 그래서 성경은 때로 죄를 '표적에서 벗어나는 것'이나 '기준에 미달되는 것', '마땅히 도달해야 할 자리에 도달하지 못하는 것'으로 정의 내리곤 합니다. 이것이 우리의 한 가지 죄책입니다.

그러나 이것은 죄책의 일부에 불과합니다. 우리는 하나님이 주신 율법의 명령과 기준에 미치지 못했을 뿐 아니라 적극적인 행동으로 그것을 깨뜨렸고 의도적으로 그것을 깨뜨렸습니다. 이것이 "허물"의 의미입니다. 의도적으로 율법을 업신여기며 깨뜨리는 것입니다. 의도적으로 불의하게 행동하는 것입니다. 율법이 분명히 주어져 있습니다. 그런데 의도적으로 그것을 깨뜨려 버립니다. 이것이 또 한 가지 죄책의 근원입니다.

그러나 무엇보다 무서운 죄책의 원인은, 이런 행동을 함으로써 하나님께 대한 반역의 마음을 표출하는 데 있습니다. 그래서 오늘 밤 우리 앞에 있는 세상이 이 모양이 되어 버린 것입니다. "육신의 생각은 하나님과 원수가 되나니 이는 하나님의 법에 굴복하지 아니할 뿐 아니라 할 수도 없음이라."롬 8:7 이사야서 53장의 예언은 우리가 각기 제 길로 가 버렸다고 말하고 있습니다. 우리는 다 길을 잃어버렸습니다. 다 자기 생각을 좇아

갔고, 하나님의 길이 어디 있는지 들으려 하지 않았습니다. "우리는 다 양 같아서 그릇 행하여 각기 제 길로 갔거늘."사 53:6 이것은 우리가 의도적으로 하나님께 반역했다는 의미입니다.

사랑하는 여러분, 이 의도적인 반역이야말로 인간의 원초적인 반역이요 원죄임을 깨닫지 못하는 사람은 자기 자신도 이해할 수 없고, 자신의 곤경이나 문제나 불행이나 간고나 질고도 이해할 수 없으며, 인간과 이 세상이 처해 있는 전반적인 상황과 형편도 이해할 수 없습니다.

하나님의 형상대로 지음받은 인간이 낙원에서 하나님과 교제하며 즐겁게 살고 있을 때, 시험하는 자가 찾아와 물었습니다. "하나님이 뭐라고 했지? 그 말이 공평하다고 생각해? 널 억눌러 두려고, 인간의 자리에 묶어 두려고 그런 말을 한 것은 아닐까? 네가 떨치고 나서기만 하면 하나님과 똑같아진다는 걸 잘 알고서 말이야."

인간은 미끼를 물었습니다. 그리고 지금도 그 미끼를 물고 있습니다. 인간은 스스로 하나님이라고 생각합니다. 하나님과 같아지고 싶어 합니다. 자신도 하나님만큼 안다는 생각으로 하나님의 법에 분개하며 도전하고 반역합니다. 반역죄보다 더 큰 죄는 없습니다. 인간은 하나님의 심판 아래 있게 되었습니다. 그래서 오늘날 인간도 이 모양이 되고 세상도 이 모양이 된 것이며, 과거에 그러했듯이 오늘날에도 그리스도의 십자가가 반드시 필요한 것입니다. 인간의 복된 삶은 하나님의 축복을 받고 그와 바른 관계를 맺는 데 있습니다. 반역하여 심판 아래 들어가면 그 축복을 받을 수가 없습니다.

이사야서 후반부에서 선지자는 번민하며 하나님께 부르짖습니다. "오, 우리는 왜 이 모양입니까? 대체 무엇이 문제입니까?" 선지자는 스스로 자기 질문에 답하고 있습니다. "여호와의 손이 짧아 구원하지 못하심도 아니요 귀가 둔하여 듣지 못하심도 아니라. 오직 너희 죄악이 너희와 너희 하나님 사이를 갈라놓았고 너희 죄가 그의 얼굴을 가리어서 너희에게서 듣지 않으시게 함이니라."사 59:1-2 세상은 원래 이렇지 않았습니다. 하나님이 인간의 죄와 불의와 경건치 않음에 대해 진노를 나타내셨기 때문에 오늘날처럼 되어 버린 것입니다. 하나님은 율법 곳곳에서 이 사실을 밝히고 계십니다. "범죄하는 그 영혼은 죽으리라."겔 18:4 "사악한 자의 길은 험하니라."잠 13:15 여러분이 얼마나 똑똑하고 많이 배웠느냐, 얼마나 부유하고 세련되었느냐는 중요치 않습니다. 하나님께 반역하며 그의 율법을 업신여기는 사람, 죄악과 불의를 저지른 사람은 다 비참해지고 불행해집니다. "간고와 질고"가 생기게 됩니다! 죄책! 이것이 문제입니다.

그러나 이것도 문제의 전부는 아닙니다. 이사야서 53장을 보면 인간은 죄책이 있을 뿐 아니라 길도 잃어버렸습니다. "우리는 다 양 같아서 그릇 행하여 각기 제 길로 갔거늘." 이 또한 성경 전체가 전하고 있는 메시지입니다. 인간은 있어야 할 자리를 이탈했습니다. 세상도 원래 모습에서 벗어났습니다. 속으로는 모두 자기가 어긋난 자리에 있음을 의식합니다. 무언가 불안을 느낍니다. 그러나 자기가 원래 있어야 할 자리가 어디인지에 대해서는 잘못된 생각을 가지고 있습니다. 세상이 생각하는 원래 자리란, 전쟁이 종식되어 모두가 먹고 마시고 성관계를 하면서 즐겁게 지내는 데에만 돈을 쓸 수 있게 되는 것입니다. 그런데 베트남이 그 계획을 망치고 말썽을 일으켜서 유감이라는 것입니다! 이런 것은 세상의 생각일 뿐, 하나님의 생각이 아닙니다. 우리는 모두 길을 잃고 헤매고 있습니다. 원래 자리에서 이탈했다는 것만 알 뿐, 현재 우리가 어디에 있는지는 알지 못합니다. 세상은 하나님과의 사귐을 누리지 못하고 있습니다. 불행하게 살고 있습니다. "간고와 질고"야말로 오늘날의 삶을 요약해 주는 말 아닙니까? 세상은 자신을 이해하지 못하고 있습니다. 삶을 이해하지 못하고 있습니다. 목적도, 방향감각도, 목표도 가지고 있지 못합니다.

이처럼 세상은 길을 잃어버렸습니다. '표적'에서 벗어나 버렸습니다. 가야 할 길을 놓쳐 버렸습니다. 광야에서 헤매고 있습니다. 이것이 세상의 전적인 비극이요 문제의 핵심입니다. 삶의 의미와 목적이 다 사라져 버렸습니다. 세상에 의미 있는 것이 있습니까? 목적이 있습니까? 다들 혼란에 빠져 있지 않습니까? 학생들을 보십시오! 학생이 하는 일이 무엇입니까? 학생의 목적이 무엇입니까? 아니, 학생이 어떤 사람입니까? 현대인들은 즐기기 위해 대학에 간다고 생각하며, 그렇게 즐기기 위한 자금을 대 주는 것이 납세자의 할 일이라고 생각하는 듯합니다. 즐기지 못하면 투덜대고 불평합니다. 이것이 학생에 대한 여러분의 정의입니까? 현대인들은 이렇게 생각하고 있습니다. 즐거움과 재미를 위해 대학에 가는 것처럼 생각하고 있습니다. 이것은 사람들이 방향감각을 잃었으며, 자신이 무엇을 하고 있고 어디로 가고 있는지 모른다는 것을 구체적으로 보여주는 표시입니다. 그들이 원하는 것은 약간의 편안함입니다. 물론 그것으로 충분치 않다는 것은 압니다. 사람은 그런 것에 만족할 수 없기 때문입니다. 무언가 더 큰 것, 더 중요한 것을 갈구하는 마음이 다 있습니다. 그러나 그것을 찾지는 못합니다.

그렇습니다. 우리는 "각기 제 길로" 가 버렸습니다. 현대 세계를 얼마나 비범하게 정의해 주는 말입니까! 우리는 양같이 길을 잃고 헤매고 있습니다. 그 모습이 눈에 선하게 그려지지 않습니까? 혹시 양을 잘 아십니까? 양이 소란스럽게 산지사방으로 뛰어다니는 모습, 한 놈은 이쪽으로, 또 한 놈은 저쪽으로, 또 한 놈은 뒤쪽으로, 또 한 놈은 앞쪽으로 달려가는 모습을 본 적이 있습니까? 놀란 양떼의 모습보다 우스운 모습이 있을까요? 그런데 죄를 지은 인간의 모습이 그렇다는 것입니다. 헨델George Fredric Handel이 이 구절을 소재로 만든 곡이 있는데, 거기에 이 장면이 나옵니다. 그 곡을 들으면 꾸벅꾸벅 졸던 어리석은 양떼가 목적도 없고 방향도 없고 계획도 없이—극도로 혼란스럽게—우왕좌왕하는 장면이 눈에 선하게 그려집니다. 세상의 모습이 바로 그렇지 않습니까? 세상은 혼란에 빠져 어쩔 줄 몰라 합니다. 저마다 출구를 찾고 있으며, 구원받을 길을 찾고 있습니다. 그러나 그렇게 학식이 있고 교양이 있다는 사람들도 아무런 방향이나 답변이나 해결책을 발견하지 못하고 있습니다.

제가 지금 이야기하는 것이 무엇입니까? 거짓 종교가 그렇다는 것이며, 철학과 사교들이 그렇다는 것입니다. 인간의 모든 추론과 모든 사상이 그렇다는 것입니다. 이 사람은 이 말을 하고, 저 사람은 정반대의 말을 합니다. 사람들은 어쩔 줄 몰라 하며 술과 마약을 의지합니다. 꼼짝달싹 못하고 있습니다. 제대로 이해하는 사람도 없고, 의미 있는 것도 없습니다. 삶은 그저 "의미 없는 소음과 분노로 가득 찬 바보의 이야기"[14]일 뿐입니다.

"우리는 다 양 같아서 그릇 행하여." 인간은 어리석은 양떼처럼 길을 잃고 말았습니다. 그 모든 문명, 그 모든 교육적인 노력, 그 모든 수고에도 불구하고 출구를 찾지 못하고 있습니다.

슬프게도 인간은 이처럼 죄를 짓고 길을 잃은 데 더하여 비참하게 병

14. 윌리엄 셰익스피어(William Shakespeare), 『맥베스』(*Macbeth*).

까지 들었습니다. "간고와 질고!" 이번에도 양떼의 모습을 그려 보시기 바랍니다. 마태복음은 주님이 "무리를 보시고 불쌍히 여기시니 이는 그들이 목자 없는 양과 같이 고생하며 기진함이라"마 9:36라고 말하고 있습니다. 이것이 주님이 바라보시는 삶의 모습이요 인간의 모습입니다. 그가 세상에 오신 이유, "나는 선한 목자라. 선한 목자는 양들을 위하여 목숨을 버리거니와"라고 말씀하신 이유가 여기 있습니다.요 10:11 이 말씀의 의미가 무엇입니까? 자, 주님은 "질고와 간고"와 질병에 시달리는 인간의 모습을 "목자 없는 양"이라는 말로 표현하고 계십니다. 목자 없는 양의 모습이 그려집니까? 목자 없는 양은 소망이 없습니다. 양들은 어리석습니다. 목자의 지각을 가지고 있지 못합니다. 어디에 풀밭이 있는지 모르기 때문에 제대로 먹지 못합니다. 어디에 최고의 풀밭이 있는지 모르기 때문에 앙상하게 여위어 기진합니다.

그뿐 아니라 양들은 방어 수단도 없습니다. 주님은 다시 한 번 자신을 선한 목자로 묘사하면서 이렇게 말씀하십니다. "내가 문이니 누구든지 나로 말미암아 들어가면 구원을 받고 또는 들어가며 나오며 꼴을 얻으리라."요 10:9 여기에 나오는 것은 양 우리의 그림입니다. 밤이 되자 목자가 양떼를 우리 안으로 인도합니다. 그리고 그들을 보호하기 위해 문 건너편에 자리를 잡고 눕습니다. 1세기 팔레스타인 지방에서 양떼를 습격하여 약탈하던 짐승과 늑대와 들개들로부터 그들을 보호하기 위해 그렇게 합니다. 목자는 양떼를 안전하게 지켜 줍니다. 양떼를 데리고 나갔다가 데리고 들어옵니다. 이처럼 풀만 먹이는 것이 아니라 보호해 주고 돌보아 줍니다. 주님은 "나는 바로 이런 일을 하러 왔다"고 말씀하십니다. "나는 선한 목자라." 그가 보시기에 인간은 먹지 못해 기진해 있을 뿐 아니라

들개와 늑대의 습격에 노출되어 있는 양떼와 같습니다.

무슨 뜻일까요? 자, 이것은 세상의 삶을 생생하게 재현해 주는 그림입니다. 사람들에게 삶은 바로 이런 것입니다. 오늘날 세상은 기진해 있습니다. 먹을 것도, 몸을 강하고 튼튼하게 해줄 영양분도 얻지 못하고 있습니다. 기도서에 나오는 총고해總告解의 표현대로 "우리는 건강한 데가 없습니다." 여러분, 우리가 건강합니까? 활력과 생명력이 넘칩니까? 삶에 맞설 힘이 있습니까? 승리하고 있고, 주도권을 쥐고 있습니까? 원래 있어야 할 힘과 기운이 넘칩니까? 인간은 세상에 파견된 하나님의 대리인이자 피조 세계의 주인으로 지음받았습니다. 그런데 지금 우리의 모습이 그렇습니까?

아니, 그렇지 못합니다. 우리는 건강한 데가 한 군데도 없으며, 양처럼 기진해 있습니다. 더구나 들개와 늑대의 습격에도 노출되어 있습니다. 우리는 정숙함과 순결함을 잃어버렸고, 평안을 잃어버렸습니다. 이상을 잃어버렸고, 고상한 모든 것을 잃어버렸습니다. 냉소주의 혹은 절망에 빠져 "뭘 한들 소용이 있겠어?"라고 말합니다. 또는 "내일 죽을 터이니 먹고 마시자"라고 말합니다.눅 12:19, 고전 15:32 참조 그 결과, 기진한 불쌍한 양떼처럼 적극적으로 살지 못하고 간신히 생존만 이어가고 있습니다. 이것은 비참한 생존이며 맥없는 생존입니다. 이런 상태에 빠진 양떼를 본 적이 있습니까? 그런 양은 시장에도 내놓지 못합니다. 자랑할 수도 없습니다. 친구들을 데려와 구경시킬 수도 없습니다. 오히려 부끄러워서 숨겨야 합니다. 왜 그럴까요? 그것은 양의 원래 모습이 아니기 때문입니다. 양은 원래 잘 먹어야 합니다. 배 불러야 하고, 튼튼하며 활달해야 합니다.

빌립은 "읽는 것을 깨닫느냐"라고 물었습니다. 에디오피아 내시는 깨닫지 못했기에 물었습니다. "왜 누군가 이런 고난을 겪어야 합니까?" 오, 그 답은 인간의 형편 때문이라는 것입니다! 인간은 하나님의 심판 아래 있습니다. 길을 잃었고 병들었으며 비참하고 불행합니다. "간고와 질고"에 시달립니다. 실패했습니다. 간신히 생존만 이어가고 있습니다. 원래는 이런 존재가 아니었는데 이렇게 되어 버렸습니다. 하나님의 아들이 세상에 오셔야 했던 이유가 여기 있습니다.

그러나 잠깐 기다리십시오. 아직 그림은 완성되지 않았습니다. 이 모든 것에 더하여, 인간은 왜곡되었고 타락했습니다. 무슨 뜻일까요? 자, 이 또한 인간이 가진 불의의 일부입니다. 인간은 불의한 상태에 있습니다. 마음이 비뚤어져 있습니다. 이것이 가장 무서운 점입니다. 하나님의 율법을 깨뜨린 것도 충분히 악한 일입니다. 죄를 범하고 본보기와 기준에서 벗어난 것도 충분히 악한 일입니다. 그러나 여러분, 이것이 우리가 타고난 가장 무서운 면모는 아닙니다. 우리의 가장 무서운 면모는 구원이 제시되었는데도 받아들이지 않는 것입니다. 오히려 화를 내는 것입니다. 거절하는 것입니다. 이 말씀을 들어 보십시오. "우리가 전한 것을 누가 믿었느냐."사 53:1 사람들에게 질문이 주어졌습니다. 메시지가 전해졌습니다. "내 종이 형통하리니 받들어 높이 들려서 지극히 존귀하게 되리라."사 52:13 "그가 나라들을 놀라게 할 것이며 왕들은 그로 말미암아 그들의 입을 봉하리니 이는 그들이 아직 그들에게 전파되지 아니한 것을 볼 것이요 아직 듣지 못한 것을 깨달을 것임이라."사 52:15 이처럼 우리에게는 메시지가 주어졌습니다. 그러나 "우리의 전한 것을 누가 믿었"습니까? 영국에서 믿는 사람의 숫자는 전 국민의 10퍼센트에도 미치지 못합니다. 사람들은 믿지 않습니다. 이것이 인간의 문제점입니다. 여러분은 이렇게 구원을 거절하는 모습에서 그 최악의 면모를 보게 됩니다. 인간은 왜곡되었습니다. 타락했습니다. 구원의 길이 주어졌는데도 믿지 않고 받아들이지 않습니다. 여전히 자기의 철학과 지식과 노력과 지각을 신뢰하는 편을 더 선호합니다. 여기 하나님이 제안하시는 구원의 길이 있습니다. 그러나 "우리의 전한 것을 누가 믿었"습니까?

현대인은 말합니다. "뭐라고요? 설마 구원을 말하는 그 구닥다리 복음을 아직도 믿는 건 아니겠지요? 나사렛 예수가 하나님의 아들이라는 것과 십자가 죽음으로 우리를 구원해 준다는 말을 믿으라는 건 분명 아니겠지요? 당신은 아직도 그런 신화를 믿고 있습니까? 20세기에 살면서 여전히 그런 걸 믿다니, 정말 최고의 농담이로군요!" 그러나 과거에도 사람들은 믿지 않았습니다. 1세기에도 사람들은 믿지 않았습니다. "우리의 전한 것을 누가 믿었느냐?"

좀 더 나아가 봅시다. 훨씬 더 세밀한 묘사가 나옵니다. 하나님의 아들이 십자가에서 죽으셔야 했던 이유를 참으로 알고 싶다면, 오직 이 방법으로만 구원이 가능한 이유를 알고 싶다면, 여기 그 답이 있습니다. 우리를 해방시키고 구원하기 위해 세상에 오신 하나님의 아들을 사람들이 어떻게 대했는지 보십시오. 그를 어떻게 대했습니까? 우선 그들은 하나님의 아들을 알아보지 못했습니다. 여러분은 알아보고 있습니까? 이것이 여러분에게 드리는 질문입니다. 여러분은 나사렛 예수가 하나님의 아들이신 것을 알아보고 있습니까? 그가 오셨을 때 사람들은 알아보지 못했습니다. 바리새인들과 율법학자들과 이스라엘 종교 지도자들이 어떠했는지 보십시오. 그들은 하나님의 아들을 쳐다보면서 "이 작자가 누구지? 주제넘게 우리를 가르치려 드는 이 목수가 대체 누구야?"라고 말했습니다. "이 사람은 배우지 아니하였거늘 어떻게 글을 아느냐"라고 물었습니다.요 7:15 그들은 아들을 알아보지 못했습니다.

마찬가지로 자신들의 철학을 자랑하던 그리스인들도 당연히 알아보지 못했습니다. 바울은 하나님의 지혜를 설명하면서 "이 지혜는 이 세대의 통치자들이 한 사람도 알지 못하였나니 만일 알았더라면 영광의 주를 십자가에 못 박지 아니하였으리라"라고 했습니다.고전 2:8 여기 성육신하신 하나님이 계십니다! 인간의 모습으로 인간들 사이에 서서 한번도 들어보지 못한 말씀을 해주시는 영광의 주님이 계십니다. 그 말씀이 얼마나 놀라웠던지 바리새인이 주님을 체포하기 위해 보낸 하속들까지 "그 사람이 말하는 것처럼 말한 사람은 이때까지 없었나이다"라고 할 정도였습니다.요 7:46 그가 능한 일들을 행하셨는데도 사람들은 그가 누구신지 알아보지 못했습니다. 이처럼 인간은 육신으로 오신 하나님을 바로 눈앞에서 보고서도 알아보지 못할 만큼 심각한 상태에 빠져 있었습니다.

이보다 더 나쁜 태도가 있습니다. "그는 멸시를 받아."사 53:3 사람들은 그를 멸시했습니다. 여러분은 인간과 인간의 지각, 인간의 분별력, 인간의 능력을 의지해 왔습니다. 그리고 인간에게 필요한 것은 오직 가르침뿐이라고 말합니다. 가르쳐 주기만 하면 그에 부응한다는 것입니다. 위대한 본보기만 제시해 주면 따라간다는 것입니다. 그러나 그것은 이미 검증이 끝난 방법입니다. 하나님의 아들이 오셨는데도 사람들은 그를 멸시했습니다. "그는 멸시를 받아 사람들에게 버림받았으며." 여러분은 이것을 이해해야 하고 설명해야 합니다. 세상은 하나님의 아들이 아닌 강도를 선택했습니다. 로마인으로서 정의감과 형평성을 지니고 있었던 빌라도는 주님을 죽일 마음이 없었습니다. 그의 아내도 꿈을 꾸고 그를 죽이지 말라고 말렸고, 빌라도 본인도 주님이 정확히 무슨 죄를 지었는지 알 수 없었기에 십자가형을 면하게 해주고자 애를 썼습니다. 그런데 백성들이 "이 사람을 없이하고 바라바를 우리에게 놓아 주소서"라고 소리쳤습니다.눅 23:18 "이 사람"은 하나님의 아들, 세상의 구주였습니다! 그런데도 "싫다"고 한 것입니다.

"그는 멸시를 받아 사람들에게 버림받았으며." 그를 믿지 않는 것은 곧 그를 거절하는 것입니다. 그의 인격을 거절하는 것입니다. 십자가 죽음을 거절하는 것입니다. 이것이 인간의 상태입니다. 이것이 인간의 문제입니다. 세상은 하나님의 아들에게 이런 짓을 했습니다. 우롱했고 침 뱉었고 비웃었고 조롱했습니다. 자신들의 죄를 짊어지신 하나님의 아들을 조소했습니다.

이것은 마지막 요점으로 이어집니다. 인간은 자신을 구원하는 데 전적으로 무능합니다. 십자가가 이 점을 입증해 주고 있습니다.

사람들은 "우리가 원하는 건 가르침입니다"라고 말합니다. 그러나 저는 대답하겠습니다. "가르침은 이미 있습니다. 율법이 하나님의 가르침입니다."

여러분은 말할 것입니다. "우리가 원하는 건 본보기입니다. 규칙입니다. 어떻게 살아야 하는지 알려 주면 그대로 하겠습니다."

계명이 있지 않습니까! 계명이 있는데도 사람들은 지키지 못했습니다. 사도 바울은 로마서 8:3에서 이 점을 단번에 짚어 주고 있습니다. "율법이 육신으로 말미암아 연약하여 할 수 없는 그것을……."

율법이 있어도 소용이 없습니다. 지킬 수가 없기 때문입니다. "그 정죄는 이것이니 곧 빛이 세상에 왔으되 사람들이 자기 행위가 악하므로 빛보다 어둠을 더 사랑한 것이니라."요 3:19 인간은 무엇을 해야 하는지 알고 있습니다. 그러나 그것을 하지 못합니다. 바로 이것이 죄의 권세입니다. "내 속사람으로는 하나님의 법을 즐거워"한다고 바울은 말합니다. 그러나 "내 지체 속에서 한 다른 법이 내 마음의 법과 싸워" 자신을 끌어내린다는 것입니다.롬 7:22-23 그 다른 법이 바울 자신보다 강하다는 것입니다. 바로 그러한 충동과 욕심과 정욕이 우리로 하여금 하나님의 법을 깨뜨리게 만들고, 지키지 못하게 만듭니다.

실제로 하나님의 법을 받은 유대인들조차 그 법을 완전히 오해했다는 사실을 우리는 알고 있습니다. 사도 바울도 과거에는 오해했다고 정직하게 고백했습니다. 그는 한때 율법과 관련하여 흠 없이 완벽하다고 자부했습니다. "나는 내가 완벽한 줄 알았다. 그런데 사실은 '탐심'이라는 한 단어의 뜻조차 알지 못했다. 그 뜻을 알게 되면서, 나는 내가 잃어버린 자임을 깨닫게 되었다."롬7:7-9 참조 그는 몸으로 간음하지 않으면 간음하지 않은 것이라고 생각했습니다. 그러다가 '탐심'과 '욕망'이라는 말이 가지는 힘을 알게 되었습니다. "음욕을 품고 여자를 보는 자마다 마음에 이미 간음하였느니라."마 5:28 실제로 죽이지 않으면 그만인 것이 아닙니다. "이 바보!"라고 하는 사람은 이미 영으로 그를 죽인 것이나 다름없습니다.마 5:22 참조 유대인들은 율법을 오해하고 있었습니다. 사실상 율법을 지킬 수가 없었습니다.

그렇습니다. 가르침으로는 구원받을 수 없습니다. 반복하지만, 그 기회는 이미 주어졌습니다. 본보기를 흉내 내고 따르는 것으로도 구원받을 수 없습니다. 오늘날 "그리스도를 본받음으로" 구원받는다고 생각하는 사람보다 더 큰 바보는 세상에 없습니다. 그리스도를 본받겠다고요? 십계명은 고사하고 자기가 정한 기준조차 지키지 못하면서, 죄 없이 완벽하시고 온

전혀 거룩하신 그리스도를 본받겠다는 것입니까! 그는 세상 누구보다 더 우리 죄를 드러나 보이게 하시는 분입니다. 그렇습니다. 율법으로나 교훈으로나 가르침으로나 본보기로는 구원받을 수 없습니다. 나의 상황은 너무나 절망적이고 나의 상태는 너무나 비참합니다. 나는 죄를 지었습니다. 길을 잃었습니다. 왜곡되었습니다. 타락했습니다. 아무 힘이 없습니다.

이런 나에게도 과연 소망이 있을까요? 오, 소망이 있습니다. 그 소망은 바로 이것입니다. "그가 찔림은 우리의 허물 때문이요 그가 상함은 우리의 죄악 때문이라. 그가 징계를 받으므로 우리는 평화를 누리고 그가 채찍에 맞으므로 우리는 나음을 받았도다."사 53:5 그가 징계를 받음으로 우리가 평화를 누릴 수 있게 되었습니다.

사랑하는 여러분, 주님의 십자가 죽음은 반드시 일어나야만 했던 일이었습니다. 우리의 죄악 때문에, 우리의 불의 때문에, 전적으로 무력하고 소망 없는 우리의 모습 때문에 그는 죽으셔야만 했습니다. 우리가 할 수 있는 일은 아무것도 없습니다. 그는 반드시 오셔야만 했고, 그래서 오셨습니다. 오셔서 "우리의 질고를 지고 우리의 슬픔을 당하"셨습니다. 이 구원 방법의 영광스러움과 경이로움은 내가 결코 할 수 없는 일들을 시도하거나 열망하라고 요구하지 않는다는 데 있습니다. 이 방법이 요구하는 것은 오직 다음과 같은 고백뿐입니다.

내 손의 수고로
율법의 요구 채울 수 없고
쉼 없는 열심과
늘 흘리는 눈물로도

죄 속할 수 없나이다.

주여, 오직 주께서 구원해 주셔야 하나이다.

내 손에 드릴 것 없어

주의 십자가만 붙드나이다.

벌거벗은 이 몸 입혀 주시기를 바라며 나아가나이다.

아무 힘 없이 주의 은혜만 바라보나이다.

더러운 나, 그 샘으로 달려가오니

씻어 주소서, 구주여, 죽지 않도록.

—오거스터스 탑레이디

거듭 말씀드립니다. 그는 반드시 오셔야만 했습니다. 우리의 죄책과 형벌을 지고 죽으셔야만 했고, 그래서 죽으셨습니다.

빌립은 이것을 전했습니다. 마침내 깨닫게 된 에디오피아 내시는 말했습니다.

"그 메시지를 믿습니다. 내게 세례를 줄 수 있습니까?"

"물론입니다."

그래서 그는 세례를 받았고, "기쁘게 길을" 갔습니다. 주 예수 그리스도를 믿지 않으면 질고와 슬픔, 과실과 허물을 짊어진 채 비참한 실패자로 남게 됩니다. 그러나 믿으면 구원받습니다.

"읽는 것을 깨닫느냐." 그가 십자가에서 죽으심으로 여러분을 구원해 주시고 하나님과 화목케 해주신다는 것을 여러분도 이제는 깨달아 알게 되었습니까?

16

주님과 함께 영광을

1953 | 『우리의 구원의 확신』

아버지여, 내게 주신 자도 나 있는 곳에 나와 함께 있어 아버지께서 창세전부터 나를 사랑하시므로 내게 주신 나의 영광을 그들로 보게 하시기를 원하옵나이다. 요한복음 17:24

1968년 3월 1일에 로이드 존스는 암 수술을 받고 목숨을 보존하게 되었습니다. 이후로 정확히 13년이 지난 바로 그날 곧 1981년 3월 1일에 그는 세상을 떠났습니다. 그가 세상을 떠난 날은 주일이자 웨일스의 국가 공휴일인 성 데이비드의 날St. David Day이었기 때문에 의미가 더 깊었습니다.

그가 가족에게 전한 마지막 말 중 하나는 "회복을 위해 기도하지 마라. 영광 속에 들어가는 것을 방해하지 마라"였습니다. 그때 그는 이미 구술 능력을 상실한 상태였고, 그래서 종이에 글로 써야 했습니다. 힘이 점점 약해지고 있었기 때문에 그마저 힘들게 썼습니다.

따라서 이 설교는 가족인 우리에게 특별한 의미가 있습니다. 왜냐하면 이 설교는 하나님의 영광—사역하는 동안 그의 설교에 골고루 스며 있었고, 생애 마지막 시기에 그의 마음을 사로잡았던 주제인—을 다루고 있기 때문입니다.

이 설교가 들어있는 책은 그리스도의 대제사장적 기도를 담고 있는 요한복음 17장을 본문으로 합니다. 이 책은 전체 네 권으로 이루어진 설교 시리즈 중 마지막 권입니다(또한 『우리의 구원의 확신』을 제목으로 한 단권으로 된 책을 구입할 수도 있습니다). 이 설교는 하나님의 영광에 대한 강력한 의식을 전달하고 있을 뿐만 아니라 그의 목회 전성기 때의 면모를 보여주고 있습니다. 또한 신학은 우리의 모든 삶에 충분히 적용될 수 있다는 것을 예증하고 있습니다. 당시에는 성화에 대해 "너는 내려놓고 하나님이 하시게 하라"는 식의 수동적인 태도가 유행이었습니다. 우리가 상상할 수 있는 것처럼, 로이드 존스는 변함없이 성경적인 근거를 가지고 이런 태도를 매우 격렬하게 거부했습니다. 하나님은 우리가 그리스도인으로 사는 동안 평생에 걸쳐 우리 안에 자신의 거룩함을 일으키십니다. 하지만 우리 역시 하나님과 협력하여 믿음과 거룩함에서, 하나님에 대한 우리의 사랑과 순종에서 자라기 위해 적극적으로 발걸음을 내디뎌야 합니다.

우리는 하늘에서 그리스도와 함께 있게 될 것입니다! 그러나 그뿐만이 아닙니다. 그가 제시하는 것처럼, 하나님의 모든 백성도 그곳에 함께 있을 것입니다! 로이드 존스도 있고, 그의 아내도 그와 함께 있으며, 필립스 가문의 많은 경건한 가족들도 그곳에 함께 있을 것입니다. 또 하웰 해리스, 존 오웬, 조나단 에드워즈와 같은 그의 영웅들도 마찬가지입니다. 그들은 모두 지금 영광 속에 들어가 하늘에서 연합하여 하나님을 찬송하고 있는 성도들입니다.

이것은 얼마나 흥분되는 생각일까요! 이는 우리에게도 엄청난 위로가 아닐 수 없습니다. 우리는 얼마나 자주 세속적인 관점에 따라 삽니까? 얼마나 자주 다급한 일의 횡포와 압박과 고통에 사로잡혀 있습니까? 그러나 언젠가 우리는 손으로 짓지 아니한 집에서 살게 될 것입니다.

우리는 누구나 사랑하는 자들이 죽으면 그들을 그리워하기 마련입니다. 그러나 만일 그들이 그리스도인이었다면 우리는 세상 사람들과 전혀 다른 관점을 가질 수 있습니다. 이 설교는 올바른 교리가 영원한 가치를 가지고 있다는 것을 우리에게 보여줍니다. 왜냐하면 교리는 사별이 있을 때뿐만 아니라 (여러분이 지금 확인하게 되겠지만) 항상 어느 때나 기억해 두기에 적합하기 때문입니다. 이 설교가 1981년에 그의 가족에게 위로를 주었던 것처럼, 여러분에게도 위로를 줄 수 있기를 바랍니다.

드디어 우리는 요한복음 17:24에서 우리 주와 구주이신 예수 그리스도께서 자신을 따르는 자와 제자들을 위해 드리신 마지막 중대한 간구를 살펴보게 되었습니다. 이 구절은 사실상 그리스도께서 드리신 마지막 간청입니다. 여러 가지 면에서 대제사장적 기도의 마지막 부분이라고 할 수 있습니다. 요한복음 17장 마지막 두 구절에서 그리스도는 아버지께 자신이 기도하는 사람들이 어떤 특성을 가진 자들인지 다시 한 번 상기시키고 있습니다. "의로우신 아버지여, 세상이 아버지를 알지 못하여도 나는 아버지를 알았사옵고 그들도 아버지께서 나를 보내신 줄 알았사옵나이다. 내가 아버지의 이름을 그들에게 알게 하였고 또 알게 하리니 이는 나를 사랑하신 사랑이 그들 안에 있고 나도 그들 안에 있게 하려 함이니이다."[25-26절] 따라서 24절은 중대한 간청의 마지막 부분으로, 매우 획기적이고 특별한 방법으로 기도의 전체 내용을 요약하고 있습니다. 그러므로 이 구절을 살펴볼 때 우리는 특별히 새로운 간청에 대해 숙고하게 되는 것은 아닙니다. 따라서 영광스럽고 핵심적인 이 장을 공부하면서 수시로 살펴보았던 어떤 사실들을 상기하게 될 것입니다.

이제 24절을 살펴봅시다. 우리는 이 구절에서 우리의 주된 문제가 우리 자신에 대한 진리를 깨닫지 못했기 때문이라는 사실에 확실히 동조하게 될 것입니다(저는 그리스도인들에 대해 말하고 있습니다). 그리스도인의 삶 속에는 많은 문제와 어려움이 있습니다. 그렇지만 (비록 전부는 아니더라도) 우리의 문제 대부분이 그리스도인으로서 우리 자신에 대한 참된 진리를 마땅히 알아야 할 만큼 깨닫거나 이해하거나 파악하지 못하고 있다는 사실에서 나오는 것 같습니다. 성경에서 우리는 이 구절과 같은 중요한 말씀들 곧 이와 같이 엄청나게 중요하고 보배로운 약속들을 보는데, 이 말씀들은 모두 우리를 위해 주어진 것입니다. 이 말씀들은 우리를 목적으로 하고 있고, 우리를 위해 전해진 것입니다. 많은 부분이 우리에 대한 묘사입니다. 그런데도 우리는 이 사실을 거의 파악하지 못합니다. 그 속에 담겨 있는 진리를 거의 깨닫지 못하는 것처럼 보입니다. 또 이 사실을 우리 자신에게 적용하는 것에는 얼마나 느린지 모릅니다! 그래서 저는 우리가 겪고 있는 어떤 문제나 몇몇 다른 문제는 우리가 성경을 제대로 이해하지 못하기 때문에 생긴다는 결론에 이르게 됩니다. 말하자면 우리의 진정한 문제는 성경을 묵상하지 않고 단순히 읽는 데 그친다는 것입니다. 읽은 말씀을 굳게 붙들거나 우리 자신에게 적용하지 못한다는 것입니다. 이 진리가 우리에 대한 진리라는 것을 깨닫지 못한다는 것입니다. 만일 우리가 진리를 깨닫고 굳게 붙들기만 한다면 우리의 삶 전체는 혁명적으로 변화될 것입니다. 또 우리의 태도 전체도 완전히 바뀌게 될 것입니다. 신약성경을 읽으면 하나님의 백성은 기쁨과 즐거움으로 가득 찬 마음을 가질 수밖에 없다는 결론에 이르게 됩니다. 그리스도인들에 관련해 주님이 드리신 마지막 기도 중 하나는 그들이 그분 자신의 기쁨과 평강을 알게 해달라는 것이었습니다. 오늘 본문에 암시되어 있는 것처럼, 그것이 주님의 최고 관심사로 보입니다. 그러나 이런 사실을 깨닫는 데 우리는 얼마나 느립니까! 우리는 자신이 그리스도인에 대한 신약성경의 묘사와는 아무 상관이 없는 것처럼 생각합니다. 또 우리의 경험도 주님이 본문에서 묘사한 것과는 거의 일치하지 않습니다.

우리 중 얼마나 많은 사람이 주 예수 그리스도 안에서 "말할 수 없는 영광스러운 즐거움으로 기뻐"한다벧전1:8고 진정 말할 수 있을지 모르겠습니다. 우리는 위대한 사도가 빌립보서 4:4에서 말한 것처럼, "주 안에서 항상 기뻐하라. 내가 다시 말하노니 기뻐하라"라는 권면을 받습니다. 저는 우리가 난관과 장애물과 고된 싸움을 하면서 지치고 고단한 삶을 살고 있다는 인상을 줌으로써 세상 사람들이 자비로우신 주님을 오해하게 하는 것이 우리 모두에게 주어질 마지막 죄과가 될 것이라고 생각합니다. 확실히 기독교 밖에 있는 사람들이 훨씬 더 행복해 보일 때가 많습니다. 물론 우리는 그들이 외견상으로만 그렇게 보인다는 것을 압니다. 그들은 실제로는 조금도 행복하지 못하며 매우 비참한 상태에 있습니다. 그렇다고 해도 여러분은 겉으로 보기에 그들이 종종 많은 하나님의 백성들보다 더 행복하다는 인상을 줄 수 있습니다. 이에 대한 해답은 우리 자신에 대한 진리를 깨닫는 것, 즉 우리가 누구인지, 우리가 어떤 사람인지, 신약성경이 우리 자신에 대해 무엇을 말하는지 깨닫는 것에 있습니다.

요한복음 17장을 살펴보면서 우리는 끊임없이 이 점을 확인했습니다. 이제 우리는 모든 것 가운데 가장 특별하고 가장 영광스러운 한 가지 사실을 살펴보려고 합니다. 여기에 예수님이 자기 백성을 위해 드리는 마지막 간구가 나타나 있습니다. "아버지여, 내게 주신 자도 나 있는 곳에 나와 함께 있어 아버지께서 창세전부터 나를 사랑하시므로 내게 주신 나의 영광을 그들로 보게 하시기를 원하옵나이다." 예수님은 이제 자기를 따르는 자들을 떠나시려고 합니다. 그런 다음 골고다로 가서 십자가의 고뇌와 수치를 당하실 것입니다. 그리고 죽으시고 장사되시고 부활하시고 승천하실 것입니다. 그러나 예수님의 관심은 자기 백성에게 있습니다. 그것이 여기서 예수님이 기도하시는 이유입니다. 그러므로 요한복음 17장 전체의 주된 가르침을 요약하고 있는 이 구절을 지금부터 살펴보도록 합시다.

우리는 먼저 우리를 위하여 기도하시는 분이 누구신지 주목해야 합니다. 이것이 항상 첫 번째입니다. 우리가 다른 모든 것을 살피기 전에 가장 먼저 파악해야 할 사실입니다. 여기 우리를 위해 하나님께 기도하는 분이 계십니다. 바로 우리를 위해 기도하시는 것입니다. 그런데 기도하고 있는 이 분이 누구라고요? 예수님이 이 구절에서 사용하고 있는 표현이 그분이 누구신지를 정확히 말해 줍니다. 그분은 전능하시고 영원하신 하나님을 스스럼없이 "아버지"로 부르십니다. 이것은 즉시 두 분 사이의 친밀한 관계를 암시합니다. 요한복음 17:1에서도 그분은 다음과 같이 말씀하십니다. "아버지여, 때가 이르렀사오니 아들을 영화롭게 하사 아들로 아버지를 영화롭게 하게 하옵소서." "아버지여!" 그분은 하나님의 아들 외에 다른 분이 아닙니다. 우리가 살펴보는 본문에서 "아버지여" 다음에 나오는 말은 "하겠나이다"will입니다(개역개정은 이 말을 "하시기를 원하옵나이다"로 번역했다–옮긴이). 그분은 "아버지여,……내가 하겠나이다"라고 말씀하십니다. "내가 하겠나이다."I will 이 말은 매우 놀라운 말입니다. 그분은 "하시기를 부탁하옵나이다", "하시기를 간청하옵나이다", "하시기를 원하옵나이다"라고 말씀하지 않습니다. 개정표준역RSV 성경이 이 말을 "원하다"desire로 번역한 것은 유감스럽습니다. 왜냐하면 그보다 훨씬 더 강한 뜻이기 때문입니다. 그분이 "아버지여,……내가 하겠나이다"라고 말씀하시기에, 우리는 그 말씀의 의미를 축소해서는 안 됩니다. 여기에 영원하신 하나님 앞에서 "아버지여, 내게 주신 자도 나 있는 곳에 있게 하겠나이다"라고 말할 수 있는 분이 있습니다. 이 말은 물론 하나님과의 동등성을 암시합니다. 공손하게 그분은 전능하신 아버지께 "내가 하겠나이다"라고 말씀합니다.

그분에 대해 동일한 사실을 말해 주는 또 다른 어구는 "창세전부터"라는 말입니다. "아버지께서 창세전부터 나를 사랑하시므로." 그분은 이 기도 앞부분에서도 이렇게 말씀하셨습니다. 요한복음 17:5에서 그분은 이렇게 말씀하십니다. "아버지여, 창세전에 내가 아버지와 함께 가졌던 영화로써 지금도 아버지와 함께 나를 영화롭게 하옵소서." 우리는 지금 이 본문을 살펴볼 시간이 없습니다. 하지만 이를 파악하지 못하면 이 어구가 제공하는 중대한 교훈을 놓치게 될 것입니다. 그분은 단순히 자신의 직계 제자들만을 위해 기도하시는 것이 아닙니다. "내가 비옵는 것은 이 사람들만 위함이 아니요 또 그들의 말로 말미암아 나를 믿는 사람들도 위함이니."[20절] 그분은 모든 장소와 모든 세대의 그리스도인들을 위해 기도하고 계십니다. 우리를 위해 기도하고 계시는 분은 영원하신 하나님의 아들 외에 다른 분이 아닙니다. 그것이 우리의 지위와 위치의 전체적인 기초입니다. 우리가 오늘날 그리스도인인 것은 그분이 하늘에서 땅으로 오셔서 스스로 죄 있는 육신의 모양을 취하시고, 복음서에 자신에 대해 기록된 모든 일을 행하셨기 때문입니다. 그러므로 그리스도인은 말하자면 영원하신 하나님의 아들께서 기도해 주시는 사람입니다.

나아가 여러분은 예수님이 우리에 대해 가지고 계시는 관심도 깨닫지 않을 수 없습니다. 마귀와 죄와 시험에 에워싸여 공격받고 있을 때 우리가 그것을 알고 있기만 해도 얼마나 도움이 되겠습니까! 삶 속에서 우리를 괴롭히고 당혹스럽게 하는 어려움과 우리 자신과 다른 이들이 초래한 어려움에 직면할 때, 우리는 나는 혼자이며 아무도 나를 이해해 주지 못한다고 생각하기 마련입니다. 그러나 이 모든 것에 대한 답변은 하나님의 아들의 최고 관심사가 자기 백성에게 있다는 것입니다. 비록 십자가의 그늘 아래에서 자신 앞에 어떤 일이 놓여 있는지 알고 계심에도 불구하고 말입니다. 여러분은 예수님이 자기 자신을 위해 기도하는 데 시간을 다 쓰실 것이라고 생각할 것입니다. 그러나 이 기도를 살펴보면 처음 다섯 구절만 자신에게 해당되는 기도임을 알 수 있습니다. 나머지는 자신을 따르는 자들을 위한 중보 기도에 할애하고 있습니다. 우리에게는 구주께서 영원하신 하나님의 아들이라는 것, 이 땅에서 우리를 위해 기도하셨다는 것, 그리고 지금 이 순간에도 하늘에서 하나님의 영광과 권능의 우편에 앉아 우리를 위해 중보하고 계신다는 것을 깨닫는 것보다 더 중요한 것은 없습니다.

그렇다면 예수님은 우리에 대해 어떤 말씀을 하실까요? 우리는 기도하시는 분이 어떤 분인지 그 진실을 확인했습니다. 따라서 이제 두 번째로 우리에 대한 진실이 무엇인지 물어야 합니다. 여기서도 우리는 주님이 이 기도에서 자주 사용하신 어구에서 답변을 얻습니다. 우리는 "[아버지께서] 내게 주신 자"로 묘사됩니다. "아버지여, 내게 주신 자도 나 있는 곳에 나와 함께 있어." 그리스도인들은 하나님 아버지께서 자기 아들에게 주신 자입니다. 여러분은 요한복음 17:6에서 예수님이 그것을 어떻게 표현하셨는지 기억할 것입니다. "그들은 아버지의 것이었는데 내게 주셨으며 그들은 아버지의 말씀을 지키었나이다." 저는 이 말씀보다 더 위로가 되는 말씀이 또 있는지 모르겠습니다. 그리스도인으로서 저는 하나님의 택함받은 백성의 일원입니다. 이것은 중대한 성경 교리입니다. 여러분은 이 사실을 성경 도처에서 발견합니다. 주님은 실제로 이 사실을 자기 아버지께 드리는 마지막 기도에서 일곱 번이나 반복하십니다. 이들은 하나님이 창세전에 택하신 사람들 곧 하나님께 속한 백성입니다. 하나님은 이들을 자기 아들 주 예수 그리스도에게 주셨습니다. 이것보다 더 놀라운 사실이 있습니까?

그다음 여러분은 우리가 하나님의 특별한 관심과 보살핌의 대상이라는 것을 확인합니다. 하나님은 우리가 태어나기 전에 이미 우리를 알고 계셨습니다. 사람을 지으시기 전에, 세상을 창조하시기 전에 자신이 택하신 자들을 이미 아셨습니다. 그리고 그들을 자기 아들에게 주셨습니다. 앞에서 확인한 것처럼, 영원 전에 삼위 하나님 사이에 중대한 의논이 있었습니다. 성부 하나님은 이 사람들을 성자 하나님에게 주셨습니다. 그리고 중대한 사명—그들이 하나님을 영원히 즐거워하도록 준비시키는—을 위해 성자 하나님을 보내셨습니다. 이것이 바로 기독교의 의미입니다. 그것 때문에 하나님의 아들이 이 세상에 오신 것입니다. 모든 인간이 죄를 지었습니다. 하나님을 거역하고 타락했습니다. 모든 인간이 하나님의 생명과 사랑 밖에 있었습니다. 그런데 하나님은 그 아들을 세상에 보내셔서 자기 아들에게 주신 자들을 위해 필요한 일들을 하도록 하셨습니다. 그러므로 하나님의 아들이 이 세상에서 행하신 모든 일은 자기에게 주어진 자들을 위한 것이었습니다. 곧 우리를 위해 행하신 일이었습니다. 하나님은 바로 그 목적을 위해 자기 아들을 보내셨습니다. 이는 앞에서 이미 주님이 지적하신 바와 같습니다. "아버지께서 아들에게 주신 모든 사람에게 영생을 주게 하시려고 만민을 다스리는 권세를 아들에게 주셨음이로소이다."[2절] 따라서 주님은 아버지를 향해 "아버지께서 내게 하라고 주신 일을 내가 이루어 아버지를 이 세상에서 영화롭게 하였사오니"[4절]라고 말씀하실 수 있습니다. 이제 주님은 아버지께 돌아갈 것이라고 말씀하십니다.

그러므로 여러분이 그리스도인이라면 이 사실은 그대로 여러분에게 해당됩니다. 여러분은 내내 하나님의 관심과 보살핌의 특별한 대상이었습니다. 하나님은 여러분을 위해 자기 아들을 하늘에서 이 땅으로 보내실 정도로, 심지어 십자가에 달려 죽게 하실 정도로 여러분을 사랑하셨습니다. 그 결과 여러분은 진정으로 하나님의 백성의 일원이 되었습니다. 새 본성을 가질 수 있게 되었습니다. 하나님 앞에 서는 데 합당한 자가 되어 영원토록 하나님을 즐거워할 수 있게 되었습니다. "아버지여, 내게 주신 자도……." 그런 의미에서 여러분은 자신이 소극적으로는 세상과 구별된 자라는 것을 깨달을 것입니다. 주님은 이 대제사장적 기도에서 이 사실을 크게 강조하셨습니다. "내가 그들을 위하여 비옵나니 내가 비옵는 것은 세상을 위함이 아니요 [세상으로부터] 내게 주신 자들을 위함이니이다. 그들은 아버지의 것이로소이다."[9절] 그리고 이제 25절에서 이렇게 말씀하십니다. "의로우신 아버지여, 세상이 아버지를 알지 못하여도……." 따라서 주님은 여기서 세상에 대해서는 관심이 없습니다. 그리고 계속 이렇게 말씀하십니다. "나는 아버지를 알았사옵고 그들도 아버지께서 나를 보내신 줄 알았사옵나이다." 여기서 "그들"은 누구입니까? 그들은 분명 세상에 속하지 아니한 자들입니다. 그들은 하나님의 택함받은 특별한 백성으로서, 이 악한 세상에서 불러냄을 받아 구별되어 우리 주님에게 주어진 자들이었습니다.

여기서 제가 강조하고 있는 사실은 우리에게 큰 위로를 줍니다. 이 위로는 우리가 놀랍고 복된 하나님과의 관계 속에 있다는 것을 확실히 아는 데서 오는 위로입니다. 우리는 이 진리를 묵상합니까? 이 진리에 대해 생각합니까? 이 진리 안에서 마땅히 즐거워해야 할 만큼 즐거워하고 있습니까? 다시 한 번 말하는데, 우리는 여기서 죽음을 눈앞에 두고 있는 하나님의 아들을 만납니다. 이때 주님이 염두에 두고 계시는 것은 바로 그들 곧 "아버지께서 자기에게 주신 자"입니다. 주님은 그들을 위해 죽으실 작정입니다. 자기 목숨을 대속물로 내놓음으로써 그들을 구원하실 생각입니다. 그래서 주님은 이 일을 "아버지여, 내가 하겠나이다"라고 말씀하시는 것입니다. 그렇지만 여기서 문제는 바로 이것입니다. "우리가 우리 자신을 인정하는가? 우리 자신을 이 배경에 따라 알고 있는가?" 그런데 우리는 너무나 자주 우리 자신을 스스로의 힘으로 의롭게 되거나 그리스도인이 되겠다고 결심할 수 있는 자로 여기는 것이 사실 아닙니까? 우리는 그렇게 결심했고, 또 결심하려고 합니다. 그러나 여러분과 저는 태어나기 전에 이미 하나님의 택하심을 받았고 주 예수 그리스도께 주어졌습니다. 그리스도께서 세상에 오신 것은 아버지께서 아들에게 여러분과 모든 그리스도인을 주셔서 이들을 구원하고 구속하도록 하기 위해서였습니다. 그리스도께서 오셔서 그렇게 하셨기 때문에 여러분은 그분의 보혈로 사신 그분의 백성의 일원입니다. 오, 이 사실을 깨닫지 못하는 것은 얼마나 큰 비극일까요! 우리 자신과 우리 자신의 활동을 지나치게 신뢰하여 가장 보배로운 진리를 놓치는 것은 얼마나 큰 비극일까요!

우리는 지금까지 기도하시는 분이 누구인지 그리고 그분이 위하여 기도하는 사람들이 누구인지 살펴보았습니다. 이제는 세 번째 질문 곧 "그분이 우리를 위해 기도하시는 내용이 무엇인가?"를 살펴보아야 합니다. 여러분은 우리가 요한복음 17장을 전체적으로 검토하면서 주님이 드리신 몇 가지 간청을 확인했음을 기억할 것입니다. 주님은 우리가 이 세상의 악과 모든 악의 배후에 있는 악한 자에게서 보전받을 수 있도록, 마귀와 그의 간계에서 보전받을 수 있도록, 마귀의 교활한 권세와 질투와 우리를 하나님과 분리시키기 위해 획책하는 모든 것에서 보전받을 수 있도록 기도하십니다. 주님은 소극적으로는 우리가 그런 것에서 보전받을 수 있도록 기도하십니다. 그런데 이제는 적극적으로 우리가 거룩하게 될 수 있도록, 우리가 하나님께 더 합당한 자가 될 수 있도록 기도하십니다. 이것이 그리스도인으로서 우리가 이 세상에서 펼치는 우리 자신의 삶을 바라보는 관점입니다. 이 세상은 다음 세상을 위한 준비입니다. 우리는 영광을 준비하고 있습니다. 이 영광을 준비하는 것이 바로 성화입니다. 우리는 세상과 죄에서 분리된 존재입니다. 우리는 하나님을 위해 구별되고 그분과 더 깊이 교제와 친교를 나누게 되었습니다. "거룩하신 아버지여, 그들을 진리로 거룩하게 하옵소서." 또한 주님은 거듭남과 성령의 선물을 통해 우리를 이끄신 목적 곧 신령한 연합을 유지할 수 있도록 기도하십니다. 이것은 기계적인 외적 연합이 아니라 내적이고 영적이고 활력이 있고 유기적인 연합입니다. 주님은 바로 이 연합이 보전받을 수 있도록 기도하십니다. 그리고 이 모든 것을 기도하신 후에 주님은 자신의 뜻을 표현하는 마지막 기도를 드리십니다. 이것은 모든 기도 가운데 가장 영광스러운 기도입니다.

이 마지막 기도에서 주님은 우리의 과거를 다루시고, 우리의 현재를 위해 기도하시며, 우리의 미래도 언급하십니다. 그리스도인의 삶은 온전히 만족스러운 삶이며 영광스러운 삶입니다.

그 크신 주의 은총

큰 기쁨 주시며

나 주의 영광 잔치

참여하게 하시네.[15]

—오즈월드 앨런

이 찬송가도 그렇게 말합니다. 여기서도 주님은 지금 휘장을 통해 미래를 들여다보시고, 우리를 기다리고 있는 것이 무엇인지 슬쩍 보여주십니다. 여러분은 모든 면에서 주님이 우리를 어떻게 만족시키셨는지 알 것입니다. 주님은 우리가 이 세상에 사는 동안 우리를 위해 중보하셨습니다. 그러나 주님의 중보는 그것으로 멈추지 않습니다. 주님은 지금도 계속 중보하고 계십니다. 자기를 따르는 자들을 위해 그렇게 하십니다. 또한 우리 자신의 영광스럽고 경이로운 미래에 대해서도 가르쳐 주십니다. 그렇다면 그리스도인으로서 우리가 기다리고 있는 미래는 어떤 미래일까요? 저는 여기서 여러분에게 우리가 우리 자신에 대한 진리를 깨닫지 못하고 있다는 비극적 사실을 다시 한 번 상기시키지 않을 수 없습니다. 죽을 때 우리를 기다리고 있는 것은 무엇일까요? 저는 여기서 대조법을 통해 여러분에게 이 메시지를 전하고 싶습니다. 이 메시지를 준비하던 중에 우연히 한 일간 신문에서 "위대한 이야기"라는 제목으로 실린 기사를 읽게 되었습니다. 이 기사는 다음과 같습니다.

나는 아직 가 본 적이 없지만 결국은 가게 될 곳 곧 인생의 거친 바다

15.「그 자비하신 주님」, 새찬송가 253장.

를 뚫고 안전하게 도착할 곳, 항해를 마치고 편안히 쉴 곳에 대해 생각하는 것을 좋아한다. 이곳은 높은 산으로 에워싸여 집도 없고 사람들의 흔적도 없는 한 작은 만灣이 될 것이다. 이 만은 매우 황량한 땅으로 둘러싸여 있을 것이다. 그러나 서쪽으로 기우는 해가 따스한 공기 아래 있는 그곳을 기분 좋게 비출 것이다. 그곳은 잠을 자기에 아주 좋은 곳이 될 것이다. 항구로 가는 길은 조약돌이 깔린 상쾌한 작은 해변 뒤에 놓여 있고, 가파른 언덕 중턱에서 바다까지 비스듬히 이어질 것이다. 그것은 하나님이 만드신 방파제가 될 것이다. 그 길 뒤에서 밀물이 평온하게 그리고 슬그머니 들어와 언덕의 고요한 계곡을 채우고, 하나의 잔—원기元氣의 잔, 평온의 잔, 죽음의 잔—처럼 모든 계곡에서 넘실댈 것이다. 이어서 나는 매우 즐겁게 작은 배를 타고 조약돌이 깔린 해안 둘레를 한 바퀴 돌 것이다. 소용돌이치는 얕은 바다와 푸른빛을 띠고 있는 깊은 바다를 구경할 것이다. 그곳은 큰 바다에서 나온 해협이 항로를 이루고 있다. 그 항로를 따라 계곡으로 들어가 볼 것이다. 그러면 계곡의 문이 갑岬과 갑을 따르며 내 뒤에서 닫히고, 그리하여 나는 더 이상 광대한 바다를 보지 못하게 될 것이다. 그렇지만 멀리서 들려 오는 바다 소리는 들을 것이다. 그러나 높은 언덕으로 밀려드는 파도 소리가 멀리서 들려 오는 것을 제외하고, 내 주위 사방은 무척 조용할 것이다. 저녁이 이미 찾아든 것이다. 어두워지는 빛 아래 나는 그곳에 홀로 남아 닻의 사슬을 풀어놓고, 닻의 덜그럭거리는 마지막 소리를 들을 것이다. 그러면 닻은 단번에 맑은 바닷물 속으로 잠기고, 나는 바닥에 닿을 때까지 닻을 네 정신艇身 정도 떨어뜨린다. 그러면 배는 쉽게 흔들릴 수 있으나 끌려 나가지는 않게 될 것이다. 그리고 밤을 위해 범포帆布를 단단히 묶고 모든 것을 고정시킨 다음, 나는 잠을 잘 준비를 한다. 그것으로 나의 항해는 끝날 것이다.

이것이 "위대한 이야기"입니다! 감사하게도 이 이야기는 성경에서 나온 것이 아닙니다. 이 이야기는 세상이 위대한 이야기로 부르는 것입니다. 이 이야기는 문학적 관점에서 보면 매우 아름답다고 생각합니다. 그렇지만 저는 문학을 설교하도록 부르심받지 않은 것을 하나님께 감사드립니다. 저는 이 이야기를 그리고 있는 언어의 아름다움을 인정합니다. 그러나 우리가 지금 함께 살펴보고 있는 본문과 엄청난 대조를 이루는 글을 그리 중요하게 여길 수는 없습니다. 이것이 인생의 마지막입니까? 홀로 되는 것, 그것이 그리스도인에게 죽음이 의미하는 것입니까? 어떤 사람이나 다른 존재도 없이 오직 혼자 작은 배로 갑을 거치며 방대한 대양에서 작은 소용돌이가 이는 얕은 바다로 돌아와 거기서 홀로 잠을 자는 것이 인생이라는 항해의 끝이란 말입니까? 저는 이렇게 홀로 있게 되는 것보다 더 두려운 일을 상상할 수 없습니다. 홀로 되려는 욕망, 그것은 염세주의이고 절망입니다. 성도 여러분, 여러분이 그리스도인이라면 여러분을 기다리고 있는 것은 그것이 아닙니다. 바로 이것입니다. "아버지여, 내게 주신 자도 나 있는 곳에 나와 함께 있어……내게 주신 나의 영광을 그들로 보게 하시기를 원하옵나이다." 여러분, 여기서 차이를 보십시오. 그리스도인이 바라는 것은 혼자 있게 되는 것이 아닙니다. 혼자 있는 것을 최고의 복으로 간주하지 않습니다. 최고의 복은 그리스도가 계시는 곳에 함께 있는 것입니다. "나 있는 곳에." 오, 기독교의 복음에 대해 하나님께 얼마나 감사한지요!

우리는 지금 어디로 가고 있을까요? 아름다운 언덕과 파도 위로 아른거리는 어렴풋한 빛에 둘러싸인 어떤 조용한 곳으로 가고 있을까요? 아닙니다. 그것은 복음이 아닙니다! 우리는 그리스도께서 계시는 곳으로 가고 있습니다. "그리스도와 함께 있는 것이 훨씬 더 좋은 일이라."빌 1:23 그리스도인에게는 죽음이 홀로 있는 것을 의미하지 않습니다. 그리스도와 함께 있기 위해 그분께 가는 것을 의미합니다. 성도 여러분, 그것이 바로 십자가에서 죽어 가던, 자기 곁에 있던 강도에게 주님이 하신 말씀입니다. "오늘 네가 나와 함께 낙원에 있으리라."눅 23:43 여러분은 소용돌이치는 어떤 작은 바다에 홀로 닻을 내리고 잠을 자려고 가고 있는 것이 아닙니다. "훨씬 더 좋은 일인 그리스도와 함께 있기 위해" 가고 있는 것입니다.

여기서 주님은 우리가 단순히 자기와 함께 있을 것이라고 말씀하시는 것이 아닙니다. 우리 모두가 자기와 함께 있을 것을 우리에게 각인하시는 데 큰 관심을 두시는 것입니다. "아버지여, 내게 주신 자도 나 있는 곳에 나와 함께 있어……." 저는 이것이 그리스도인의 전체 총수 곧 구속받은 자 전체를 의미한다고 생각합니다. 우리 모두가 그리스도와 함께 있게 될 것입니다. 우리는 마지막에 홀로 남아 더 이상 다른 사람들에게 들볶이지 않고 "감사하게도 드디어 나 홀로 있게 되었구나!"라고 생각하는 모습을 기대하지 않습니다. 단순히 아름다운 언어로 자연적 지성에 호소하는 것은 복음의 모조품에 불과합니다. 그리스도인은 정말이지 다음과 같은 일을 고대합니다.

천천만만

구속받은 수많은 군대가

찬란한 흰옷을 입고
빛의 절벽 위로 떼 지어 몰려든다.
사망과 죄와의 싸움이
드디어 끝났다, 모든 것이 끝났다.
황금 문은 활짝 열리고
승리자를 맞아들이네.[16]

—헨리 알포드Henry Alford

그리스도인의 지위의 참된 본질은 자기가 소유한 것을 모든 사람과 공유하기를 원하는 것에 있습니다. 또한 하늘로 올라가 천천만만의 모든 무리와 함께 있는 것을 고대하는 것에 있습니다. 그런 곳이 천국입니다. 감사하게도 우리는 홀로 있지 않습니다. 구속받은 수많은 무리 곧 여기 이 땅에서 성도의 교제를 함께 누렸던 모든 자들이 안전하게 함께 모여 찬송을 부르는 무리 속에 있습니다. 우리는 모두 천국에서 우리보다 먼저 하늘로 간 성도들, 우리보다 나중에 하늘로 오는 성도들과 함께 있게 될 것입니다. 얼마나 놀라운 광경이고, 얼마나 영광스러운 환상일까요! 이것이 주님이 원하시는 것입니다. "내게 주신 자—그들 모두—도 나 있는 곳에 나와 함께 있어……."

그렇다면 우리는 거기서 무엇을 하게 될까요? 이에 대한 주님의 말씀은 이렇습니다. "아버지여, 내게 주신 자도 나 있는 곳에 나와 함께 있어……내게 주신 나의 영광을 그들로 보게 하시기를 원하옵나이다." "그

16. 헨리 알포드, 「천천만만」(Ten thousand times ten thousand).

들로 보게 하시기를"에서 "보게"behold라는 말이 중요합니다. 이 말은 목격자로서 지켜본다는 뜻입니다. 그러나 동시에 어떤 특별한 광경, 예외적이고 희한한 어떤 장면을 지켜본다는 의미도 있습니다. 우리는 종종 그런 종류의 경험을 합니다. 그렇지 않습니까? 우리는 갑자기 모퉁이를 돌다 어떤 기이한 장면을 보기도 합니다. 그때 우리는 그 장면을 지켜봅니다. 주시합니다. 멈추어 서서 바라봅니다. 우리 주님의 말씀 속에는 바로 이런 의미가 내포되어 있는데, 사실은 무한히 더 확장되고 있습니다. 그러나 이 말은 그 이상의 의미를 갖고 있습니다. 이 말은 연속적인 의미를 가진 말입니다. 곧 "나의 영광을 그들로 계속 보게 하시기를"이라는 뜻입니다. 그러므로 우리는 계속 지켜볼 것입니다! 물론 그것이 천국의 전부는 아닙니다. 그렇지만 주 예수 그리스도를 보는 것, 주 예수 그리스도를 주시하고 응시하는 것, 특별히 그분의 영광을 보는 것이 천국의 주요한 일 중 하나라는 것은 성경, 특히 요한계시록으로 보아 매우 분명합니다.

이것은 매우 중요한 사실입니다. 주님은 "내게 주신 나의 영광을 그들로 보게 하시기를 원하옵나이다"라고 기도하십니다. 우리는 이것을 분명히 이해해야 합니다. 지난 설교에서 확인한 것처럼, 이 영광은 하나님의 아들로서의 본래적인 영원한 영광을 의미할 수 없습니다. 왜냐하면 그것은 본래 주님이 가지고 계신 것이지 그분에게 주어진 것이 아니기 때문입니다. 주님은 영원부터 하나님의 영원하신 아들로서, 영광과 다른 모든 것에 있어 성부 하나님과 동등하십니다. 그러므로 그것은 하나님의 아들로서 성자 하나님 안에 내재하는 영광을 의미할 수 없습니다. 주님이 여기서 말씀하시는 영광은 인성을 가지고 땅에서 하늘로 다시 돌아가신 후 그분에게 주어진 영광이 틀림없습니다. 여러분도 알다시피, 주님은 하늘에서 오셔서 스스로 인성을 취하셨습니다. 따라서 주님은 신인으로서 하늘로 돌아가셨습니다. 주님은 하늘로 돌아가실 때 인성을 떼어 놓고 가신 것이 아니었습니다. 인성을 취한 모습 그대로 돌아가셨습니다. 따라서 참된 인간이신 분이 하늘에서 하나님의 권세와 권능의 우편에 앉아 계십니다. 주님은 신인으로서 돌아가셨습니다. 그래서 신인으로서 그리고 자기 백성의 구주로서 특별한 영광을 받으셨습니다.

바울은 빌립보서 2장에 나오는 성육신에 대한 중대한 진술에서 이 점을 다루었습니다. 여러분은 주님이 하늘로 돌아가셨다고 바울이 말한 후에 "이러므로 하나님이 그를 지극히 높여"라고 말한 것을 기억할 것입니다. 바울은 주님이 사람으로서 "자기를 비우셨다"고, 즉 스스로 겸손하게 되셨다고 말했습니다. 이것 때문에 "하나님이 그를 지극히 높여 모든 이름 위에 뛰어난 이름을 주사 하늘에 있는 자들과 땅에 있는 자들과 땅 아래에 있는 자들로 모든 무릎을 예수의 이름에 꿇게 하"셨습니다.빌 2:9-10 이것은 자기 아들이 우리 인간의 구원을 위해 행하신 일 때문에 하나님께서 그분에게 주신 특별한 영광입니다.

여기서 주님이 원하시는 것은 바로 이것입니다. 곧 주님은 자기 아버지께 이렇게 말씀하시는 것입니다. "아버지여, 내가 이것을 고대하옵나이다." 이는 히브리서 기자가 말한 것과 같습니다. "그는 그 앞에 있는 기쁨을 위하여……."히 12:2 주님은 무엇이 다가오는지 알고 계셨습니다. 따라서 주님은 여기서 아버지께 "아버지여, 내가 하겠나이다……"라고 말씀하십니다. "그들은 여기서 육체 안에 있는 나를 보았습니다. 슬픔과 고통에 익숙한 나를 보았습니다. 머리 둘 곳조차 없는 나를 보았습니다. 그리고 머리에 가시 면류관을 쓴 나를 볼 것입니다. 내 손과 옆구리에서 피가 흘러나오는 것을 바라볼 것입니다. 그들은 낮아짐의 상태에 있을 때 나를 보았고 믿었습니다. 아버지여, 그들이 또한 내 영광을 보게 하소서. 내가 진실로 어떤 존재인지 그리고 어떤 존재가 될 것인지 나를 주시하고 응시할 수 있게 하소서." 이것이 여러분과 제가 기다리고 있는 것입니다. 그러나 이것이 다가 아닙니다. 주님의 영광을 보는 것은 또한 우리도 이 영광을 공유하는 것을 의미하기 때문입니다. "장래에 어떻게 될지는 아직 나타나지 아니하였으나 그가 나타나시면 우리가 그와 같을 줄을 아는 것은 그의 참모습 그대로 볼 것이기 때문이니."요일 3:2 다시 말해 여러분 안에 이 영광이 반영되지 않으면 여러분은 이 영광을 볼 수 없습니다. 그러므로 이 영광을 보는 것은 이 영광과 같이 되고 이 영광으로 변화되는 것을 의미합니다. 바울은 동일한 사실을 다음과 같이 말하고 있습니다. "거기로부터 구원하는 자 곧 주 예수 그리스도를 기다리노니 그는 만물을 자기에게 복종하게 하실 수 있는 자의 역사로 우리의 낮은 몸을 자기 영광의 몸의 형체와 같이 변하게 하시리라."빌 3:20-21 우리는 그리스도와 그분의 영광을 보기를 고대할 뿐만 아니라 우리가 그분의 영광의 모양과 형상으로 변화되는 것도 고대합니다.

무엇보다 놀라운 것은 주님이 우리에게 이 일이 일어나기를 원하신다는 것입니다. 이것은 이 일이 우리에게 확실히 일어날 것임을 의미합니다. 그런데 여러분도 알다시피, 바로 여기서 우리가 그리스도인으로서 어떤 존재가 될 수 있는지에 대해 우리 자신을 제대로 파악하지 못하는 일이 벌어집니다. 여러분은 자신이 비천한 자녀요 무지한 그리스도인으로서 다른 어떤 존재보다 더 실패하고 마귀에게 시달리며 이리저리 흔들리는 존재라고 알고 있습니까? 그런데 우리가 이제껏 얘기했었던 일들을 여러분이 앞으로 경험하도록 예정되어 있다는 것도 알고 있습니까? 여러분은 죽을 때 그리스도와 함께 있게 될 것입니다. 여러분은 그리스도의 영광을 보게 될 것입니다. 그리스도의 영광을 보게 될 뿐만 아니라 그분과 같이 될 것이며 영원토록 그분의 영광을 누리게 될 것입니다. 바울은 이것을 다음과 같이 말합니다. "하나님이 미리 아신 자들을 또한 그 아들의 형상을 본받게 하기 위하여 미리 정하셨으니 이는 그로 많은 형제 중에서 맏아들이 되게 하려 하심이니라. 또 미리 정하신 그들을 또한 부르시고 부르신 그들을 또한 의롭다 하시고 의롭다 하신 그들을 또한 영화롭게 하셨느니라."롬 8:29-30 삼위 하나님의 회의에서 이 일은 이미 일어났습니다. 그래서 확실합니다. 우리가 이 순간 어디에 있든지 간에 여러분과 저는 예수 그리스도의 모든 영광 속에서 그분의 얼굴을 보게 될 것입니다. 영원무궁토록 그분과 같이 되고 그분을 즐거워하게 될 것입니다. 그것이 우리에 대한 그리스도의 뜻입니다. 그리스도께서 원하시기 때문에 그것은 절대로 확실합니다.

우리가 여기서 이끌어 내는 이 결론은 절대로 불가피합니다. 그렇지 않습니까? 만일 우리가 이 사실들을 깨닫는다면 과연 지금처럼 인생을 살겠습니까? 지금처럼 이 세상과 이 세상의 일시적인 쾌락과 영광과 지위와 자랑과 명예에 관심을 두고 살겠습니까? 이런 세속적인 일에는 시간을 많이 내고 이 일에는 거의 시간을 내지 않겠습니까? 우리가 여기서 말해 왔던 바를 진정으로 깨닫게 된다면, 사람들이 우리를 그리스도인으로 알고 있는 것에 대해 변명을 하고 때로는 두려워하기까지 하겠습니까? 우리가 이 일을 믿는다면, 우리에게 어떤 일이 일어날지 알고 있다면, 과연 그렇게 살겠습니까? 그러나 우리가 그리스도인이라면 이 일은 반드시 일어날 것입니다. 절대로 확실합니다. 우리가 그리스도와 그분의 영광을 보고 그분과 같이 되리라는 것은 오늘날 해 아래에서 일어나는 어떤 일보다 더 확실할 것입니다.

그러므로 무엇을 하든 간에 마음 한복판에 이 사실을 새겨 두십시오. 이전에는 결코 생각하지 않았던 방식으로 이 사실을 생각하십시오. 하루도 빠짐없이 여러분 자신이 누구이고 어떤 존재인지 상기하십시오. 여러분은 하나님의 백성의 일원입니다. "그들은 아버지의 것이었는데 내게 주셨으며."요 17:6 요약하면 예수님은 이렇게 말씀하셨습니다. "아버지께서 내게 하라고 주신 일을 내가 이루었으니, 아버지께 다시 돌아가겠나이다. 아버지여, 내게 주신 자도 나 있는 곳에 나와 함께 있어 내게 주신 나의 영광을 그들로 보게 하시기를 원하옵나이다." 날마다 이 말씀을 여러분 앞에 두십시오. 이 말씀과 함께 하루를 시작하고, 이 말씀을 끊임없이 상기하십시오. "위의 것을 생각하고 땅의 것을 생각하지 말라."골 3:2 "우리가 잠시 받는 환난의 경한 것이 지극히 크고 영원한 영광의 중한 것을 우리에게 이루게 함이니 우리가 주목하는 것은 보이는 것이 아니요 보이지 않는 것이니 보이는 것은 잠깐이요 보이지 않는 것은 영원함이라. 만일 땅에 있는 우리의 장막 집이 무너지면 하나님께서 지으신 집 곧 손으로 지은 것이 아니요 하늘에 있는 영원한 집이 우리에게 있는 줄 아느니라." 고후 4:17-5:1

그러므로 우리가 늘 "밤에는 우리의 이동 장막을 단단히 고정하고, 낮에는 본향 가까이 나아갑시다."[17] 오, 이 세상에서 인생을 마감하는 것을 광대한 바다에서 나와 소용돌이치는 작은 해안으로 미끄러져 들어가 드디어 홀로 있게 되는 것으로 생각하지 마십시오. 대신, 그리스도와 함께 그리고 구속받은 모든 성도들과 함께 있게 되는 것으로 생각합시다. 이 세상에서 함께 순례자였던 사람들을 다시 만나게 되는 것으로 생각합시다. 여러분을 위해 죽으시고 여러분을 구원하기 위해 다시 살아나실 만큼 여러분을 사랑하신 그리스도를 찬양하는 데 동참하는 것으로 생각합시다. 여러분 자신을, 이전에 죽임을 당하고 우리를 구속하신 어린양을 영원토록 찬양하는 천천만만의 구속받은 무리 속에 있는 것으로 생각합시다. 얼마나 엄청난 유업일까요! 얼마나 경이로운 약속일까요! 얼마나 놀라운 소망일까요! 얼마나 아름다운 영광일까요! 우리 주와 구주이신 예수 그리스도의 하나님 아버지를 송축합니다. 아멘.

17. 제임스 몽고메리(James Montgomery), 「하늘에 있는 본향에서」(At Home in Heaven).

17

넉넉히 이기느니라

1968 | 『생수』

여자가 물동이를 버려두고 동네로 들어가서 사람들에게 이르되 내가 행한 모든 일을 내게 말한 사람을 와서 보라 이는 그리스도가 아니냐 하니 그들이 동네에서 나와 예수께로 오더라. 요한복음 4:28-30

행위는 언제나 말보다 소리가 더 큰 법입니다. 로이드 존스에 따르면, 이 유명한 격언은—만약 기독교가 사도행전 시대에 전파된 방법을 우리가 주목한다면—복음 전도에 대해서도 참입니다.

설교자는 설교를 통해 자신의 모든 것을 주는 사람입니다. 그러나 교인들이 매 주일마다 설교를 듣고도 변화되지 않는다면, 자기 친구나 동료에게 복음을 전하는 것은 사실상 김빠진 일이 되고 맙니다. 목회자는 매주 복된 소식을 전하는 데 충실해야 합니다. 그러나 양들이 기독교적인 삶을 성실하게 살아야 그리스도인이 아닌 자들이 교회 문턱을 넘어서도록 이끌 수 있습니다.

이 특별한 설교는 우물가의 여인(사마리아 여인)의 회심이 그녀가 사는 마을 사람들에게 미친 영향을 다룹니다. 이 여인에게는 나쁜 소문이 있었기 때문에—그녀가 아무도 없을 때 물을 길러 우물을 찾아온 것이 이 사실을 말해 줍니다—그녀가 예수님을 따르게 된 것은 정말 놀라운 사건이었습니다.

그러나 대다수의 회심은 그리 극적이지 않습니다. 우리가 회심하고 난 후 세월이 흐르면, 회심 이전이나 이후에 우리를 알고 있던 자들의 수는 점차 줄어듭니다. 만일 우리가 젊어서 회심했다면 우리가 알고 있는 대부분의 사람들은 우리를 그저 그리스도인으로만 알 것입니다. 우리는 주변 사람들에게 어떤 종류의 인상을 남깁니까? 복음을 필요로 하는 친구들이 우리를 그리스도인으로 주목하게 하는 것은 무엇입니까?

이 설교는 매우 실천적입니다. 하지만 동시에 교리로 가득 차 있습니다. 로이드 존스가 으레 그랬던 것처럼, 그는 한 성경 본문을 사용하여 다른 성경 본문들의 타당성을 증명했습니다. 이 설교에서도 그는 사도행전뿐만 아니라 시편과 고린도후서에서도 적절하고 강력하게 본문들을 인용합니다. 교리와 적용은 상호 배타적인 관계가 아닙니다. 교리적이고 실천적인 이 설교는 이 점을 매우 확실하게 보여줍니다.

이 설교는 또한 전도 설교로 볼 수도 있습니다. 왜냐하면 그리스도인이 아닌 사람이 이 설교를 들으면 복음이 다음 두 가지를 명확히 하고 있다는 것을 깨달을 수 있기 때문입니다. 첫째, 그리스도가 없으면 내면의 평강도 없다. 둘째, 세상이 제공하는 모든 해결책은 여전히 아무런 희망이 없다.

그와 교인들은 미처 깨닫지 못했겠지만, 이 설교는 그가 웨스트민스터 채플에서 전한 마지막 주일 오전예배 설교가 되었습니다(그날 저녁에 전한 그의 마지막 설교는 이 책 15장의 「그리스도가 죽으신 이유」라는 제목의 설교입니다). 이 설교는 복음이 그리스도인인 우리가 내면의 평강을 느끼는 데에 큰 영향을 준다는 것과, 내면의 평강이 많은 이들을 복음으로 이끌 수 있다는 것을 보여줍니다. 이 설교가 은퇴를 앞둔 시점에 전해진 것은 얼마나 은혜로울까요!

우리가 거쳐 온 역사를 보면 교회 밖의 대중이 교회의 메시지에 무관심했던 시기가 여러 번 있었습니다. 이런 시기에는 개개의 그리스도인의 증언이 크게 중요해집니다. 오늘날 우리는 바로 이런 시기에 살고 있습니다. 그런데 오늘날 사람들은 왜 교회에서 벗어나 있을까요? 우리가 그리스도인으로서 복음을 증거하는 데 실패하고 있기 때문이 아닐까요? 우리가 사마리아 여인과 달라서 우리 주변의 사람들이 우리에게서 복음을 듣는 데 매력을 느끼지 못하거나 관심이 없거나 신경을 쓰지 않기 때문이 아닐까요? 이것은 매우 중요한 문제입니다. 우리가 이 질문을 숙고해 보아야 하는 것은 단순히 의무 때문만은 아닙니다. 이 질문은 그리스도인으로서 우리의 위치를 철저히 판단하는 시금석이 되기도 합니다. 자기 자신에 대해서만 관심을 가진 채 다른 이들에 대해서는 아무 관심이 없는 그리스도인은 문제가 있습니다.

이것이 요한복음 4:28-30에서 우리가 살펴볼 내용의 배경입니다. 우리는 이 본문을 매우 실천적으로 다룰 것입니다. 사마리아 여인을 재촉하여 동네 사람들에게 나아가도록 만든 동기—그리스도인들을 재촉하여 사람들에게 나아가도록 만든 동기—를 고찰했으므로, 이제는 우리가 사람들을 주님께 인도하는 실제적인 방법을 살펴볼 단계입니다. 다시 말하지만 이것은 정말 중요합니다. 사마리아 여인의 경우를 보면, 그녀가 했었던 일은 동네에서 나와 주님을 만나보라고 사람들을 초대한 것이 전부였습니다. 왜냐하면 이때 주님은 우물가에 계셨기 때문입니다. 우리는 사마리아 여인과 똑같이 할 수는 없지만 원리는 매우 분명합니다. 성경은 이에 대한 지침을 다양하게 제시하고 있습니다. 일단 사복음서를 떠나 사도행전과 서신서로 가 봅시다. 거기서 우리는 오늘날과 똑같은 형편에 처해 있는 사람들을 만나게 됩니다. 이 책들은 이 중대한 문제에 대한 가르침으로 가득 차 있습니다.

저는 우리가 어떤 존재인지 아는 것이 무척 중요하다는 사실을 강조했습니다. 여기에서 우리가 설명을 시작해야 하는 이유가 있습니다. 그것은 우리가 어떤 존재인지가 우리가 무엇을 행하는지보다 훨씬 더 중요하기 때문입니다. 우리는 행동 지향적인 시대에 살고 있습니다. 이 시대의 한 가지 문제는 사람들이 원리를 망각하고 행동에 뛰어든다는 것입니다. 우리는 이런저런 일을 할 수 있습니다. 하지만 우리 자신이 옳지 않다면 그것은 시간 낭비일 뿐입니다. 그리고 사람들도 우리에게 귀 기울이지 않을 것입니다. 우리는 이 사실을 상기해야 합니다. 사람들은 "네 인격이 네 말보다 소리가 더 크다"고 말합니다. 사람들은 우리가 어떤 사람인지에 대해 더 큰 관심을 보입니다.

우리는 그리스도인으로서 다른 사람들에게 어떤 영향을 끼쳐야 하는지를 살펴보고 있습니다. 앞에서 확인한 것처럼, 사도행전은 평범한 그리스도인들이 박해로 널리 흩어져서 복음을 전파한 사실을 기록하고 있습니다. 그들은 다른 사람들과 접촉하며 살았습니다. 사람들은 그리스도인들을 보고 그들처럼 되고 싶은 마음이 일어났습니다. 이것이 하나님께서 그분의 나라를 확장하기 위해 사용하시는 가장 대표적인 방법입니다. 고대 세계를 흔들어 놓은 것은 그리스도인들의 삶의 질이었습니다. 그러므로 이것이 우리가 매우 주의 깊게 살펴보아야 할 주제입니다.

그렇다면 그리스도인의 특징은 무엇일까요? 그리스도인은 무엇보다 진지한 사람입니다. 그는 "질고를 아는" 분사 53:3을 따르는 자입니다. 그는 많은 사람들을 불행으로 이끄는 피상적이고 경솔한 인생관을 취하지 않습니다. 그는 진지합니다. 그는 스스로 돕는 자가 아닙니다. 그는 자기가 하고 있는 일의 진지함을 깨닫고 있습니다. 그는 사도 바울이 고린도에서 "약하고 두려워하고 심히 떨었"다고전 2:3고 고백한 것을 어느 정도 알고 있는 자입니다. 이 악한 시대가 어떠한지 진정으로 파악하고 있는 자는 오직 그리스도인뿐입니다.

그러나 우리는 그리스도인은 또한 기쁨 곧 다른 사람들은 아무도 소유하지 못한 기쁨을 가지고 있다고 말하지 않을 수 없습니다. 진지함과 기쁨은 양립할 수 없는 것이 아닙니다. 둘은 함께 갑니다. 그것은 진지한 기쁨 또는 기쁜 진지함입니다. 그것은 엄숙함이 아닙니다. 둔감함도 아닙니다. 그리스도인은 절대로 둔감해서는 안 됩니다. 둔감한 그리스도인이라는 말은 논리적인 모순입니다.

그러나 저는 여기서 몇 가지 추가적인 특징을 제시하려고 하는데, 제가 보기에 이 특징들이 이 시대에 특별히 중요해 보이기 때문입니다. 그것은 그리스도인은 항상 평안을 전달하는 자라는 것입니다. 우리는 이 평안에 대해 다른 표현을 사용할 수 있습니다. 평온한 마음, 안식하는 마음 등이 그것입니다. 여러분도 알다시피, 현재는 이런 마음이 매우 절실하게 필요합니다. 오늘날 세상을 액면 그대로 묘사하는 말은 선지자 이사야의 말입니다. "그러나 악인은 평온함을 얻지 못하고 그 물이 진흙과 더러운 것을 늘 솟구쳐 내는 요동하는 바다와 같으니라."사 57:20 이것이 오늘날 세상이 처한 상황 아닙니까? 오, 세상은 안식이 없습니다! 초조, 긴장, 동요, 불안으로 가득 차 있습니다. 지금은 고통의 시대, 혼란의 시대, 불확실성의 시대입니다. 세상의 물은 진흙과 더러운 것을 늘 솟구쳐 내고, 우리는 그것을 신문과 텔레비전에서 확인합니다. 세상은 어디에도 안식이 없습니다.

이것이 우리가 살고 있는 세상입니다. 이것이 악인에 대한 묘사입니다. 그런데 우리는 악인이라는 말을 매우 제한적인 의미로 사용합니다. 성경에서 이 말은 그리스도인이 아닌 모든 사람을 가리킵니다. 악인은 "요동하는 바다와 같아서" 이리저리 흔들립니다. 중심이 없습니다. 안정감도 없습니다. 당연히 마음도 혼란스럽고 영도 혼란스럽습니다.

이에 대해서는 더 설명할 필요가 없습니다. 이미 상세히 말했습니다. 어쨌든 이 불안감이 이 시대의 전형적인 특징입니다. 현시대는 마약, 신경안정제, 약물로 살아야 하고 잠을 자기 위해 인위적인 수단에 의존해야 하는 시대입니다. 오늘날 우리가 흔히 쓰는 말이 긴장, 스트레스, 강박관념과 같은 단어들입니다. 그리고 그 꼭대기에는 쾌락에 대한 충동이 있습니다. 삶에 동요가 일어나는 것은 모두 이 불안감이 원인으로, 이 불안감을 완전히 처리하지 못하고 제대로 파악하지 못하기 때문입니다.

세상의 이런 상태와 상황으로 볼 때 그리스도인은 분명히 세상과 정반대가 되어야 합니다. 그리스도인들이 갖고 있는 평안은 기독교 신앙의 가장 놀라운 증거 중 하나입니다. 이 평안이 우리 안에서 발견될 때 다른 사람들은 기독교에 매력을 느끼게 될 것입니다. 왜냐하면 세상은 항상 어떤 말을 들을 때보다 본보기를 직접 눈으로 볼 때 귀를 더 크게 열고 경청할 준비를 하기 때문입니다. 세상은 말에는 너무 익숙합니다.

물론 현대 세계의 상황을 보면 사이비 종교들이 난무합니다. 그들은 항상 손쉬운 치료책을 제공합니다. 그러나 사람들은 이런 종교들과 이들의 철학을 시험해 왔고, 그런 것에 신물이 나 있습니다. 사람들은 그것이 별로 효력이 없다는 것을 발견할 뿐입니다. 이것이 오늘날에는 매우 중요한 사실입니다. 사람들은 마약과 여러 형태의 현실 도피에 빠져 있는데, 그것은 세상이 자기들에게 제공하는 것에 대해 희망을 잃어버렸기 때문입니다. 또한 인간 이성과 지성에 대한 신뢰를 상실했기 때문입니다. 사람들은 도피해야 한다고 말합니다. 왜냐면 세상이 도와줄 수 없기 때문입니다. 세상에는 아무것도 없습니다. 정말 심각한 문제입니다. 앞에서 말한 것처럼, 정치적으로 볼 때 불안과 불확실성의 시대가 되면 세상은 으레 독재 정권으로 돌아가려는 경향이 있습니다.

이 모든 것은 우리 그리스도인에게 특별한 기회를 제공합니다. 우리는 똑같은 세상에서 똑같은 압박감을 느끼며 살고 있습니다. 하지만 다른 사람들과 본질적으로 다르다는 것을 보여줄 기회를 가지고 있습니다. 본질적으로 다른 이 큰 차이가 워링Anna L. Waring의 찬송시의 한 시구에 표현되어 있습니다. 그것은 "마음 자체에서 벗어난 여유로운 마음"입니다. 오늘날과 같은 시대에는 평온한 마음, 평화로운 마음, 안식하는 마음이 무엇보다 중요합니다.

여기서 제가 주장하는 사실은 오직 그리스도인만이 이런 마음을 가질 수 있다는 것입니다. 저는 여기서 이것을 철저히 분석하여 여러분을 지치게 할 마음은 없습니다. 하지만 한마디만 하겠습니다. 오늘날 우리는 스토아학파의 가르침을 잘 알고 있습니다. 주님이 이 땅에 계셨을 당시와 마찬가지로 오늘날도, 그리고 압박감과 스트레스가 심했던 모든 시기에도 스토아철학이 강조되는 경향이 있습니다. 그러나 스토아 사상은 안식하는 마음을 가르치지 않습니다. 스토아 사상은 단순한 체념, 단순한 현실 도피를 가르치는 것에 불과합니다. 이것은 참된 안식이 아닙니다. 억압의 한 형태에 불과합니다. 만일 여러분이 스토아철학을 따를 의지와 건강이 있다면 삶 속에서 일종의 안식을 느낄 수는 있을 것입니다. 하지만 진정한 안식을 얻지는 못할 것입니다. 단순히 현실을 억압하는 것으로는 평강으로 들어가지 못하니까요. 스토아 사상에는 해결책이 없습니다. 어떤 상황에도 불구하고 앞으로 나아가겠다는 무서운 결단이 있을 뿐입니다. 저는 스토아 사상에 매우 고상한 것, 때때로 영웅다운 모습이 있다는 것을 인정합니다. 그러나 스토아 사상은 항상 부정적입니다. 모든 결과를 인간의 의지와 능력에 전적으로 의존하기 때문에 아무 가치가 없습니다.

어떤 사람들은 매우 차분한 기질을 갖고 태어납니다. 그들은 다른 사람들과 똑같이 반응하지 않습니다. 그들은 일어나는 일에 대해 다른 사람들보다 더 무감각한 것처럼 보입니다. 그러나 스토아 사상의 철학자와 같이 차분한 사람도 다른 사람에게 줄 것은 아무것도 없습니다.

그러나 이것은 그리스도인들의 입장이 아닙니다. 물론 그리스도인들이 평안한 이유는 해결책을 가지고 있기 때문입니다. 인생이 무엇인지 파악하고 있기 때문입니다. 이것은 그리스도인들 자신 속에 있는 어떤 것에서 나오는 것이 아닙니다. 그들은 주의 말씀으로부터 그것을 받았습니다. 매튜 아놀드Matthew Arnold가 말한 것처럼, 그리스도인은 "인생을 일관되고 전체적으로 볼 수 있는" 사람입니다. 그것이 유일하게 내적인 평강과 안식을 제공하는 것입니다. 그리스도인은 어떤 해결책이나 깨달음을 얻기 위해 미친 듯이 헤매지 않습니다. 그런 식으로 깨달음을 추구하게 되면 불안감이 일어납니다. 사도행전은 이것을 완벽하게 설명하고 있습니다. 고대 세계에서 가장 세련된 도시와 사회 중 하나가 철학의 메카인 아덴이었습니다. 아덴은 온갖 철학자들의 집결지였습니다. 아덴은 학문과 지식의 고장이었고, 사도행전이 말해 주는 것처럼 "가장 새로운 것을 말하고 듣는 것 이외에는" 큰 일이 없었던 곳이었습니다.[행 17:21]

왜 그것이 아덴의 특징이었을까요? 그것은 삶과 인생의 문제들이 가져온 당혹감 때문이었습니다. 그들은 깨닫고자 애를 썼지만 깨달을 수 없었습니다. 철학자들은 서로를 배척했습니다. 그들 중 어느 누구도 진정으로 만족하지 못했습니다. 역사가들이 우리에게 말하는 것처럼, 당시 철학자들의 자살률은 공동체의 다른 부류의 사람들보다 월등히 높았습니다. 따라서 여러분도 알다시피 전체 사회에 불안감이 팽배했습니다. 이런 상황은 오늘날도 마찬가지입니다. 사람들은 안절부절못하고 있습니다. 긴장감에 사로잡혀 있고 엄청난 압박감에 시달리고 있습니다. 여러분은 그것을 사람들의 얼굴에서 확인할 것입니다.

상황이 이러하므로 우리에게 기회가 있습니다. 우리에 대한 시금석이 여기에 있습니다. 우리는 '마음 자체에서 벗어난 여유로운 마음'을 갖고 있습니까? 우리는 내적인 평강을 가지고 있습니까? 만약 가지고 있다면 그것은 부득불 실체를 드러내게 되어 있습니다. 우리는 우리의 복되신 주님이 "아무도 모르게 하시려 하나 숨길 수 없"으셨다[막 7:24]는 말씀을 읽습니다. 마찬가지로 이 평강도 결코 숨길 수 없습니다. 물론 이것은 중요한 심리학적 사실입니다. 우리 안에 있는 것은 반드시 실상을 드러냅니다. 우리 마음속에 있는 것은 우리의 얼굴에, 우리의 눈에, 우리가 풍기는 분위기 속에 드러나기 마련입니다. 우리가 편안한 감정을 갖지 않고는 만나서는 안 되는 사람들이 있습니다. 우리는 이것을 분석할 수 없습니다. 다만 알고 있습니다. 즉시 자각하고 있습니다. 물론 우리는 모든 것을 짐짓 꾸밀 수 있기는 합니다. 그렇지 않습니까? 속이 부글부글 끓고 있는데 겉으로는 미소를 짓고 매우 만족한 것처럼 보일 수도 있습니다. 그러나 여기에 전혀 다른 것이 있습니다. 이 평강은 연기가 아닙니다. 단순히 겉으로만 그런 척하는 것이 아닙니다.

세상 사람들은 모든 것을 가장하는 것처럼 보입니다. 이것이 그들이 세상을 사는 방법이기 때문입니다. 그러나 그리스도인을 만나면 그들은 자신들이 그리스도인과 다르다는 것을 즉각 알게 될 것입니다. 그들은 그리스도인에게서 내적 평안을 봅니다. 그들은 그리스도인들이 "고요한 마음"으로 불리는 것을 갖고 있음을 인정합니다. 이것이 특히 퀘이커 교도들이 항상 염두에 두고 있었던 것입니다. 그 점에서 퀘이커 교도들은 옳았습니다. 다만 그들은 기독교 정통 신앙에서 벗어났기 때문에 이것을 매우 교묘하게 하나의 철학으로, 하나의 숭배 대상으로 바꾸는 경향이 있었습니다. 그래서 퀘이커 교도들의 이 고요한 마음은 단순히 스토아 사상의 한 세련된 형태가 되어 버립니다. 그러나 그들이 추구했던 고요한 마음, 평안한 마음, "마음 자체에서 벗어난 여유로운 마음"은 당연히 옳은 것입니다.

여러분과 제가 이 내적 평강과 안식을 가지고 있는 것만큼 전도의 문을 크게 여는 것은 없습니다. 우리는 이런 식으로 다른 사람들에게 영향을 미치고 그들을 주 예수 그리스도에게 이끌 수 있습니다. 왜냐하면 인간은 본성적으로 이런 마음 상태를 갖지 못하기 때문입니다. 심지어 우리 중 어떤 이들은 인간이 그렇게 할 수 있는 한 가장 멀리까지 이런 마음에서 벗어나 있습니다. 그러나 우리 그리스도인들은 이 평안에 대해 둔감하지 않습니다. 절대로 둔감하지 않습니다. 하나님의 은혜로 이 평안이 우리에게 주어졌기 때문입니다. 주님은 이렇게 말씀하셨습니다. "평안을 너희에게 끼치노니 곧 나의 평안을 너희에게 주노라. 내가 너희에게 주는 것은 세상이 주는 것과 같지 아니하니라. 너희는 마음에 근심하지도 말고 두려워하지도 말라."요 14:27 이것이 하나님의 평강입니다. 그리고 하나님은 우리에게 주신 것을 다른 사람들에게도 주실 수 있습니다.

여기서 논리적이고 직접적으로 파생되어 나오는 추가적인 사실이 있는데, 그것은 따로 설명하겠습니다. 그렇게 하는 것이 좋다고 생각하기 때문입니다. 사람들은 우리가 내적 평안을 갖고 있다는 것을 볼 수 있어야 합니다. 제가 이렇게 신자와 비신자의 구별을 강조하는 것은 우리가 평안하다는 것을 사람들이 먼저 보아야 하기 때문입니다. 그런 후에 사람들은 우리가 어떤 일이 있어도 계속 평안 속에 있다는 것을 확인할 것입니다. 삶에 대한 중대한 시금석은 세상이 잘못 돌아가고 있을 때 우리가 보여주는 모습에 있기 때문에 이것은 중요한 구별입니다.

모든 일이 잘 돌아갈 때에는 많은 사람들이 내적인 평안과 평정을 갖고 있다는 인상을 줍니다. 우리도 대부분 순조롭고 건강하고 배부르고 쌩쌩하고 만사가 형통하고 하늘에서 해가 비추고 있을 때에는 매우 좋은 모습을 보여줍니다. 이런 상황 아래에서는 우리도 대부분 상당히 좋은 태도를 유지합니다. 우리는 훌륭한 이론을 가지고 있고, 이런저런 일을 하겠다고 말합니다. 그러나 시험은 모든 것이 잘못될 때 옵니다. 그때 사람들은 자기들이 아무것도 가진 것이 없으며, 큰일 났다는 것을 깨닫습니다. 그때가 바로 그리스도인에게는 기회가 됩니다. 바로 그런 순간에 그리스도인은 그들보다 외적인 스트레스나 압박감이 더 크지 않기 때문입니다.

주님은 산상 설교 마지막 부분에서 두 집 비유를 통해 이 사실을 다루셨습니다. 여기 기초 없이 황급히 자신의 집을 짓는 사람이 있습니다. 그 사람은 옆 사람이 너무 느리게 집을 짓는 것을 보며 즐거워합니다. 그 사람은 옆 사람이 기초를 파기도 전에 벌써 집을 완공했습니다. "저 사람은 정말 바보 같다! 내 집은 얼마나 놀라운가! 이것으로 나의 모든 문제는 해결이다!" 오, 지름길의 놀라움이여! 그러나 곧이어 비가 오고 홍수가 나며 바람이 불어 집 전체가 무너져 내립니다. 이것이 세상의 전형적인 모습입니다. 세상의 이론과 관념으로는 시험을 통과할 수 없습니다.

여기서 또다시 그리스도인은 세상 사람들과 본질적으로 다릅니다. 이것은 우리가 우리 자신에게 직접 적용할 수 있는 가장 결정적인 시험 중 하나입니다. 이것은 신앙주의와 신앙, 종교를 지배하는 것과 종교의 지배를 받는 것, 머리로 신앙을 아는 것과 마음과 영과 삶의 중심으로 아는 것 사이를 구분해 내는 중대한 시험입니다. 그리스도인들의 중요한 특징은 그들이 세상일에 쉽게 흔들리거나 좌우되지 않는다는 것입니다. 그리스도인들은 자신의 행복과 기쁨을 상황에 의존하지 않습니다. 이것이 절대적인 기초입니다. 그리스도인으로서 우리에게 일어난 일은—신약성경에서 자주 언급되는 것처럼—"이 악한 세대"에서 건짐받은 것이고,[갈 1:4] "흑암의 권세에서 건져 내사 그의[하나님의] 사랑의 아들의 나라로 옮"겨진 것입니다.[골 1:13] 바울이 우리가 "이 악한 세대"에서 건짐받았다고 말할 때 단순히 세상의 풍속과 관습에서 건짐받은 것을 의미하는 것은 아닙니다. 그 이상의 의미를 담고 있습니다. 그 말은 우리가 세상의 사고방식에서, 세상의 관점에서, 삶과 인생과 인생의 전체 목적에 대한 세속적인 이해에서 건짐받았다는 것을 의미합니다. 이것이 그리스도인의 가장 두드러진 특징 중 하나입니다. 반면에 그리스도인이 아닌 자들은 자신들에게 일어나는 일에 의존합니다. 그들은 주변 환경과 상황에 의존합니다.

이것을 굳이 증명할 필요는 없습니다. 우리에게는 너무 분명하기 때문입니다. 사람들은 왜 술과 담배와 쾌락에 그토록 많은 돈을 쓸까요? 그것은 분명합니다. 그렇지 않습니까? 사람들은 돈이 없으면 살 수 없습니다. 그들은 돈을 의지합니다. 타인을 의지합니다. 건강을 의지합니다. 성공을 의지합니다. 자기들 주변에서 일어나는 상황과 조건과 일들에 조종을 받습니다. 그 결과 상황에 불리한 변화가 있고 모든 것이 무너지면 의지할 것이 아무것도 없게 됩니다. 내적 평안을 가질 근거가 아무것도 없습니다. 내면의 만족이 없습니다. 외적 일들에 따라 좌우됩니다. 이렇듯 비신자의 인생은 거품과 같습니다. 불면 불수록 커집니다. 그러다 어떤 이유로 더 이상 불 수 없으면 터져서 한순간에 사르르 사라집니다.

기독교인과 비기독교인 사이에 가장 크고 엄청난 차이 하나가 여기에 있습니다. 하나님의 자녀와 하나님의 자녀가 아닌 자 사이에 중대한 차이가 여기에 있습니다. 시편 기자는 다음과 같이 말합니다. "정직한 자들에게는 흑암 중에 빛이 일어나나니 그는 자비롭고 긍휼이 많으며 의로운 이로다. 은혜를 베풀며 꾸어 주는 자는 잘 되나니 그 일을 정의로 행하리로다. 그는 영원히 흔들리지 아니함이여 의인은 영원히 기억되리로다. 그는 흉한 소문을 두려워하지 아니함이여 여호와를 의뢰하고 그의 마음을 굳게 정하였도다. 그의 마음이 견고하여 두려워하지 아니할 것이라. 그의 대적들이 받는 보응을 마침내 보리로다." 시 112:4-8

구약성경은 이렇게 말합니다. 하나님의 아들이 이 세상에 오시기 적어도 천 년 전에 이렇게 쓴 사람이 여기 있습니다. 그는 그렇게 말할 수 있었고 그것은 진실이었습니다. 그것은 구약 시대의 위대한 인물들 곧 족장들, 시편 기자들, 선지자들 그리고 수많은 신자들의 비밀입니다. 그러나 우리는 우리가 더 나은 위치에 있다는 것을 알고 있습니다. 물론 그들도 하나님의 자녀였습니다. 그러나 우리가 갖고 있는 지식을 그들은 소유하지 못했습니다. 천국에서는 극히 작은 자라도 지위와 지식에 있어 세례 요한보다 큽니다. 마 11:11 참조 따라서 우리는 다음 질문을 스스로 하게 됩니다. "우리는 나쁜 소식을 두려워하는가?" 세상이 나쁜 소식을 두려워하는 것은 세상의 중심이 고정되어 있지 않기 때문입니다. 중심이 견고히 서 있지 않기 때문입니다.

다른 방식으로 말해 보겠습니다. 잠언은 이렇게 말합니다. "여호와의 이름은 견고한 망대라. 의인은 그리로 달려가서 안전함을 얻느니라."잠 18:10 의인은 뒤로 도망칠 지점이 있습니다. 하나님의 백성들은 원수가 외부에서 강하게 공격해 들어옴으로 자신들의 방어가 뚫려 퇴각해야 한다고 느낄 때 당당하고 겁먹지 않습니다. 난공불락의 이 망대—"견고한 망대"—가 여기 있습니다. 그들은 "그리로 달려가서 안전함을 얻"습니다. 그는 그 요새 안으로 들어갑니다. 그러면 어떤 원수도 그 요새를 뚫고 들어올 수 없다는 것을 알고 있습니다.

이것은 구약성경에 나오는 말씀입니다. 그러나 그리스도인들에게도 분명히 해당되는 말씀입니다. 여기서 기독교인과 비기독교인 사이에 차이가 생깁니다. 그리스도인은 내적인 자원을 가지고 있습니다. 비록 세상이 무엇을 생각하거나 행할 수 있다손 치더라도, 난공불락의 장소가 우리 안에 있다는 이 사실보다 더 영광스럽고 경이로운 일이 있겠습니까? 그런데 그토록 많은 사람이 교회 밖에 있는 진정한 이유가 무엇입니까? 그들이 교회 안에서 이와 같은 사람들을 보지 못하기 때문이 아닙니까? 그들은 이렇게 말합니다. "아, 이 사람들은 일요일에 이곳으로 온다. 그들은 내 관심을 끈다. 하지만 나는 일이 잘못되었을 때, 고난이 찾아왔을 때 그들을 살펴보았는데, 우리들과 별반 차이가 없다. 그들은 겁쟁이에 불과하다. 어떻게 해야 할지 모른다." 익숙한 말입니다. 그들은 계속해서 이렇게 말합니다. "교회에 가는 것이 과연 무슨 가치가 있겠는가?" 이것은 매우 정확한 비판입니다. 만일 여러분이 이와 같이 처신한다면 기독교 신앙에 대해 말하는 것은 아무 소용이 없습니다. 그들은 이렇게 말합니다. "시련이 닥칠 때 믿음이 너희를 도울 수 없다면 그런 믿음이 무슨 가치가 있겠는가?"

신약성경은 이 가르침으로 가득 차 있습니다. 이제 우리 자신을 검토할 수 있도록 이 은혜로운 본보기 중 한두 가지를 제시하고자 합니다. 이를 생각할 때 저는 부끄러운 마음이 가득합니다. 저는 우리가 해야 할 첫 번째 일이 우리 자신을 올바른 자리에 두고, 누구든 우리를 만나는 사람이 "나도 당신과 같을 수만 있다면 온 세상을 주겠다!"라고 말하는 부류의 사람이 되어야 한다는 것을 깨닫습니다.

중요한 본보기를 하나 제시하겠습니다. 사도 바울을 주목하십시오. 바울은 지금 감옥에 갇혀 있습니다. 첫 세기 당시 감옥은 모든 면에서 축축하고 음습하고 무서운 곳이었습니다. 바울은 고난 가운데에 있습니다. 어느 날 오후에 바울은 감옥에서 나와 왕과 왕후와 로마 총독에게 잠시 환대를 받게 됩니다. 그들은 바울에게 기독교 신앙에 대해 묻습니다. 이에 바울은 자신의 회심 과정을 설명해 줍니다. 그는 이어서 이렇게 말합니다. "아그립바 왕이여, 선지자를 믿으시나이까. 믿으시는 줄 아나이다." 이에 아그립바는 바울에게 이렇게 말합니다. "네가 적은 말로 나를 권하여 그리스도인이 되게 하려 하는도다." 여기에 중요한 요점이 있습니다. 그는 계속해서 이렇게 말합니다. "말이 적으나 많으나 당신뿐만 아니라 오늘 내 말을 듣는 모든 사람도 다 이렇게 결박된 것 외에는 나와 같이 되기를 하나님께 원하나이다."행 26:27-29

저는 이것이 지금까지 있었던 가장 위대한 진술 중 하나라고 생각합니다. 여기 손목이 쇠사슬에 묶여 있는 한 죄수가 있습니다. 이 죄수는 왕과 왕후와 로마 총독에게 말을 하고 있습니다. 그들은 속박당하지 않고 자유롭게 삶을 누리고 있습니다. 반면에 이 죄수는 감옥에 갇혀 있습니다. 그러나 이렇게 말할 수 있습니다. "만약 여러분이 나와 같이 될 수만 있다면 뭐든지 주고 싶습니다. 오, 여러분에게 내가 누리고 있는 내적 평안과 안식을 주고 싶습니다! 내가 감옥에서 경험했던 것을 여러분도 경험하기를 원합니다. 오, 여러분도 나와 같이 되었으면!"

여기 자신의 상황에 조금도 좌우되지 않는 한 사람이 있습니다. 그에게는 상황이 별로 중요하지 않습니다. 그는 내적 평강을 가지고 있습니다. 우주 전체보다 더 큰 것을 가지고 있습니다. 사람들이 자기에게 어떻게 하느냐는 중요하지 않습니다. 그는 다른 모든 사람이 자신처럼 되기를 원합니다. 그는 그들이 속박 가운데 있는 것을 원하지 않습니다. 그들이 고난받는 것을 바라지 않습니다. 대신 그는 자신이 갖고 있는 안식, 평안, 평정, 만족을 그들이 소유하기 원합니다. 그는 그들이 진리, 곧 그리스도인에게 어떤 일이 일어나든 모든 것이 주 예수 그리스도로 말미암아 성령을 통해 그들에게 주어진 생명을 돕는 역할을 한다는 진리를 그들이 발견하기를 바랍니다.

바울은 직접 여러분을 가르칩니다. 직접 여러분에게 설명합니다. 그는 자신이 아그립바와 베스도에게 그렇게 말할 수 있었던 이유를 우리에게 알려 줍니다. 고린도후서 4장에서 바울은 정직하고 솔직하게 자신이 겪었던 어려움들에 대해 설명합니다. 그는 다음과 같이 말합니다. "우리가 이 보배를 질그릇에 가졌으니 이는 심히 큰 능력은 하나님께 있고 우리에게 있지 아니함을 알게 하려 함이라. 우리가 사방으로 욱여쌈을 당하여도 싸이지 아니하며 답답한 일을 당하여도 낙심하지 아니하며 박해를 받아도 버린 바 되지 아니하며 거꾸러뜨림을 당하여도 망하지 아니하고 우리가 항상 예수의 죽음을 몸에 짊어짐은 예수의 생명이 또한 우리 몸에 나타나게 하려 함이라. 우리 살아 있는 자가 항상 예수를 위하여 죽음에 넘겨짐은 예수의 생명이 또한 우리 죽을 육체에 나타나게 하려 함이라[이 일들이 바울에게 일어난 일이었습니다. 하지만 다음의 고백이 이것과 얼마나 크게 대조되는지 확인해 보십시오].……그러므로 우리가 낙심하지 아니하노니 우리의 겉사람은 낡아지나 우리의 속사람은 날로 새로워지도다."고후 4:7-11, 16

사랑하는 성도 여러분, 저는 다음과 같이 질문하고 싶습니다. 여러분은 겉사람과 속사람 간의 차이를 알고 있습니까? 여러분의 삶은 겉사람에 따라 이루어지고 있지는 않습니까? 많은 사람들이 그렇게 삽니다. 그들은 수다와 잡담과 자극과 쾌락을 따라 삽니다. 그것은 모두 겉사람이고, 속사람은 완전히 비어 있습니다. 그것은 기독교가 아닙니다. 그리스도인을 그리스도인으로 만드는 것은 내적인 생명 곧 하나님에게서 나온 생명입니다. 다시 말해 "사람의 영혼 속에 있는 하나님의 생명"[18]입니다. 그리스도인들은 "신성한 성품에 참여하는 자"입니다.벧후 1:4 그에게는 속사람이 있습니다. 이 속사람은 겉사람과는 완전히 독립적인 것으로, 날마다 새로워지고 있습니다.

바울은 계속해서 이렇게 말합니다. "우리가 잠시 받는 환난의 경한 것이……." 여기서 바울은 자신이 이제껏 서술한 것 곧 자신에게 일어난 모든 일을 "환난의 경한 것"이라고 부릅니다. 바울은 "잠시 받는"이라는 표

18. 헨리 스쿠걸(Henry Scougal)이 지은 책의 제목이다-옮긴이.

현을 어떤 뜻으로 사용합니까? 그는 박해가 곧 중단될 것이라고 알고 있는 것입니까? 미래를 내다보는 능력이라도 갖고 있다는 것입니까? 여러분은 이 해석에 공감이 갑니까? 바울은 자신의 모든 상황이 갑자기 바뀌어 만사가 형통할 것이라고 알고 있습니까? 이것이 그가 가리키는 뜻일까요? 당연히 아닙니다! 그것은 이 세상에서의 삶에 대한 바울의 관점을 가리킵니다. 그리스도인에게 세상은 "잠시" 존속할 뿐입니다. 물론 그리스도인이 아닌 자들에게는 이 세상에서의 삶이 전부겠지요. 그리고 죽음이 오면 그것은 끔찍한 일입니다. 그것으로 모든 것이 끝이니까요. "죽음은 다가오고 있다! 나는 더 늙어 가고 있다. 그러므로 젊어질 수 있도록 무엇이든 해야 하리라. 회춘! 땅끝까지 찾아가 수술을 받고 새심장을 얻으리라!"

얼마나 끔찍한 비극일까요! 그것은 마음의 공허함을 보여줍니다. 그러나 "잠시 받는 환난의 경한 것"은 어떻습니까? 그것이 어떻게 됩니까? 그것은 "지극히 크고 영원한 영광의 중한 것을 우리에게 이루게" 합니다. 여기서 "이루게 하다"라는 말이 정말 중요합니다. 이 말은 "일으키다", "만들어 내다", "자극하다"를 뜻합니다. "잠시 받는 환난의 경한 것" 곧 바울에게 일어났던 이 끔찍한 모든 일은 그 안에서 "지극히 크고 영원한 영광의 중한 것"을 일으켰습니다. 또 그것을 높이고 증가시켰습니다. 이 일들이 어떻게 그렇게 합니까? 바울은 그것은 비밀이라고, "우리가 주목하는 것은 보이는 것이 아니요 보이지 않는 것"이라고 말합니다.

이것이야말로 또 하나의 결정적인 구별입니다! 여러분은 무엇을 주목하는 데 시간을 보냅니까? 항상 외부에 있는 어떤 것을 주목합니까? 겨울이 되면 여름 휴가 계획을 세우면서 삽니까? 이것이 여러분이 사는 방식입니까? 많은 사람들이 그렇게 삽니다. 그러므로 우리는 이 일에 대해 분별력을 가져야 합니다. 저는 여러분이 여름 휴가 계획을 세워서는 안 된다고 말하는 것이 아닙니다. 제가 말하는 것은 여러분은 그렇게 살아서는 안 된다는 것입니다. 어떤 사람들은 자신이 그렇게 하지 않으면 마치 현재 순간을 즐길 수 없는 것처럼, 항상 자신의 계획과 설계와 제안에 대해 말합니다. 그들 안에는 아무것도 없습니다. "우리가 주목하는 것은 보이는 것이 아니요 보이지 않는 것이니." 그리스도인들의 비밀은 그들이 "보이지 않는 것"을 본다는 것입니다. 그들은 어디에 있든 간에 보이지 않는 것을 봅니다. 그들은 감옥 안에서도 보이지 않는 것을 봅니다.

따라서 상황이 불행하고 잔혹하고 가혹할수록 그리스도인들은 자신들의 불멸의 영혼과, 이 세상에 계셨을 때 비슷한 경험을 하신 주 예수 그리스도를 더욱 상기하게 됩니다. 그럴수록 그들은 주님이 자신들을 위해 거처를 준비하러 가셨다는 것과 다시 오셔서 자신들을 받아 주실 거라는 사실을 떠올립니다. 바울은 계속해서 그것을 다음과 같이 표현합니다. "만일 땅에 있는 우리의 장막 집이 무너지면 하나님께서 지으신 집 곧 손으로 지은 것이 아니요 하늘에 있는 영원한 집이 우리에게 있는 줄 아느니라."고후 5:1

따라서 여러분은 외부적인 문제나 사람들의 악의가 초래한 일들로 인해 고통과 시련이 클수록 다음의 진실을 더욱 깨닫게 될 것입니다. 즉, 자신이 이 세상에 속해 있지 않다는 것과, 자신이 이 세상보다 더 크다는 것과, 자신이 그리스도와 천국과 영광 곧 "지극히 크고 영원한 영광의 중한 것"에 속해 있다는 사실을 깨닫게 될 것입니다.

하지만 우리는 그 영광에 대해 별로 생각하지 않습니다. 이것이 우리 모두의 문제입니다. 우리는 외부에 있는 것, 보이는 것, 가시적인 것을 지나치게 주목하고 있습니다. 하나님이 우리를 위해 그리스도 안에서 예비해 놓으신 보이지 않는 것, 영원한 것, 영광스러운 것은 주목하지 않습니다. 우리는 바울이 골로새 교회 교인들에게 주는 권면을 주의해서 듣지 않습니다. "위의 것을 생각하고 땅의 것을 생각하지 말라."골 3:2 따라서 고통과 시련이 찾아올 때 그들은 우리가 미련해서 행하지 않았던 것을 행하도록 촉구합니다. 우리가 외부에 있는 것을 즐거워할 수 없는 것은 그 순간에 그것이 우리를 대항하기 때문입니다. 그러므로 이 사실은 우리에게 내면에 있는 것, 보이지 않는 것, 영원한 것, 영적인 것을 상기시킵니다. 우리가 그것을 생각하는 순간 외부에서 일어나는 일에 더 이상 영향받지 않게 됩니다. 이것이 확립되면 우리는 영원한 것을 더욱더 영광스러운 것으로 보게 됩니다. 우리가 영원한 것을 향해 나아가고 있음을 더 깊이 깨닫게 됩니다. 따라서 고통과 환난이 우리를 죽인다고 해도 이것이 우리에게 한 것이 무엇입니까? 그것들은 단순히 우리가 기대했던 것보다 더 빨리 우리를 그 영광으로 이끈 것에 불과합니다. "우리의 겉사람은 낡아지나 우리의 속사람은 날로 새로워지도다."

그러므로 사랑하는 성도 여러분, 세상을 이기는 자는 이런 인상을 주는 사람들입니다. 이들은 자석처럼 다른 사람들을 주 예수 그리스도에게 이끕니다. 사도 바울은 이런 태도로 가득 차 있었습니다. 이것이 분명 바울에게는 가장 중요한 것 중 하나였습니다. 여러분에게 용기를 주기 위해 저는 바울이 디모데에게 쓴 내용을 상기시키고자 합니다. 디모데도 우리와 같았습니다. 그는 교회를 보살피는 것에 대해 불안하고 염려하고 당황하고 걱정했습니다. 그리고 지금 그는 바울이 옥에 갇혀 있을 뿐만 아니라 머잖아 사형에 처해질 것 같다는 소식을 듣습니다. 그는 자기 자신뿐만 아니라 바울에 대해서도 근심하는 상태에 있었습니다. 그래서 바울은 그에게 편지를 써야 했습니다. 바울이 말하는 것을 주목해 보십시오. "하나님이 우리에게 주신 것은 두려워하는 마음이 아니요 오직 능력과 사랑과 절제하는 마음이니."딤후 1:7 여기서 "두려워하는 마음"은 우리가 본성상 가지고 있는 것입니다. 세상은 이 두려워하는 마음에 붙잡혀 있습니다. 그렇다면 하나님은 우리에게 무엇을 주셨습니까? "능력과 사랑과 절제하는 마음"입니다.

계속해서 바울은 이렇게 말합니다. "그러므로 너는 내가 우리 주를 증언함과 또는 주를 위하여 갇힌 자 된 나를 부끄러워하지 말고 오직 하나님의 능력을 따라 복음과 함께 고난을 받으라. 하나님이 우리를 구원하사 거룩하신 소명으로 부르심은 우리의 행위대로 하심이 아니요 오직 자기의 뜻과 영원 전부터 그리스도 예수 안에서 우리에게 주신 은혜대로 하심이라. 이제는 우리 구주 그리스도 예수의 나타나심으로 말미암아 나타났으니 그는 사망을 폐하시고 복음으로써 생명과 썩지 아니할 것을 드러내신지라. 내가 이 복음을 위하여 선포자와 사도와 교사로 세우심을 입었노라. 이로 말미암아 내가 또 이 고난을 받되[나는 옥에 갇혔고, 잔혹하고 부당하게 학대를 받았다. 그럼에도 불구하고] 부끄러워하지 아니함은[나는 괴로워하지도 아니하고, 불시에 고통을 당하지도 아니하고, 불평하거나 원망하지도 아니한다. 너도 그래서는 안 된다. 왜 그런가?] 내가 믿는 자를 내가 알고 또한 내가 의탁한 것을 그날까지 그가 능히 지키실 줄을 확신함이라."딤후 1:8-12

사랑하는 성도 여러분, 위대한 사도의 말을 빌려 여러분에게 전합니다. 그리스도인은 단순히 견디기만 하는 자가 아닙니다. 그런 일은 스토아 철학자가 하는 것입니다. 기독교적 관점은 바로 다음과 같습니다. "누가 우리를 그리스도의 사랑에서 끊으리요. 환난이나 곤고나 박해나 기근이나 적신이나 위험이나 칼이랴. 기록된바 우리가 종일 주를 위하여 죽임을 당하게 되며 도살당할 양같이 여김을 받았나이다 함과 같으니라. 그러나 이 모든 일에 우리를 사랑하시는 이로 말미암아 우리가 넉넉히 이기느니라. 내가 확신하노니 사망이나 생명이나 천사들이나 권세자들이나 현재 일이나 장래 일이나 능력이나 높음이나 깊음이나 다른 어떤 피조물이라도 우리를 우리 주 그리스도 예수 안에 있는 하나님의 사랑에서 끊을 수 없으리라."롬 8:35-39

오, 사랑하는 성도 여러분, 여러분은 사람들에게 다음과 같은 인상을 주고 있습니까? 여러분은 내적 평강을 갖고 있습니까? 여러분의 속사람은 날마다 새로워지고 있습니까? 여러분은 상황들—우연히 발생한 일이든 전쟁이든—을 초월해 있습니까? 이 모든 것들이 "지극히 크고 영원한 영광의 중한 것"을 증가시키고 있습니까? 오늘날 교회는 무가치하게 보입니다. 하지만 교회가 이런 인상을 주는 사람들로 채워지면 세상 사람들이 교회 안으로 몰려들 것이라고 저는 굳게 믿습니다. 왜냐하면 이런 모습은 우리의 자비로우신 주와 구주이신 예수 그리스도 안에서만 발견되는 것으로, 세상은 절대로 발견할 수 없기 때문입니다.